KB149977

인간의 마음 무엇이 문제인가

(Ⅱ)

칼 A. 메닝거

선영사

머리말

바야흐로 현대사회는 고도의 산업화·기계화로 인해 야기된 복잡화·다양화·개성화의 시대이다.

오늘날까지 인간세계는 역사의 과정 속에서 시간이 흐를수록 한 치의 후퇴함도 없이 맹렬한 전진을 거듭해 눈부신 변혁과 성장을 했다.

그에 비례해서, 인간은 갈수록 소외와 갈등의 굴레 속에서 '삶이란 무엇을 위해 존재하는가'를 기조로 하는 수많은 의문을 제기해오고, 나아가 그로 인한 정신적 '상처'들이 더욱더 다양하게 되고 심화되어 온 것을 부인할 수 없다.

그러나 과학, 문화, 사상 등 인간을 위한 학문이 끊임없이 연구 발전돼 옴에 따라 인간은 다소 위안을 받기도 했다. 그런 의미에서 의학의 발전 또한 인간 자체를 위한 연구로서 경이적인 성가를 올렸다.

수많은 연구가와 학자들의 뛰어난 학문적 업적을 우리는 기억한다. 그 가운데서 우리는 미국 정신의학계의 거장으로 불리우는 K. A. 메닝거 박사를 떠올리지 않을 수 없다.

S. 프로이트 학파의 정통 계승자로서, 프로이트 이래로 미국 정신의학계를 주도해 온 메닝거 박사는 《자기에게 배반하는 자 : *Man against Himself*》(1938), 《사랑과 미움 : *Love against Hate*》(1942), 《미국은 지금 : *America Now*》(1938) 외에도 데비루스와 공저로 《정신의학에의 안내 : *A Guide to Psychiatric*》(1950) 등 많은 작품을 남겼으며 '인간의 마음'의 문제를 집중적으로 연구 분석해 온 사람으로 꼽힌다.

그의 치밀하고도 방대한 심리학적 자료들은 우리를 경이롭게 하기에 충분한 학문적 소산으로 평가됨에 이의를 제기할 수 없으리라.

《인간의 마음 : *The Human Mind*》(1930)은 도서출판 선영사에서 이미 제Ⅰ권으로서 원서의 앞부분이 지난 86년 번역 출간된 데 이어, 그 뒷부분을 나름대로 번역하다 보니 용어통일을 위해 불가분 제Ⅰ권을 참고하였음을 밝혀 둔다.

또 원서의 머리말이나 저자의 프로필도 제Ⅰ권에 상세히 게재되어 있음으로 해서 제II권에서는 단지 학문적 재조명이라는 데 초점을 맞춰 간략히 머리말에 붙이고자 한다.

사실 모든 인류의 소산은 역사의 흐름 속에서 그때 그때 새로운 각도에서 분석 평가(재작업)가 이루어질 때 학문의 저술도 예외일 수 없다. 그런 의미에서 정신의학사상 간과할 수 없는 저술의 하나인 《인간의 마음》을 좀더 이해하기 쉬운 표현으로, 혹은 과거의 오류를 바로잡아 번역했다는 점에서 보다 참신하게 독자들의 구미에 맞으리라 여겨진다.

이 책이 아무튼 K. A. 메닝거의 후학들과 연구진 그리고 현대문명의 갈피 속에서 정신적 갈등과 스트레스, 사랑과 증오, 한숨과 슬픔, 고뇌와 방황 속에서 가슴을 앓는 이들을 위해 적으나마 좋은 위안이 되었으면 좋겠다.

역자 씀

차 례

♣ 현대 정신의학의 거장 K. A. 메닝거

♣ 사색에 잠겨 있는 모습

♣ 부인과 딸 로즈마리와 다정한 한때

♣ 서재에서

제4장
동 기

관능편

마음이라고 하는 기제를 움직이는 힘의 원천과 그 구분

본인이 심리학에 대한 연구를 시작하여 오늘날에 이르는 동안, 심리학 분야에서 이루어진 가장 중요한 발전이라고 볼 수 있는 것이 있다. 그것은 모든 인간에게는 기억·사상 및 감정이라고 불리우는 것이 있는데 이들은 한계 밖의 것으로 본래의 의식으로부터는 완전히 분리된 것이다. 하지만 이것들은 그러면서도 하나의 의식계의 사실로 분류되지 않으면 안 됨은 물론 이것들이 실존한다는 것을 의심할 여지가 없는 징후로서 계시하여 오는 것——기억·사상 및 감정——이 발견된 것이라고 생각지 않을 수가 없다. 이것을 가장 중요한 발전이라고 말하는 이유는, 심리학이 지금까지 이루어 놓은 다른 발전과는 달리 인간의 본질 속에는 그 누구도 전혀 생각조차 못했던 특수한 어떤 것이 있다는 점을 계시하고 있기 때문이다. 지금까지 이루어 놓은 심리학의 다른 어떤 업적도 이 사실에 대한 승인을 요구할 수는 없다.

—— 윌리엄 제임스, 《종교적 경험의 이모저모 : *The Varieties of Religious Experience*》(1920년), p. 233에서 ——

1. 동기

낚시에 걸린 물고기는 왜 도망하려고 할까?

엔진의 작동을 계속하게 하는 것은 무엇일까?

우리는 생활을 하며, 사랑을 하며, 남과 다투거나 시기하며, 음악을 즐기며, 애기를 하며, 감자를 심으며, 착각이나 환각으로 고민하며, 무서운 꿈을 꾸며, 야심을 품으며 이웃사람들과 싸우기도 한다.

이는 도대체 무슨 이유일까?

S.프로이트가 각종 발견들을 발표하기 전까지는, 우리는 다만 '그것은 본능이다'라고 대답할 수밖에 없었다.* 우리에게는 어렴풋한 여러 종류의 '본능'이 있다——아마 1백여 가지쯤 있을 것이라고 생각하고 있었다. 아무튼 이 여러 가지 본능들이 어떤 목적, 즉 자기보존과 '종족'의 보존의 방향으로 우리들을 이끌고 있는 것으로 생각하고 있었다.

---

*우리는 소설가·시인·철학가들의 말에 귀를 귀울이지 않았다. 그러나 그들 중에는 이미 그렇게 말한 이들도 있었다.

그렇지만 어떻게 해서 그렇게 되는 것일까? 똑같은 본능이 각기 다른 인간에게 박애로, 혹은 정치·시·편집병양망상(偏執病樣妄想)으로 다르게 나타나게 되는 것은 어째서일까? 거기에는 틀림없이 어떤 숨은 영향력, 즉 그 무엇을 생성시키며 이끌며 억제하는 불가견성의 힘이 작용하고 있을 것이다. 이것은 프로이트가 나오기 훨씬 이전부터 우리가 알고 있는 것이었다.

그러나 어떻게 해야 거기에 도달할 수가 있을지 좋은 방법을 몰랐던 것이다. 최면술이나 자동필기 등 또는 그런 것들과 유사한 속임수가 몇 가지 있기는 했다. 그러나 이런저런 수단과 방법들을 다 동원해 보아도 우리가 알아낼 수 있었던 점은 겨우 정신적인 지평선보다 밑에 있는 세계, 즉 한층 얕게 자리잡은 영역이 확실히 존재한다는 것과 자기가 생각하고 있는 것의 전체를 의식하고 있지는 않다는 사실 정도에 불과한 것뿐이었다.

2. 정신분석의 발견

정신분석의 발견과 정신분석으로 발견한 것

프로이트가 발견한 것이란 인간의 마음 깊숙이 숨어 있는 이런 문제들을 조직적으로 알아내는 방법으로, 이를 정신분석적 기법이라고 불렀다. 정신분석이란, 이 기법을 환자나 모든 인간생활의 현상——어떤 습관·전통·꿈·그림·시 등——에 응용하는 일이다. 그것은 외부에 나타난 현상의 원인으로 알고 있는 무의식적인 동기와 메커니즘을 더욱 잘 이해하기 위하여 쓰여지는 기법이다. 많은 과학자들은 정신분석을 이와 같이 응용하여, 인간의 마음의 표면에 나타나지 않는 움직임을 지배하고 있는 법칙을 추출했다. 프로이트

가 표면에 보이지 않는 마음 내부의 자재를 발견한 것은, 인간이 지
구의 표면 깊숙이 묻혀 있는 광물을 캐내게 된 것과 비교될 수가
있다. 인간이 석탄이나 철, 석유 등을 발견한 것은 말할 나위 없이
위대한 공적이긴 하다. 그렇지만 프로이트가 발견한 이것이야말로
오랜 시일이 흐를수록 인류에게 있어서 미치는 영향은 아마 그보다
도 한층 더 중요한 것이 되리라고 생각된다.

프로이트의 이 대발견은 다음과 같은 사정 아래서 이루어진 것이
었다.*¹ 즉, 프로이트는 빈에서 신경병학의 연구와 임상실험의 일을
겸해서 보고 있었다. 기질적 뇌질환에 관한 연구가 프로이트의 주
과목이었으나, 그는 병이란 것에 내포되어 있는 심리적인 요소에
상당한 흥미를 가지고 자기보다 연장자인 동료 브로이어와 공동으
로 이에 대한 연구를 진행했다.

브로이어는 꽤 이름있는 어떤 환자를 담당하고 있었는데, 이 환
자에게는 신경증 증상이 전형적으로 나타나, 그 치료를 받기 위해
다니고 있었다. 그 여자는 문을 들어서자마자 자리에 앉으며 의사
에게 자기의 고통과 증상을 호소했다. 그 여자는 퍽 훌륭한 말솜씨
로 이야기를 했지만 자기의 이야기가 끝나지도 않았는데 제한된 시
간이 지나 버렸다. 그래서 그 환자는 다음날 다시 와서 계속 얘기했
지만, 그래도 얘기는 끝나지 않았다. 그 다음날도, 또 그 다음날도
얘기는 계속되었다. 최면술의 힘까지 빌려서, 그 여자가 잊어버리
고 있었던 증상의 원인 중 중요한 점의 자세한 일과 사건들도 들을
수가 있었다. 그런데 그 여자가 할말을 남김없이 모두 말하고 나자,
그 여자의 병은 그 자리에서 씻은 듯 나아 버렸던 것이다.*²

---

*1) S. E. Jelliffe, 《Freud as a Neurologist》(Journal of Nervous and Mental
   Disease, 1937), A. A. Brill, 《Freud's Contribution to Psychiatry》(New
   York : W. W. Norton & Co., 1944)
*2) 의사나 대개의 사람들은 남의 말을 들을 때, 그 얘기가 끝날 때까지 마

그 당시 프랑스의 신경병학계의 거장 샤르코·베른하임·리에보 등과 그 밖의 대가들은 어떤 종류의 증상은 심리적인 원인에서 생기는 것이라는 새로운 학설을 발표하여 의학계를 놀라게 만들었다. 예를 들면 어떤 유형의 신경증상을 가진 환자들은, 최면을 건 상태에서 "이따위 병은 내버려!"하고 한 마디 명령만 하면 병이 나아 버렸던 것이다.

프로이트는 파리로 가서 그것을 실제로 견학하기로 마음먹었다. 파리에 머무르는 동안* 브로이어와 공동으로 연구한 학설을 샤르코에게 들려주었으나 그의 공감을 얻지 못했다. 귀국한 브로이어와 함께 시작했던 연구를 다시 계속했다. 얼마 못가서 브로이어는 주위의 억압으로 공포심과 회의적인 생각 때문에 이 일에서 손을 떼게 되었고, 정신분석의 발전을 프로이트에게 일임했다. 그 후로 10년간 연구를 쌓은 프로이트는 자기의 업적을 세상에 발표했던 것이다.

프로이트의 위대한 발견의 본질은 다만 신경증환자로 하여금 자기가 고민하는 모든 것을 마음껏 말하게 하면 병이 낫는다는 것만은 아니었다. 환자와 의사 사이에는 모종의 관계를 세울 수 있다는 것이다. 즉, 의사로서는 객관성을 가지고 직무 외의 일에도 초연할 것이며, 환자 편에서는 존경과 신뢰의 마음을 가진다는 점이다. 그렇게 될 때 보통 회상을 방해하는 따위의 작용을 하는 힘 자체를 인식할 수 있게 되므로, 그런 방해 정도는 회피할 수 있게 된다는 종류의 것이었다.

지못해 듣는 경우가 있다. 여기에 비추어 이 사실은 탐탁치 못한 해설이다. 라 로슈프코와 그 밖의 많은 사람들은 여러 가지 다른 표현방법으로 말했지만, 결국 우리들은 환자들이 말하고 있을 동안에 그 얘기는 잘 듣지는 않고, 실은 대답할 궁리부터 한다는 것이다. 그것이 브로이어와 프로이트의 간단한 발견이 좀더 일찍 이루어지지 못한 원인 중의 하나가 되었던 것이다.

*1885~1886년.

회상하기조차 괴로운 일이나 잊어버렸던 에피소드 따위도, 친밀하고 기탄없이 주고받는 대화중에는 생각해 낼 수가 있다. 이 대화중에 불현듯 생각나는 어떤 생각이나 공상 등의 자유연상들이 주의 깊고 동시에 조금도 비판적이 아닌 상태로 거부감 없이 듣는 사람의 귀에 들려진다. 한편 듣는 사람은 말하는 사람이 모르고 있는 여러 가지 관계들을 검출하여 지적해 낼 수가 있다. 그러므로 지금까지 파묻힌 상태에서 발효(醱酵)하고 있던 자료가 의식의 표면으로 표출될 수가 있어, 그것으로 치료효과를 얻을 수 있다는 점이 경험으로 입증되었다.

이렇게 하여 프로이트는 정신적인 원인으로 오는 고민을 해소해 주는 기법을 발견했을 뿐만 아니라, 이 기법을 이용하여 무의식적인 정신기능, 즉 인간의 마음 속에는 그 사람의 행위의 동기와 심적 메커니즘 등을 지배하는 법칙과 원리가 내재하고 있다는 것도 발견했다. 프로이트는 외부에 나타나는 모든 자료는 어느 것이나 모두 내부에 은폐된 자료와 관계가 있고, 그 연결은 어떤 원칙에 의하여 숨어서 작용하는 결합력, 즉 말로 나타내어 구체적으로 설명이 가능한 것에 의하는 것임을 논증했다. 그는 또 '인과율(因果律 : 인과법칙)'을 긍정했다. 즉, "심리적인 것은 우연하게 일어나는 일은 결코 없으며, 모든 것은 반드시 이미 있었던 요인과 힘의 결과로서만 일어난다. 그리고 원인과 결과의 연쇄에서 작용하는 사슬의 하나 하나의 고리는 뚜렷하게 보이는 것도 있고, 노력으로 발견되는 것도 있으며, 전연 보이지 않는 것도 있다"라고 말했다. 무의식중에 나온 말이나 깜빡 잊어버렸다든가, 백일몽적인 환상이나 잠잘 때 꾸는 꿈이 전연 터무니없이 여겨지더라도, 그것들은 모두 실제로는 구체적인 발생원인 및 의미를 가지고 있으며, 구체적인 효용이 있는 것이다.

3. 꿈

프로이트가 처음 연구에 골몰한 것은 꿈이 마음의 무의식적인 경향의 '지표'가 되는, 그 방법의 연구였었다.* 프로이트는 꿈이란 것은 마치 모든 병의 증상을 그런 방법으로 해독할 수 있듯이, 그 사람의 과거 경험이나 소망으로 현재는 잊어버리고 있는 것, 또 현재의 알력 및 실망 등을 통해 해독해 낼 수가 있음을 발견했다. 그 기법은 둘다 똑같은 것이었다. 그리고 해독의 법칙 또한 같은 것이었다. 생각이 깊은 사람들은, 오랜 세월 동안 꿈이란 것은 우리에게 있어서는 금단의 소망으로 되어 있는 것을 어떤 형식으로 실현하는 것이라고 생각해 왔다. 플라톤도 이 문제에 대해 다음과 같이 논하고 있다.

"나는 취하지 않아도 될 쾌락이나 식욕을 탐내는 것은 위법이라고 생각한다. 누구나 그런 소망을 가지고 있겠지만, 어떤 이들은 법률이나 이성의 힘으로 그것을 억제하고 있다. 그리고 그보다 좀더 고상한 욕구를 그 소망 위에 덮어 버린다. 그렇기 때문에 이런 종류의 소망은 저만치 떨어져 있거나 그 수효가 줄어들었거나 약해져 있다. 한편 고상한 욕구 쪽으로는 한층 더 강해져 있으며, 그 수효도 더욱 늘어나 있다. '어떤 욕구말인가?' 나는 이성이나 통제의 힘이 잠자고 있을 때에 깨어나는 것을 말하고 있는 것이다. 그럴 때에는, 우리들의 몸 안에 있는 야수들은 마음껏 고기를 먹고 술을 마시며 잠도 자지 않고 그 욕망을 충족시키려고 헤매고 다닌다. 그렇게 되면 인간이 생각할 수 있는 어떠한 어리석은 짓이나 범죄라도——근친상간이건, 그 외의 어떤 성적 결합이건, 존속살해이건, 혹은 금단의 식물을 먹든, 어느 하나도 예외없이——그가 부끄러

---

*프로이트의 《꿈의 해석》에 관한 대논문(뉴욕 맥밀란사, 1921년판)은 1913년에 독일어로 먼저 출간되었다.

움이나 상식은 아예 무시한 경우라면 인간이 저지르기를 망설일 것
이라고는 아무것도 없다." *1

또 헤라클리토스도 이것에 대해 언급하기를 "잠이 깬 사람에게
있어서의 세상은 유일하지만 잠든 사람들은 모두 각자의 공개를 기
피하는 장소로 향해 간다"*2 라고 했다.

프로이트가 이룩한 것은, 원하는 사람이라면 누구든지 이 숨어
있는 소망의 '변장'을 투시하여 그것을 발견해 낼 수 있는 기법을
안출한 일이었다.

꿈에는 중대한 의의가 포함되어 있다고 말한다면, 대부분의 사람
들은 그것을 믿으려고 하지 않을 것이다. 꿈은 전혀 무의미한 넌센
스이며, 한낱 인간의 마음의 배설물에 지나지 않는다고 생각되는
것이다. 그렇지만 의사가 환자를 진단하면서 소변을 검사한다고 어
리석은 짓이라 생각했었던 때도 있었다고 생각해 보면 좋을 것
이다. 소변은 육체의 배설물이므로 그것을 화학적으로 검사하면,
우리는 그 소변을 배설한 신체의 건강상태에 대하여 진단할 수 있는
것이다. 마찬가지로 꿈도 바르게 분석을 하면, 그 꿈을 꾼 사람의
마음상태에 대하여 알려주는 어떤 것이 있을 것이다.

꿈의 익살꾼

내 눈에는 보이지 않았던 함정의 문
어렴풋이 둘려 있는
색칠한 잠의 장면도

---

*1) 플라톤 《국가론》, 9권에서.
*2)F.C.S. Schiller, 《Studies in Humanism》 제14권 중에서 〈인도주의자
프로타고라스〉(New York : The Macmillan Co., 1912).

빠르게 빠져나와
그대, 위대한 꿈의 익살꾼이여.
내 영혼의 무대 위로
그대는 뛰오르지 않았던가!
그러면 보는 눈과 듣는 귀
공간과 시간·언어·구획·한계
또 인간의 이성을
바르게 인도하기 위한,
우리가 정들였고 친밀하던
모든 것은 모습을 바꾸고,
가랑이 사이로 훔쳐보면서
우리의 하루 하루의 일을
비웃는다——
또 그대는 비웃음으로 그치지 않고
그보다 더한 일도 할 수 있으리라.
나의 눈물은 한밤에 때때로
굳게 닫힌 눈까풀에서 넘쳐 흐르고
아, 그 눈물은
그대에게도 정이란 게 있다는 표현인가?
그리고 종종
그대 꿈에게서 배운 지혜의
작디작은 효모(酵母)는
더 좋은 세월을 나에게 준다.
하룻밤 사이에 마녀가 되고
성인·사기꾼·바보천치로도 된다.
그대야말로 하늘나라 궁정의
익살꾼.

—— 시드니 라니엘 ——

라니엘의 시에도 암시되어 있는 것과 같이, 꿈은 그 자체의 언어를 가지고 있음을 프로이트는 발견했다. 그 언어란 '상징'을 사용하여 나타내며, 그 상징은 거의 모든 사람들의 꿈의 언어로 공통되거나 적어도 비슷한 것이며(또 신화와 전설 등에 사용되는 상징과도 비슷한), 때로는 각자의 개인적인 경험에서 발달된 것인 경우도 없지는 않다. 태고시대에는 꿈을 어떤 초자연적인 메시지를 전달하는 것으로 생각하고 있었다. 그러나 꿈은 꿈을 꾸는 사람의 환상으로서 초자연적인 것이 아니라, 자연적인 것이기는 하지만 오직 상징적인 형태로만 표현된다. 그리고 꿈은 종종 생식·출산·죽음 등 원시적인 과정에 관계가 있는 것이라는 점이 프로이트에 의하여 비로소 인식되었던 것이다. 사람이 잠들어 있는 동안에도 억압은 항상 정신을 곤두세우고 금기의 사상과 정서에는 화려한 옷을 입히며, 또 때로는 우스운 가장이나 무서운 변장을 시켜 놓고 있다. 흔히 이런 변장의 덕택으로, 잠자는 상태에서 깨어나지 않게 되는 것이다.

프로이트는 꿈을 분석하는 기법을 매우 명확하게 제공하고는 있지만 실례를 들어서 그의 꿈의 해독을 설명하는 일은 여러 가지 사정으로 무척 곤란하다. 첫째, 꿈은 상당히 많은 변장을 사용하고 있으므로, 이 책의 다른 부분에서 설명한 바와 같이 충분히 이해하려면 특별한 연구가 필요하다. 둘째, 꿈은 긴 얘기를 짧게 압축한 것이 대부분이며, 그 꿈을 꾼 사람의 개인적인 생활경험의 세세한 점과 연관되어 있으므로, 그 해석이 올바르다는 확신을 가질 수 있도록 쓰기란 그렇게 쉬운 노릇이 아니다. 환자가 그것을 믿기란 그리 어렵지 않다. 사실 분석이 바르게 이루어진 경우에는 환자 자신이 그러한 해석에 도달하는 것이다. 셋째, 꿈은 대개 금기의 소망을 의미하는 것이므로, 꿈의 내용에 있어서는 다만 환자의 금기사항 뿐만 아니라 일반 사람들의 금기사항에도 저촉되어 그들의 노여움을 사기 쉬운 것이다.

그러나 나는 일반의 의혹과 비난이 있을 것을 각오하고, 최근에

다룬 일이 있는 짧은 실례를 하나 들어보기로 한다. 그 실례는 신경
쇠약으로 잘 조화된 결혼생활을 영위하지 못하는, 신경증적 징후가
많이 보이는 사람의 꿈이다.

나는 아내와 상사와 함께 텍사스에서부터 동북쪽으로 여행을 하
고 있었는데, 도중에 몹시 졸음이 왔다. 그러던 중에 기차가 어느
정거장에 멈춰 섰을 때, 피곤한 어조로 그들을 향하여 '여기가 어디
지?' 하고 물었다. 그들은 오클라호마의 맥알레스터라고 대답
했다. 얼마 후 기차는 다시 달리기 시작했다. 나는 다시 졸기 시작
했다. 그런 가운데 독일에서 알게 된 남자가 전화로 나에게 어떤 자
선흥행을 하지 않겠느냐는 제안을 해왔다.

정신분석에서는 환자가 꿈을 얘기하면, 그 꿈의 하나 하나의 마
디로 되어 있는 점에 대하여, 그 사람이 자유연상에 의해 생각해 내
는 모든 것을 무엇이나 얘기하도록 한다. 그러나 이 사람의 경우 그
런 상세한 점을 전부 재연하지 않더라도, 이 꿈의 의미를 여러분은
알 수 있다고 생각된다. 이 꿈에서 그는 "동북쪽으로 여행을 하고
있었다"라고 말하고 있다. 그는 원래 시카고에서 태어나 거기서 자
랐지만, 사업관계로 점점 서남쪽으로 집을 옮겨 현재의 소재지에서
살고 있다. 그렇기 때문에 동북쪽으로 여행을 한다는 것은 생각할
필요없이 그가 다시 소년시절로 되돌아가는 경향을 보이는 것이라
고 해석할 수 있다. 사실, 여러 가지 점에서 그는 퇴행현상이 일어
나고 있었다(그의 증상은 대부분이 유치한 것이었다). 그의 걱정거리로
되어 있는 문제의 분석에 의하여, 그는 소년시절의 일화들 중 현재
의 처지가 곤란하다고 느끼고 있는 것과 밀접한 관계가 있는 것을
연관시켜서 생각해 내고 있었던 것이다. 그리고 나의 거주지가 바
로 그가 사는 지방(텍사스)에서 동북쪽에 있기도 하다.
"나는 졸음이 왔다"라고 말한다. 이 졸음에는 두 가지 의미가

있다. 이 꿈에 대한 이야기를 나에게 들려주기 직전에 그는 무엇이 무엇인지 어리둥절하다고 말했다. "나는 하도 머리가 혼란해서, 어느 쪽을 향하는 것이 좋을지 알 수 없어요. 이 병이 어째서 생긴 건지 도무지 뭐가뭔지 뒤범벅입니다"라고도 말했던 것이다. 그러므로 졸음이 온다는 것은, 그가 꿈 속에서 경험한 상태를 말해 줄 뿐만 아니라, 현실생활에서도 경험하는 부자연스런 그의 생활상태를 나타내고 있으며, 또 그것은 물론 신경증의 병으로 인하여 그의 모든 신체기관의 기능이 혼란과 장애를 일으키므로 그로 인하여 나에게 진찰을 받으러 온 상황도 나타내고 있다.

"여기가 어디지?" 하고 나는 물었다. 이 말은 확실히 분석의에게 진단을 청하는 말로서 '대체 내가 왜 이렇습니까?'라고 묻는 것과 동일한 것이다.

'오클라호마의 맥알레스터'라는 이 도시는(환자 본인이 나에게 생각나게 한 것) 최근에 무서운 광산 함몰사고가 나서 수많은 사람이 참사당했던 곳이다. '광산의 참변(mine disaster)'은 잘못 발음하거나 잘못 들으면 '나의 참변(my disaster)'이나 '마음 속의 참변(mind disaster)'으로 들을 수도 있으므로, 그렇게 바꾸어 해석할 수 있다. 이 환자의 참변이 어떤 것이며, 또 그가 예기한 것이 무엇인가는 너무나 명백한 일이므로 더 이상 설명할 필요가 없다.

친구라는 독일 사람은 아마 나를 가리키는 것 같다(나의 조상은 독일인이며 내 이름도 독일식이다. 그리고 지금까지 한번도 서로 상종이 없었다는 것으로 낯선 사람, 즉 외국인으로 볼 수 있으며, 전연 다른 분야에 흥미를 가지고 있다). 이것은 정신분석 전반에 대하여 그가 의문을 품고 있음을 표명하는 것이다.

전화로 얘기했다는 것은, 정신분석이라는 것이 얘기하면서 치료를 진행시켜 간다는 성질의 것임을 시사하는 줄로 생각된다. '어떤 자선흥행을 하지 않겠느냐?'라는 말은, 이 치료의 목적에 대한 결말을 기록한 것으로 판단할 수 있다.

이 꿈을 표면에 나타난 대로 해석하면 '나는 겉으로 보기에는 별 이상이 없는 사람인 것처럼 하고 있으나, 사실은 아내로부터 받는 괴로움 때문에 나 자신이 병──혼란상태──이라는 것을 스스로 깨닫고 있다. 그러나 어떻게 보면 이에 조금은 무관심한 것 같기도 하다. 나는 이와 같은 상태에서 헤쳐나오고 싶은 마음에서 이번 여행을 나섰다. 즉, 이 치료를 받기로 마음먹은 것인데, 이 치료를 해 주는 사람은 내가 잘 모르는 사람일 뿐만 아니라 별로 믿지도 않는다. 그런데 그는 나의 생활에 모종의 참사가 일어날지도 모른다는 경고를 하고 있으며, 이 치료를 받는 일은 내게 이로운* 일이라고 말하고 있다'라는 것이 된다.

이 가운데서 '억제'된 무엇이 있다면, 그것은 과연 어떤 것일까? 그것은 주로 자기의 병이 중태라는 것을 스스로 깨닫고 있다는 점과 그것에 대한 그의 막연한 태도 및 정신분석에 대한 불신감이다. 좀 더 깊이 들어가 보면, 거기에는 그가 어렸을 때 일으킨 바 있는 무서운 증오감이 있는데, 그것을 분석자에게 발산시키는 일을 주저하고 있는 것이다──이 분석자가 그의 친구일지도 모르겠으므로. 그리고 이 꿈에 나오는 아내와 상사라는 사람은 좀 깊은 의미에서 말하면, 환자의 부모와 관계가 있다. 그는 어렸을 때에 부모를 따라 여행을 다녔던 것이다.

독자는 벌써 짐작하고 있겠지만, 이 꿈은 이 환자의 치료를 시작한 지 얼마 되지 않아서 꾼 꿈이었다. 그렇기 때문에 이런 경향을 부분적으로 보였고, 또 그 해석도 그렇게 깊이 들어가지 못한 것이다. 그러면 이번에는 이 환자의 치료가 거의 끝날 무렵에 꾼 꿈을 분석해 보기로 하자.

---

*benifit affair의 복합어 중 benifit만 분리하면 '이롭다, 유리하다'가 된다.

어느 환자의 친구가 죽게 되어 다른 조객들과 같이 그의 장례식에 참가하는 꿈을 꾸었다. 그런데 그들은 관이 텅 빈 것을 보게 된 것이다. 매장하기 위해 관에 넣었던 죽은 사람이 다시 살아나서 몸을 비틀며 애를 쓰고 있다. 이 살아난 사람은 관에서 긴 의자 위로 옮겨져 있었던 것이다. 그는 웃옷을 벗고 있으며, 의사가 옆에 서서 무어라고 얘기를 하고 있다. 아마 그에게 기운을 북돋워 주는 모양이다.

이 환자가 꿈 속에 나타난 친구에 대하여 연상한 바는, 먼저 그 친구의 나이가 자기와 자기 아버지와의 중간 정도된다는 것, 그 친구는 실업가로서 성공했으며 자기도 한 번 그렇게 되어 보았으면 하고 바라고 있다는 것, 그리고 그 사람은 현실로는 죽은 사람이 아니라 원기왕성하게 살아 있다는 것이었다. "아마 그 사람은 나의 아버지를 상징하여 나의 꿈에 나타난 것이라고 봅니다. 나는 평소에도 아버지를 죽은 사람으로 생각해 왔습니다. 그런 아버지가 다시 살아나셨다——이것은 다시 말하자면 나 자신이 다시 살아난 것을 의미하는 것인지도 모르겠습니다"라고 이 환자는 말했다.

꿈 속의 사람이 긴 의자 위에서 몸을 비틀며 애를 쓰고 있는 점에 대해서는, 환자 자신이 그때 이 꿈 이야기를 나에게 말하면서 긴 의자 위에 누워 있는 자기를 연상했다. 그는 웃옷을 벗고 있었으므로, 이 꿈 속에 나타난 사람과 매우 흡사한 상태에 있었다.

꿈 속에서 의사가 이 문제의 인물 옆에서 무어라고 얘기를 하며 기운을 북돋워 주고 있었다는 점에 대해서는, 내가 의사이고 자기를 돌보아 주며, 얘기하고 있는 사실을 이 환자는 연상했던 것이다.

이런 자료로 이 꿈의 분석은 그리 어려운 것이 아니다. 이 환자는 자기의 소망 뿐만 아니라, 실제로 자신이 이 분석치료에서 하고 있는 일, 즉 다시 살아나는 것——실질적으로는 이 신경증을 버린다는 것이 죽음의 일종으로 볼 수 있다——을 꿈에서 보고 있는 것이다. 그 뿐만 아니라, 그는 현재 여기저기의 많은 활동으로 상당한 성공을 이룩하고 있는 자기 아버지를 자기와 동일시하고 있는——동일한 사람으로 간주하고 있다——것이다.

프로이트의 초기 연구 이후부터 정신분석학자들은, 꿈이란 당사자의 무의식적인 소망을 대변한다고 널리 알려진 일반적인 원칙을 더욱 발전시켜 왔다. 이 원칙에 대한 관념은 현재와 역시 변함이 없다. 그러나 다만 이 '소망'이라는 말은 자칫하면 너무 좁은 의미로 해석되기 쉽다. 꿈은 그 사람의 불안을 진정시키거나 막아내는 구실을 하여, 그 사람이 수면상태를 지속할 수 있도록 해주기도 하는 것이다. 만약 그 사람의 불안이 별로 크지 않을 경우에는 자기가 꾼 꿈을 보통 잊어버린다. 그러나 그렇지 않을 경우, 즉 불안이 증대하여 꿈이 그 구실을 다하지 못하고 실패로 돌아가는 경우에는, 잠을 깬 후에 어떤 악몽에 시달렸다는 기억을 가지게 마련이다.

이 불안이란 외부의 정세로부터 생기기도 하고, 내부적인 조건에서 발생하기도 한다. 그리고 때로는 유쾌한 꿈이 주는 위안으로 진정되는 경우도 있는가 하면, 예기한 징벌을 받는 경우도 있다.* 또 꿈은 이뤄 보기 어려운 소망을 논파하거나 그 가치를 얕보기도 한다. 꿈은 또 때로는 환자의 현재상태나, 앞에서 기술한 바와 같이 정신분석치료의 진행상태 등을 뚜렷이 보여주기도 한다. 모든 꿈은 이론적으로는 분석치료와 연관이 있는 것으로서, 혹은 분석치료와

---

*징벌의 뜻을 내포한 꿈이라 하더라도 그것이 어떤 소망을 채우는 것일 수가 있다. 따라서 이것은 시카고의 프란츠 알렉산더에 의해 밝혀진 바와 같이 프로이트가 발견한 꿈이 가진 기능의 근본원리와 일치된다는 점이다. 다음의 문헌을 참조.

《About Dreams with Unpleasant Content》 Psychiatric Quarterly, 제4권, 1930년 pp. 447~452 그리고 his review of Freud's New Series of Introductory Lectures on Psychoanlysis, in Psychoanalytic Review, 제11권, 1934년, pp. 336~346

는 아무런 관계가 없는 현실의 정세로서, 또 현재 신경증세로 나타
난 알력의 원인인 유년시절의 정세를 보여주는 것으로서 해석할 수
도 있다.

4. 무의식의 법칙들

프로이트가 발견한 모든 것은 인간 행위의 원동력이 되는 본능이
어떤 방법으로 작용하는가 하는 것에 관한 이론으로 발전했다. 이
제 우리는 모든 생물의 배후에는 어떤 목적을 이루려고 하는 에너지
가 작용하고 있으며 그것은 그 개체 안에 어떤 긴장상태를 형성하
며, 이 상태는 그것이 해소될 때까지는 없어지지 않는다는 명제에
서 먼저 출발한다. 우리는 이 추진력을 종전대로 본능이라고 불러
도 이상할 것은 없다——하기야 '본능(instinct)'이란 말은 여러 가
지 다른 의미로 사용되고 있기는 하지만, 프로이트는 그것을 '사랑
과 미움'이라고 부르자는 제언을 했고, 또 어떤 사람은 그것을 '흥
미(interest)'라고 부르는가 하면, 어떤 이는 욕망이란 뜻의 라틴어로
'리비도(libido)'라는 말을 쓰고 있다. 그러나 어떠한 이름으로 부르
든지, 그것은 원시적인 에너지의 흐름을 뜻한다.

원초적으로 이 에너지의 흐름은 개인 자신에게로 향하는 외줄기
의 것이었다. 이런 의미에서 허버트 스펜서가 생명의 의미는 자기
보존의 첫번째라고 갈파한 것은 옳다. 시기적으로는 이것이 가장
먼저이다. 갓난아기가 흥미를 집중하고 있는 것은 바로 자기 자신
이며, 다른 것에는 전혀 관심을 기울이지 않는다.

그런 후에 조금 세월이 흐르면 종족보존적·사회적 혹은 성적인
본능이 발달하기 시작한다. 차차 자기 이외의 사람들에게 애정을
기울일 기회가 늘어남에 따라서, 이 본능의 물결은 놀랍도록 발달

되어 가서 종족보존본능이 자기보존본능에 완전히 정복당하고 만다. 이러한 현상을 가장 명확하게 볼 수 있는 경우가 곤충의 세계라고 할 수 있다. 즉, 곤충들은 성충이 되려면 수개월 혹은 수년이 소요되지만 최후에는 산란이나 수태를 위한 환희의 시간이란 수분 또는 수시간에 불과하며, 그런 다음에 곧 죽어 버리는 것이다.

이 학설의 주요한 이론은, 프로이트가 출현하기 훨씬 전부터 일반사회에서 인정되어 있기는 했다. 그러나 프로이트의 각종 발견들은 거기에 새로운 요소를 삽입하였던 것이다. 첫째, 사람들은 지금까지 성본능은 청춘의 후기까지——즉, 성활동의 생리적 징후가 나타날 때까지——잠자고 있는 것으로 의견을 모으고 있었는데, 프로이트는 그 시기보다 훨씬 빠르게 성본능의 심리적 암시가 일어나는 사실을 조금도 의심할 여지가 없다고 설명할 수가 있었던 것이다. 그는 성적인 흥미, 즉 처음에는 자기의 신체에 관한 것, 다음에는 자기 이외의 다른 사람의 신체에 관해서 쾌감을 추구하는 흥미에 대해 말했던 것이다. 그런데 만일 프로이트가 '성적인'이라는 말이 아니라 '사회적인'이라는 표현을 사용했더라면, 아마 세상으로부터의 비난을 그처럼 가혹하게 받지는 않았으리라 생각된다. 그렇다고 해서 그가 만에 하나 그렇게 했더라면, 참으로 오랫동안 인간의 사회적인 태도의 진실된 의미를 숨기어 온 착각을 깨닫지 못한채 언제까지나 계속되었을 것으로 생각된다. 프로이트의 말로는, 아이는 차차 외계의 일에 흥미를 끌게 되는데, 그것은 이기적인 경향의 것만이 아니라 이타적인 것도 있으며, 그리고 그 발생원인이 되는 것도 생리적인 것인 동시에 심리적이기도 하다는 것이다. 외부의 사람이나 물건에 대하여 우리가 흥미를 갖는다는 것은, 갓난아기가 태어나서부터 지금까지 모두 자기 자신에게만 투자해 왔던 축적된 애정에서 이끌어 낸 '사랑'을 자신이 아닌 외부의 대상에게로 돌린다는 의미가 된다. '정서적으로 성장한다'는 뜻은, 자기 자신에게로만 향해져 있던 사람에게서 더 많은 사랑을 이끌어 내어 외부로 향해 있는 사랑에 참으로 현명한 투자를 할 수 있게 된다는 말이다.

이 외부 대상에 대한 애정의 투자는 본질적으로 성적인 것이다. 즉, 그것은 생명의 창조와 유지에 관련성이 있는 것은 물론 한 사람이 다른 한 사람에게 애착을 가지는 것이며, 자기 이외의 사람에게 마음을 바치며 돌보아 줌으로써 즐거움을 느끼는 동시에 그 대상으로부터도 그와 같은 행위의 보상을 받으며 행복감을 느끼는 것이다.

그러나 이 성본능의 양면, 즉 이기적인 면과 비이기적인 면의 사이에는 끊임없이 모종의 알력이 일어나고 있다. 이 알력은 차츰 심하게 발전되어, 결국에는 정면으로 충돌하게 된다. 자기가 원하는 한 개의 과자를 손에 가지고 있으면서 먹기도 하는 두 가지 일을 동시에 할 수가 없다는 것은 누구든지 알고 있는 사실이지만, 잠시 발걸음을 멈추고, 자기가 좋아하는 그 과자를 손에 가지고 있으면서 동시에 그것을 자기가 좋아하는 이성에게 줄 수가 없다는 사실을 그 누구도 생각한 적이 없다는 것이다. 이 과자를 자기가 먹어 버릴까, 사랑하는 애인에게 줄까, 권투 구경이나 하러 갈까, 동생을 데리고 극장에 영화감상이나 갈까, 예정한 대로 대학을 졸업하고 자기가 전공한 대로 직장에 취직할까, 그렇지 않으면 이것저것 다 그만두고 애인과 결혼이나 해버릴까, 골프를 칠까, 아이들을 데리고 서커스 구경이나 갈까, 생명보험에 들까, 그렇지 않으면 새로운 사업에 투자를 할까──이런 것들은 인생행로의 여러 곳에서 경험하는 갈등이다. 물론 이것과는 다른 종류의 알력도 있다. 즉, 그것은 선택의 문제일지는 몰라도 같은 흐름 중에도 상반되는 점이 있다. 예를 들면 의사가 되어 볼까, 변호사가 되어 볼까? 결혼의 대상은 메리가 좋을까, 헬렌이 좋을까? 등등이다.

정신분석상의 각종 발견의 수효가 늘어가고, 그 학설이 전개되어 나감에 따라 프로이트가 발견한 또 하나의 다른 암시가 더욱더 뚜렷하게 되었다. 즉, 이 적극적인 흥미와 사랑에 병행하여——자기 사랑의 대상의 선택에 관해서——실은 거기에는 부정적이며 파괴적인 경향이 존재한다는 것이다. 즉, 자기보존이 '종족'의 보존이니, 혹은 학술용어를 사용하여 자아경향이니 또는 '성'경향이라느니 말해 보아도, 결국 그것은 '사랑'을 다른 방향으로 이끌었을 때의 모습이며, 이런 것들의 대립보다는 더욱 격렬한 반대가 자기보존이나 종족보존에 대하여, 위에서 말한 파괴적인 경향들과 또 그 정서적인 대표가 되는 증오감에 의하여 발생된다는 점이 점점더 명확해져 왔던 것이다. 인간들의 상호관계를 연구해 보면, 사랑이 있는 곳에는 반드시 그림자처럼 어느 정도의 증오가 따르며, 증오가 있는 곳에도 사랑 또한 반드시 동반되어 있다는 것을 발견하게 된다. 그리고 이 사랑이나 증오 중에 어느 하나가 승리하게 되면, 그 승리한 쪽만이 나타나게 되고 의식하게 된다. 때때로 사랑과 증오는 서로 교대로 나타나기도 한다. 그 증거로 우리는 연인들끼리 서로 싸우기도 하고 화해 후 사랑을 계속 나누기도 하는 것을 알고 있다.*

이러한 파괴적인 경향도 바른 방향으로 이끌려 사용하게 되면 인류에게 공헌하는 바가 클 것이다. 그러나 그것은 차라리 파괴되는 편이 좋다고 여겨지는 목적물을 대상으로 하여, 그 힘이 쓰여지지 않으면 안 된다는 것은 두말할 나위도 없다. 사실 문명 그 자체도 무지·고통·질병 및 인류에게 나쁜 영향을 줄 것 같은 자연의 힘에 대항하여 이 증오의 힘을 돌렸기 때문에 존재하는 것이다. 그렇지만 우리가 지극히 사랑하며 소중히 생각하는 대상을 향하여 이 증오가 강력하게 돌려지면 거기에는 무서운 참사가 발생하게 된다. 그러므로 이 증오를 억제할 필요가 생긴다. 그리고 이 억제작용이 성공을 거두면, 우리는 자기 이외의 사람에게 대하여 현재진행중인

---

*K. A. 메닝거, 《Love against Hate》 (New York : Harcourt, Brace & Co., 1943년) 참조.

하나의 감정만을 의식하게 된다. 예를 들면 그가 우리를 노하게 하는 짓을 하더라도, 사랑의 감정을 가졌다면 화를 내지 않고 곧 너그럽게 용서해 준다. 그러나 반대로, 만일 무의식 속에 이 사람에 대한 감정이 증오로 가득 차 있다면, 별스럽지 않은 일에도 그것을 억제하려는 억압작용의 힘이 미치지 못하므로 뜻하지 않은 때에 돌발적으로 감정이 표면으로 표출된다. 그리하여 그것이 그때의 상황을 지배하게 된다. 그러나 때로는 그 증오의 요소가 의식의 상태로 잠재할 경우 솔직한 말로 '어떤 때는 그를 한없이 그리워하면서도, 또 어떤 때는 미움으로 변한다'라고 말하게 되는 것이다.

미주리 주 스프링필드에서 톰 에스큐 씨(오자르크스의 수박왕)는 드디어 사라 스린스와의 결혼에 성공했다. 신랑의 나이는 60세. 그가 17세 되던 해 그녀와 약혼했었지만 결혼을 며칠 앞두고 사소한 말다툼으로 그들 사이는 금이 가게 되었던 것이다. 결혼식이 끝난 후 에스큐 씨는 "이 싸움은 무려 43년간이나 계속했다오"라고 말했다(《타임》지에서).

'앰비밸런스(ambivalence)'라는 것은 본연의 감정을 부분적으로 억압하는 데서, 다시 말해서 우리가 어느 특정한 사람을 100퍼센트의 성실성을 가지고 헌신적인 사랑을 베풀고 있는 줄 생각하고 있음에도 불구하고, 가끔 우리의 태도에서 판단하면 억제할 수 없는 증오감을 그 사람에게 대하여 폭로하고 마는 현상으로 표현되어 나타난다.

본서에서는 '리프레스(repress)'를 '억압'이라는 말로 '서프레스(suppress)'를 '억제'라는 말로 편의상 통일하여 사용하기로 했다.

이 말을 전문적 술어로 사용할 때에는 분명히 구분할 필요가 있다. 우리가 깊이 생각한 후에 의식적으로 어떤 소망이나 불만 등을 물리칠 경우에는 억제라는 말을 사용한다. 그러나 억압이라는 말은 전연 별개의 말이다. 그것은 무의식상태에서 이루어진다. 자기가 억압해 버린 것은 본인 자신으로서는 의식하지 못한다. 사람은 대부분이 자기가 억압한 것이 있는지 없는지, 그것조차도 의식하지 못한다. 억압작용은 반드시 해로운 것이라고는 볼 수 없다. 사실 어렸을 때에는 허용되었던 것이라도 성인으로서는 억압하지 않으면 안 될 것이 있는데, 그런 것은 억압하는 것이 절대적으로 필요하다. 다만 어려운 점은, 우리들의 대개가 어렸을 때의 오해로 인하여 억압할 필요가 없는 것을 억압하며, 한편으로는 억압해야 할 것을 억압하기가 어려울 경우가 있다. 예를 들면 증오감이나 그로부터 파생되어 발전하는 교전상태는, 거의 모두 억압으로 승화된다. 그러나 가끔 이 증오감이 억압작용을 박차고 나와 애모의 마음을 극복해 버리므로, 그 사람은 굳센 의지의 힘으로 이 심한 경향을 의식적으로 억제하거나, 그렇지 않으면 그의 유년기의 비행(misbehavior)의 희생이 되지 않으면 안 된다.

정신분석 학자들이나 정신분석의 이론은, 개인이 무절제하게 방종한 생활을 하도록 권유한다든가, 그런 것을 바람직하다고 인정한다는 따위로 말하면서 비난하는 것은 실로 뚜렷한 비방이며 중상이 아니면, 지독한 무지를 폭로하는 것이다. 원시적인 소망은 좋은 방향의 것을 제외하고, 그 외의 것은 남김없이 억압하지 않으면 안 된다는 것을 프로이트와 프로이트파의 사람들은 누구보다도 잘 알고 있다. 프로이트는 인간이 자기의 욕망을 채우기 위해서라면, 아무리 폭음폭식해도 좋다고는 말하지 않았다. 그와 마찬가지로, 성의 문제에 관하여도 결코 행위의 방종성을 장려한 적이 없었다. 왜냐하면 신경증환자는 억제를 유지해 갈 수가 없게 되어야 비로소 의사의 도움이 필요하게 되기 마련이기 때문이다. 이런 점에서 아니타 루스는 프로이트를 잘 이해하고 있다. 그는 《신사들은 금발 아가씨들을 좋아한다》라는 책을 썼는데, 그 내용은 어떤 금발의 아가씨가 자기의 야욕적인 성생활을 애교있게 고백하는 것으로, 일기체 형식으로 씌어져 있다. 금발 아가씨가 프로이트에게 가서 정신분석을 받기를 원했더니, 프로이트는 그 아가씨에게 정신분석을 받기보다는 좀 억제를 해보는 편이 나을 것 같다고 충고를 했다.

그래서 어제 그는 프로이트 박사에게로 나를 데리고 갔다. 프로이트 박사와 나는 영어로 한참 대화를 나누었다. 그런데 누구나 '억제'라는 것을 소유하고 있는 모양이다. 이 억제라고 하는 것은, 당신이 무엇인가 하고 싶은 충동이 생기더라도 그것을 행동으로 옮기지 않는 것이다. 그래서 억제된 충동은 대신에 꿈으로 나타난다. 그에 대해서 프로이트 박사는 내게 '대체 어떤 꿈을 꾸느냐?'라고 물었다. 그러나 나의 대답은 아무런 꿈도 꾸지 않는다는 것이었다. 그 이유는 '낮시간에 온종일 머리를 쓰기 때문에 밤에는 휴식 외에는 어떤 일도 하지 않는 모양이다'라고 말했다. 그러자 프로이트 박사는 '젊은 여자가 꿈을 꾸지 않다니!'라고 하면서 아주 놀라는 표정이었다. 그리고 그는 나의 생활에 대해 이것저것 물었다. 한 마디로 그는 참으로 동정심이 많았고, 젊은 여성에게 이것저것 물어 보려면 어떻게 하여야 되는가 하는 좋은 방법을 잘 알고 있는 것 같았다. 왜냐하면 나는 일기에 기록하지 않은 것까지도 자신도 모르는 사이에 말해 버렸기 때문이다. 따라서 그는 자기가 하고 싶은 일이라면 무슨 일이든 언제든지 할 것 같은 젊은 여성들에 대해 무척이나 호기심이 많은 것 같았다. 예를 들면 그는 내게 묻기를 '이때까지 하지 않은 일들은 정말로 한번도 하고 싶은 생각이 없어서 안한 것인가?'라고 했다. 다시 말하면 무슨 포악한 생각, 즉 괜히 어떤 사람을 쏘아 죽이고 싶은 충동을 느껴 본 적은 없느냐는 것이었다. 그 물음에 대해 나는 '사실 그런 충동을 느껴 본 적은 있어요'라고 대답했다. 그러자 프로이트 박사는 나를 유심히 바라보더니 '그것은 도저히 믿을 수가 없다는 생각이 든다'고 말했다. 이어서 프로이트 박사는 말하기를, 내게 진정으로 필요한 것은 오직 억

제력을 좀더 키우고 잠을 좀 자는 일이라는 것이었다(Anita Loos의
《Gentlemen Prefer Blondes》에서).

5. 무의식의 구조와 기능

억압상태의 본능적인 모든 경향들은 자아가 금지하고 있음에도
불구하고, 뛰쳐나와서 끊임없이 자기를 나타내려는 노력을 계속하
고 있다. 이러한 금지는 한편으로는 현실의 요청(자아는 본능이 모르
는 여러 가지를 알고 있다. 즉 자기의 경쟁상대를 죽이려고 하는 것은 나쁜
짓이다라는 등의 것)에 의하여 명령되지만, 다른 한편에 있어서는 초
자아로부터 비난을 받으며 금지되는 것이다. 초자아라는 것은 부모
의 사상이 자녀들의 정신조직 속으로 파고들어가 거기서 '무언의
작은 소리', 즉 양심의 소리로 되는 것이다. 다만 불행하게도 자아
는 사회의 현실과 직접 교섭이 있으나 이 '소리'에는 그것이 없다.
다시 말하면 우리 모두가 아는 것과 같이 우리의 양심이란 것은 시
대의 발전에 보조를 같이 해서 진보하지 않는 법이다. 그리고 이 일
은 특히 초자아 속의 무의식 부분에 있어서 더욱 그러하다. 우리가
흔히 양심이라고 말하는 의식적인 이상(理想)에 비하면 이것은 이치
에서 훨씬 벗어나는 말썽거리이다. 뛰어나오려고 하는 인간본능의
그 노력을, 자아가 내·외부적인 여러 가지의 법칙에 비추어 끊임없
이 조절을 하고 있기는 하지만, 그것은 실로 힘드는 일이므로 때로
는 자아의 노력이 실패하여 억압된 경향이 다소 변경 또는 변장을
하고서, 억압에서 벗어나 외부로 외출하는 것을 허락하는 경우도
있는데, 그런 경우도 무리라고는 할 수 없다. 인간은 자신의 양심에
뇌물을 바치고 있다는 사실을 누구나 알고 있을 것이다. 이런 무의
식들이 연출하는 속임수가, 즉 우리들이 말하는 심적 기제(mental

mechanism)를 구성하는 것이다.

이 심적 기제와 그에 관련하여 사용되는 술어를 설명하기 위해서는 극장의 연극무대에 비유하는 것이 그 어떤 것보다 나은 방법이라고 생각된다.

우선 마음을 극장이라고 가정하자. 그리고 우리가 의식하고 있는 분야를 무대라고 치자. 이 무대 위로 출연 배우(각종 사상과 욕망)가 끊임없이 나타났다가 사라진다. 이들은 무대 옆에서 지시하는 무대감독(머리 속의 검열관이나 자아이상)에 의하여 움직인다. 그렇다면 이 무대감독은 자기의 표준으로 삼는 것이 무엇이며, 경험은 어디에서 얻었는가 하면, 그것은 부모·교사·아동기 친구들의 생활에서 보고 들은 것들 그리고 자신의 인생의 초기의 여러 가지 체험에서 얻은 훈련·모본·교훈 및 상상상(想像上)의 이상에서 가려낸 것이다.

그런데 배우——우리는 배우의 수효가 굉장히 많은 것으로 추론한다——는 누구든지 출연을 하고 싶어한다. 그들은 가능한 한 언제라도 무대에 나가고 싶은 것이다. 무대감독은 어떤 배우는 적절한 시기가 되면 무대에 출연시킬 생각으로 얽매어 둔다. 그들은 얼마 동안 억제된 상태로 지시에 의하여 드나든다. 그 외의 배우들은 아예 무대에 나올 수가 없다. 그들은 연기력이 숙달되지 않았거나 의상 준비를 하지 않은 배우들이나 엑스트라들이다. 그렇지 않으면 다른 연극에 출연할 배우들이다. 그러므로 이 사람들은 무대에 나가고 싶어 안달을 하고 있지만, 사실은 그럴 이유가 조금도 없다. 대부분의 배우들은 무대의 양옆(전의식)에도 못나오고 있다. 무대의 양옆은 고사하고, 극장 안에도 못들어가고 있다. 그들은 먼저 있었던 리허설이나 연기중에 쫓겨나왔을지도 모른다. 그러나 이 사람들은 시끄러운 소리로 제각기 안으로 들어가게 해달라고 웅성거리고 있다. 누구나 무대에 나가 멋진 연기를 보이고 싶은 것이다. 그러나 이들의 소란스럽게 웅성거리는 소리는 무대에서도 객석에서도 들리지 않는다. 극장 밖으로 쫓겨난 배우들은, 곧 억압된 사상이나 욕망인 것이다.

그러나 이 억압이나 억제로 얽매어 있는 배우들이라도 여러 가지 의상과 예쁜 화장으로 근사하게 분장하여 상연중인 연극에 배역을 맡아 출연하는 배우인 것처럼 무대감독을 적당히 속일 수도 있다. 그렇지만 속이려고 아무리 감쪽같이 분장하여도 출연 배우를 꼭 닮을 수는 없으므로 날카로운 눈으로 살펴보면 당장 그 속임수가 드러나고 말아, 어느 누구의 행위인지를 금방 알게 된다. 그러나 관객 (평범한 사람)의 눈으로는, 다만 이 연극은 어딘가 모르게 신통치가 않다든가, 어색해서 다소 이상하다는 정도밖에는 느끼지 못한다.

정신분석은 사람이 본능에 의해 그 방향을 결정한 에너지가 애당초 어떻게 배치되어 있는가라는 것과, 원래의 의지를 덮어 버리고 있는 여러 가지 수정과 변장들을 연구하는 것이다. 일반적으로 이 수정이나 변장은 보통 외부세계의 눈을 가려 속이는 것이 아니라, 자기 자신의 눈을 가리는 데 더욱 성공하여 스스로 속고 있다.

그렇기 때문에 이 변장들을 연구하는 것은 '마음'의 관능상의 기능을 이해하는 데 있어서 필요불가결한 것이다. 만약 수정과 변장이 인류의 행복에 이바지하는 데 영향력이 있는 것인 경우에는, 그것은 승화(sublimation : 이상화, 공상화)라 불리운다. 그렇지 않을 경우를 증상이라고 부른다. 반동현상은 자아에 의하여 허용된 증상으로, 그것은 이미 고통으로 나타나는 것이 아니라 그 사람의 성격상의 특성이 되어 나타나는 경우가 많다. 꿈이나 고의로 일으킨 '사고'의 경우는 그것과는 별개의 변장형태이다.

예를 들면 칼 쓰기를 좋아하거나 피흘리기를 즐기는 경향의 사람이 외과의가 되었다면 이거야말로 훌륭한 변장으로서 승화라고 할 수 있다. 푸줏간의 주인이나, 거기에 종사하는 사람이 되었다면, 외과의보다야 못하겠지만 그것도 역시 승화라고 볼 수 있다. 그러나 신경증의 사람이 아무에게나 칼을 쓰고 싶어한다면, 그것은 아주 불행한 변장으로서 하나의 증상이다. 그리고 무엇이든 자르거나 찢고 싶은 충동을 실제 행위로 옮기는 사람이 있다면, 이 경우는 위험한 변장이다. 생체해부 반대론자들은 자기들이 칼질하고 싶은 충동을 느끼고 있어, 이러한 자기들의 충동을 억제하기 위해 큰 소리로 반대논리를 펴고 있는지도 모른다. 우리들 중의 친구 한 사람이라도, 어떤 경우에 자기는 성(聖) 조지라든지 또는 달타냥이라고 스스로 생각해 본 적이 한번이라도 없었다는 사람이 있을까?

6. 변장과 가면

원래의 본능적인 목적이나 의지를 수정하거나 변장하는 방법은 여러 가지가 있다. 그 여러 가지의 방법들을 하나 하나 예를 들면서, 그 정의가 어떤 것인가를 소개해 보고자 한다.

1) 투영작용(projection)

자기비판에서 생기는 알력을 해결하는 한 가지 수단은, 죄를 자신이 아닌 다른 사람의 탓으로 돌리는 것이다. 즉, 그 죄를 자기 마음 밖으로 내던져 버리는 일이다. 예를 들면 '내가 나쁘게 행동하는 것이 아니고, 세상 사람들이 나를 향해 나쁜 짓을 하며 나를 못살게 굴고 있다'는 식이다. 이 사실은 성경의 훈계 가운데도 잘 나타나 있다. 즉, "비판을 받지 않으려거든 비판하지 말라"(마태복음 7장 1절)는 것이다.

①셰익스피어의 작품에 나오는 투영
《햄릿》에서 극중의 왕비역으로 출연하는 여자배우는 자신의 태도(그녀가 이미 마음 속으로 계획했던 재혼)는 실로 극적인 투영으로써 다음

과 같이 표현하고 있다.

극중의 왕비 : "내 님과 헤어져 홀로 사는 몸이 다시금 남의 아내가 된다면, 땅은 식물을 주지 않고, 하늘은 빛을 비추지 않을 것입니다. 밤이나 낮이나 위로와 평안함도 없이 믿음과 소망도 끊어질 것입니다! 억류된 고행자처럼 슬픔의 나날을 보내고, 기쁨의 낯빛을 앗아 버린 온갖 불행은 나의 좋은 일들을 짓밟아 버릴 것입니다! 이승에서나 저승에서나 재난이 끊이지 않고 나를 따를 것입니다."

실제 왕비는 이 말을 듣고, 그 심리적인 기교를 인정(물론 심리학적인 진상을 알고서가 아니지만)하고 냉담하게 평하여 말하기를 "왕비의 말은 좀 지나친 것같이 생각됩니다"라고 말했다.

② 일상생활에 나타나는 투영

인색하기로 소문만 주부가 야채상점이나 육류점, 우유매점들로부터 조금이라도 득을 보려고 항상 벼르고 있으면서, 청구서가 오면으레 하나 하나 그 내용을 상세히 검토하여 장사들이 청구액을 속이는 점이 발견되면, 그것을 폭로시켜 보려는 심사로 애를 쓰는 따위의 예는 누구든지 잘 아는 사실이다. 환자 중에는 의사가 시키는 말은 조금도 안 듣고 오히려 반대짓만 하여 치료의 효과를 못보게 만들면서, 청구서를 받으면 돈낼 생각은 않고 의사가 정직하지 못하며(치료비를 속이며), 게다가 의술은 아주 형편없다고 떠들어대는 사람이 있다는 사실은 의사라면 대개 경험한 일이다.

어떤 사람이 우리에게 원한을 품고 있는 것 같다는 기분이 들게되면, 그런 경우 그것은 대부분 투영으로 볼 수 있다. 남에게 몰래(아마 자기 자신으로서는 전혀 의식하고 있지 않지만) 적의를 품고 있는 것은 실은 자기 쪽이며, 그 때문에 우리는 편견을 가지게 되고 사실을 잘못 해석하게 되는 것이다. 만약 자기 자신으로서는 전혀 의식하지 않은 어떤 이유 때문에 어느 특정한 사람 또는 사물에 대하여 공포를 가지게 되면, 우리는 자기의 체면을 세우기 위하여 그런 감정을 정당화시키는 것이 심리적으로 필요하게 된다. 따라서 자기가 두려워하거나 싫어하는 사람의 잘못을 발견하게 되면 비록 자기 쪽이 어느 정도 옳다고 하더라도, 그것은 자기의 잘못된 생각이나 감정을 거울을 통해 보는 행위와 같은 것으로서, 흔히 볼 수 있는 현상이다. 부인들이 때때로 이웃 여인들이 자기를 만나러 오지 않는다고 푸념을 하면서, 그것은 틀림없이 이웃사람들이 자기를 싫어하기 때문일 것이라고 비뚤어진 판단을 한다. 그런데 그런 감정은 하나의 투영으로서, 그 여자가 먼저 이웃을 방문하지 않기 때문에 이웃사람들도 그 여자를 멀리하고 있다는 사실을 제3자로서는 금방 알 수가 있다. 유대인이나 흑인이나, 그 밖의 특수한 그룹의 사람들에 대한 편견은 대개의 경우 투영에 의한 것으로 인정된다.

③ 망상 메커니즘으로서의 투영

"어떤 젊은 여대생이 어느 교수에게 사랑을 느끼게 되면, 그것이 원인이 되어 발병한 경우가 지금까지 여러 번 있어 온 경우가 있다. 그 여자는 처음에는 그 교수에 대한 이야기만 떠들어댄다. 그 교수는 유능할 뿐만 아니라, 매력이 있다고 이야기한다. 그러면서도 자기가 그 교수에게 애정을 느낀다는 말은 한 마디도 나타내지 않는다. 그러는 사이에 그녀는, 그 교수가 자기에게 연정을 느끼기 시작했다고 생각하게 된다. 처음에 그녀는 그것을 퍽 좋아하고 재미있어 한다. 그러나 얼마 안 가서 그녀는, 그 교수가 자기에게 최면을 걸었다고 생각하게 된다. 그렇게 되면, 좋아했던 처음의 생각이 이번에는 노여움으로 바뀌게 된다. 그녀는 이 교수가 최면술을 이용해서 그녀의 머리 속에 자기와 관련된 여러 가지 성적인 환상을 일으키게 했다느니, 또는 이 교수가 신통력을 써서, 그녀로 하여금 그가 묵고 있는 숙소로 방문하고 싶어지도록 만들었다고 불평을 하게 되었다는 것이다. 이런 일들은 그녀를 매우 화나게 하고 흥분시켰기 때문에 이제는 공부 따위는 계속할 수 없게 되는 것이었다. 그리하여 결국 학업을 포기하는 지경까지 이르면 이 병은 차츰 회복되지만, 다시 공부를 시작하면 이번에는 다른 교수에게로 옮겨서 전과 같은 증상의 행위를 되풀이하게 되는 것이었다.

이 환자의 망상증은 교수들에 대한 그녀 자신의 성욕적인 관심의 투영에 불과하다는 것을 쉽게 알 수 있다. 또 그녀 자신이 최면술이나 신통력 같은 것에 걸렸다고 느낀 것은, 그녀 스스로의 욕망을 구체적인 형태로 정당화시키려는 심리적인 작용에 불과한 것이었다. 그리고 그녀가 교수들에게 화를 냈다는 것은, 그러한 정욕에 대한 그녀의 병적인 저항의 뜻으로 볼 수 있다. 그러나 그녀가 자기의 성적인 욕구를 솔직히 시인하여, 그것은 지극히 정당하고 건전한 것이라고 판단할 수만 있었다면, 이 병의 증세로 보이는 망상의 현상은 보편적인 애정사건으로 남게 되었을지도 모른다."(H. W. 프링크, 《병적인 공포와 강박행위》에서)

④ 극적인 투영의 역사적 사례

"런던의 우르슬린 수도원에 1632년부터 약7년간 귀신이 나타나는 사건이 있었다. 이 사건에 대해 수도원의 여자 수도자들은 시내의 어베인 그랜디어라는 잘생긴 남자 수도자가 자기들에게 마술을 걸었다고 욕했다. 그러나 이 사건의 발단이 된 사람은 아담 듀 에스라는 이 수도원의 여원장이었다. 그녀는 자만심이 대단하고 재치가 있으며, 매우 히스테릭한 기질의 소유자였다. 환각은 먼저 이 여원장으로부터 시작되었다. 어느 날 밤에 그녀 앞에 유령이 나타났다. 그녀의 생각에는 이미 고인이 된 참회수도사로 알았다. 이 유령의 말로는 다만 그녀를 위로하러 왔다는 것이었다. 그리고 그는 생전에 하려고 계획했다가 하지 못한 일들을 이것저것 지시했다. 그 유령은 다음날 밤에도 다시 나타났지만, 이번에는 모습에 조금 변화가 생겼다. 즉, 이 유령의 모습이 다른 남자로 변했으며, 그 변화된 남자가 말을 걸어오는 것이었다. 이 남자는 이미 참회수도사의 유령이 아니라, 어베인 그랜디어의 모습을 하고 있었다. 그런데 모습을 바꾸자마자, 이 남자는 그녀에게 음탕한 말과 뻔뻔스러운 친절을 베풀며 반 강제적으로 그녀를 어루만졌다. 이 여원장의 성적인 환각현상은 밤마다 되풀이되었을 뿐만 아니라, 주위의 다른 사람에게까지도 전염되기 시작했다. 대부분의 여자 수도자들도 그랬거니와 다른 젊은 여자들도 악령에게 괴로움을 받아 어베인 그랜디어가 밤마다 찾아와서 육체적인 관계를 하는 환각을 가졌다. 이 사람들은 하나같이 판단력이 아주 흐려져 있었기 때문에 아무 죄도 없는 이 남자 수도사를 향한 그들의 비난의 말은 절대적인 진실로 인정되었다. 그리하여 아무런 편견도 갖지 않은 재판관조차도 마침내 그것을 믿게 되었다.

어베인 그랜디어는 억울한 누명을 쓰고 참혹한 고통을 당한 후에 결국 화형당하고 말았다."*

2) 섭취작용(Introjection)

섭취작용은 투영과 정반대의 뜻을 의미하는 것은 아니다. 이것은 남에게로 자기의 결함을 돌려 버리는 것이 아니라, 남의 아름다운

---

*파울 루세의 《히스테리의 임상적 연구》에서 이 이야기를 인용했다. 성경·셰익스피어·역사 및 일상생활에서 투영의 사례를 여기 인용했다. 도리안 페이겐범은 이 투영의 심리적인 기제를 1936년 〈정신분석 4반계보〉 7월호에 더욱 상세하게 서술했는데, 거기에서 그는 다음과 같이 보고했다. "희랍의 극작가나 중세기의 성직자, 19세기의 수필가 그리고 프로이트 이전의 정신의학자들도 투영에 대하여 직감적이기는 하지만 분명하게 말하고 있다."

점, 경우에 따라서는 남의 결점까지도 자기의 것으로 만들어 버리는 일이다.

섭취작용이 가장 잘 나타나 있는 예로는 우리가 배우라든지, 특히 우리가 동경하며 자신도 해보고 싶다거나 그렇게 되기를 원하고 있는 바를 행하고 있다고 여겨지는 사람들과 자기를 동일화시키는 것이다. 다시 말하면 부친이 하는 일들을 자기도 해보고 싶다는 생각을 하는 어린이들이나, 부친의 직업이나 사업을 계승하는 소년들 또는 자기 모친처럼 어머니다우며 매력있는 어머니가 되고 싶다고 생각하는 소녀들은 이러한 경우를 섭취작용으로서의 동일화를 하고 있는 것이다. 이 심리는 미개인들이 호랑이의 이빨을 먹으면 자기도 호랑이처럼 힘이 강해질 수 있다는 생각과 일치하는 것이다. 어린아이들의 마음 속에 일어나는 섭취작용은 모두가 입을 통해서 이루어지는 것이므로, 그것은 일종의 양성의 정신적 식인행위라고 말할 수 있을 것이다.

워드 부인은 어린시절을 말할 수 없이 비참한 생활로 보냈고, 사춘기에 들어서도 그 형편은 조금도 달라지지 않았다. 그래서 그녀는 결혼 후 남편에게 자기 세대는 찌든 가난으로 어차피 수없는 고난과 어려움을 겪어 왔지만, 아이들에게는 될 수 있는 대로 모든 생활을 즐겁고 유쾌하게 누릴 수 있는 분위기를 만들어 주자고 일찌감치 다짐을 했다.

아이들을 대학에 보내야 하는 것은 물론이었다. 워드 부부는 자기들도 대학에 가고는 싶었으나 뜻을 이루지 못했다. 그래서 자기들이 대학에 못간 대신에, 아이들은 대학에 보내야겠다고 생각했다. 그리하여 워드 씨의 자녀들이 대학에 다니는 동안, 그들에게는 언제나 부모의 사랑이 넘치는 관심과 동경의 시선이 쏠렸다. 워드 부부는 혹시 아이들이 어떤 일로 다른 학생에게 지는 일이라도 있으면, 그것이 비록 별것 아닌 일이라도 당사자인 아이들보다도 더욱 섭섭히 생각했으며, 또 그리 대단한 것은 아닐지라도 아이들

의 성공을 위한 것이나 아이들이 학교에서 하는 일이라면 아무리 조
그마한 일이라도 지나칠 정도의 관심을 가지고 귀를 기울였다. 워
드 부부에 대해 잘 아는 친구들은, 이 부부는 대학에 다니는 당사자
들보다 훨씬 더 대학생활을 즐기고 있다고 비꼬기도 했다.

내게 진찰을 받으러 왔던 한 젊은 부인은 2년 여에 걸쳐 한번도
편안한 잠을 자본 일이 없었으며, 항상 침울한 기분이 들어 견딜 수
가 없다는 것이었다. 두 번째 왔을 때 그녀는 간밤에 에벨린 네스빗
다우 부인의 꿈을 꾸었다고 말했다. 나는 별 생각 없이 그녀에게 다
우 부인을 어떻게 생각하느냐고 물었다. 그러자 이 여자는 기다리
고나 있었다는 듯이, 그 유명한 젊은 부인을 입에 침이 마르도록 정
열을 기울여 변호하는 것이었다. 이 환자가 한번도 만나 본 적도 없
는 다우 부인에 대한 변호가 너무 지나칠 정도로 적극적이었으므
로, 나는 이 여인이 자기를 다우 부인과 동일화시키고 있다고 생각
했다. 특히 그 변호의 내용이 다우 부인이 성적인 유혹에 넘어가게
된 문제점에 관한 것뿐이었으므로, 나는 이 여인도 그런 성질의 유
혹에 넘어갔을지도 모른다고 생각했다. 결국 그렇다는 사실이 그
후에 밝혀졌다──이 여인이 다우 부인을 변호한 것은 본질적으로
자기 자신을 변호하고 있었던 것이다(H. W. 프링크, 《병적인 공포와
강박행위》에서).

3) 압축작용

모양은 작지만 내용은 풍부하다. 여러 가지 관념을 단 한 마디의
말·상징 혹은 짧은 구절로 압축할 수가 있다. 전신국이나 웨스턴
유니온 회사의 암호장 등에는 인위적으로 만들어진 것이기는 하지
만, 이런 종류의 압축의 실례가 많이 있다.

① 이름의 압축

어떤 산모가 여아를 분만하고 나서 그 갓난아기의 이름을 콘스타데인이라는 이름으로 지어 부르려고 생각했다. 그런데 이런 이름은 들어본 적도 없었다. 단지 문득 그런 이름이 머리에 떠올라서, 꼭 그렇게 짓고 싶었다는 것이었다. 그런 일이 있은 지 훨씬 후에야 왜 그 이름이 떠올랐는지가 밝혀졌다.

즉, 콘스타데인이란 말은 콘스탄트(또는 콘스탄시)·나데인·코데인 등 그 밖의 몇 가지 명칭의 발음을 일부 생략하고 복합하여 만들어진 하나의 조어였던 것이다. 그런데 이 말들의 하나 하나가 이 부인에게는 중요한 의미를 가지고 있었던 것이다. 나는 여기서 그에 대한 설명을 간단히 소개하려고 한다.

이 부인은 어떤 점에서도 결코 콘스탄트(constant)하지 못했다. 그렇기 때문에 딸만은 자기를 닮지 않았으면 하는 희망을 가지고, 마음 속으로 빌어 왔었다. 그래서 그녀는 딸에게 '콘스탄트'라는 이름을 붙이고 싶었던 것이다.

나데인이라는 말은 그녀의 남편이 전에 외도를 하여 상대하던 여자의 이름이었다. 그래서 그녀는 자기가 성실치 않았던 것을 정당화시키기 위하여, 남편이 진정으로 사랑한 대상은 '나데인'이라는 다른 여자였으니까 불성실했던 쪽은 사실 남편이라고 생각하면서, 그녀는 자기의 온당치 못한 비밀스러운 행위도 그것으로 정당화될 수 있다고 생각했다. 이런 의미에서 그녀는 남편이 두 '나데인'——옛 연인과 새로 출생한 갓난아기——을 사랑해 주기를 바라는 마음이었다.

또 코데인이란 마약을 말한다. 그녀는 자신이 여러 가지 걱정스러운 일로 인해 마음의 안정을 찾지 못하여 불면증으로 시달리다 못해 '코데인'을 수면제로 잘못 알고 몇 알 먹었다. 그런데 코데인은 수면제로는 그 효력이 별로 신통치 않으며, 또 습관성 의약품도 아니다. 그러나 이 부인은 그런 사실을 몰랐다. 그렇기 때문에 이런 약을 상용했다는 죄의식과 위험한 일을 범했다는 걱정으로 쓸데없이 이중 고민을 하고 있었다. 그리하여 그녀에게는 '코데인'이란 말도 아기의 이름에 포함시켜야 한다는 생각이 강압적으로 느껴졌다. 다시 말하면 그녀는 세상에 대하여 스스로가 '나는 마약 상습자입니다'라고 고백하지 않으면 견딜 수 없다고 생각했던 것이다(물론 그녀는 마약상습자가 아니었다). 그리고 그녀의 생각으로는 자기가 불면증인 것은 다만 임신 때문이라는 것이며, 약(코데인)을 먹게 된 동기도 그것에서 기인됐다는 것이다. 그렇기 때문에 모든 책임은 갓난아기에게 이름붙일 '콘스타데인'에게 있다고 전가시키고 싶었던 것이다.

② 꿈의 압축

가정생활이 별로 행복스럽지 못한 안나라는 대학 졸업반 학생이 있었는데, 그녀는 나에게 와서 자기 동생이 결혼한 꿈을 꾸었다고 이야기했다. 일반적으로 듣기로는 지극히 간단한 것 같은 꿈이지만 사실은 그 속에 상당히 많은 관념과 소망이 압축된 것이다. 그리고 이 관념이나 소망들은 억제되어 있는 상태이기 때문에 그 상태라면 의식이라는 '무대' 위로 감히 나타내지 못할 것이 꿈의 형태로 압축되고 변장하여 간신히 빠져나온 것이었다. 그러면 이 꿈의 배경이 된 사실부터 알아보기로 하자.

그런데 이 여대생의 꿈에 나타났다는 동생의 얼굴은 그녀보다 훨씬 미인이었다. 그래서인지 사회에 나서자 순식간에 인기가 치솟아 많은 남성들로부터 관심의 대상이 되었다. 그녀는 여학생들의 모임인 '소로리티(sorority)라는 클럽에 가입하여 여러 가지 사업에 참여하였으며, 멋진 남성들과의 데이트가 빈번했다. 그러나 언니인 안나는 동생과는 정반대로 인기가 전혀 없었고, 그 누구도 상대해 주는 사람이 없었다. 이러한 차별대우는 그녀가 어렸을 때부터 뼈저리게 경험해 왔으며, 그로 인한 안나의 마음은 부러움과 질투 때문에 상당한 괴로움과 고통을 받아 왔던 것이다. 그러나 그녀의 동생은 어느 사람들을 대할 때와 마찬가지로 언니에게도 항상 즐거운 낯으로 대하였다. 그 뿐만 아니라, 동생은 무엇보다 숨김없이 말해 주었으며 위로와 사랑으로 보살펴 주는 어머니를 대하듯 언니를 따랐다. 이것이 안나로서는 큰 위안이 되었다. 그래서 이 동생이란 존재가 그녀에게 쓰라림을 주는 질투의 대상이었음에도 불구하고, 안나는 동생에게 깊은 애정을 느끼고 있었다.

그러나 안나가 꿈을 꾼 것처럼 만일 이 동생이 실제로 결혼한다면 그녀로서는 즐거운 일이 한두 가지가 아니었다. 첫째로, 안나는 오랫동안 자기를 동생에게 동일화시켜 살아왔던 것이다. "내가 꾼 꿈처럼 동생을 결혼시킬 수가 있다면, 그것은 내가 결혼하는 것과 조금도 다를 바 없는 기쁘고 좋은 일입니다"라고 안나는 자기 입으로 말했다. 그러므로 동생을 결혼시키는 것은 이 동생이 자기를 대신하는 '상징'으로서, 자기가 결혼하고 싶다는 소망을 성취하는 셈이다. 둘째는, 동생이 결혼하고 나면 결혼 상대자를 구하는 경쟁자가 한 사람 줄어든다는 것이었다. 그들이 살고 있는 주위에서는, 이 두 자매가 신부 후보자로서 비교되면 두말 할 나위 없이 동생이 선택된다는 것은 기정 사실로 되어 있었다.

그러나 그보다도 꿈 속에는 더욱 내숭스럽고 비난받을 생각이 숨어 있었다. 내용인즉, 그녀가 꿈꾸기 전날 동생이 찾아와서는 근심스러운 얼굴로 다음과 같이 묻는 것이었다. "그런데 언니, 여자로서 어린애 낳는 일은 참 무섭고 위험하다던데, 정말 그럴까? 모드 마틴이 그러는데, 지난 주일 병원에서 자기 올케가 하마터면 죽을 뻔했대요. 정말 그렇다면, 나는 공연히 무서워져요. 그야, 언젠가는 나도 결혼하고 싶으니까요. 내가 어렸을 때의 기억으로는 애기를 낳는다는 것은 죽음의 고통이라고 생각하고 있었어요. 그런데 이번에 들은 애기로 보면 그것이 사실인 것 같기도 해요. 그래서 어쩐지 무서운 생각이 들어 못견디겠어요. 실제로 그런지 알고 싶어요."

안나는 동생을 안심시키려고 자기가 알고 있는 모든 것을 얘기해 주었다. 만일 출산이 그렇게 무서운 것이라면 이 세상은 오래 전에 이미 사람의 씨도 안 남았지. 오늘날처럼 이렇게 많은 사람이 태어날 수 있었을 것인가 하는 상식적인 충고도 덧붙였다. 그런 후 30분도 채 못 되어서 그 이야기를 언제 했었느냐는 듯 잊어버렸다. 그러나 안나 자신도 전에 출산에 관하여 그것이 퍽 무서운 것이라는 생각을 가진 적이 있었다. 그렇지만 그녀는 그런 유치한 생각은 떨쳐 버리자고 벌써 오래 전에 잊고 있었던 것이지만, 사실은 자기의 무의식 속에 그것을 고이 간직하고 있었던 것이다.

그러므로 이 지극히 간단한 꿈 가운데, 비난받아야 할 이기적인 관념과 함께 다음과 같은 아주 나쁜 생각도 들어 있었던 것이다. 즉, '만약 동생이 결혼을 그처럼 간절히 생각한다면, 그 남자들 중의 아무하고나 결혼하라지…… 그것은 자살행위나 다름이 없어…… 그렇지만 내가 상관할 바가 아니지. 나로서는 방해물이 없어질 뿐이니까……'

4) 이동형성

어떤 소망이나 공포 혹은 증오감을 어떤 사람 또는 물건에 바꾸어 놓아, 자기의 정서의 대상으로 삼는 '변장'을 이동형성*이라고 부른다.

①남편을 아들에게로 이동형성

아내와 말다툼을 하여 기분을 상하게 만들어 놓고서, 베이커 씨는 모자를 눌러쓰고 직장으로 출근해 버렸다. 베이커 부인은 매우 흥분해 있었다. 그녀의 남편은 그녀에게 비난의 말을 실컷 퍼붓고

─────────────

*치환(置換)

는 겁쟁이처럼 도망치듯 나가 버렸던 것이다. 일반적으로 아내는 대부분 집안에서 이것저것 집안일을 해야 하므로 잔뜩 화를 돋우워 놓고는 도망치듯 나가 버리는 남편에게 반격할 기회가 좀처럼 없다. 그러나 남편은 그렇지 않다. 집 밖으로 나오면 곧 그런 것은 다 잊어버릴 수가 있다. 그렇기 때문에 아내는 접시를 닦고 집안을 소제하고 잠자리를 치우고, 그 밖에도 태산같이 많은 일을 하는 동 안 계속 이런 생각을 한다. '그 마지막 말이 얼마나 소갈머리없는 말인가! 얼마나 기분 나쁘게 비꼬는 말인가! 어쨌든 남편이 회사 에 나가서 누구보다도 출세하기를 바라고, 도와 오지 않았던가. 그 렇지만 그런 마음은 조금도 몰라 주고 고작 이거야? 이렇게 사람을 들볶고 못살게 굴어도 되는거야!'

그때 마침 다섯 살짜리 아들이 밖에서 놀다가 집으로 뛰어들어 왔다. "엄마——있잖아, 해롤드와 나는 아주 재미나게 놀아요. 그 애 집에 가서 손수레를 끌어내다가! 그것을 말야……"

아들은 겨우 거기까지 말했다. 그는 들어오면서 현관에 흙발자국 을 약간 남겼다. 보통 때라면 별로 대단한 것도 아니었지만, 그 날 은 화가 치밀었다. 베이커 부인은 언성을 상당히 높여 야단을 치며, 아들을 방 안으로 마구잡이로 끌고 들어가 양팔로 아들의 몸을 붙잡 고 힘껏 흔들었다. 아들은 어이없는 어머니의 행동에 겁을 집어먹 고는 울음을 터뜨리고 말았다. 그것이 더욱 그녀의 화를 부채질 했다. 그녀는 머리솔을 집어서 아이의 볼기를 심하게 때렸다. 아이 가 엉엉 울면서 항의하는 소리와 어머니가 야단치며 나무라는 소리 가 뒤섞여 큰 소동이 난 것처럼 되었다.

그러나 베이커 부인이 의식의 무대에 나갈 수 없는 배우를 출연시 켰다는 사실을, 엉뚱하게 화풀이를 당한 아들은 물론 그녀의 남편 그리고 그녀 자신까지도 몰랐던 것이다. 이 배우는 '변장'을 하고 있는 상태였지만, 그것은 이동형성의 변장이었던 것이다.

② 지체의 한 부분에서 다른 지체의 부분으로의 이동형성

사춘기에 들어선 한 소녀가 자기 입에 대하여 너무 지나치게 집착한다고 해서, 그녀의 어머니가 그녀를 데리고 정신과 의사를 방문했다. 이 소녀의 생각으로는 아무래도 자기의 입에 무슨 이상이 있다는 것이다. 그래서 늘 거울에 비춰보거나 턱을 만져 보기도 하고 이를 하나 하나 흔들어 보는가 하면, 입을 크게 벌리고 목구멍을 들여다보거나, 그 밖에도 별별 짓을 다하여 그 소녀는 신체의 입 부분에 상당한 관심을 가지고 있음을 보였다. 그와 동시에 그 소녀는 치과 의사를 퍽 두려워했다. 그것이 점점 발전하여 의사라면 어느 사람이든지 모두 무서워하게 되었다. 그 소녀는 또 사람이 승냥이로 변하는 신화를 영화로 보았는데, 그것에 얼마나 놀랐던지, 그 이후로는 영화도 일체 보지 않게 되었다는 것이다.

이 정신과 의사가 그 소녀로부터 충분히 신뢰를 받게 된 뒤에, 그녀가 고백한 바에 의하면, 그녀는 이 증상이 시작되기 얼마 전부터 자기의 성기에 대단한 호기심을 가지게 되어 거울에 비춰 살펴보기도 하고 수음을 행하기도 했다. 그러다가 웬일인지 무섭고 두려운 생각이 들어 수음을 그만두었다. 그런 일이 있은 후 그녀는 자신의 입에 관한 이상한 관심이 시작됐던 것이다. 즉, 어디엔가 잘못된 곳이 없을까, 상처를 입지나 않을까, 어떤 위험한 일이 생기지 않을까라는 걱정이 성기로부터 구강으로 옮겨졌던 것이다. 여기서 기억해야 할 것은, 이 이동형성은 의식적으로 이루어진 것이 아니라 무의식중에 이루어졌다는 점이다. 다시 말해서 이 소녀는 '자'이제 나는 수음에 관한 걱정을 하지 않아도 된다. 그대신 앞으로는 입에 관한 걱정을 해야겠다. 입도 역시 성기와 마찬가지로 구멍의 입구이니까'라는 생각을 가진 것이었다. 그러나 이런 종류의 걱정의 대상 전환이 그녀 자신도 모르는 사이에 이루어졌던 것이다. 그래서 이 의사는 그 소녀에게 수음은 별로 위험한 짓이 아니며, 사람들은 흔히 하는 불문율의 행위라는 이야기를 들려주어 그녀가 안심할 수 있

도록 시도했다. 그 결과, 그녀는 입에 관해 지나친 걱정과 그로 인
해 파생되었던 다른 걱정까지 모두 해소되었다(로버트 P. 나이트의
〈정신분석적 개념의 정신요법에 대한 응용——정신위생 의료상의 임상적
시험의 보고〉에서).

③ 부모로부터 선생으로의 이동형성

14,5세가 되기까지 그는 교내에서 가장 우수한 학생이었다. 그런
데 그 이후부터 갑자기 그는 전연 딴 사람으로 변해 버렸다. 아무리
공부를 하여도 도무지 머리 속으로 들어가는 것 같지가 않아서 견딜
수 없었다. 시험을 치를 때마다 그는, 선생이 교과서에도 없는 것이
나 자기는 알지도 못하는 문제를 출제할 것만 같은 생각이 들었다.
'대체 이게 어떻게 된 일인가?' 그는 자문했다.

어느 교과서에서도 찾아볼 수 없고, 어느 누구도 나에게 가르쳐
주지 않은 문제를 그래도 답안을 써넣어야 한다니, 그런 일이 있을
까? 나는 무섭고 얼떨떨해서 어느 한 가지라도 똑똑하게 생각할 수
가 없었다. 내 머리 속은 아무것도 없이 텅 빈 것 같았다. 그러면
내가 질문받기를 두려워한다는 것은 대체 무엇을 뜻하는 것일까?
나로서는 도무지 알 수 없는 일이다. 그것은 아마 실생활과는 아무
런 관계도 없는 일일 것이다. 그것은 어쩜 한시도 내 머리 속을 떠
나지 않는 것, 그것으로 내 생각은 항상 꽉 차 있는지도 모르겠다.
그러나 내가 확신을 가지고 말할 수 있는 한 가지는, 내 나이가 14,
5세 가량 되었을 때 선생님이 내게 무슨 나쁜 습관을 가진 것이 없
느냐고 물어 볼까봐 항상 겁이 났던 일이다. 나는 그것이 어떤 성문
제에 관련된 것이라고 나름대로 생각했다. 그리고 내가 겁내고 있
었던 다른 한 가지는 선생님이 그 밖에 또 어떤 짓을 하였느냐고 나
에게 묻지나 않을까 하는 것이었다. 또 나는 어머니가 선생님을 만
나러 학교에 가는 것이 아주 싫었다. 그것은 내가 성적이 퍽 좋았을

때도 마찬가지였다. 선생님이 어머니를 만나면 내가 집에서 어떤 짓을 하느냐고 물을까봐 겁이 났던 것이다. 또 한 가지의 걱정 때문에 나는 견딜 수 없었다. 그것은 만약 내가 사실대로 대답했다가는 선생님이 달려들어 때릴 것만 같았으며, 그리고 어떤 아주 무서운 일이 돌발할 것만 같은 느낌이었다(J. 새쳐, 《시험의 공포와 시험에 관한 꿈에 대하여》에서).

이 청년이 은밀히 성적인 행위에 심취해 있어, 그 행위가 잘못이란 것을 느끼고 그것 때문에 그의 마음이 괴로우며 그 일이 부모에게 발견될까봐, 그리고 벌을 받을까봐 두려워했던 것은 확실하다. 이 경우의 이동형성은 자기가 두려워하는 대상이 사람만이 아니라, 그 원인도 포함되어 있다.* 신경증의 사람은 때로는 자기의 아내를 어머니처럼 다루며, 아내가 한 일이 아니라 어머니가 한 일에 대해서도 아내에게 화를 내며 분풀이를 하는 경우가 있다.

5) 조탁과 왜곡

장식과 아라베스크에 의한 변장 및 일부 변경에 의한 변장.

장식이란 엄밀하게 따지면, 배우에게 산더미처럼 옷을 입혀서 옷 속에 감추어 버리는 것, 즉 바늘만한 작은 관념을 짚더미만큼 많은 언어 속에 감추어 버리는 변장이다. 왜곡은 비뚤게 보이는 것 같은 작은 일이기는 하지만, 점점 쌓여지면 중대한 사건으로 발전되는 성질을 갖는 사소한 것의 변장이다.

다음에 소개하는 예는 앞에서 말한, 두 가지가 서로 밀접하게 관련되어 있는 기제의 양면을 보이는 것이다. 이 이야기의 핵심이 되

---

*이동형성의 그 밖의 실례로는 뒤에 나오는 7) 합리화 기제의 처음의 예 및 9) 반동형성 ③의 예를 참조.

는 것(무의식적인 것이기는 하나)은 킹 부인에 대한 몇몇 부인들의 악
의 있는 소망이다.

아담 부인이 베크 부인에게 "킹 부인은 오늘 어디 가셨나요? 그
렇지 않으면 앓고 있나요?"
베크 부인이 클라크 부인에게 "킹 부인이 병으로 앓고 있는지도
모르겠다고 아담 부인이 그러던데요."
클라크 부인(이 여인은 킹 부인을 싫어함)이 데이비스 부인(이 여인은
킹 부인을 좋아함)에게 "킹 부인이 몹시 앓고 계신다지요? 별일이나
없었으면 좋으련만."
데이비스 부인이 엘리스 부인에게 "클라크 부인이 말하는데 킹
부인의 병이 아주 대단하다는군요. 어서 가봐야겠어요."
엘리스 부인이 프렌치 부인에게 "킹 부인의 병이 아주 위급한 모
양이래요. 데이비스 부인을 부르러 와서 지금 막 가던데요."
프렌치 부인이 글렉 부인에게 "킹 부인이 살 것 같지 않다는군요.
친척들까지 모두 모였다는군요."
글렉 부인이 허드슨 부인에게 "킹 부인의 그 후 차도가 어떤지
요? 죽지나 않았는지요?"
인햄 부인이 존스 부인에게 "당신도 킹 부인의 장례식에 가시겠
습니까? 어제 세상을 떠났다는군요."
존스 부인이 킹 부인에게 "내가 지금 막 당신의 장례식이 있다는
말을 들었는데, 대체 누가 그런 소문을 퍼뜨렸을까요?"
킹 부인이 "내가 죽어 나가면, 좋아할 사람이 어디 한둘인가요."

6) 전도기제(顚倒機制)

자기가 무의식중에 희망하고 있는 바와는 정반대의 것을 말하거
나 행동하는 것. 이것은 위선이나 불성실과는 다르다. 위선이나 불

성실은 의식적인 기만작용이기 때문이다.

① 몽유병자

내가 태어난 도시에 한 모녀가 살고 있었는데, 두 사람은 모두 몽유병자였다. 어느 날 밤 사방이 고요해졌을 때, 이 모녀는 각기 잠결에 이리저리 돌아다니다가 안개가 자욱한 마당에서 서로 맞닥뜨리게 되었다. 그러자 어머니는 말하기를 "아, 이제야 내 원수를 외나무 다리에서 만났구나! 너 때문에 나는 청춘을 잃었다. 너는 나를 희생으로 삼아서 네 생활을 쌓아올렸다. 내가 너를 못죽일 줄 아느냐?"라고 말했다. 그러자 딸도 질세라 입을 열어 "아 이 밉살스런 여편네! 욕심 사나운 늙은 여자야! 내 자유를 방해했지! 나의 생명을 네 시들어가는 목숨의 반향으로 삼으려고 했지! 흥, 죽어버려라!"라고 말했다.

그때 닭이 울었다. 그 순간에 모녀는 잠에서 깨어났다. 어머니는 다정스럽게 "아, 너였구나?"라고 말했다. 그리고 딸도 공손한 어조로 "이를 어쩌나. 저예요, 어머니"라며 겸연쩍게 대답했다(칼릴지브란, 《광인──그의 우화와 시》에서. 또한 다음 항의 7)합리화 기제의 두 번째 예도 참조).

7) 합리화 기제

그럴 듯하게 딴청을 피우지만, 자기가 의식치 않고 있는 이유에 대해서는 말하지 않는다. 또 사실의 전부를 정직하게 사실 그대로 받아들이지도 않는다.

나의 환자 중에 어느 유명한 음악가가 양키 스타디움에서 연주할 때에는 한사코 들으러 가는 사람이 있었다. 그녀는 지금까지 음악에 취미를 가져본 적도 없었고, 음악에 관해서는 거의 문외한이었다. 당신은 왜 한번도 빼놓지 않고 그 사람의 음악회에 가느냐고 물으면 '나는 음악을 무척 좋아합니다'라고 대답했다. 그녀는 음악에 관한 각종 잡지를 사들이고, 밤낮으로 음악공부에 매달렸다. 그러는 동안 음악을 어느 정도 이해할 수 있게 되었으며, 어떤 연주를 들어도 거기에 조금이라도 기술적으로 서투른 데가 나오면, 곧 그것을 알아낼 수 있을 정도가 되었다. 그래서 간혹 이 음악가가 실수라도 하게 되면 그녀는 정서적으로 심한 혼란을 느꼈다. 그녀의 상태를 연구하는 동안에, 그 여자의 표면에 내세운 음악에 대한 흥미는, 실은 그 음악가에 대한 흥미가 바꾸어 놓은 것임이 판명되었다. 그러나 그녀는 물론 합리화작용을 가동시켜서 '나는 음악 그 자체를 좋아한다'라고 말하는 것이었다. 그렇지만 사실은, 그녀는 그 음악가를 사랑했던 것이다 (제럴드 R. 저메이슨, 《직업적 치료와 회복》에서).

내게 온 어떤 환자의 고백을 들어보면, 자기가 결혼한 여성은 재산도 없는 가난한 여인이지만, 처음에는 솔직히 부잣집 딸과 결혼하고 싶었다는 것이다. 그는 약혼하기 전에 온갖 수단과 기회를 동원하여 부잣집 딸들을 가까이하려 했으며, 그들과 교제도 하고 혹시 그들 중에 아름다운 여자로서 자기와 결혼하겠다는 처녀가 없을까 하여 돌아다니기도 했다. 그가 그렇게 끈기와 간절한 마음으로 찾아다녔건만, 결과는 별로 신통치 않았다는 것이다. 나는 다소 놀랍고 의아해서 그 결과를 물었더니, 그는 그가 이때까지 만났던 부잣집 딸들은 모두가 돈 때문에 아주 못쓰게 된 여자들로서 그들은 하나같이 제멋대로 행동하므로, 아무리 돈을 많이 가졌다고는 하더라도 그런 처녀들과 결혼하고 싶은 생각은 조금도 없었다고 말했다. 다시 말해서 그녀들은 한결같이 옷·무도회·요트놀이·자동차 등 돈이면 무엇이든 마음대로 할 수 있는 것에 생활의 중점을 두었으며, 애정이니 동정심이니 인생의 반려와 같은, 그로서는 결혼

의 가장 중요한 조건들을 별 문제로 삼지 않았다는 것이었다. 엄청
난 재산이 있는 사람들은 자칫 인간의 성격에 편견을 가져다 준다는
것을 결코 부정하지는 않지만, 이 사람이 부유한 가정의 딸들을 꽤
많이 알고 있기는 해도, 그 여자들이 모두 그가 말하듯 그런 결점들
을 가졌으리라고는 어쩐지 믿어지지가 않았다. 그가 부유한 가정에
장가들려고 마음먹었음에도── 실제로 기회도 있었다고 함── 그
계획을 실행치 못한 이유는, 내가 생각하기에는 그의 말처럼 그녀
들에게 결점이 있었다기보다는 오히려 그 자신의 성격에 어떤 특별
한 사정이 있었으리라는 생각이 들었다. 즉, 그의 변명은 사실을 말
하고 있는 것이 아니라, 합리화를 하고 있다는 인상을 받았던 것
이다. 실제로 오랜 시일이 걸려서 발견된 결정적인 요인은 바로 그
자신의 돈에 관한 콤플렉스였다.

그의 생각으로는 부유한 가정의 딸들은 인생의 반려자보다는 재
물에 더 많은 관심을 가졌다는 것이었다. 그것은 사실 그에게 다소
그런 경향이 있었기 때문이었다. 그는 자기가 가난한 집의 처녀에
게는 흥미를 가질 수 없다고 생각했으므로, 부잣집 처녀들도 돈 없
는 남자에게는 관심을 보이지 않을 것이고, 그렇기 때문에 부자가
아닌 자신을 부잣집 딸이 과연 거들떠보기나 할 것인가라는 의문을
품었던 것이다. 한편 그는 재산이 전연 없는 처녀라면 그를 진심으
로 사랑해 주지 않을까, 특히 그런 처녀의 눈에는 별로 가진 것도
없는 자신의 재산이라 하더라도 고맙게 생각해 줄 것이다 하는 식으
로 느꼈던 것이다(H. W. 프링크, 《병적 공포와 강박행위》에서).

"이런 종류의 문제에 관해서는 확고한 도덕적인 태도를 가지는
것이 좋다. 쨈은 고양이가 먹었으며, 성냥에 불을 붙게 한 것은 번
개라고만 인정하고, 그 이상 그 일에 대해서는 아무것도 생각하지
않아도 좋다"라고 소로의 합리화 문제에 대하여 이사벨 M. 피터슨
여사는 말했다(1936년 12월 13일자의 《뉴욕 헤럴드 트리뷴》지에서).

피터슨 여사는 계속해서 다음과 같이 말했다.

"소로 사건이라는 것은, 소로라는 남자가 모닥불을 지피다가 실수하여 산불을 내고서, 이런 핑계 저런 핑계로 자기의 책임을 회피하려던 사건이다. 부근의 마을 사람들을 총동원하여 진화하기에만 전력하다가 손에 화상을 입고, 눈썹과 머리털을 그을렸다. 한 농부의 여러 정보의 숲이 소실되었다. 소로의 산불은 '100에이커 이상의 숲을 태우고, 무척 많은 어린 나무들을 불살라 버렸던' 것이다.

그런데 이 위대한 도덕가이며 자연주의자인 실화자는 이에 대하여 어떻게 느꼈을까? 그는 이렇게 말했다. '자칭 소유자라고 나서는 불과 6명의 사람이 있다고 하지만…… 나는 이 삼림에 대한 흥미와 관심을 그 누구보다도, 아니 그들 전부를 합친 것보다도 더 깊게 가지고 있다. 또한 더 많은 지식을 가지고 있을 뿐만 아니라 그 손실을 남자답게 단념했지만, 어떤 사람은 내가 보이지 않는 곳에서 나를 악당이라고 말했다. 또 입이 가벼운 자들은 몇 해를 두고 타버린 삼림에 대한 이야기를 먼 발치에서 이러쿵저러쿵 떠들었다. 나는 그들에게 할 말은 아무것도 없었다…… 지금까지 나는 마치 무슨 죄라도 진 것처럼 생각되었다…… 그러나 나는 이 문제에 대하여 간단히 해결을 지었다. 이 삼림의 소유자라는 자들은 대체 누구이며, 나와 그들과의 관계는 어떤 것인가? 내가 산불을 내기는 했다. 그렇지만 그렇다고 해서 그것이 내가 무슨 나쁜 짓을 저질렀다는 생각은 들지 않는다. 말하자면 그것은 번갯불이 산불을 일으킨 것과 무엇이 다른가? 나는 더 이상 이 소유자들의 일이나 나의 과실——혹시 나에게 과실이 있었다면——을 생각지 않기로 했다' 라고."

8) 고의적인 우발사고

우연히 일어나는 돌발사고라는 하는 것 중에는 어떤 목적이 있고, 그 목적은 무의식적인 소망에서 비롯된 것이면서도 제법 우연히 일어난 것처럼 보이는 것을 이용하였다는 종류의 사건이 매우 많다.

이런 종류의 사건은 말이 헛나갔다느니, 붓끝이 잘못 나갔다느니 하는 따위의 경우가 많다. 이런 종류에 속하는 것은 무의식적인 두뇌작용의 증거로 발견되는 것 중에 들어간다.

다음은 백화점을 경영하는 어떤 친구에게서 들은 이야기다. 이 백화점의 도난 감시원이 어떤 부인 손님에게 물건을 훔친 혐의를 잡은 사건이 있었다. 그러나 이 일을 표면화시키지 않고, 이 부인을 그냥 석방했다. 그랬는데 이 부인은 이 백화점을 상대로 그릇된 혐의를 씌워 불법체포를 했다고 소송을 제기했다. 증언대에 선 이 부인은 그날 그 백화점에 들어간 이유가 무엇이냐라는 질문을 하자, 자기도 모르게 "무엇을 좀 숍 리프팅(shop lifting : 들어올리다), 아니 저 쇼핑하러 갔습니다"라고 대답했다. 이 소송은 곧 기각되었다. 왜냐하면 무의식중에 잘못 발음한 자백이 바른 말이라는 것을 모두 인정했기 때문이다.

이런 종류의 말의 실수를 흔히 우리의 일상생활에서는 너그러이 보아넘기고 있다. 그러나 무의식이라는 것의 힘을 인식한 사람들은 이것을 문제로 삼고 있다. 다음은 카린 스테펜이 그의 저서인 《정신분석과 의학—— 알고 싶은 소망의 연구》속에서 참으로 훌륭하게 나타내고 있는 한 예이다.

그녀가 우발사고의 문제에 대하여 회의적인 관념을 가지고 있는 어느 친구와 토론을 하던 중, 이 친구는 그 문제를 멸시하는 태도로 "그런 실례가 한둘 있다 하더라도 그것만으로는 결코 나를 컨빅트(convict)*1 할 수는 없어"라고 말했다. 그녀가 실제로 하려고 했던 말은 물론 컨빈스(convince)*2 였으나 말이 잘못 나왔던 것이었다. 이 무의식적인 기능에 관한 해석을 인정할 수 없다는 사실이, 마음 속으로 자기가 어떤 죄를 범했다는 생각에 얽혀서, 이처럼 생각지도 않은 말이 입 밖에 튀어나왔던 것이다. 이 실언이 있은 후, 이 친구도 어느 정도는 깨닫게 되었다.

이렇게 일어나는 사고 중에는 더욱 심각한 것도 있고, 자기 자신에게나 제3의 사람에게 실제로 해로움을 끼치는 경우도 허다하다. 이런 사고는 알고 보면 당사자가 고의로 일으키고 있다는 것을, 전문가 외에는 이해하기가 그리 쉬운 일이 아니다. 그렇지만 사고 중에는 틀림없이 고의로 일으키는 것이 있다. 이 사실은 사고로 부딪친 사람들에 대한 집약적인 심리적 관찰을 행한 결과, 구체적으로 발견된 것이었다. 그러나 때에 따라서는 사건의 성격으로 미루어보아 그런 추론을 할 수 있는 경우도 있다.

나는 어느 가정의 두 형제를 알고 있다. 형은 성적이 매우 좋은 학생이어서 부모의 귀여움을 받는 반면, 그의 동생은 학교성적도 시원치 않고 집안에서도 두통거리였다. 그렇기 때문에 이 동생이 귀여움을 받는 형을 부러워하고 미워하는 것은 숨길 수 없는 사실 (적어도 나에게는)이었다. 그러나 두 형제는 함께 놀았고, 또 그들은 공통된 점들도 제법 있는 것 같았다. 하루는 사냥하러 나갈 준비를 하느라고 두 형제는 총을 손질하고 있었다. 그런데 늘 멸시만 받아오던 두통거리 동생이 총을 오발하는 바람에 형은 척추를 맞아 한평생 불구의 몸이 되고 말았다. 이 무서운 사건이 우연한 돌발사고라는 것은 누구나 의심할 여지가 없다. 그러나 적어도 나로서는 이 사건이 평소에 형을 부러워하고, 미워했던 동생의 마음 속에 억압되

∗1) 유죄로 증명하다.
∗2) 설득시키다.

어 있는 소망을 충족시킨 것만은 의심할 나위도 없는 것으로 생각되
었다. 다음의 예를 보면 더욱 이해가 갈 것이다.

먼 곳에서 통원치료하는 어떤 환자는, 남편과 몹시 다투고 난 다
음이라 집으로 돌아가기가 정말 싫었다. 그러나 남편과 상의할 일
이 있어서, 꼭 집으로 돌아가야 했다. 그래도 집으로 돌아가기란 죽
기보다 싫었으므로, 그녀는 이렇게 싫은 일을 어떻게 피할 길은 없
을까 하고 별별 생각을 다 해보았다. 결국 그녀의 이성이 승리를 거
두게 되어, 손수 자동차를 운전하며 집으로 향하여 몰고 가던 중 2,
3마일도 채 못 가서 이상하게 무의식적으로 교통법규를 위반하여
다른 차와 추돌사고가 일어나고 말았다. 그 바람에 그녀의 차가 뒤
집혔다.

결론이야 뻔했다. 이 부인의 운전술은 드물게 보는 뛰어난 솜씨
를 가졌다는 사실을 덧붙이면, 아마 이 결론은 더한층 명확해질 것
이다.

자동차를 운전하는 사람만이 아니라 보행하는 사람의 경우에도,
교통사고에 말려드는 까닭은 때로는 무의식의 지시에 따른다는 것
이 '부주의'라는 탈을 쓰고 저질러진 사고라는 혐의를 받을 수가 있
을는지도 모른다. 미국의 전국 안전심의회의 통계에 의하면, 1935년
한 해 동안 무려 7천 명이라는 사람이 '한눈 팔고 다니다가 죽었다'
는 것이다. 심의회에서는 이것이 부주의의 결과라고 판단하고 있지
만, 심리학자의 입장에서 본다면, 우리는 이른바 이 '부주의'의 이
면에 어떤 악의에 찬 목적이 숨어 있음을 의심치 않으면 안 된다.

허다한 사고가 고의로 일어난 것이라는 여러 가지 증거들 중에 사
람들이 가장 잘 수긍할 수 있는 증거는 아마 사고로 희생되는 사람
들이 당하는 그 방법일 것이다. 신문기자들은 그런 불행한 사람들
을 '으뜸가는 불운의 소유자들'이라고 평한다. 나의 수중에 어느 사
람에게 연달아 일어났던 사고를 보도한 신문을 스크랩한 것이 있다.

네 살 때는 말에서 떨어져 오른쪽 다리가 부러졌다. 6세 때에는 손도끼로 말뚝을 박다가 왼쪽 발을 크게 다쳤다. 1년 후, 그는 소에게 떠받쳤다(그가 소를 못살게 굴었으므로 다친 책임은 전적으로 그에게 있었다는 것은 문제삼지 않았다). 17세 때 그는 한 번 더 다리를 부러뜨렸다. 그런 일이 있은 후 얼마 안 되어 기차에 치어서 왼팔을 잃었고 발가락이 아홉 개가 달아났으며, 두개골에 금이 갔다. 그래도 구사일생으로 살긴 했다. 그리고 몇 해 후에 그는 열차로 여행하는 동안에 무엇에 걸려 넘어지면서 척추의 추골이 부러지고, 양발의 복사뼈를 삐었던 것이다.

나는 이런 부류의 사람들에 관한 신문기사를 스크랩한 자료들을 많이 가지고 있다. 미신을 믿고 귀신이나 악령의 조화라고 생각지 않는 한, 이런 사람들은 우연의 힘을 빌려 자기가 자신을 해치려는 무의식적인 의지를 가지고 있다고밖에 생각되지 않는다. 이러한 경향이 너무 뚜렷하고, 또한 사고가 빈번히 되풀이되므로, 이런 사건을 다만 우연의 일치니 부주의만의 탓으로 돌릴 수는 없는 것이다.*

9) 반동형성(reaction formation)

어떤 종류의 변장의 주요 목적은 관객을 속이려 한다기보다는, 오히려 배우의 '자존심'이나 극 자체(자아)를 보호하려는 점에 있다. 이런 것들을 방어기제(자기를 보호하려는 기제)라고 부르고 있다. 반동형성도 방어기제의 일종이긴 하지만, 그 특징은 무의식

---

*K. A. 메닝거, 《자기 파괴 경향의 표시로서의 고의의 사고 : Purpose Accidents as an Expression of Self-Destructive Tendencies》 정신분석학 국제잡지, 제17권, 1935년, pp. 6~16 그리고 액커밀·치데스터 공저 《아동들의 돌발적인 자기 상해》 등을 참조.

중에 자신이 하려고 생각하는 것과는 정반대의 행동을 하는 점
이다.

① 너무 정직함

조지 바로는 한량없이 고지식한 사람이라고 일반 사람들은 생각
하고 있었다. 그는 10년간이나 그 지방에서도 제일 큰 은행의 출납
계에서 일했다. 그는 너무 고지식하여 선거결과 누가 당선될 것인
가 하는 내기에 이겨서 얻은 5달러까지 소득신고서에 기재하여 세
무서에 제출했다. 그는 은행의 상관에게는 물론, 동료와 손님들에
게도 신용이 대단했다. 그런데 어느 날 갑자기 아무 예고도 없이 이
사람이 행방을 감추어 버렸다. 조사해 보았더니 공금이 비어 있
었다. 그래도 여러 사람들은 그 고지식한 조지 바로가 정말 돈을 훔
쳤으리라고는 도저히 생각할 수가 없었다.

빅토르 위고가 이 주제를 그의 소설 《바다의 여행자: *Les Travail-
leurs de la men*》 속에 인용한 것이 생각난다.

② 일반적인 실례의 한 쌍

나의 친구인 R.L.은 주립감옥의 교도관이다. 그는 이 감옥의 죄
수였었는데, 지금은 이곳의 행정관으로 일하고 있다. 나의 또 한 친
구 T.M.은 전에 캔자스 시의 경관이었다. 그런데 지금은 이 감옥
의 죄수로 복역중이다. R.L.의 반동형성은 그 진행이 좀처럼 진척
을 보이지 않았었다. 그러나 T.M.의 반동형성은 그리 오래 끌지
않았었다.

③ 양의 탈을 쓴 늑대

내가 아는 사람 중에서 가장 능수능란하고, 가장 닳아 빠진 돈환
은 줄잡아 수백이 넘는 명예스럽지 못한 연애사건을 일으킨 사
내다. 이 사내는 또 실제 용모와 태도가 도대체 사내답지 못하므로,

그의 실제의 생활을 알지 못하는 사람들에게 늘 조소의 대상으로 되곤 했다. 모르는 이들은 대개 그를 동성애적, 즉 여성적인 인간이라고 생각하는 것이었다. 물론 그 사실은 그의 무의식에 관한 한 그렇게 생각할 수밖에 없었을 것이다. 그가 이와 같은 엄청난 연애사건을 일으킨 이유는, 그렇게 하여 자기가 얼마나 사내다운 남자인가를 세상에 나타내 보임으로써 자기의 여성적인 점을 극복해 보려는 심정에서 비롯된 것이었다.

생체해부 반대운동도 두말 할 나위 없이 반동형성의 확실한 실례이다. 자기가 잔혹한 짓을 하고 싶다는 충동을 느끼면서, 그 반동으로 자기가 잔혹하다고 생각하는 것을 다른 사람들이 못하게 금하려는 것도 정도가 지나치면, 이 세상의 골칫거리를 도리어 증가시키는 편이 된다. 이런 것은 프로이트가 지적한 바와 같이* 모든 반동형성 중에서 가장 전형적인 것이 된다. 반동형성은 보호되고 방위되어 있는 것을 직접행동으로 옮기기를 방해하면서, 간접행동의 수단으로 결국 본래의 목적을 달성하는 것이다.

패드(fad) 같은 경우도 그 원인은 대개 반동형성이라고 볼 수 있다. 악덕퇴치운동을 벌이는 사람들이 호색한이라는 것도 잘 알려진 사실이다. 오트 페니헬이 다룬 환자 중에는 철저한 채식주의자가 있었는데, 이 남자는 채식주의운동의 선봉에 서서 여러 해 동안 일하다가 나중에는 직업을 전환하여 정육점을 차렸다. 존 J. 모건은 뛰어난 글솜씨로 어느 목사를 묘사했는데, 이 목사는 보통 때는 조용하고 아무 재미도 없는 사람이지만, 댄스니 미니스커트니 플래퍼(flapper)주의니 단발이니 루즈니, 그 밖에 자기가 생각하기에 성생활을 그르치는 것으로 판단되는 모든 악덕의 문제를 접하게 되면 대

---

*Sigmund Freud, 《*Inhibitions, Symptoms and Anxiety*》, 정신분석학지 제4권(1935년)과 제5권 (1936년) 참조.

단한 열심으로 의론에서 열변을 토했다. 그런 것들 하나 하나가 이 사람에게 있어서는 성생활의 혼란을 의미하고 있었다. 그렇기 때문에 그것에 대해 공격하기 시작하면, 완력에라도 호소할 듯이 분을 토로하는 것이었다. 그는 또 젊은 남녀가 예배를 마치고 집으로 돌아갈 때 함께 동행하는 것을 엄금했으며, 그것을 철저하게 실행하기 위하여 자기 스스로가 그 사람들의 집에까지 동행하는 경우도 종종 있었다. 때때로 여자들이 자기를 유혹하려고 한다는 생각 때문에 팔을 휘두르며 혼자 흥분하여 악을 쓰기도 했다. 이 실례는 S. 모옴의 소설을 토대로 한 유명한 극 《비》에 나오는, 어느 진실하며 열정적인 선교사를 연상케 한다. 이 선교사는 처음에는 창녀들을 공공연히 비방하다가 그 중에 한 창녀를 개심시켰고, 그것도 부족하여 나중에는 그녀를 포옹했던 것이다.

10) 상징화(symbolization)

상징이란 어떤 대상물에 어떤 의미를 가지게 하는 것이다. 일반적으로 상징은 아주 생략된 형태로 나타나며, 그 의미는 매우 압축되어 있다.

상징화에 대해서는 정의를 내리기보다는 실제 예를 들어 설명하는 편이 훨씬 알기 쉽다. 돈·언어·그림·지도·기타의 많은 증상——이런 따위가 널리 알려져 있는 상징의 실례이다. 1달러 하면 그만한 가치의 상징인 것은 누구든지 알고 있다. '말(馬)'이라는 말은 어떤 가축화된 포유류 동물의 네 발 짐승의 상징이다. 유럽의 지도라 하면, 그것은 어떤 종족 및 민족이나 국가들에 의해 차지된 지역을 대표하는 상징이다. 이 상징들은 어느 것이나 실제의 대상물을 몹시 압축하고 있다. 따라서 그 상징들의 해석도 각각 여러 가지로 다르게 될 수 있다. 예를 들면 '붉다'는 말은 어떤 파장의 광선

이 우리의 시각에 작용하여 일어나는 현상을 상징하는 동시에, 용기·위험·불·빛·급진주의, 그 밖의 여러 가지를 상징하기도 한다.

왜 사람이 상징을 사용하느냐 하는 데는 여러 가지 이유가 있다. 가장 알기 쉬운 이유의 하나는, 그것을 사용하면 정신적인 경제가 상당히 득을 본다. 텍사스 주의 여러 도시와 지방들의 각종 관계를 자세히 알고자 할 경우, 그때마다 일일이 돌아다닐 필요도 없이 알고자 하는 분야의 지도를 보는 편이 훨씬 편하다. 광선의 파장을 말함으로써, 거기서 발생하는 색채의 감각을 하나 하나 정의하기보다는 한 마디로 '붉다'라고 말하는 편이 무엇보다 쉽다. 달러의 화폐를 사용하는 편이, 그에 상당하는 밀이나 음식물이나 금이나 옷감 등을 가지고 다니는 번거로움보다는 훨씬 편리하다.

그러나 이 편리하다는 것은 단지 시간과 노력을 절약하기 위한 기계적인 것만은 아니다. 하나의 상징이라도 어떠한 관능적인 목적을 가지고 있으며, 그 목적 속에는 억압작용을 촉진시키는 어떤 것도 들어 있다는 사실을 우리는 알고 있다. 이 목적을 위해서는 상당한 불변의 의미를 가진 여러 가지 상징이 사용되기 쉬우며, 특히 개인의 생활과 민족의 역사의 흐름 속에서 시대의 변천과 함께 변화되어 온 상징이 이용된다. 같은 이유로 상징과 상징화된 관념 사이에 언어적인 관계가 생기기 쉽다——예를 들면 mammae(포유동물의 유방의 복수형)는 mamma(어머니), 그리고 일반적으로 바다는 어머니를 상징하는데, 이 언어상의 관계를 잘 나타내고 있는 언어는 불어(佛語)이다. 즉, 불어에서 볼 수 있는 mer(바다)와 mére(어머니)다. 상징이란 것에 억압 작용적인 가치가 있다는 증거는, 그 밖에 신화·제례·종교·옛날 얘기 그리고 민족적인 전설 속에 잠재되어 있는 의미에서 발견된다.＊

＊어니스트 존스, 《악몽·마술사 및 귀신 : Nightmares · Wiches and Devils》 속에 이러한 문제들이 상세하게 논의되어 있다(New York : W. W. Norton & Co., 1931).

기억해야 할 것은 상징이란 어디까지나 상징이지, 결코 동일한
것으로는 될 수 없다는 점이다. 상징은 대용품이다. 그리고 이 대용
품은 불완전하며, 분명하지 않은 경우가 많다. 알프레트 코르지브스
키 백작의 말에 의하면, 인간의 언어는 그 발달과정에서는 상징으
로서는 부적당하거나 충분하지 못하더라도, 그것을 너그럽게 보아
넘겼으므로 우리의 언어에는 현실의 사실과 구조상의 차이가 생
겼다는 것이다. 코르지브스키가 '확장의 방안'이라고 부른 방법은,
우리들의 언어를 어느 정도 구체적으로 보완하여 상징의 의미도 분
명케 하는 경향이 있다. 이런 종류의 방법 중에는 각종 소인·날
짜·인용부·동의어부 및 유사물 지시어, 가령 '……등' 따위가
있다. 그러나 이런저런 궁리를 해보아도 역시 사상의 혼란은 일어
난다. 그것은 주로 언어상의 다툼, 즉 언어라는 것은 불완전한 것이
며 결점투성이라는 점에서 생긴다. 그리고 이런 사상의 혼란들로
인하여 과학적인 개념은 더욱 복잡해질 수밖에 없다. 우리들의 전
문분야인 심리학에서 가장 잘 알려져 있는 예는, 육체나 마음에 관
한 논쟁이다. 그러한 이분법은 현실로는 존재하지 않는다. 또 하나
의 예는 독자들 각자가 실험해 볼 수 있는 'criminal(범죄자)'이라는
말이다.

내가 생각하기에는, 이 말은 아무리 여러 가지 말을 써보더라도
1944년에 있어서의 미국인에게는 그것이 정확히 무엇을 상징하고 있
는지를 어렴풋이라도 나타내기는 불가능하다고 본다. 가령 '범죄
자'란 어느 사건에서 유죄판결을 받은 사람, 어떤 음모를 꾸민 사
람, 무슨 혐의를 받고 있는 사람, 감옥에 수감된 적이 있는 사람 등
헤아릴 수 없이 많은 의미가 있다. 그러면 몇몇 상징의 실례를 들어
보기로 하자.

① '발'이 상징하는 것
사람의 '발'은 여러 가지 상징으로 쓰여지고 있다. 그리고 이것에

도 위에 말한 특질이 과용되는 것을 알 수 있다.*

세계 각국에서 옛날이나 지금이나 발은 속력·생명력·힘·건강·성공——여행이나 사업에 있어서의——등을 상징하는 상징물로 사용되어 왔다. 그래서인지 우리는 그런 의미에서 화폐·부적·액자 또는 특히 유명한 바위 등에 발이 그려져 있는 것을 볼 수 있다. 기독교는 이 상징주의를 구래의 이교도로부터 이어받아서 새로운 생활로 들어간다, 눈물의 골짜기 속의 생활을 마치고 즐거운 생활로 들어간다 등을 상징하는 것으로서 발을 사용하고 있다.

또 발은 무슨 토대가 되는 것, 기초가 되는 것 또는 사람이 딛고 서는 것, 의지하는 것을 상징하는 것으로 사용되고 있다. 예를 들면 '좋은 발판 위에 있다'란 표현은 '기초가 튼튼하다'는 뜻이 되며, '발을 내딛다'라는 표현은 '결의를 보이는 것'의 의미로 쓰이고 있다.

또 힘센 사나이가 자기 발로 밟은 것을 컨트롤한다는 사실에서, 발은 세력·통치·권력·지배 등의 아주 예사로운 상징으로 통용되고 있다. 또한 경쟁자끼리 서로 싸울 때, 이긴 쪽이 안전한 승리의 표시로 진 사람의 목을 밟는 것이 일반적인 관습으로 되어 있었다. 이 관습에서 비롯된 관용적인 많은 표현이 있다. 그 예로 《제12야》라는 소설에 "사람이 물건을 사면 그 산 물건 위에 발을 얹음으로써 자기 소유임을 표시했으며, 또 남자가 결혼을 하면 그 아내의 목에 발을 얹었다"라고 표현되어 있다. 또 사람의 발이 자유롭게 움직여지지 않으면 매우 불편하게 되는 사실에서, 중세기 서양의 영주들은 자기가 토지를 준 가신(家臣)들의 오른발을 밟음으로써, 이 가신이 자기의 소유임을 상징으로 삼았던 것이다. 같은 의미로 신랑은 신부의 발을 밟는 의식을 행했던 것이다. 이처럼 발이 권력의 상징이기 때문에, 발이나 발가락에 입을 맞추는 것이 겸양의 상징으로

* 발의 상징에 대한 내용은 《발과 신의 상징 : Foot and Shoe Symbolism》(Aigremont)에서 발췌 인용했음.

보여졌다. 매우 간절한 감사의 표시나 깊은 애정은 발에 입맞춤으로 자기의 마음이 표현된다. 태고의 희랍인과 로마인들은 신의 발에 입을 맞추었다고 전해진다——물론 여신들에게도 틀림없이 그렇게 했을 것이다.

세계의 여러 지역에서 발——특히 여자의 발——은 고금(古今)을 막론하고 생식력의 상징으로 사용되고 있다. 이 '상징주의'는 상당히 오래된 것이다. 생산력을 가지고 있으며, 생명을 주는 대지와 신들과 영웅들(여신들, 여자영웅들 및 성현들)의 연락이 발을 통해서 이루어졌다는 사실에서, 생산력(생식력)과 병을 치료하는 힘이 이 신들이나 사람들에게는 있다고 믿었으며, 그리하여 그들의 마음에 드는 자에게 생산(생식)·병의 치료 및 체력을 준다고 믿었던 것이다. 여자는 모든 사물의 모체가 되는 대지에다 접촉함으로써 그들로부터 창조력을 받는다고 믿었다. 그리하여 여자의 발이 생산하는 힘의 상징으로 인식되었던 것이다. 그런데 남신들이나 왕·영웅·성인·왕자들의 발도 마찬가지로 생산하는 힘이 있는 것으로 간주되었던 모양이며, 그랬을 가능성은 충분하다. 왜냐하면 지배력을 휘두르던 영주나 왕자들이 여성들로부터 열등감을 느끼지 않으려 했기 때문이다. 그러나 그 다음에는 발 뿐만 아니라 왕·여왕·성인들의 발자국까지도, 나아가서는 그들이 신는 신발까지도 생산하는 힘이 있다는 것으로 믿게 되었다. 옛날부터 신이나 영웅들이 발을 쉬며 머무른 자리에 과일이 열리거나 오곡이 나거나 꽃이 피었다는 전설이 있는데, 그런 것이 바로 이 신앙에서 비롯된 것임을 알 수 있다. 왕이나 왕자들은 신통력을 가지고 있어, 그의 오른쪽 발을 병자에게 살짝 대기만 하면 그 병자의 병이 나아 버리며, 불임의 여인에게는 아이를 낳게 하여 준다고 믿고 있었다. 처음에는 발에서, 나중에는 손으로 하게 되었다. 성 안나의 발자국은 오늘날도 여자를 건강하게 하고 행복하게 하며, 풍성한 열매를 열리게 하는 수단으로 되어 있다.

모든 국가·민족들의 신화와 전설 속에는 사람의 발과 성적인 관념 사이에 밀접한 관련성이 있다는 것이 중요한 점으로 되어 있는 자료가 많다. 어떤 시대에는, 발이 보이는 것을 성기가 보이는 것보다도 더 부끄러워하는 풍습이 있었던 지방도 있었다. 또 세계의 여러 지역에서는 비록 좋은 신을 신었다 하더라도 여자가 다른 사람들에게 발을 내보이는 것은 보기 흉한 일로 받아들여지고 있었다. 예전에는 일반적으로 다리를 드러내 놓는 것은 아주 몹쓸 짓으로 생각했었다. 아마 이것은 그것으로 인한 색정발생의 가능성 때문인 것으로 생각된다. 이것과 관련해서 여러 가지 이유가 있는데, 그 중 몇 가지를 다음에 들어 보고자 한다.

(i) 발은 개인을 대지에 연결시킨다. 대지는 야비하고 조잡하고 재생적이다. 그러므로 대지는 음경인 것이다. 이런 까닭으로 생산을 담당하는 신이나 요정 그리고 방종·음란·육욕에 빠지는 신이나 요정들은 짐승의 발을 갖기로 되어 있다. 예를 들면 바카스(술의 신)·헤커티(희랍신화에서 하늘과 땅과 하계를 다스리는 신)·프레야(스칸디나비아 지방의 신화에 나오는 사랑의 여신)·악마대왕·시바의 여왕(남 아라비아의 부유한 나라의 여왕으로서 솔로몬을 찾아갔다고 한다)·리리드(유대의 전설에 의하면, 밤이면 예쁜 여자로 둔갑하고 나타나서 남자들을 죽였다) 등이다.

(ii) 오랫동안 절름발이는 과도한 육욕과 관련되는 것으로 생각되어 왔다. '파이런이 육욕적이었던 까닭은, 그가 절름발이였기 때문이다'라고 말하는 이도 있다.

(iii) 부인들 중에는 걸음걸이를 별나게 함으로써, 자기의 여성적인 점을 강조하려는 이도 있다.

(iv)여성들은 발이나 다리에 남들의 관심을 끄는 옷을 입는다. 예를 들면 살색의 스타킹을 신는 따위가 그것이다. 이런 것이 그들의 성적인 의의를 강조한다.

(Ｖ) 발은 여러 가지 의미에서, 즉 그것은 부가물로서 매달려 있다. 그것은 신발 속으로 쑥 들어간다. 다시 말해서 그것은 노골적인 남자 성기의 상징이다.

② 일반적으로 널리 알려진 상징은 의혹을 가져오지 않는 수가 있다

예를 들면 아주 간단한 알파벳 중에 'B'자의 예를 들어 보자. 대개의 사람들은 그것은 입술이 불룩한 모양·큰글자·벌레·동사──이런 정도의 것밖에는 연상치 못한다.

이 사실과 나에게 치료를 받으러 온 어떤 지성이 높은 환자가 발견한 것과를 비교해 보기로 하자.

어느 날 자유연상을 하고 있을 때, 그는 어떤 사람의 이름을 생각해 내기 위해 애를 쓰다가 이렇게 말했다. "내 이름은 아마 B자로 시작된 것 같은데……, 나는 B자로 시작되는 이름은 모두가 이렇게 기억하기가 어렵군요. 그러나 소문자인 b자로 시작되는 말은 기억하기가 별로 어렵지 않습니다." 그 당시 그는 이 현상을 설명할 수가 없었다. 그리고 이 문제에 대하여 자유연상을 계속해 보아도 아무 효과도 없었다. 그러나 이 문제도 조금씩 밝혀져 갔다.

의식적으로 자기를 돌이켜보는 동안에, 이 환자는 왜 B라는 글자에 대하여 기억의 곤란성을 느끼는가 하는 문제에 관련하여 15~20 가지의 연상을 발견할 수가 있었다. 그 중에서 두세 가지를 들어 보면 첫째로, 이 환자의 가정 주치의에 B라는 의사가 있었다. "내가 왜 이 의사의 이름을 잊어버리고 싶어하는지, 그 이유를 들어보시면 간단히 이해하실 것입니다. 그것은 내가 어렸을 때 이 의사의 진찰실에 대한 인상이 매우 나빴기 때문입니다. 발의 절개수술을 받은 것이나 이를 뺀 것, 그리고 그 외에도 치료라면 모든 것이 그 진찰실에서 행해졌으니까요"라고 이 환자는 말했다.

B라는 글자는 또 그의 소년시절의 연인이 살고 있던 동네 이름의

첫글자이기도 했다. 그는 그 여자에게 실연당했다. 그리고 또 하나의 B자는 그가 실연당한 소녀의 이름이 B자로 시작되는 것이었다. 그의 아내의 이름도 B자로 시작되는 말이었다. 또 '은행가'라는 단어도 B자로 시작되는데, 그것은 자기가 매우 싫어했던 아버지의 직업이었다. 또 ball이라는 말은 야구를 한다는 뜻에서 그의 형제들과 관련되어 있었다. 그 밖에 bigot · blood · burial · body · bastard · brother 외에도 B자로 시작된 많은 고유명사가 그의 연상표에 떠올라 있었다.

그의 유년기에 가장 무서웠던 '식인귀'는 bugger-man(男色家)이었다(이 환자는 철자를 bogey-man, bogger-man 등으로 틀리게 썼다. 전자는 귀신 · 요괴 등의 뜻). 이 가상의 괴물이 기억에 생생히 떠올라, 그것과 관련된 여러 가지 연상도 했다. 그 중의 하나는 수술을 받았던 방에 갇혔던 일이다. 거기서 그는 말을 듣지 않으면 버거맨이 나온다는 위협을 받았던 것이다. 그것이 꿈 속에서는 흑인(black races) · 허깨비(buggies) · 물통(buckets) · 백정(butchery) · 도둑(burglars) 등으로 나타났다. 사실 버거맨이란 말에 이 환자에게 가장 싫은 의미가 있었다. 왜냐하면 그것은 그의 무의식의 동성애적인 공포나 감정에서 비롯된 것이었다. 그런 의미에서 B라는 글자는 글자의 형상이 결정적으로 해설적인 뜻을 가지는 것이었다.

③ 다음의 기력이 쇠한 도둑에게 쇠파이프는 어떤 의미를 가질까
어떤 순경이 워렌 E. 맥그라슨이라는 60세의 방랑자에게 성경 연구회에 초대해서 출석시켰다. 그랬더니 이 노 도둑은 지금까지 저질러 온 모든 절도행위를 남김없이 자백했다. 그러기 전까지만 해도 경찰에서 별별 수단을 다해 추궁해 보았으나 아무 보람도 없었다.

그의 말에 의하면 "그 순경이 교회에 대해 들려준 이야기를 나는 지금까지 잘 생각해 보았습니다. 그리고 내가 지금까지 살아온 인

생은 보람없는 생활이었다는 것을 깨달았습니다. 그리하여 나는 자백하기로 결심했습니다. 처벌을 달게 받겠습니다. 그리고 다시 세상에 나오면, 직업을 얻어서 바르게 살아가기로 마음먹었습니다"라는 것이었다.

이 남자는 지금까지 100여 회 이상이나 남의 집에 몰래 들어가서 주로 수도의 물꼭지나 쇠파이프라면 종류를 가리지 않고 훔쳤다고 자백했다.

그는 오늘 검찰청으로 송치될 예정이다(《캔자스 시티 스타》지 1923년 2월 7일자 기사에서).

④ 상징은 육체적인 증상으로 되어 나타나기도 한다

에베렛 양은 등이 아프다고 진찰을 받으러 왔다. 3년 동안이나 그렇게 아팠다고 한다. 이 아픔으로 인하여 신경쇠약인 사람에게 흔히 일어나는 피로감과 '기운이 없다'는 증상이 있었다. 엑스 레이 등으로 철저히 진찰해 보았으나 아무 소용도 없었다. 암시요법·지압요법 등도 동원해 보았으나 효력이 없었다.

"내 잔등의 통증은 내가 집에 돌아와서 70세인 신체부자유의 노모를 돌보게 된 뒤부터 시작되었어요"라고 그 여자는 말하는 것이었다. 이 환자는 33세로, 약혼한 지가 7년이나 되었다. 그녀는 자기가 어머니의 시중을 들지 않으면 안 되겠다는 생각에서 지금까지 결혼을 연기해 왔던 것이다. 그러는 동안 약혼한 남자는 이제 더 이상 참지 못하겠다며, 결혼을 연기하는 것에 반대했다.

그녀의 등이 아프다는 증상은, 바꾸어 말하면 그녀의 짐이 너무 무겁다는 상징적인 표현으로서 마치 신화에 나오는 지구를 버티고 있는 노인처럼 그녀는 자기의 어머니를 등에 업고 있는 것이었다. 그러나 그녀의 자존심이나 여러 가지 사정으로 말미암아 그녀 자신은 이 사실을 의식하지 않으려고 하는 것이었다. 이 증상의 치료수단은 누가 보아도 분명한 이치를 그녀에게 인식시켜 현실에 직면하도록 설득시키며, 자기 의지의 결정을 무의식중에 하지 말고 의식 중에 할 것과, 이 문제에 내포된 심리적인 현상을 연구하기를 권하는 데에 있었다. 그렇게 하자, 그 여자는 씻은 듯이 완쾌되었다.

⑤ 동화에 나타난 상징

"······임금님의 성 가까이, 으슥하고 울창한 큰 숲이 있었습니다. 숲의 중간 지점쯤의 보리수 나무 밑에 깊은 우물이 있었습니다. 하루는, 예쁜 공주님이 이 숲으로 놀러 나오더니 이 우물 옆에 앉아서 공주님이 무엇보다도 좋아하는 금공을 가지고 놀기 시작했습니다. 공주님은 그 금공을 공중으로 던져서 그 떨어지는 공을 손으로 받는 놀이를 하고 있었는데, 공주님의 실수로 공을 받지 못하고 땅에 떨어져 우물 속으로 굴러 들어갔습니다. 그래서 공주님은 울음이 터져, 아무리 달래도 그치지 않고 더욱 슬피 울었습니다."

그런데 이 동화에 의하면, 개구리 한 마리가 어디선가 나타나서, 만약 공주님이 자기의 동무가 되어 식사도 함께 하며, 밤에 잘 때에도 함께 재워 주겠다고 약속한다면 그 금공을 건져오겠다고 말했다. 공주는 그렇게 약속을 했으나 공을 찾고 보니 마음이 달라지고 말았다. 그러나 아버지되는 임금님의 분부로 공주는 보기 싫은 그 개구리를 궁궐로 들어오게 하고 식사도 함께 하고, 마침내 공주의 침실까지 들어오도록 허락했다. 그렇지만 개구리는 공주가 처음에 약속한 말을 하면서 침대 속에도 데리고 들어가기를 요구하자, 공주는 화가 나서 그 개구리를 손으로 집어 힘껏 벽을 향해 던져 버렸다.

"그 순간 건강하고 잘생긴 멋진 왕자가 다정스럽게 이 공주님 앞에 나타났습니다. 그 왕자는 공주 앞에 무릎을 꿇고서, 나는 심성이 사나운 마귀할멈 때문에 개구리가 되어 있었으나 공주님의 덕분으로 다시 환생하게 되었으니, 참으로 고맙다는 감사의 말씀을 드리겠습니다······ 그리하여 그들은 결혼식을 올리고 언제까지나 행복하

게 잘 살았답니다."(동화에서)*

이 동화에 나오는 금공이나 개구리는 똑같은 것을 상징하고 있다. 이것을 완전히 이해하기 위해서는, 어린이는 무의식중에 그의 성기에 대하여 여러 가지 걱정을 하는 일이 있다는 것을 기억하지 않으면 안 된다. 이 동화의 주제로 되어 있는 것을 간추려 보면, 금공을 잃은 공주는 처음에 혐오감을 일으키게 하는 공격 또는 유혹에 굴복하지 않고서는 그녀의 완전성을 되찾을 수 없다는 것이다. 아마추어 정신분석자들은 흔히 개구리·뱀·지팡이 기타의 남자의 성기를 상징하는 것들은 모두 남성의 성기를 의미하며, 그 외에는 아무런 뜻이 없다고 생각하지만, 그것은 절대 잘못이다. 이와 같은 상징은 남자의 성기에 의해 표현되는 모든 것——즉 남성적인 것·힘·권위·생산·생리적인 성별 등——을 뜻하는 것으로 생각하는 편이 더 옳다(《환타지의 아홉 마술의 지팡이》 참조, 뒤에도 나옴).

이상 말한 것이 변장이다. 극이나 배우도 들락날락한다. 그리고 관객들(즉, 세상)은 이 무대감독의 눈을 벗어난 변장과 속임수에 곧잘 속아 넘어간다. 그래도 속지 않는 경우가 더 많기는 하지만. "모든 세상 사람들은 괴상하다. 그렇지 않은 사람은 나와 너뿐이다" "그녀는 자기 자신을 속이고 있을 뿐이다. 아무도 그녀에게 속지 않는데" "행동은 말보다도 더한 웅변이다" 등 이런 종류의 격언들이 이 진리를 잘 증명하고 있다. 사실 어떤 사람이 성가신 사건을 일으키거나 그 사람의 증상·매너리즘(mannerism) 또는 태도 등에서 그 동기가 분명하게 나타나 보이는데도 그 사람 자신은 그것을 모르고 있다. 그렇다고 그 일에 대하여 참을성 없이 마음을 조이는 사람에

---

*비슷한 내용이면서도 좀더 자세한 것으로 오다와 뱀이란 얘기가 프란츠 릭클린의 《동화에 나타나는 소망성취와 상징》(뉴욕의 《신경정신병》지 간행, 1915년)에 수록되어 있다.

게, 그 사람 자신이 그 사실을 모르고 있다는 것을 이해시키기란 매우 곤란한 경우가 있다. "그가 왜 그렇게 하는지 우리가 모를 것이라고 생각할 까닭이 없다"라고 그들은 말한다. "그의 아픈 머리(기분나쁨, 위협 등)는 자기의 뜻대로만 되면 곧 나아 버릴 것이 너무 뻔하다."

그러나 그것은 당사자를 제외한 다른 사람에게만 환히 보이는 원칙이다. 다른 사람의 눈에는 그렇게도 '명백한 것'이 이런 '위반자' 자신에게는 전혀 보이지 않는 것이다. 적어도 그 사람 자신에게 대해서 이 변장은 실로 효과적으로 작용하고 있는 것이다. 그는 자기가 환자인 것으로 생각하며, 남에게 나쁘게 이용되고 있는 것으로 생각하고 또 자신에게 절박한 위험이 도래한 것으로 생각하고 있다. 우리의 일상생활에 이런 변장이 있으리라고 생각하는 사람은 없다. 그런 변장을 검출해 내는 사람은 더더욱 없다. 일반적으로 록펠러의 변비증과 그의 재산 또는 루스벨트의 맹수사냥과 그의 대가족, 이런 것에 무슨 관계가 있다고 생각하는 사람은 아마 없을 것이다. 그리고 무의식적인 잔인성을 가진 외과의 또는 검사도 자기 마음 속에 죄를 범하고 싶은 생각이 있으며, 그것을 지나치게 보정(補正)하고 있는 줄 알고 있는 사람도 별로 없다. 자기의 남편을 은근히 목을 조여서 죽이는 여자가[1] '마음씨가 곱고 아름답다'는 칭찬을 받거나, 부모와 자녀가 서로 애모(愛慕)하기 때문에 자녀가 결혼을 하지 않고 있다는 사실을 알지 못하면서 아이들을 잘 키워서 이런 아름답고 효성이 넘치는(실제로는 옳지 못한 길로 빠져 있으면서) 가정을 이룩했다는 칭송을 그 부모들이 받는 광경을 이 세상에서는 종종 볼 수 있다.[2] 가장 원시적인 의미를 자진 노래나 그림으로서

---

*1) 에드가 리 마스터스, 《스푼 강 시집: Spoon River Anthology》 속의 〈Fletcher McGee〉를 참조.

*2) 싱클레어 루이스의 소설 《사무엘 도드워드 부인》 참조.

두셋 정도의 상징을 잘 사용했다는 이유로, 잘못이 아닌 것으로 받아들여지고 있다. 〈나의 아일랜드의 들장미 : My Wild Irish Rose〉는 확실한 터부(taboo)의 의미가 들어 있음에도 불구하고 상류사회에서 통용되고 있다. '성'에 관한 것이라면 무엇이나 저속한 것으로 생각하는 사람들은 식물의 세계에서는 꽃이 그 식물의 성기라는 사실에 대해 온당치 않다고 말한다. 따라서 그런 생각은 하지도 않는다. 그렇기 때문에 꽃을 가지고 놀며, 선물을 하고 즐거워한다.

여기서 변장에 관해서는 이것으로 일단 그치기로 한다. 중요한 것은 극 자체이므로, 극이 어떻게 되어 있는가를 알아보는 것이 좋겠다.

이 극의 주제는 리차드 스트라우스가 음악의 세계를 마치 화폭에 옮겨놓은 것같이 표현한 보편적인 영웅(heidenleben : 영웅의 생애)의 자서전이 주가 되고 있다. 그것은 하찮은 한 인간의 탄생·성장·활동·경험·성공 및 실패의 기록이다. 이처럼 보잘것없는 인간이란 전혀 미지의 세계에 태어나서 자기는 보통 사람들과는 다른 점이 있다고 스스로 믿는다. 그리고 그는 일생을 통하여 우주를 이해하며 우주에 자기를 적응시키려고 노력한다. 그런데 이 인간이란 다만 우주 중의 지극히 작은 티끌에 불과하다. 우리가 지금 여기서 말하는 극이란 것은 누구에게든지 공통되는 정서적인 본질을 말하는 것이다. 그것은 또 인간의 '사랑과 증오'의 표현과 억압에 대한 이야기다. 실생활에는 무한한 변화(종류)가 있으며, 또 이상적인 발전이나 이상적인 적응에는 항상 어떤 방해물이 따르는 법이다.

이리하여 연극은 너무나 빨리 진행되기도 하고, 늦어지기도 하고 정지하기도 하고 또 실제로 역전하기도 한다.

1 조숙

연극의 진행이 너무 빨리 앞으로 나간다

'찰스 찰스워드는 1829년 3월 14일에 영국의 스태포드셔에서 보통의 가정에서 출생했다…… 그는 4세 때에 벌써 어른처럼 수염이 났는데, 겨우 7세에 돌연 실신하여 깨어나지 못하고 죽었다(로버트 L. 리틀레이, 《아십니까?》에서). ·

이 경우는 물론 기형아다. 아마 내분비선의 어떤 기능의 도착으로 생긴 것으로 생각된다. 그러나 심하지 않은 경우라면 얼마든지 실례를 볼 수 있는 '조숙'의 과정을, 이 사람의 경우는 만화화한 것 같다. 이에 대한 문제를 학술적으로 요약한 것으로 다음과 같은 것이 있다.

삼가 제례하옵고

귀지의 최근호에 미국 소년의 신체적 및 성적인 조숙에 관해 게재된 기사를 퍽 재미있게 읽었습니다. 그것은 흔하게 볼 수 있는 일은 아니지만, 현재까지 전혀 생소한 이야기도 아닙니다. 희랍의 기록(*Pegon de Mirad*, 제32장)에 의하면, 갓난아이가 태어나서 겨우 7년 동안에 유년기를 거쳐 소년이 되고 청년이 되고 성숙한 어른이 되어 결혼을 하고 자녀를 낳고 늙어서 죽었지만, 자손을 남긴 인간에 대한 이야기가 있으며, 플리니도 같은 사례를 기록하고 있습니다(*Nat. Hist, Lib.* vii−xxvii). 이런 종류의 현상이 좀더 상세하게 보드레안(*Bodl, Pamph. Godw* 87 ⟨4⟩)의 진기한 문헌에 나와 있는데, 다음과 같은 제목이 붙어 있습니다. 즉 ⟨소년의 생애에 있어서의 믿을 만한 회상록⟩이 그것입니다. 케임브리지 부근의 윌링검에서 1741년 10월 31일 출생. 3세에 이미 키가 3피트 8인치이고, 청춘기의 징후가 있음. 그의 이해력 · 성격 · 기억 · 천재적 기질 및 지식에 관한 고찰.

런던의 외과의 T. 도우크스 기록. 오버 어게인스트 홀본의 그레이스 인 C. 데이비스를 위하여 인쇄. 값 1실링(인쇄일자는 없으나, 1747년에 인쇄된 것으로 추측된다).

이 놀라운 소년은 인격이 고매한 여러 신사들에 의하여 자세히 진찰되어, 그 결과는 해마다 《로얄 소사이어티》에 보고되고, 이 학회는 이 신사들에게 감사의 뜻을 표하고 있습니다. 이 소년은 어디에서나 구경거리였으며, 특히 청춘기에 도달한 그의 징후가 희귀했습니다. 우리가 들은 바에 의하면 3세 때의 그의 놀이는 17파운드나 되는 대장간에서 쓰는 해머를 던지는 일이며, 그 후에 그는 2갈론들이의 술통에 든 술을 마시고 기운을 냈습니다. 그 소년 이전에도 나타났던 이런 종류의 사람과 같이 그도 차츰 음주에 빠져 결국 죽었습니다. 그것은 마치 길버트의 조숙한 갓난아기가 '5세에 벌써 늙어 꼬부라졌다'는 것과 마찬가지입니다.

지능의 조숙은 이것처럼 드문 것은 아니지만, 소아로서 흥미롭게도 보통 성인이 하고 싶어도 결코 못하는 경이로운 두뇌의 작용을 보이고 있습니다. 이런 종류의 사람들 중에서도 유명한 이는 바라티어인데, 이 사람의 전기는 존슨 박사·하이네켄·퀴리노·스칼리거 그리고 존 스튜어트 밀 등에 의하여 씌어졌습니다. 그렇지만 왕좌는 위대한 립시우스에게 양보해야 할 것입니다. 이 사람은 그가 출생한 그 날부터 문장을 지었다는 것입니다. 이 일에 관해서는 저의 백부인 토비가 쓴 《트리스트람 샌디》에 불멸의 말들이 남아 있습니다(Chap. ii, vol. II, of Tristram).

신을 경외하는 믿음이 두텁다는 방면의 조숙은 많다. 가령——커튼 매이더가 그의 《맥날리아》에 써놓았고, 또 확실한 것이라고 했는데——어느 불행한 청교도 소녀는 자기의 죄를 용서받기 위하여 날마다 8시간씩 컴컴한 벽장에 들어가 울면서 기도를 올렸다는 것입니다. 그다지 믿기는 어렵겠지만 매우 놀라운 일은, 성 니콜라스가 유아시절에는 금요일이면 젖을 먹지 않았다고 합니다.

하기야 신약성서의 복음서에 나오는 세례 요한은 모태에서부터 그리스도에게 경배하였다는 것이, 중세기에는 누구나 아는 사실로 되어 있었으므로, 이만이야 하겠습니까?

이만 줄입니다.

영국 옥스포드 대학에서

버겐 에반스 올림

(이상은 1931년 1월 5일자의 《타임》지에 실린 것을 재록한 것이다.)

선생님, 저의 집 버나드는 어떻게 해야 좋을지 보통 일이 아닙니다. 아직 겨우 9세인데, 남들이 보면 20세는 되었다고 할 겁니다. 그는 벌써 엄청난 짓을 배웠습니다. 어서 들어와서 자라고 하면, '스웨어(신성모독의 말)'를 함부로 내뱉고, 입에 담지 못할 나쁜 욕을 서슴없이 합니다. 아버지가 꾸짖기라도 하면, 반항하고 달려들면서 더 지독한 욕을 하면서 아버지를 죽이겠다고 말합니다. 그러나 마음이 가라앉으면, 아주 진실한 태도로——원망하는 듯이 우리를 바라보면서——"나는 걱정하고 있다"라고 아주 엄숙한 태도로 말합니다. 그가 어떻게나 엉뚱한 것을 말하는지, 듣는 이로서는 어느 정도나 믿어야 할지 종잡을 수 없습니다. 그리고 그 애는 밤이면 무서운 가위눌림으로 벌벌 떱니다. 젠이 꿈에 보였다고 말합니다. 젠이란 아이는 그 애의 학교 여자친구입니다. 그 꿈이란 것이, 자기가 젠을 숲 속으로 유괴하여 깊숙이 들어가 단둘이서 키스를 수천번이나 하고, 그 자리에서 결혼했다는 것입니다. 그 아이가 그런 꿈을 꾸었는지 안 꾸었는지 알 수 없으나, 실제로 그런 행동을 했습니다. 그래서 이웃에서 심한 항의들을 해왔습니다. 그 아이는 "거짓말이야"라고는 하지만, 그 아이는 또 이런 말을 했습니다. "어머니가 내게 그 근사한 영화구경을 시켜 주시지요. 그러면 나는 영화에서 사람들이 하듯이 그대로 해보고 싶어요. 나도 연애도 할 수

있고 싸움도 할 수 있고, 또 사람을 죽일 수도 있게 될 날이 있겠지
요. 그렇지만 그런 꿈을 꾸면 참 무서워요." 이것이 아직 9세밖에
되지 않은 소년의 말입니다.

에드워드 포터필드 씨는 60세의 노신사다. 그는 부유하고 세상 사
람의 존경도 받고 권력도 있었다. 그는 14세 때 아버지를 여의었다.
그리고 그의 집에는 자기 외에 집안을 이끌어 나갈 사람이 없었다.
오늘날도 그는 전 가족을 부양하고 있다. 그의 동생도 자매들도 모
두 실패했고, 어머니는 돈 한 푼 없었다. 전 가족이 에두 백부의
도움을 받고 있다.

포터필드 씨에게는 자녀가 없었다. 그는 유년시절에 노는 것을
몰랐고, 다른 아이들과 사귈 줄도 모르고 자랐다. 그가 결혼한 배우
자는 놀기를 무척 좋아하는 여자였다. 그리하여 그의 아내는 놀았
지만, 그는 놀지 않았다. 그런 관계로, 그들이 함께 살기는 했으나
무장한 중립상태로 서로가 무관심했다. 그러던 것이 그는 지금까
지 얼마나 손해를 보아 왔는가를 겨우 깨달았다. 그리하여 이번에
는 이솝의 우화에 나오는 애완용 강아지와 맞씨름을 하는 노새처럼
그는 우스꽝스러운 그리고 보기에도 딱할 정도의 노력을 기울여 춤
을 배우고 흥겹게 노는 것을 배웠다. 그는 사냥하러 나가고, 골프를
치고 춤도 추고 바람도 피웠다. 또 문득 생각이 나면 유럽이나 큐바
로 여행도 떠났다.

그러나 지금은 그의 회사의 사무실에 돌아와 있다. 그리고 그를
비웃던 친구들도 이제 비웃기를 그쳤다. 그들은 그의 감정을 자극
시키려 하지 않았다. 왜냐하면 그 사람들은 그의 조언이나 신세를
겨야 할 처지이고, 또 그런 것은 대단히 중요한 일이기 때문이다.

② 정착

연극이 정돈상태로 된다

연극이 순조롭게 진행되지 않고──지나치게 순조롭지도 않고, 뒤로 역전도 되지 않는 상태──다만 어떤 장면이 언제까지나 계속되거나 어느 배우가 계속해서 무대에 그대로 있어서, 줄거리가 전개되지 않고 방해되는 경우도 있다. 그렇게 되면 연극은 조금도 진행될 수가 없다. 약간의 등장인물이 바뀔 뿐이고, 대사와 연기는 똑같은 것이 되풀이될 뿐이다.

이 참을성을 이해하는 데는, 가정의 로맨스의 발단에 대하여 그 상세한 점을 먼저 간단하게나마 설명하지 않으면 안 된다.

이 연극의 주연배우는 맨몸으로 아무도 돌봐 주는 사람도 없이, 모래밭 위에 내던져진 갓난아기로서 인생의 여행길을 떠난다. 그는 자기의 주위에 대하여 애정을 기울인다든지 하는 쓸데없는 흉내는 아예 내지 않는다. 그는 모태 속의 따뜻하고도 편안한 좋은 가정을 떠나서, 차갑고도 밝은 세상으로 나와야만 했으므로, 그다지 유쾌하지는 못할 것이라고 우선 상상할 수가 있다. 그리고 그 기분 나쁘다는 표현을 최초의 우렁찬 울음소리로 세상에 선포한다.

이 갓나온 작은 아이는 자기가 느낄 수 있는 애정이란 애정은 모조리 자기의 것으로 만든다. 그에게 관한 한, 이 세상이라는 것이 없고 다만 자기만의 작은 우주가 있을 뿐이다. 그의 손, 그의 작은 침실·벽·천장 그리고 간호사와 곁으로 지나다니는 사람까지 모두 비록 먼 곳에 있더라도 어쩐지 자기 신체의 일부분인 것과 같은 느낌을 가졌을 것이 틀림없다.

그러는 동안에 조금씩 경험을 쌓아서, 자기에게 필요한 지식을 배워 터득하게 된다. 예를 들면 자기 주위의 모든 것이 자기 신체의 일부분이라 치더라도, 그 중의 어떤 것은 다른 것처럼 자기의 뜻대

로 안 된다. 어떤 것은 시끄럽지만, 아무 소리도 안 나는 것도
있다. 어떤 것은 움직이지만, 어떤 것은 움직이지 않고 가만히
있다. 움직이는 것 중에는 자기에게로 다가오는 것도 있고, 또 어떤
것은 자기에게서 멀어져 간다. 어떤 것에 대해서는 자기의 영향이
미칠 것 같다. 자기가 울거나 악을 쓰기라도 하면 그들은 자기의 기
분을 풀어 주거나 필요하면 불가결한 것을 치워 준다. 그러나 어떤
경우에는 아무리 떼를 써도 들은 체 만 체이다.

  이처럼 자기의 주위에 있는 것들 중의 대부분이 다만 주위일 뿐이
지, 작은 자기의 한 부분이 아니라는 엄연한 사실을 차차 인식해 가
야 한다. 멀리 떨어져 있는 존재들로부터는 모든 관심, 모든 애정도
역시 떨어져 있다. 이 갓난아기가 애정을 보일 대상이 되는 것은 여
전히 자기(self), 즉 자아(ego)뿐이다. 그러나 이 '자기'라는 것 중에
는 움직이며, 말을 하며, 자기를 즐겁게 해주는 어떤 생물들이 포함
되어 있는데, 특히 그 중의 하나는 다른 것들보다도 유난히 자기 마

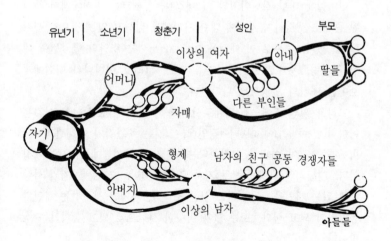

〈그림1〉 가상의 정상인에 있어서의 리비도의 흐름(프로이트설)

음대로 되며, 특별히 즐거움과 더불어 자기의 욕망을 충족시켜 주는 것이다. 갓난아기에게 젖을 빨리며 그 귀여운 얼굴을 들여다보면서 이 갓난아기가 얼마만큼 아직은 자신의 일부분이며, 앞으로도 역시 자기 신체의 일부분으로 남을까라고 생각하는 어머니라도, 이 갓난아기가 생각하는 것이 지금 자신이 생각하는 것과 얼마만큼 가깝다는 사실을 모르며, 또 그런 점을 생각해 본 적도 없는 것이다.

그러나 이 갓난아기는 차차로 여러 가지 환멸을 맛보게 되고 자기라는 것과, 이 작은 자기를 돌보아 주는 이들, 특히 어머니와의 사이에 구별이 있다는 것을 깨닫게 된다. 그렇지만 이 지적인 구별에는 정서적인 구별이 따르지 않는다. 어떤 의미에 있어서는, 어머니와 자기는 각각 다른 것일지도 모른다. 그러나 언제인가는 자기의 일부분이었다. 그러므로 자기는 어머니에 대한 관심을 가지며 계속하여 사랑할 수가 있다. 그리고 즐거움과 평안함을 주는 것(아이에 대한 어머니의 사랑의 결심)으로서, 그 어머니는 이 갓난아기로부터 사랑을 받고 있는 것이다.

어머니에 대한 갓난아기의 이 애정은, 첫째로는 자기에게서 분리된 존재로 생각하여 자신에 대한 자기애를 넓히고 있는 것으로 생각할 수 있다. 둘째로 이 애정은, 아기가 느끼는 평안의 공급원에 대한 것이며, 셋째로는 어머니가 느끼고, 그리고 어머니가 아이에게 보이는 애정의 반영으로 나타난다.

그리고 훨씬 후에, 제4단계로서 애착의 단계에 도달한다. 이것은 어머니(및 아버지)에 대한 애정인데, 그것은 주관적인 이해관계에서 비롯하는 것이 아니라 사랑한다는 그 자체의 기쁨에서 오는 애정이다. 객관적인 사랑에는 두 가지 요소가 있다. 그것은 자기가 사랑하고 있는 개인을 '소유'하고 싶은 소망과, 자기가 사랑하는 개인과 동일인이 되고 싶다, 또는 그와 비슷한 사람으로 되고 싶다라는 소망이다.

이 관계가 보다 알기 쉽게 나타나는 경우는 성인들의 연애관계에서 볼 수 있다. 서로 사랑하는 사이에서 남자는 자신의 연인을 '소유'하고 싶어한다. 즉, 그녀와 결혼하고 싶고 언제나 함께 있고 싶고 키스하고 싶고 또 자기 마음대로 움직이게 하고 싶다고 생각하며, 그와 동시에 그는 그 여자와 선물을 나누고 싶고 친구나 이해관계까지도 똑같이 가지고 싶고 같은 교회에 출석하고 싶은 것들이다. 연인들끼리는 사랑하는 사람의 모습이나 말·행동 등을 그대로 하고 싶다는 생각이 무의식중에 생기므로 어딘가 모르게 서로 닮아 간다. 아들은 이런 종류의 사랑을 아버지에게 보이는 경우도 있고, 자기가 존경하는 다른 사람에게 보이는 경우도 있다. 그러나 이 소유하고 싶다든지, 흉내를 내고 싶다는 두 요소는 모든 객관적인 사랑에 반드시 포함된다고 보아야 할 것이다.

그러면 우리는 여기서 다시 이 성장하는 아이에게로 돌아가자. 우리는 이 문제에 관련하여 다른 문제를 뒤에서 다시 연구하게 되지만, 이 아이의 본능적인 생활은 여러 가지 다른 단계의 흥미를 거쳐, 또 여러 가지 각각 다른 즐거움을 주는 기관의 도움을 받아 차츰 발달해 왔다. 이러한 발달의 순환기는 6세쯤 되면——이때에는 부모에 대한 객관적인 애정관계가 생기게 되므로——우선 임시적이지만 목적에 도달하게 된다(이 발달의 주기는 어떤 의미에 있어서, 그 후의 12년 동안 되풀이된다. 그 동안 다른 대상이 선택되며, 보통의 경우에는 그것이 결혼으로 끝난다. 그러나 본능적인 기제는 같다). 부모는 인간이므로 서로 배우자에 대해서도, 아이에 대해서도 '성'의 구별을 분명히 한다. 그리하여 아이도 역시 그 흉내를 내게 된다. 예를 들면 아버지는 어머니를 여자로서의 어머니로 다루는 것이다. 다시 말해서 여자로서의 어머니를 사랑하며, 어머니도 남자로서의 아버지를 사랑한다. 그리고 이런 경향은 알게 모르게, 속으로나 겉으로나 그들의 모든 관계에 있어서 변함이 없다. 물론 그들은 다만 인간으로서도 서로 사랑하지만, 성별이 없는 인간은 있을 수 없다. 따라서 성을 도외시하는 사랑이라든가, 플라토닉한 사랑이라는 것도 없다.

또한 부모들은 자기들의 아이가 남자인지 여자인지를 알고 있으므로 무의식중에——혹은 의식하는 경우도 있겠지만——그들이 지금까지 다른 남자(또는 여자)에게 대하여 가지고 왔던 태도나 관념을 자기의 아이들에 대해서도 가지게 된다. 그리하여 가령 그 아이가 아들이라면, 아버지는 어느 정도 자기의 아들에게 대해서도 전에 자신이 어렸을 때 다른 사내아이에게 대하여 생각했던 것, 행동으로 나타냈던 것 그리고 현재 다른 성년 남자들에 대하여 생각하고 행하는 것과 똑같이 생각하고 행동한다. 어머니의 경우도 역시 마찬가지이다.

그래서 아이들은 부성애와 모성애의 십자화(十字火)를 받아서 그들에게도 역시 다른 태도와 구별이 발달된다. 그들은 받은 것을 되돌려 준다. 아버지는 남성적인 방법으로 아이를 사랑하므로 아이도 아버지에게 남성적인 사랑을 하게 된다. 그리고 어머니에게 대해서는 여성적인 사랑으로써 대한다. 겉으로 보기에는 거의 아무런 구별도 없는 것같이 보인다. 그러나 무의식적으로는 이것이 '성'을 심리적으로 구별하기 시작하는 출발점이다.

이것은 대단히 중요한 점이다. 프로이트 자신으로서도 이것을 여러 해 동안 모르고 지내왔던 것이다. 적어도 1930년까지 그는 이 점에 대해서는 강조한 일이 없었다. 이것이 좀더 일찍 해명되었더라면, 허다한 오해도 받지 않았을 것이다. 그의 최초의 논문에 의하면, 색욕적인 주도권(initiative)과 선택은 모두 아이에게 있다고 단정했으므로, 많은 사람들에게 충격을 주었다. 아이는 사실 이성의 부모에게 마음이 끌리는 법이다. 그러나 이 경우의 애정은 자극을 받지 않은 원형질의 덩어리로부터 자발적으로 발생하는 '어떤 것'이 아니다. 그것은 주위(즉, 이성의 부모)의 태도에 의해 유도되고 고무되고, 인도된 반응이다. 이 사실은 본능의 존재를 부정하지는 않는다. 그것은 다만 아이의 애정의 방향이 어떤 특정한 선택본능만을 의지하고 있지는 않다는 것을 뜻하고 있다. 지금까지 여러 사람

들이 오이디푸스 콤플렉스의 조사로부터 그릇된 의미를 추론하고
있었던 것이다.

해설의 편의상 이 아이를 남자라고 가정하자. 그가 점점 성장하
여 5~7세가 되면 누구든지 알고 있는 삼각관계가 형성되어, 그것이
커다란 영향을 끼치게 된다. 여기에 이 아이와 아버지와 어머니가
있다. 즉, 두 명의 남자와 한 명의 여자다. 아버지들이 대부분 자기
아들에 대하여 질투를 느끼는 것은 아주 흔하게 볼 수 있다(즉, 아
내가 자기에게 쏟던 관심과 애정을 아들에게 나누어 준다는 생각을 한다).
그러나 아들이 아버지에 대해 질투를 느끼는 것도 사실이다. 이
질투는 대개의 경우 의식적으로가 아니라, 무의식적으로 행해진다.
이 사실은 많은 심리학적인 조사를 종합해 본 결과 의심할 여지가
없을 정도로 입증되어 있지만, 아무리 그렇다고 하더라도 그것을
들어보지 못한 사람들은 그런 일이 있을 수 있느냐고 아직도 의심을
가지며, 화를 내고 항의하기도 한다.

그러면 실제로는 어떠한 일이 생기느냐 하면, 아이는 자기의 질
투심을 공공연히 표현하면 꾸지람을 들을 것이 뻔하므로, 그것이
두려워서 그 질투심을 억압해 버리는 것이다. 아이는 아버지와 어
머니의 양쪽을 사랑하기는 하지만, 어머니에 대해서는 소유욕을 느
끼며, 아버지에 대해서는 동일화나 흉내를 내고 싶다는 형식의 애
정을 가진다. 그것은 마치 자기가 아버지의 대신이 되고 싶어서 노
력하는 것과 마찬가지이다. 어린아이들이 이 소망을 아주 소박한
말로 표현하고 있는 것을 듣기란 결코 드문 일이 아니다. 즉, "아버
지가 나가셨으니, 내가 여기 앉아서 아버지 노릇을 해야겠다"라든
지, "엄마, 나도 크면 어머니와 결혼할 테야. 그러면 아빠가 언제나
회사에 나가 있을 수 있단 말야"라든가, 그와 비슷한 말을 한다. 그
렇지만 아이들은 이런 문제나 그 밖의 자기의 환상을 실현시켜 보고
싶은 모든 생각들을 결코 입 밖에 내지 않는다.

이런 애착들의 제2차적인 결과를 관찰하기는 더욱 쉽다. 어머니

가 아들에게, 아버지가 딸에게 더 애착을 가지는 것은 누구나 아는 사실이다. 그러나 이 '더 좋아하는' 애정이 아이들 편에도 있다——딸들은 대개 어머니보다도 아버지에게 더 애착이 있고, 아들들은 아버지보다도 어머니에게 한층 더 애착을 가진다——는 사실을 모르는 사람이 상당히 많다. 딸과 어머니 사이의 알력이나, 아들과 아버지 사이의 충돌은 우리 주위에서 흔히 볼 수 있는 일이다. 그들이 살인——환상상의——까지 생각한다고 하더라도 그것은 조금도 놀랄 일도, 믿지 못할 일도 아니다. 이런 일은 이미 많은 연극과 소설*의 주제로 되어 있다. 근본을 살펴보면 이런 충돌은 모두가 질투에서 비롯한다. 즉, 두 인간이 제3자의 애정과 관심을 차지하려는 경쟁에서 생기는 것이다. 그렇지만 이 점에 관해서는, 이 경쟁에 참가한 본인들은 결코 그것을 의식하고 있지 않다. 첫 애기를 본 남편이 아내에게 "당신은 이제는 아기에만 정성을 쏟으니 나를 생각할 겨를이 어디 있겠소?"라고 말하는 경우가 많다. 이 공포에는 확실히 생리적인 근거가 있지만 그것은 대개 가려진 상태이므로 거의 모르고 있다. 아이가 없는 부부 중에는 아이를 바라지 않는 이들이 많이 있다. 그것은 이런 사람들은, 비록 그 아이가 자기들의 아이라 하더라도, 경쟁자의 침입에 의하여 부부간의 애정이 방해를 받는 일에 참을 수 없을 만큼 질투를 느끼고 있기 때문이다. 이와 같은 알력 때문에 이혼이 생기는 경우도 있다.

만약 이런 정서적인 알력이 원만히 해결되지 않으면, 그것으로 기인하여 미치는 영향은 그 부모 사이에 일어나는 것보다도 아이들에게 훨씬 크다. 직접적인 본능의 욕구는 물론 억압되지 않으면 안된다. 자기의 소유로 삼고 싶다(어머니에 대한)는 애정은 다정하고 부드러운 애정으로써 대치되어야 하며, 경쟁심이나 질투심(아버지에 대한)은 역시 존경심과 열심히 본받는다는 마음으로써 대치되지 않

---

*《햄릿》 따위.

으면 안 된다. 이 억압이나 대치가 제대로 안 되면, 그 정도에 따라 가정의 불행·불만의 대치 그리고 '신경질적인' 상태가 생기게 되는 것이다.

그러면 여기서 앞으로 되돌아가 최초의 '극의 등장인물'에 적용해 보자. 아들은 언제까지나 자기의 애정을 어머니에게만 향할 수는 없다. 그는 10대에 다른 여자들을 '좋아하게' 되어, 그것이 사랑으로 바뀌며, 다음에는 사랑을 그 중의 한 여자에게로 열렬히 전폭적으로 집중하게 된다――물론 그것은 어머니에 대하여 가졌던 애정보다도 훨씬 열렬하고 전폭적인 것이다――는 것이 사회적·생리적 그리고 심리적인 성질의 법칙이다. 그가 이 여자를 선택한 까닭은, 아마 그녀에게는 그가 이상화하고 있는 여성상인 어머니에게서 자기가 기억하고 있는 어떤 모습을 완성해 주는 것이 있기 때문이겠지만, 그는 그런 사실을 전혀 모르고 있다. 설사 그런 사실을 지적당하더라도 그는 이해하지 못할 것이며, 또 그것을 믿으려고도 하지 않을 것이다. 그는 자기의 아내를 어느 정도 자기의 어머니로 만든 후에라도, 그런 사실을 겨우 희미하게 깨달을 뿐일 것이다. 이와 같은 모든 현상들은 무의식중에 이루어진다.

그것은 이 연극 중에 어떤 고장이 발생하여, 특히 연기의 멈춤――정착(fixation)――이 생기면, 가장 뚜렷이 알 수 있다. 어떤 아이들은 가정에 대한 애정의 결속을 완전히 끊지 못하는 까닭에 다른 이를 사랑하지 못하고 있다. 그들은 아버지나 어머니를 향하여 이른바, 정착을 일으키고 있는 것이다. 그 대상은 형제인 경우도 있고 자매인 경우도 있다. 혹은 전혀 딴 사람으로서, 가까이서 이런 유년기의 기둥 구실을 했던 사람일지도 모른다. 이것은 유년기의 관계가 없어지지 않고서 언제까지나 남아 있는 것이다. 그것은 무의식적인 마음의 작용 속에서 위에 설명한 바와 같은 로맨틱한 삼각관계를 형성하고 있는 것이다. 이것이 모든 사람들에게 공통적으로 있는 것이며, 또 그것을 억압하여 변형시켜서 교묘히 밖으로 배출시킬 수가 있느냐 없느냐가 정신건강의 열쇠가 되는 것이므로, 이 것은 이론적인 정신병학에 있어서 대단히 중요한 문제로 삼고 있다. 그것은 보통 '오이디푸스 콤플렉스'라고 부른다.*¹ 이 말의 어원은 고대 희랍의 전설에 오이디푸스라는 사람이 무의식중에 자 기의 아버지를 살해하고, 자기의 어머니와 결혼하여 무서운 결과를 자아냈다는 얘기가 있는데, 그것에 유래되어 생긴 것이다. 고대 희 랍의 연극에서는, 이런 일이 생긴 까닭은 운명에 신의 맹목적인 결 정의 결과라고 말하고 있다. 이와 같은 명제를 다룬 현대극 《은의 끈》에서는, 그것에 정명론적(定命論的)인 설명을 주어, 아이를 멸망 시키는 부모들에게 직접적인 책임을 전가하고 있다. 이 점에 관한 그들의 이론은 근대과학에 의하여 지지되고 있다. 아이들의 정서적 인 패턴은 주로 부모들의 태도에 의하여 결정된다는 것은 의심할 여 지가 거의 없을 것 같다.*²

a) 정착(어머니에 대한 것 —— 오이디푸스 콤플렉스)

샘 앤더슨은 독신자였다. 시내의 젊은 여자들이라면, 그를 모르 는 사람이 없었다. 그 여자들은 모두 그를 좋아했다. 그러나 그가 그 여자들에게 아무리 정성을 다해 보았지만, 그 누구도 그가 구혼 하리라고 생각하는 여자는 한 사람도 없었다. 그 여자들의 경험에 의하면, 그의 정성을 정말로 받아 주더라도 헛된 일임을 알고 있 었다. 지금까지 많은 여자들이 그의 꽁무니를 따라다녔다. 그러 나 자기의 요구조건을 충족시켜 주는 여자는 한 명도 없었다. 그는

---

*1) 여자의 경우는 엘렉트라 콤플렉스라고 한다.
*2) 프로이트의 저서 중에서 《성학설에의 세 가지 기여》는 아동의 심리 적인 '성' 발육에 관한 고전적인 논고로 되어 있다. 그리고 제럴드 H. J. 피어슨은 《아동의 심리적인 성의 발육》이라는 저서 속에 이 문 제를 기술적으로 요약하였고, 또한 근대적인 발견까지도 덧붙이고 있다.

'완전한 여자'를 자기의 아내로 삼기 위해 물색하는 모양이었다. 정신과 의사라면, '그녀는 벌써 죽었습니다'라고 그에게 말해 줄 수 있는데……

b) 정착(아버지에게 대한 것 —— 엘렉트라 콤플렉스)

마리는 아버지를 유난히 따르는 딸이다. 요람에 있을 때부터 그 딸은 아버지의 기쁨이며 자랑이었다. 그리고 그는 딸의 노예이며 딸의 애인이었다.

"내가 아마 열두 살이 채 못 되었을 때였는데, 나는 아버지를 사랑하고 있는 것을 언제나 의식하고 있었습니다. 학교에서 혹 무슨 일이 뜻대로 안 되거나, 누구에게 무시당하면, 나는 항상 아버지에게 매달렸습니다. 아버지의 사랑은 모든 것을 메꾸어 주었던 것입니다. 내가 한 일을 아버지가 '좋다'라고 말씀하시면, 나는 퍽 기뻤고, 아버지가 '이게 뭐야' 하고 말씀하시면, 나는 절망적으로 낙심했습니다. 아버지는 그런 것을 모르신 듯합니다. 그러나 어머니는 알고 계셨습니다."

어머니는 여성의 예리한 감각으로서 언제나 주의력이 깊었다. 그녀는 남편의 정조적인 생활에 있어서의 자기의 지위를 자기가 낳은 딸에게 가로채이고 있음을 알았다. 그러나 그것은 그녀로서는 어찌할 도리가 없는 처지였다. 자기 딸에게 강짜를 부린다는 것도 천하게 느껴졌고, 남들이 알면 웃을 일이기도 하였다. 그런 까닭에 마리에 대한 그녀의 감정은 아주 나빴다. 쉽게 화가 치밀며, 마음이 맞지 않는 것은 이미 분명했다.

여고생이 된 마리는 한창 피어나는 때여서, 균형잡힌 예쁜 몸매였다. 마리는 다른 학교 친구들과 비교해 보아도 눈에 띄게 숙성한 편이었다. 그녀의 어머니는 자기 딸을 정당하게 구박할 수가 있는 것은 이때라고 생각하고 집안일을 이것저것 마구 시켰다. 그 일은 그만한 나이의 보통 소녀라면 도저히 다 해내지 못할 분량의 일이었다. 그러나 마리는 도리어 그것을 좋아했다. 그녀는 재봉이나 소제나 요리를 솜씨있게 척척 해내는 바람에 아버지까지도 놀랄 정도였다. 그래서 아버지는 그녀를 더욱 좋아했고 많은 칭찬을 해주었다. 그것은 그녀로서도 더 바랄 것이 없는 만족이었다. "나는 너무 기뻐서 가슴이 터질 것 같았어요. 아버지께서 기특하게 여기시고 칭찬하는 한말씀 한말씀에 나의 기쁨이 얼마나 컸었는지 아버지는 아마 모르셨을 겁니다. 그렇기 때문에 어머니가 미워하고 구박하는 것도 얼마든지 참을 수가 있었어요. 사실 나는 어머니를 불쌍하다고 생각했어요——정말 불쌍하고, 하시는 일마다 실패하고, 앙심을 품고 있는 어머니! "

한동안 그녀는 젊은 남자에게 전혀 흥미나 관심을 갖지 않다가, 여러 명의 남학생들과 연애를 했다. 그렇지만 모두 얼마 가지 못하였다. 전체적으로 보아서 마리는 여자친구들 사이에서 별로 인기가 없는 편이었고, 그들도 그녀와 특별히 친하게 지내지 않았다. 그녀가 여성에 대하여 좀 비뚤어진 생각을 갖게 된 것은 어머니의 탓이었다. 그러나 그녀는 동급생의 어느 여자친구보다도 먼저 많은 남자친구들에게 특별한 관심을 가지게 되었다. 그녀는 그 남자친구들과 잘 지내는 것처럼 보였다. 그들은 누구나 그녀를 좋아했다. 항상넘칠 듯한 그녀의 열성 탓으로 그녀를 따라다니는 남자들은 누구나그녀가 상당히 자기를 사랑하는 줄로 생각했다. 그리고 그녀의 열정에 대한 반응은 순식간에 불처럼 타오르는 것이었다. 그러면 마리는 항상 화들짝 놀라는 것이었고, 다음에는 갑자기 열이 식어 버리는 것이었다. 그런 후에는 다른 청년과 어울리게 되며, 버림받은청년은 어떻게 된 영문인지 몰라 어리둥절해 하면서도 뒤를 따라오는 형편이었다.

이와 같은 실로 광적이고 비정상적인 그녀의 사교생활은 대학에들어간 후에도 계속되었다. 그러나 그녀에 대한 평판은 마음이 들뜬 여자로 소문이 나돌았으므로, 장래성이 있는 청년들은 그녀를 경시하며, 유의하지 않았다. 그렇지만 그녀가 흥미를 느끼고 있는 쪽은 그들뿐이었다. 그러므로 그녀는 조금 불안해졌다. 왜냐하면 그녀는 이론적으로는 결혼생활을 하고 싶다는 강렬한 욕구를 가지고 있었으므로 자기가 끊임없이 상대를 바꾸어 가는, 항구성이 없는 자신의 행동에 대해서 스스로도 몹시 고민하고 있었다. 그러자 그녀는 작전상 상당히 타산적인 생각으로, 이번에는 자기보다는 훨씬 나이가 많은 남자에게 열중하기 시작했다. 그런데 이 상대는 모든 면에서 변변치 못한 남자여서 이 열병이 계속된 1년 동안 그녀는 매우 비참한 생활을 했다. 그것조차 끝나자, 지금까지 남성에 대하여 끝없는 열정을 가졌던 것에 그녀는 아주 진절머리를 내게 되었다.

이제 그녀는 결혼생활을 할 생각을 아예 포기하기로 결심했다. 그래서 가정과에서 실업과로 전과했는데, 그녀는 새로 옮긴 실업과에서 커다란 만족을 발견했다고 생각했으며, 다른 사람들도 그렇게 생각했다. 그로부터 1년도 채 못되어 아버지가 자기 상점에서 일하지 않겠느냐고 물었다. 그녀는 쾌히 승락했다. 그래서 그녀는 부인 장신구 코너를 신설하고 그 일에 몰두했다. 그 후 수년간 그녀는 모든 정력을 이 일에 기울였다. 주위에서는 그녀가 사업에 성공하고 행복한 줄 생각했다.

그러나 그녀의 부모를 비롯해서 가정의와 교회의 목사는 그와 반대의 생각이었다. 그들은 그녀가 점점 비참해지는 것을 알았다. 그녀는 조금도 생활을 즐기고 있지 않았다. 그녀는 전연 행복하지도 않았다. 그러나 그녀는 어떻다는 것을 도무지 말하려 하지 않았다.

어머니는 이렇게 말했다. "그 애는 장신구 코너를 그만두고 교사가 되거나 살림을 하고 싶어하는 것 같습니다. 그렇지만 자기가 무엇을 하고 싶은지 도무지 모르고 있습니다. 그 애는 결혼하고 싶으면서도 남자는 거들떠보지도 않습니다."

그녀의 오빠는 다음과 같이 말했다. "그 애는 남자친구들과 함께 돌아다니면 좋을 것입니다."

"그렇지 않으면 여자친구라도 좋지"라고 아버지가 말했다. "편도
선을 잘라 버릴 필요가 있습니다"라고 가정의가 말했다. "내 생각
같아서는 주일학교에서 정성을 쏟으며 일하면, 기분이 명랑해질 것
같습니다"라고 목사가 말했다.

그러나 여러 제안과 권고들이 있었지만(보통 젊은 실업가라면 기뻐
서 어쩔 줄 모를 만큼 사업에 크게 성공을 하였건만), 우울증의 먹구름은
점점 두텁게 깔려 왔다. 마리는 밤이 늦어야 상점에서 부랴부랴 집
으로 돌아와서는 자기 방에 틀어박혀 나오지 않았다. 어머니가 머
뭇거리면서 저녁식사는 어떻게 했느냐고 묻기라도 하면 상관하지
말라고 소리치기가 일쑤였다. 그녀는 울기도 많이 했고, 오랫동안
함구하기도 했다. 밤에는 잠을 이루지 못하고 몸을 뒤척이고만 있
었으며 일요일에는 몹시 초조해했다. 어머니와 함께 있으면 마리는
더욱 화가 치밀고 초조했다. 그리하여 어머니와 딸은 무언중에 양
해가 성립되어, 서로 함께 있는 것을 될 수 있는 대로 피했다. 오랜
반목이 계속되고 있던 중에 마리는 결국 자기가 지고 말았다는 생각
이 들었다. 마리의 아버지는 이제는 이미 그녀의 지도자가 아니
었다. 그는 딸의 애정을 좌우할 힘을 잃은 것 같았다. 그리고 그녀
에게는 형제 따위도 아무것도 아니었다. 인생 그 자체마저도 아무
런 의미가 없었다. '나 같은 바보가 할 일은 오직 한 가지밖에
없다. 그리고 그것은 나 자신이 해야만 한다. 언젠가는 내가 용기를
내서 실행할 날이 있겠지'라고 그녀는 생각했다.

이리하여 누구에게나 사랑받던 마리는 밤낮 빈둥거리는 그녀의
오빠 찰스처럼, 세상을 등진 사람이 되어 버렸다. 그녀는 이제 마음
의 안정과 주관은 찾아볼 수 없었다. 또한 그녀는 서로 상반되는 소
망과 충동에 몸부림치며 어찌할 바를 모르고 있었다. 더욱 안타까
운 것은 그런 자기의 형편조차 자기로서는 잘 모르고 있다는 것
이다. 종전과 같이 상업을 계속해 갈까, 가정생활을 해볼까, 화는

나지만 그대로 부모와 함께 살아갈까, 그렇지 않으면 친구도 누구도 아닌 생면부지의 사람과 생활해 볼까, 애인을 하나 사귀어 볼까, 남자란 남자는 모두 멀리해 버릴까, 아니면 여자로서 몸을 맡겨 버릴까, 또는 남자처럼 경쟁을 해볼까, 살까, 차라리 죽어 버릴까? ——이런 생각들이 그녀의 마음 속에서 싸우게 되어, 결국에는 이 마음의 갈등 때문에 견딜 수 없게 되었다. 그녀는 점점 단념의 우울증 속으로 깊게 깊게 침전되어 갔다(이 환자는 최후에 정신분석의 치료를 받았다. 다음 장을 참조).

c)정착(자기에 대한 것—— 나르시시즘 콤플렉스)

애정의 정착이 자기 자신에 대하여 행해지는 경우가 가장 비극적인 경우이다. 자기 자신만을 사랑하는 사람은 다른 사람을 사랑할 여유가 없다. 이런 경우를 '나르시시즘'이라고 말한다. 이 말은 물에 비친 자기 모습에 끌려 물에 빠져 죽은 후 수선화가 되었다는 미모의 청년 'narcissus'에서 유래된 것이다. 그가 숲의 님프 에코의 사랑을 무시한 죄의 대가로, 노한 에코로부터 받은 벌이었다. '지옥의 겁화(劫火)도 이런 격노는 없다……'*라는 말이 있는데, 이처럼 멸시받은 여자일지라도, 자기 자신에게 지나치게 도취된 사람은 남을 사랑할 수도 없으며, 다른 사람을 사랑한다는 것이 어떠한 일인지도 이해하지 못하고 있다는 사실쯤은 알고 있을 법도 한데.

리비도를 자기에게만 집중하는 것은 '성'의 심리적인 발달과정의 어느 시기에는 누구나가 다 그러하며, 그것은 지극히 정상적인 형상이라는 점을 기억하지 않으면 안 된다. 그러나 성인이 된 후에도 언제까지나 그 목표와 표현방법이 미숙한 사람의 경우에는 비로소 '정착'이라고 불리우며, 병적이라 볼 수 있게 되는 것이다. 이 정착

---

*우리 나라 속담에 여자가 앙심을 품으면 한여름에도 서리가 내린다는 말과 부합되는 말이다.

은 의식되는 경우도 있고, 또 누가 보더라도 뚜렷이 나타나는 경우
도 있다. 그러나 그것이 앞에서 말한 바와 같은 '변장'으로 가리워
져서 전연 보이지 않는 경우도 있다.

예를 들면 자위행위 같은 것은 확실히 나르시시즘 혹은 자기애에
빠져 있는 한 형태이다. 지도를 잘못 받았거나 잘못 알고 있는 부모
나 교사들은 그 행위를 몹시 꾸짖지만, 사실 아동들에게는 아주 자
연발생적이고 정상적인 현상이다. 대부분의 사람들의 경우에는, 그
것은 그 사람의 생각이 외부로 돌려지게 되고, 또 성의 표현방법을
성인으로서 깨달아 감에 따라 이 습관은 자연히 멈추게 마련이다.

그렇지만 일부 사람들 중에는 일생에 걸쳐 끊임없이 자기의 애정
을 다른 사람의 육체와 정신에 돌리지 않고, 오히려 자기에게로 집
중시키는 이도 있다. 베네(Benet)는 루시를 다음과 같은 미사여구로
성실히 묘사했는데, 그는 그 속에서 그녀가 애정을 자기 육체에 쏟
았을 뿐만 아니라, 성숙한 이성애의 사랑을 거부하며 그런 종류의
사랑을 받아들일 수가 없다는 것을 분명하게 나타내고 있다.

　　──루시는 마음이 들떠 혼자 중얼거렸다.
　……당신은 즐겁게 춤을 추세요.
　햇볕을 쬐며 놀아요.
　화려한 옷으로 단장하고 아침인사에 참석하세요.
　그러나 필경은 당신의 손과는 다른
　거칠은 손이 더듬더듬거리며
　마침내 경쾌한 당신을 붙들고
　당신은 아직 알지 못하는 이상한 열정으로
　무리한 요구를 당신에게 하리라.
　이 열정은 무엇일까?
　여자가 한 꺼풀의 겉옷으로서 견디지 않으면 안 될
　이 사람에게 상처를 주는 것은.

그것은 내 몸을 움직이지 못하고
내 마음도 어떻게 못하리라.
나는 싫어요.
그것을 견딜 만한 여자들은 따로 얼마든지 있으리.
내가 가진 아름다움은
다른 서비스를 위한 것이지.
나 자신만의 것이지.
나는 누구와도 그것을 나누지
않으리라.
나는 태양의 열기 속에서 노닐리라.
해도 젊은 여성은 결혼을……
나여!
넌 무엇을 생각하고 있는가?

장미무늬의 비단 옷을 입어 보려고
치맛자락의 후프(hoop)에 발을 들여놓은 채
옷을 그대로 두고
잠시 서서
길고 어두운 거울에 비친,
현란한 요부에 반해서 들여다보았다네.
오, 꿀처럼 달콤한 당신이여!
당신은 정말 아름다워요!
그리고 그것은 아무도 몰라요.
──나만 알아요, 누구도 몰라요.
그녀는 자기의 우유빛 하얀 어깨에
입맞춤한다──격렬한 동정어린 사랑으로서.
그 하얗게 빛나는 살결을 위하여.
이 부드러움이여

이 매끄러움이여
이 순결함이여
이 꿀과 같이 달콤함이여 !
나녀의 눈에는 베일이 덮였다.
그녀는 거울 앞에서 하늘거렸다.
"하니 ! 나의 사랑 !"
그녀는 홀로 속삭였다.
"내 사랑하는 하니"
나만큼 당신을 사랑할 이 누구리요.
달콤한 그대여
당신의 아름다움이 얼마만큼인지
루시 이외는 아무도 몰라요.
그리운 당신이여, 결혼하면 싫어요.
그대여 나를 버리지 말아요.
당신과 나——
우리들은
아름답고 다정하게 지내요, 누구에게라도.
어떤가요 ? 그리운 그대여 !
춤추는 상대로는
언제나 우리에게 '그이'가 있으며
춤을 출 때는
으레 우리에게 음악이 있어요.
그러나 당신은 나를 버리면 안 돼요.
그리운 당신,
그것만은 정말 참을 수 없어요.
그대여, 부디 다른 이에게 마음 주지 말아요.
나를 버리면 정말 싫어요 !

       ——스테펜 빈센트 베네, 《존 브라운의 몸》에서——

나르시시즘적인 탐닉을 성인이 된 후의 생활에서까지도 끊어 버리지 못하고, 게다가 실로 여러 가지 모양의 '변장'으로 각 방면에 퍼뜨리는 한 가지 형으로 '노출증'이라는 것이 있다. 노출증이란 자기의 개인적인 매력을 다른 사람들에게 보이고, 그들의 칭찬을 받음으로써 만족하는 형으로 일종의 성도착증이다. 3세의 어린아이가 그런 행위를 하면, 그를 사랑하는 가족들은 귀엽게 그것을 받아들인다. 그러나 3세의 나이에는 매우 귀여운 짓으로 인정되지만, 23세나 60세가 되어서도 그같은 짓을 하면 불행히도 끔찍스럽게 여기게 된다. 그럼에도 불구하고, 많은 성인들은 여러 가지 노출증적인 행위를 하여 다소나마 자기 만족을 취하고 있다. 그리고 많은 사람들은 옆에서 그런 노출증적인 행위를 바라보며 재미있어 한다. 이것은 웃음거리의 연극·희극·가극 등 인간의 모습을 조직적으로 보여주는 전람회나 공연 등이 개최되는 이유를 어느 정도 해명해 준다. 목사들 중에는 설교하는 것이 노출증적인 기회를 주기 때문에 설교하기를 좋아한다고 하는 사람도 있는데, 그 점에 대해서는 사람들이 잘 모르고 있는지도 모른다. 변호사들처럼 논쟁하기를 좋아하는 것이나 수술하기를 좋아하는 의사들도 어느 정도 그와 같은 이유를 갖고 있는 경우가 있다.

노출증은 성인의 경우에 아무런 '변장'도 쓰지 않고 그대로 성기를 노출시키는 수가 있다. 이 경우는 강박행위인 경우가 보통이며, 그런 행위를 하는 당사자는 매우 당황하며 굴욕을 느끼기는 하지만, 그 순간에 자기로서는 억제할 수 없는 것이다. 전문적으로는 이것도 노출증이라고 하지만, 이것은 지금까지 말해 온 나르시시즘 이상의 것이다. 그것은 자기로서는 의식하지 못하는 대단히 무서운 공포를 강박행위적으로 부정하는 것이며, 그런 버릇이 있는 사람은 아무리 나무란다 하더라도 소용이 없다. 오직 치료가 필요할 따름이다.

d) 정착(신체의 기관에 대한 것)

많은 사람들은 앞에 말한 루시의 경우와 같이 자기의 육체에 대해 애정을 쏟는 것도 아니고, 또 앞에 말한 노출증에 나오는 형태도 아니고, 그렇다고 자위행위의 경우처럼 성기에만 집중하는 것이 아니라 자기의 신체 중에서 여러 가지 기관을 선택하여, 그것에 특수한 자기의 성욕적 관심을 집중시키는 형태로 자기애를 표현한다. 어떤 사람은 이것이 자기의 폐에 작용하여, 항상 폐결핵이나 폐렴에 걸리지 않도록 주의만 하는 사람도 있음은 누구든지 알고 있다. 또 이런 이들 중에는 자기의 호흡기계의 기관에 애정을 기울여, 노래를 부르거나 연설을 하거나 목소리를 쓰는 방면에 특수한 서비스를 하고 있는 사람도 있다. 또한 그들 중에는 심장형이 있다. 이 형의 사람들은 무엇을 하든지 정열에 넘쳐 있어 운동경기·체조·힘으로 하는 일·용기가 필요한 일(courage의 cour는 심장을 뜻함) 등에 열중하지만, 혹시 낙심하는 일이라도 있으면 협심증이나 동맥경화증 등의 심장병으로 발전해 버린다. [1] 구강애의 사람들(oral erotics)은 입과 관계가 있는 특징을 가진다. 이를테면 미식가나 사치스런 생활을 하는 사람들로서 수다떨기를 좋아하며, 껌 씹기를 좋아하거나 담배를 씹어 뱉거나 키스를 하면 좀처럼 떨어지지 않거나 갑자기 편도선을 절단하거나 치과에 자주 다니는 그런 종류의 사람들이다. [2] 세상에 가장 널리 알려져 있는 유형은 '복부형'과 '항문형'이다.

---

[1] 대학의 운동선수 315명 중에서 32퍼센트가 심장병으로 죽었다. 20퍼센트 이하가 보통이다. L. Dublin, ⟨Longevity of College Athletes⟩ (Harper's Magazine, July, 1928)

[2] 신경증적 알력을 표현하기 위하여 여러 가지 신체의 기관이 이용되는데, 그 방법을 전문적으로 연구한 의사는 프란츠 알렉산더이다. 그의 ⟪The Medical Value of Psychoanalysis⟫(New York : W. W. Norton & Co., revised edition, 1936)의 제6장 참조. 본서의 p. 132 ⟨6 죄의식⟩의 항을 참조.

이 사람들은 소화기관에 대하여 그들의 대부분의 리비도를 기울이고 있다. 그리고 소화불량에서 변통(便通)에 이르기까지 과정의 모든 단계에 대단한 관심을 보이고 있다. 그들 중에는 배를 사랑하는 사람, 배를 문지르는 사람, 약을 장복하는 사람, 조금만 이상하다 느껴지면 관장을 하는 사람, 항상 위가 약한 사람, 위산과다증인 사람, 화를 잘 내는 사람, 치질의 수난자들이 있다. 이들에게 있어서는 변통이 하루 동안의 가장 중요한 행사가 되며, 그들이 가장 열심으로 어울려 떠들기를 좋아하는 화제이기도 하다. 이런 형의 나르시시스트가 자신이 오랫동안 고생하여 온 장기에 직접·간접으로 자기의 정서를 기울인다는 이런 소란만큼 '기관정착'의 학설, 즉 성과는 아무 관계도 없는 신체의 일부분을 성기화하여서 거기에 자기의 리비도를 집중한다는 학설에 확신을 주는 것은 없다.

이런 기관정착들은 어린이의 성욕적 발육, 또는 성의 심리적인 발육의 통상적인 각 단계를 표시하는 것이다. 누구나 아는 바와 같이, 어린이는 입을 움직이는 것이 무엇보다도 중요한 일로 되어 있는 시기가 있다. 초기에는 입으로 빠는 것이지만, 그 다음에는 깨물게 된다. 그리고 이 깨문다는 것으로써 어린이는 자기의 적의를 표현한다. 이가 그의 중요한 무기이다. 그러나 이 시기가 되면 그의 주의는 배설의 습관으로 옮겨가게 된다. 그리고 이 시기가 되면 부모의 소망이 차차 아이에게 떠맡겨진다. 그러므로 어린이로서는 배설하거나 변통을 참는 쾌감을 즐기고 싶어도 부모에 의해서 그것이 저지되므로, 그 대신 종전의 입을 움직이는 행위의 흥미와 바뀐다. 그 후 차츰 신체의 다른 부분, 즉 피부·손·눈·귀 등이 그의 흥미를 끌게 되며, 그의 주요한 쾌락의 공급원이 된다. 그리고 나중에는 성기의 쾌감이 그의 주의를 압도적으로 그 부근으로 끈다. 성기는 어린이에게 있어서 대단한 흥미를 끄는 부분이므로, 어린이가 모르고 있을 까닭이 없다. 게다가 소변을 보아야 되므로 그의 주의를 그곳에 자주 쏠리게 하는 것이기도 하다.

그런데 이러한 성의 심리적인 여러 발달단계의 과정에서 부모의 특별한 태도 또는 그 어린이의 일상생활 속에 어떤 보통 이상의 사건이 일어나면, 그 발육이 복잡화하여 완전한 발육을 이루지 못하는 경우가 있다. 지나치게 걱정하는 어머니는 아이가 식사할 때에, 그 시간·장소·먹는 법·분량 등을 매우 중요하게 여기며 간섭한다. 그러면 그 아이도 먹는 것과 입을 움직이는 일 전체에 대해 특별한 관심을 두게 된다. 또 너무 결백한 어머니는 그 아이로 하여금 변통의 습관에 지나친 관심을 갖도록 한다. 비록 이상적으로 가정교육이 된 경우에라도 이런 종류의 어린시절의 습관은 필연적으로, 으레 성인이 된 후의 생활에까지 따라다니게 된다. 그러나 대개의 경우에는 다른 흥미가 승화작용에 의해 대치되기도 한다. 예를 들면 최상품의 술을 특히 좋아하는 사람이 있다면, 그것은 어렸을 때 그가 입을 움직이는 행위의 욕구가 너무 컸던 관계로 충분히 만족시키지 못했기 때문에, 그때의 소망을 어른이 된 후에도 여전히 찾고 있는 것인지도·모른다. 그러나 이것은 사회적으로 용납되는 일이다. 같은 원인에서 기인된 것이라도 자기의 손톱을 깨물거나 담배를 씹는 것을 좋아하는 것은 별로 바람직하지 못하다.

또 항문애의 성벽에 관해서는 다음의 예가 있다. 나의 이웃에 사는 한 사람이 자기 소유지 안에 있는 느릅나무의 짧은 가지들을 모아서 상자에 담아 두는 것을 보고 나는 항상 재미있게 생각해 왔다. 이러한 유년기의 성욕적인 잔재라고도 할 만한 것에 대한 반동은 때로는 몹시 병적인 경우가 있다. 예를 들면 지나치게 깨끗하다든지, 결백하다든지, 예절을 지나칠 정도로 지킨다든지, 인색하다든지 하는 등이다.

이와 같은 모든 유년기의 경향과 반동은 그 사람의 태도에 나타나는 법이다. 가령 누구에게라도 의지하고 싶다든가, 호기심을 가진다든가, 쉽게 낙관한다든가, 쉽게 비관한다든가 하는 것 등이다. 정신분석을 연구하는 저술가들은 이런 것으로부터 어렸을 때의 발

육단계 중의 어느 한 단계, 또는 다른 시절의 것들로부터 온 특별히
현저한 습벽(習癖)을 기초로 삼아 여러 가지 사람의 퍼스낼리티 형
을 묘사하게 되었다. 예를 들면 '구애형(口愛型)'이라든가 '요도애
형' 등이다. 그러나 우리가 현재까지 목격한 바로는 인간의 습벽은
정착을 뜻하고 있으며, 또 반동형성의 경우가 종종 있는데, 어느 것
이나 모두 퍼스낼리티의 발전이 불안전하였음을 표시하는 것이라는
점을 지적하기만 하면 충분하다고 생각한다.

③ 퇴행 역전

연극이 뒷걸음질치는 수도 있다

세 번째로 연극이 순조롭게 진행되지 못하는 벙법으로서는, 배우
가 자기의 역할을 마치고 벌써 무대에서 내려왔어야 할 것을 고집스
레 무대로 되돌아가서, 다시 말해서 제3막으로 넘어가야 할 것이 제
1막으로 뒷걸음질을 하여 매우 어색하고도 시대착오적인 연출을 하
게 되는 경우가 있다.

전문적으로 말하면, '역전(또는 퇴행)'이란 말은 부정확한 용법에
의해 두 가지를 설명하고 있다. 즉, 원시적인 습벽을 미화하거나 사
회적으로 받아들일 수 있는 '변장'을 쓰던 일을 그치는 것——예를
들면 입으로 하던 언쟁 대신에 완력으로 싸우거나, 자기 만족을 얻
기 위하여 유아기에 가졌던 어떤 습관으로 되돌아가는 것
이다——가령 돈에 너무 집착한 나머지 우정도 헌신짝처럼 버리는
따위이다. 이 두 경우는 모두 유아기 미탈피(infantilism) 현상이 고
도로 작용하고 있다. 임상적 견지에서 보면 다음과 같다.

대학 1년생인 해리 에메트는 자부심이 대단하고 사회적으로 나타

나기 싫어하는 가정에서 출생했다. 그는 겁이 많고, 얼굴은 어린아이처럼 귀여운 모습이었으며, 대단히 미숙한 편이었다.

돈 씀씀이가 커서 매우 인기가 있었으나, 그의 주변 사람들은 그가 지출할 수 있는 능력 이상의 지출을 기대했다. 그는 얼마 안 가서 심한 향수병에 걸려서, 어머니에게 좀 와달라는 편지를 썼다. 어머니는 곧 와서 그를 얼러 주고 위로하며, 휴양시키기 위하여 집으로 데리고 갔다.

조지 베빌은 평상시에는 침착하고 훌륭한 실업가였다. 그러나 가끔 위스키를 몇 잔 마시거나 유쾌한 친구들과 함께 있게 되면, 평소의 침착은 어디론지 사라지고 그는 어느 새 소년으로 되돌아가 버리는 것이었다. 노래를 부르거나 고함을 지르며 노름도 하고 술래잡기도 하며 씨름이나 맞붙어 싸움도 하며 껄껄대고 웃으면서 재미있게 노는 것이었다.

고인이 된 프랭크우드 윌리엄 씨는, 아무리 나이를 먹었다 하더라도 어린아이 상태로 있는 사람들의 유아기 미탈피 경향이 타인에게 여러 가지 피해를 끼칠 뿐만 아니라 본인들에게도 대단히 불리한 조건이 되고 있다고 말했다. 그들에게 꼭 한 번 들려주고 싶은 말을 참으로 명쾌하게 기술해 놓은 것을 살펴보기로 하자.＊

생리적으로 당신은 이미 성인에 달했고, 또 뛰어나게 예민한 지성을 가지고 있습니다. 당신은 꼭 필요한 사람이 될 수 있는 사람입니다. 그러나 중대한 문제에 대한 당신의 결단은 사실과 부합되는 것이 아니고, 당신 개인의 유년시절에 해결되지 못했던 정서적인

＊《서베이 그래픽》지 1928년 4월호 윌리엄스의 〈유치한 짓은 그만두자〉에서.

문제와 결부시켜 내리고 있습니다. 당신의 행동이 정직한 것임에는 틀림없지만, 당신은 노출된 사실을 있는 그대로 보지 않고 당신의 개인적인 색안경을 통하여 보는 것입니다. 당신 때문에 곤란과 혼란이 발생합니다. 당신의 지성은 예민하기 때문에 자기결단이 부적당하거나 이유가 빈약하더라도, 그것을 효과적으로 변호할 수는 있습니다. 당신에게 돌아오는 모든 문제는 비교적 손쉽게 해결될 수 있는 문제들입니다. 그런데 당신은 거기에 아무 관계도 없는 당신 자신의 개인적인 문제와 혼동해서 생각하므로 해결이 안 되는 것뿐입니다. 그렇기 때문에 당신은 협력을 하고 있다기보다는 오히려 방해한다고 하는 편이 옳을 것입니다. 당신은 정서적으로 어른이 되어야 합니다.

윌리엄스 씨는 같은 논문 속에서 정서적으로 성인이 되지 못하는 것으로 판단되는 사람들의 실태를 형태별로 재미있게 꾸며 놓았다. 다음은 그것의 일부이다.

· 한 여자를 일시적으로 사랑하는 남자. 즉, 한 여자를 지속적으로 사랑하기가 어렵다거나 불가능한 남자들
· 이성 앞에서는 부끄럽고 자의식이 강해지는 남녀들
· 여자가 남자보다 열등하다고 믿지는 않지만, 실제로는 그렇게 생각하며 행동에 나타내는 여자들
· 남자건 여자건 성에 대해 전면적으로 필요 이상의 반발을 보이는 사람들
· 타인의 구제에 —— 여러 가지 면에서 —— 관심이 많은 남녀들
· 적은 수입으로 생활은 호화롭게 하려는 사람들
· 자기의 뇌세포보다는 구두 바닥이 닳도록 돌아다니는 사회 운동가들
· 아내가 이해하여 주지 않는다고 불평하는 남편들

- 으스대면서 호령하는 재판관들
- 내 마음이 하도 상하여 피가 난다는 따위의 소리를 외쳐대는 목
  사들

이런 어린아이 같은 습벽이 우리들 자신의 생활 가운데에도 가끔
나타나는 경우를 누구나 경험했을 것이다. 그러나 자기 자신의 경
우보다는 친구나 다른 사람의 그 광경을 보면 쉽게 알 수 있다. 교
육을 받는 목적은 그런 것을 자각함으로써 그런 일을 그치게 하려는
점에 있다. 나는 와쉬번 대학 신입생들에게 '나는 이런 점에서 유아
기 미탈피 현상에서 벗어나지 못하고 있다'라는 주제의 앙케트를
조사한 일이 있었다. 다음은 그 해답의 일부이다.

- 나는 항상 내가 아닌 다른 사람으로 한 번 되어 보았으면 한다.
  나는 거울에 비친 나를 바라보기를 좋아한다.
- 나는 갖고 싶은 것이 있으면, 어떠한 일이 있어도 기어코 가지
  고야 만다.
- 나는 남을 웃기는 이야기하기를 좋아한다. 특히 많은 사람들의
  주의를 끌 만한 것이라면 더욱 그렇다.
- 나는 내가 계획한 일이 다른 사람에게 방해당하면, 그것이 고의
  건 아니건 매우 불쾌해진다.
- 나는 다른 사람에 관한 농담에는 깔깔거리고 웃지만, 나에 관한
  농담을 하면 뾰로통해진다.
- 나는 무슨 일을 할 때에는, 그 일을 빨리 끝내고 싶어서 열심히
  일한다. 특히 요리를 할 때는 더욱 그렇다.
- 나는 내 마음 속에 어떤 묘안이나 계획이 생각나면, 누구에게나
  찬성하여 주기를 기대한다. 그러나 찬성하지 않으면 몹시 화가
  치민다.
- 나는 간절한 부탁이나 달콤한 말을 듣고서야 일하기를 좋아

한다.
· 한 조직체 안에서 내 이름이 널리 알려지지 않을 때는, 나는 그
  일을 그만둔다.
· 나는 아첨받기를 좋아한다. 무슨 일에 관해서든지 잘한다고 추
  켜주는 것처럼 기쁜 일은 없다.
· 나 자신의 결점을 인정하는 것은 아주 질색이다. 특히 내가 유
  치하다는 것을 인정한다는 것은 죽기보다 싫다.
· 나는 가끔 남들이 싫어하는 일을 일부러 한다.
· 나는 화가 나면, 그 원인이 되는 일이나 사람을 지나치게 비난
  한다. 그 후에 나는 샐쭉해지며 비참한 기분이 된다.

이처럼 어린아이 같은 습벽에서 벗어나지 못하거나, 유년기의 표
현방법으로 후퇴하는 현상이 놀랄 만큼 극단적으로 진전되는 경우
가 있다. 성년에 달한 여자나 남자가 가끔 아주 어린애로 전락해 버
린다는 것을, 몇 가지 실례를 들어 설명하고자 한다.
듀크 대학의 맥도갈 교수는, 어떤 병사가 전장에서 겪은 공포 때
문에 어린애로 돌아가 버린 몇 가지 실례를 생생하게 묘사하고
있다. 그가 들은 실례 중의 하나가 H. A. 오버스트리트 씨의 《우리
자신에 대하여 : About Ourselves》라는 저서 속에 뜻깊게 수록되어
있다.

우리가 신경증적인 영사막에 비추려는 첫째 사진은 오스트리아의
한 젊은 병사이다. 그는 셸 쇼크로 인해 전혀 말을 못하게 되어 병
원으로 후송되었다. 그는 치료의 영향으로 차차 호전되어 갔는데,
그때 맹렬한 공습으로 이 병원은 대혼란에 빠지게 되었다. 그래서
환자들을 급히 다른 곳으로 옮기지 않으면 안 되게 되었다. 이 두
번째로 도래한 공포의 결과로 이 젊은 병사는 실로 놀라운 변화를
보이게 되었던 것이다.

그는 한 마디로 어린아이가 되어 버렸던 것이다. 정말 글자 그대로였다. 그는 말하는 능력을 전부 잃었고, 연필을 주면 그것으로 무엇을 해야 좋을지 모르고 있었다. 그는 또 평소에 사용하던 자기 주위의 여러 가지 도구의 사용법까지도 잊어버린 모양이어서, 호기심과 두려움이 뒤섞인 듯한 태도로 그것들을 살펴보곤 했다.

그는 가랑이를 벌리고 서서 부들부들 떨면서 걸었다. 그리고 부축해 주지 않으면 금방 쓰러져서, 어린애처럼 무릎과 손으로 엉금엉금 기어다녔다.

그는 제 스스로 먹지도 못했다. 간호사가 먹여 주면, 그는 자기가 먹기 전에 언제나 간호사에게 먼저 한 숟갈 먹어보라고 졸랐다. 그는 이것저것 잡히는 물건을 장난감으로 삼아서 어린애처럼 놀았다. 그리고 같은 병실에 있는 사람이 마스코트로 가지고 있는 인형을 갑자기 빼앗아 자기 것으로 만들어서는 매우 소중히 다루었다.

이것은 성인이 완전히 어린아이로 되어 버린 한 예로서, 그것은 '유년기의 퇴행(regression of the infantile)'이라는 것이다. 그는 속임수로 그러는 것이 아니라, 현재의 상태가 실제로 어린이와 같았다. 그것은 마치 지금까지 조금씩 정상적인 발육을 해온 것이 갑자기 정지해 버리고, 신체적으로나 정신적으로 어린아이의 상태로 되돌아간 것과 같은 것이었다.

일반적으로 이런 것은 우리의 일상생활에는 아무 관련도 없을 것 같이 생각되기도 하지만, 세밀히 관찰해 보면 사실은 우리가 자주 보고 듣는 일이 보통 우리가 상상하는 것보다 조금 극단적으로 진전된 예에 지나지 않는 것이다. 극단적인 퇴행의 예를 한 가지 더 들어 보기로 하자.

A부인이 우울증에 걸린 시기는 30세 전후였다. 그녀의 우울증은 극단적인 흥분증으로 변해 행동으로 표현하게 되었다. 그럴 경우,

처음에는 그녀가 20세에서 25세 사이에 하던 행동을 하다가, 조금 후에는 10대 때의 행동으로 나타났고 이어서 유년기까지 소급해 갔다.

그녀는 당시의 속어와 유행가를 흥얼거렸고 이제는 그 누구도 부르지 않는 옛날의 유행가를 부르고, 옛 친구들의 이야기가 자주 입에 오르내리게 되었다. 한 마디로 요약한다면, 그녀는 여러 면에서 결혼하기 전에 내가 알고 있던 그 소녀로서 되돌아가 버렸던 것이다. 그 후 그녀는 요람의 시절에까지 퇴행하여, 그녀가 갓난아기 시절에 했던 바와 같은 어처구니없는 행동을 하게 되었다.

그러는 동안 점점더 유치한 짓을 하게 되었다. 그녀는 말수가 거의 없게 되고, 어쩌다 말을 할 때에는 어린아이와 같은 말투였다. 그녀는 어린애 같은 철없는 질문을 했다. 그녀는 줄곧 입 언저리에 침을 질질 흘렸고, 그 침으로 얼굴을 문질렀다. 그녀는 주위에 있는 모든 물건에 대하여 계속해서 호기심을 보이며 어색하게 그것들을 만지작거리며, 자기 입에 넣으려고 애썼다. 그리고 그녀는 물건을 부수어서 '내부구조가 어떻게 되어 있나'를 살펴려고 했다. 그녀는 나이프나 포크의 사용법도 잊어버리고 손으로 집어먹다가 마구 흘리기가 일쑤였다. 그녀는 걷는 것마저도 조금은 잊어버린 모양으로 넘어지는가 하면, 아무 데나 부딪치기도 하고 손과 무릎으로 기어다녔다. 그녀는 마룻바닥에 앉아서 책이나 잡지 등을 재미있다는 듯 찢으면서 오랫동안 놀고 있었다. 이윽고 그녀는 침대를 오물로 더럽히게 되었고, 그리고 벽을 더럽히고……

그녀는 회복하기 시작하자, 미친 듯이 관장을 하는 버릇으로 변했다. 침을 흘리는 버릇도 회복하자, 어린아이 모양으로 침을 뱉는 버릇으로 변했다. 우리는 흔히 어린아이들이 침을 뱉는 행위를 알게 되면 그것에 흥미를 느끼며, 또 그들이 침을 뱉는 것을 방어의 수단으로 쓰는 것이 얼마나 자연스러운가를 잘 알고 있다.

그녀는 성장해 가는 것 같았다. 이제는 결혼도 부정하지는 않게 되었다. 그러나 남편이나 아이들에 대한 관심은 전연 보이지 않았다. 그리고 그녀는 방심상태이고 무관심하고 허탈상태에 있었다. 얼마 후에, 그녀는 여동생의 집에 가고 싶다는 희망을 말했다. 그래서 그녀는 결혼 전의 생활처럼 아버지와 여동생이 사는 집으로 가서 함께 지내게 되었다.

남편에게는 당분간 별거를 계속하도록 양해를 받았다. 그런 얼마 후, 이번에는 그녀가 아이들을 보고 싶다고 말했으므로 아이들을 데려다 주었다. 다음에는 남편과 편지 왕래를 하게 되었고, 얼마간의 세월이 흐르자, 그녀는 완전히 회복되었다고 판단되어 다시 가정생활을 시작했다.*

7. 완강한 환상 또는 연극의 주제

이상 말한 바와 같이, 퇴행은 반드시 유년기까지 후퇴한다는 것은 아니다. 그보다도 배우들이 자주 회상하려고 하는 것은, 그와는 달리 행복스럽던 시절이며, 그들 중에는 새롭거나 더욱 곤란한 시대로 전진하느니 차라리 예전처럼 매우 평안했던 시절로 되돌아가려는 경향이 끊임없이 존재하고 있다. 이 배우들은 '현실'의 대사와 연기가 어려우므로, 그 대신으로 엉터리 대사를 말한다. 이런 대용물이 곧 환상이다. 그리고 환상적인 연기를 함으로써 대리행동을 시키며, 환상을 그려서 사고(思考) 대신으로 쓴다.

어린이에게 있어서 사고한다는 것은 소망을 갖는다는 것과 같은 뜻을 가진다. 즉, 어린이가 사고한다는 것은 모두 아무 구속도 없이

---

*랄프 리드, 《광적인 우울증의 발작이 유아기 미탈피 현상을 야기시키는 사례》에서.

표현하는 것이다. 어린이는 어떠한 방해도 인정치 않는다. 시종일
관하건 말건, 그런 것은 상관이 없다. 현실에 대해 아무런 책임도
없다. 현실과 환상 사이에 구분을 짓거나 말거나 중요한 일이 아
니다(많은 경우 어떤 표면적인 이유가 생기는 것이기는 하지만). 어떤 서
로 비슷하거나 같은 정서적 반응을 일으키는 것이기만 하면 족한 것
으로서, 그것들 사이에 본질적인 차이나 의미에 있어서의 차이 등
은, 구태여 분명히 할 필요도 없다. 이런 종류가 원시적인 사고, 희
망적인 사고 또는 어린이·야만인 및 정신병자에게 공통된 전형적인
사고방식인 것이다. 한편 보통의 경우에는, 우리는 희망적인 사고
를 인생의 현실에 맞추어서 정정할 필요가 있음을 생활경험에서 배
우게 된다. 프로이트가 말한 바와 같이 쾌감원칙(pleasure principle)
을 기초로 삼은 사고방식이 현실원칙을 기초로 삼은 사고방식으로
전화해 가는 일을 배운다.

　그러나 이것은 가장 원숙한 성인의 경우에 있어서도 불완전한 상
태로 이루어지는 것이 고작이다. 왜냐하면 이 세상의 냉혹한 현실
은 우리를 아프게 하며, 특히 우리의 가장 아픈 곳을 찌르므로 우리
는 자기가 좋아하는 어떤 환상적인 주제를 가지고 그것으로 우리 자
신을 위로하고 지지해 주는 것이다. 우리의 과거에는, 특히 유아기
에는, 어떤 아주 고통스러운 기억이 있으므로, 그 ‘상처’에 처방한
환상적인 고약을 붙이고 있어 그 고약을 떼어 버릴 수 없는 것이다.

　이런 환상적인 주제라도 그 중에는 전혀 해로움을 주지 않는 것도
있지만, 어떤 것은 악의를 가진 것도 있다. 또 행동으로 나타나는
것도 있으며, 어떤 것을 보라는 듯 선언되며 방어되기도 하는데, 어
떤 것은 깊은 잠이 들었을 때 꿈의 형태로 나타난다.

　이런 환상·주제 및 콤플렉스를 하나 하나 들어가면서 여러 가지
방법으로 해설하기로 하자. 많은 사람들에게 공통되는 환상은 이외
에도 많지만, 여기에 기술하는 것은 일반적으로 널리 알려진 것 중
의 몇 가지이다.

① 여호와 콤플렉스

나 여호와는 전지·전능·무소·부재의 신이다.

a) 시에서

극에서 극까지
광산의 굉 속처럼
캄캄한 어두움에 싸여 있으면서
나는
신에게──그러나 어떤 것인지도 모르지만 아무튼
백절불굴인 나의 정신을
내가 가지고 있음을
감사한다.
기계의 톱니에 꽉 물림같이
움직일 수 없는
환경일지라도
나는 망설이지도 않았으며
목놓아 울지도 않았었다.

기회의 신의
무지스런 몽둥이질에
내 머리가 피투성이가 되어도
나는 머리를 숙이지 않았으니
이 분함과 눈물의 저쪽에는
공포의 그림자가
우뚝 서 있네.
그러나
세월의 흐름이

나를 위협하여도
나는 겁내지 않으리
아무리 흐른들
내가 두려워하랴!

문이 아무리 좁더라도
처벌란에 어떠한 중벌이 기록돼 있어도
그런 것이 문제가 되랴.
나는 내 운명의
주인이다.
나는 나의 얼의 선장이니!

─── 윌리엄 어니스트 헬레이의 〈Invictus〉에서 ───

b) 산문시에서
  래세라스에 사는 이집트인 천문학자는 오랜 연구와 자기의 우수한 능력에 의해 나일 강의 범람을 그때 그때 정확히 예언을 할 수 있게 되었다. 그러는 동안에 그는, 자기가 이 강의 흐름을 조절하고 있다는 생각을 가지게 되었다. 그러던 어느 날, 그는 병으로 눕게 되었다. 그러나 나일 강은 전처럼 조금도 다름없이 늘었다 줄었다 하며 흘러갔다. 그는 깜짝 놀랐다.

c) 병원에서
  알렉산더 판 페텐 스미스 박사는 보무도 당당하게 걸어가고 있었다. 그는 간호사들 사이에서는 대단히 두려운 존재였지만, 동료 의사들에게는 놀림감의 대상이었다. 그가 병실에 들어오면, 간호사들은 일어서서 차렷 자세로 아무 소리도 못하고 벌벌 떨었다. 그는 하찮은 실수라도 꼬투리를 잡아서 으름장을 놓기로 유명했다. 그는 간호사들에게 지루하기 짝이 없는 명령을 내려서, 그것을 하나도 빠뜨리지 말고 완전히 수행하라고 주장했다. 한 번은 그가 회진할 때, 간호사들이 또 무슨 명령이 떨어질까 조바심하다가 한 간호사가 옆의 동료에게 귓속말을 했다.

그것을 쳐다본 그는 벌컥 화를 내며 주먹으로 책상을 내리치고, 이윽고 사무실로 부리나케 달려가서 이 간호사를 해고시키라는 명령을 내렸다.

한 환자의 말이 "나의 대답 듣기를 바라시면 나를 데입 거버라고 부르지 마십시오. 전에는 내가 데입 거버였습니다. 그러나 지금의 나는 전능한 신이외다. 이제부터 나를 신이라고 하십시오. 신으로 대접함이 옳을 겁니다. 나는 신이니까. 내가 이 세상에서 가장 위대한 존재입니다. 나의 능력은 건물을 뒤집어 놓을 수도 있습니다. 당신에게 1천만 달러의 수표를 줄테니, 그것으로 16개소의 요양소나 건립하십시오. 나는 첫 아내에게서 생긴 소생이 400명이나 되는데, 모두 나를 위해서 일을 잘하고 있지요. 나는 그 아이들을 다스리고 있으며, 그리고 우주 전체를 통치하고 있습니다. 주지사를 해볼까 하고 선거에 출마해 본 적도 있었지만, 신이 되고부터는 그런 따위는 그만두었습니다. 나는 남들을 무서워하는 때도 있었습니다. 그렇지만 지금은 다릅니다. 왜냐하면 나는 그들을 통치하고 있으니까요. 이봐요, 그것은 참 근사한 기분입니다. 그런 황홀한 기분을 당신도 경험해 본 적이 있습니까? 의사 선생! 당신은 환자들만 다스리고 있는데, 그렇지만 전 세계를 다스린다는 것을 상상해 보십시오. 그가 바로 나올시다. 나야말로 전능한 신입니다. !"

d) 가정에서

존스 판사는 밥상의 윗자리에 점잖을 빼며 앉는다. 법정에서 재판할 때의 위엄과 마찬가지이다. 그의 아내와 딸들은 황급히 음식을 상으로 나르고, 어린아이들은 얌전하게 가만히 제자리에 앉아 있다. 대감이며 호주인 그를 향해, 무슨 명령을 기다리듯 바라본다. 그러면 그는 모든 준비가 어느 정도 자기의 마음에 들도록 되어 있는가, 그리고 그에게 대한 가족들의 의존도가 어느 정도인가를 번갈아 생각해 본다. 9시 10분 전 정각에 그는 자동차를 몰고 법원으로 향한다. 거기서 그는 위엄을 갖추고, 엄숙하게 법의 존엄성과 범법자들이란 얼마나 비열한 인간인가에 관하여 도덕적인 설명을 이야기한다.

e) 1936년의 미국 뉴욕에서

"너희들이 자기의 분신을 신에게 복종시키기 위하여, 그리고 신의 예지를 가진 내가 현존함으로써 존재하는 성령이 비판하기를 결코 허락하지 않는 지혜·지식 및 이해를 너희들에게 베풀어 줄지도 모른다 하여, 너희들이 현신의 눈앞에서 생활하는 것은 영광으로 삼아야 할 특권이다…… 너희들은 자기 속에 내재하는 성령에 의해 자발적으로 행동하는 것으로 알겠지만, 사실은 모두 나의 마음, 나의 의지 및 나의 쾌락이 허락하는 범위 안에서의 행동이다."(존 후셔, 《롤스 로이드에 타는 신》에서)

f) 로마에서

A.D. 161년부터 A.D. 191년에 걸쳐 로마의 황제였던 콤모더스는 무사로서 투기장에서의 여러 가지 공적들을 자만하면서, 온 세상 사람들에게 자기를 헤라클레스로 숭배하라고 명령하였다. 그러나 그는 천 번 이상이나 되는 전투에서 승리를 하였지만, 나시서스라는 무사와 결투하여 마침내 죽고 말았다.

g) 오스트리아에서

76세의 오스트리아인 베르날드 샤인베르크는 자녀가 많기로 세계 최고 기록을 보유하고 있다. 그는 88명의 자녀들의 아버지인데, 그 중에서 84명이 생존했다. 샤인베르크는 두 번 결혼했는데, 첫 부인에게서 70명의 아이가 태어났다. 그리고 그녀는 그가 56세 때 세상을 떠났다. 57세에 재혼한 그는 둘째 부인에게서 18명의 자녀를 또 얻었다. 샤인베르크의 첫 부인은 네 쌍둥이를 4번, 세 쌍둥이를 7번, 쌍둥이를 6번이나 낳았다(1927년 1월 8일자 토피카 《테일리 캐피탈》 지에서).

② 메시아 콤플렉스

나는 신은 아니다. 그러나 신의 아들이며, 동정녀 마리아의 아들이다. 모든 죄의 희생이 될 운명을 가지며, 자기의 이상을 실현하기 위하여, 그리고 세상의 남자는 대개 악인들뿐이기 때문에 그들로부터 이 세상을 구원하기 위하여 필요하다면 생명까지도 내던진다. 나는 '예수'와 비슷하다. 그는 또 하나의 신의 아들이며, 나도 여자들을 멀리하며 '아버지'의 뜻 앞에 머리를 숙인다.

a) 시 속에서

나의 예리한 칼은 투구라도 가르며
나의 굳센 창은 반드시 뚫으리
나의 힘은 열이라도 당하리니
내 마음의 청결함 때문이다.

다정스럽다. 저 여인들의 시선이여!
사모하는 기사에게로 던져지리.

나 그대들을 위하여 힘 다하여 싸우리라.
노예의 굴욕에서 구해 내기 위하여.
해도 내 마음은 높은 데로 끌리며
성도의 성전 앞에 무릎을 꿇는다.
나는 사랑의 키스를 받은 적이 없고
처녀의 손목을 잡아본 적도 없지만
무엇보다 너그러운 모습이 내게 웃음을 던져
나의 굳센 환희는
나에게 용기를 준다.
그렇게 하여 신앙과 기도로써
청결한 마음을 오로지 나의 일에 바친다.

────── 알프레트 로드 테니슨의 〈써 갈라하드〉에서 ──────

b) 대학에서

프랭크 옵라이언은 우쭐대며 대학에 입학하였다. 언제나 민감한
청년인 그는 시도 때도 없이 몽상의 날개를 펴며, 고매한 이상에 도
취되기가 일쑤였다. 그의 생각으로는 이 지상에서 자기가 완수해야
할 어떤 특별한 사명이 주어져 있는 것만 같았다. 그리고 그 사명이
대학에서 발견될지도 모른다고 생각했다. 그는 십자군의 전사적인
형은 아니었다. 앞장서서 용을 퇴치하는 형이라기보다는 성배(聖杯)
를 찾아 고군분투를 거듭하는 형이었다. 그는 유쾌한 웃음으로 많
은 친구를 얻었다. 그러나 그는 그들과 영속적인 교제를 하고 싶을
만큼 그들에게 흥미를 느끼지 않았으므로, 불과 몇 사람들──그
를 이해하고 존경하던 이들──만 교제해 왔다.

바로 이 친구들이 모여 새 '프래터니티'라는 클럽을 조직했다. 그
이유의 하나는 기존하고 있던 클럽에서 추방당한 것이 분하기도 했

고, 또 하나는 옵라이언이 공상하여 오던 것보다는 좀더 높고 원대한 이상을 가진 것을 성취해 보자는 희망에서이기도 하였다. 그는 만장일치로 초대 회장으로 선출되었다. 그의 지도하에 발족한 이 새 프래터니티는 유성처럼 일시적으로 반짝 빛나고 말았다. 회장으로서의 옵라이언은 그전보다는 몇 배나 빛나는 존재였다. 그는 사업을 달성한 만족감으로 싱글벙글거렸다. 자기의 지도력에 굳은 자신을 가질 뿐더러, 이 조직을 개선하여 가기에 피곤함을 잊은 채 노력을 계속했다.

그런데 상급생이 된 후에, 그는 갑자기 그 회에서 탈퇴하고 말았다. "우리가 했던 것과 같이 몇 사람 안 되는 회원들이 조직을 갖는다는 것은 인류의 최고목적에 맞지도 않으며, 최선의 복지를 가져오는 길도 아니라고 나는 생각한다. 나는 나의 잘못을 분명히 깨달았다. 당신들은 그렇게 생각하지 않을지도 모른다. 그러나 이런 분리주의 정신을 지속하는 것은 나의 양심이 용납치 않는다. 민주주의는 인간의 가장 높고 원대한 이상이다. 프래터니티 따위를 조직하는 것은 민주주의적이 아니다. 나는 나의 이상에 충실하지 않으면 안 되겠다. 이것이 내가 당해야 할 희생이다"라고 그는 말했다.

그 후 옵라이언도, 또 그 프래터니티도 갑자기 사람들의 기억에서 사라지게 되었다.

c) 가정에서

"선생님, 저는 30년간이나 찾고 찾았습니다. 그녀는 결국 나의 아내라고 나는 생각한 것입니다. 내가 선택했고, 내가 약속했고, 그리고 현재도 나는 그녀를 사랑합니다. 그 여자가 나에 대하여 상스럽지 못한 행동이나 거칠은 태도, 짜증을 내거나 강짜를 부리거나 분에 넘치는 사치를 하는가 하면, 때때로 아주 인색하게 나오는 태도를 내가 과소평가했다 하더라도, 또 그런 것에 대해서는 조금도 의

심하지 않았다 하더라도, 결국 그것은 나의 잘못된 판단이었지 그녀의 잘못이 아닙니다. 지난 주일에 그녀는 내 방에 들어와서, 내가 20년 근속기념으로 회사에서 탄 손목시계를 보더니, 별안간 그것을 마룻바닥에 던져 버렸습니다. 다른 남자였으면 저주의 말을 퍼붓든지 울든지 싸움을 했을 것으로 생각되지만, 나는 그러지 않았습니다. 나는 그냥 조용히 침실로 가서 잠을 청했을 뿐입니다. 아무튼 이미 오래된 얘기인데, 나는 잊기로 했습니다. 그러니 결국 머리가 좀 이상해지는 것은 내가 아니라, 아내 쪽입니다. 아시겠습니까? 이상하게 생각되지 않습니까? 왜냐하면 나는 지금까지 오랫동안 아내가 하자는 대로 해왔습니다. 아내에게 그만큼 고통을 주지 않기 위해 아내의 모욕도 곱게 받아 왔습니다. 그녀의 머리가 이상해지다니……"

d) 병원에서

"그래서 말씀인데요, 선생님. 나는 나 자신이 희생양이 되어야겠다고 결심하고, 성냥을 그어 내가 입고 있는 옷에 불을 붙여 나의 몸을 신에게 제물로 제공했던 것입니다. 나는 이 세상의 모든 고민을 나 자신의 것인 양 생각하여, 조금이라도 속죄할 필요가 있다고 여겼습니다. 그러므로 이 사건으로 나는 이 병원으로 운반되어 나의 전신은 온통 붕대로 휘감기게 되었던 것입니다."

③ 성녀와 매춘부

신성한 사랑, 더럽혀진 사랑 그리고 세상에는 두 종류의 여자가 있다는 의견.

"세상에는 두 종류의 여자가 있다고 나는 생각한다. 즉, 성녀와 죄로 더럽혀진 여자, 어머니와 매춘부이다. 전자는 순결하지만 '중성'이며, 선량하지만 지루하다. 그런데 후자는 악하고 정열적이고 재미있다. 그러나 모두가 금기로 되어 있다."*

a) 산문시에서

"나는 언제나 사랑의 최후의 포옹에 대하여 이러한 견해를 갖는 것이 무척 싫었다. 만일에 최후의 포옹이 다른 것과 마찬가지로 신성하고 순결하고 헌신적인 것이 아니라면, 그런 것을 멀리하고 삼가하는 것에 무슨 덕성이 있다고 할 것인가? 높고 원대한 성질을 가진 것으로서의 생리적인 순수한 사랑, 또는 진실한 성질을 가진 것으로서의 이지적인 순수한 사랑이란 것이 존재할 수 있을까?……"육체"를 제외하고는 아무것도 없는 사람이라면 모르지만, '육체'를 믿지 않는다고 함은, 이것을 선이라고 할 수도 없고 또 아무 소용도 없는 일이다. 자석은 양극이 있으므로 쇠를 끌어당기며, 동물은 성이 다르므로 함께 생활한다. 인간만이 그의 정신과 육체 속에 동시에 일어나는 이 기적을 비참한 필연성으로 생각하고, 그리고 그는 분신과 아이러니와 수치심을 가지고 말한다. 이것은 이상한 현상으로서 과도적이라고 할 수 있다. 그처럼 정신과 육체를 분리해서 생각하는 결과로서, 수도원과 사창가라는 두 가지가 필요하게 된 것이었다."(조르주 상드, 《하퍼스 매거진》 1929년 1월호에 가마리엘 브래포드가 인용한 것에서)

b) 시에서
생각해 보라
우리들의 유일한 정신인

---

* 이 문제에 대한 프로이트의 논문 〈사랑의 심리〉를 한번 읽어 보기 바란다(프로이트 전집 제4권. London, 1925년).

위대한 '말'
그것은
모든 것을 새롭게 만드는 것
그 '말'을 이해할 때
땅이 갈라지고
하늘이 넓혀질 때
그대와 나에게 이 변화가
어떻게 영향을 끼칠까를
——손으로 만든 것이 아닌 집에서

아! 나는 느껴야 한다.
그대의 머리가 나의 머리를 자극하고
그대의 마음이 나의 마음에 기대하는 것을
그대는 바로 직전에 자세히 보고
그대의 할 일은
나에게도 보여야 한다.
신성한 것의
새로운 깊이를!

그러나 그 누가
이 일을 예상했으리
——우리 둘이서
말할 것도 없이 분명한
인간적인 기쁨을 찾아서
인간이면 누구나
진행중 실수란 거의 없는 일로
인생살이 그날 그날의 목마름을 추기기 위하여
처음으로 서로 하나가 되었을 때
                ——로버트 브라우닝 〈노변에서〉에서——

c) 전설에서

"리리드와 그 여자와의 사이에는 차이가 있었다. 즉, 그들의 태도에서 성격적인 차이가 나타나 있었다. 젊기로는 리리드도 거의 이브와 같았다. 그러나 그녀는 이브보다도 아는 것이 훨씬 많았고, 이브보다 오랜 세월은 아니지만 보다 철저히 살아온 것같이 보였다. 리리드의 몸은 선이 풍만하여 감미롭고, 그녀의 갈색 또는 분홍빛의 피부색은 선명하고도 강렬했다. 이것에 비하면, 이브는 날씬한 중성적인 체격이었다. 당신은 그것이 보기에는 아름답다고 말할지 모르지만, 단순하고 변화가 없다. 아담은 인간의 정서의 강약이, 특히 여자의 경우 그 사람의 외면적인 구조에 어떤 영향을 주는 것일까 하고 이상히 생각했다. 아마 이브는 그녀의 경험을 성경의 세계에서만 받아들였던 모양이다. 또는 그녀는 지성적인 형이었을지도 모른다…… 그렇다면, 그것은 이상하다. 이브의 경우, 한평생 허세 부리기란 전혀 불가능했지만, 리리드는 그와 반대로 순조로웠으므로……"(존 어스킨, 《아담과 이브》에서)

4 고귀한 혈통 및 왕족에 관한 환상

나는 지금 자칭 부모라고 하는 사람들의 아이가 아니다. 그들보다는 고귀한 혈통을 가진 사람의 아이다. 그러므로 그런 혈통에 알맞게 높고 원대한 대망을 가져야 한다.

세상에 이름난 영웅들의 탄생에 대하여 거의 표준적인 형이 있다. 대개의 영웅들은,

① 매우 고귀한 부모를 가진 아이, 예를 들면 왕이나 신의 아들이다.

② 그가 태어나기 전에 여러 가지 곤란의 선행이 따른다.

③ 예언이 있었다(출생을 경계하라든가, 아버지에게 위험이 돌아온다
등).

④ 출생 후, 죽음의 고비가 있다(상자에 담겨 물에 띄워지든지, 버려
지는 따위).

⑤ 그는 동물이나 고독한 사람들에게 건짐을 받았으며, 그들에
의해 키워지고 교육도 받는다. 또는 보호를 받는다.

⑥ 그는 자란 후 자기 아버지를 만나, 생부인 줄도 모르고 복수를
하여 드디어는 지위와 명예를 얻는다.

그들은 모세·카마·이온·오이디푸스·파리스·텔레포스·페르세
우스·길개모스·키로스·트리스탄·로물러스·헤라클레스·지그프
리트·로엔그린 그리고 예수 등에 관한 전설의 세세한 내용들을 상
기하여 보면 알 수 있다. 세상에 알려진 가장 오랜 영웅의 전설은
바빌로니아 왕조의 창건자 샤르곤 1세의 탄생의 역사(B.C. 2800)
이다. 샤르곤 왕 자신이 썼다는 이 전설을 직역하면 다음과 같이
된다.

"위대한 왕, 아가데의 왕인 샤르곤은 바로 나다. '나의 어머니는
여신 뵈스터를 섬긴 신녀였었다.' 아버지에 관한 이야기는 아무것
도 알 수 없다. 그러나 아버지의 형제는 산 속에 살고 있었다. 유프
라테스 강가에 있는 도시 아즈피라니에서 여신인 나의 어머니가 나
를 낳았다. '가리워진 곳에서 나의 어머니는 나를 낳았다. 얼마 후
에 그녀는 나를 갈대로 만든 배에 넣고 배의 입구를 송진으로 봉하
여 강에 띄웠다.' 나의 배는 물 속으로 침몰되지 않았다. 강물은 나
를 물 긷는 사람 아키에게로 데리고 갔다. 물 긷는 사람 아키는 친
절한 마음으로 나를 건져 주었다. 그분은 나를 친아들처럼 키워서
정원사로 만들었다. 정원사로서 내가 일하는 동안에 나는 이스탈에
게 사랑을 받았다. 나는 왕이 되고, 45년 동안 나는 왕으로서 지배
했다."(오토 랑크의 《영웅 탄생에 관한 신화》에서) 대부분의 사람들은
누구나 자기 자신이 영웅(또는 여걸)인 양 생각하고 환상을 그리는

법이며, 또 이런 환상들은 어디까지나 주관적인 상상으로 펼쳐지는
것이므로, 유아기에는 자기는 이 집의 아이가 아니라 어느 고귀한
사람의 사생아일지도 모른다, 또는 양자로 들어온 것인지도 모른다
는 따위의 망상을 마음 속에 품는 수가 많다(토마스 하디의 《두버빌
가의 테스》·모파상의 《피엘과 잔》·스트린드베리의 《아버지》·입센의 《오
리》 버나드 쇼의 《캔디다》·마크 트웨인의 《푸딩 헤드 윌슨》 및 가극 〈트로
봐토레〉를 참조).

a) 의사의 진찰실에서

간혹 이런 환상은 어른이 된 후에 신경질의 한 증상으로 나타나는
경우가 있다. "그녀는 자기의 어머니를 바라보면서, 이 분이 정말
나의 어머니일까라고 의심하면서 '아마 나는 어릴 때 유괴당했는지
도 모른다'고 생각한다."

어디를 가나 이런 환자는 왜 그런지 침착하게 있을 수가 없다. 마
치 그는 그곳에 있어서는 안 될 사람처럼 "나는 오케스트라의 객석
에 앉으면 여기가 발코니인가 싶고, 반대로 발코니에 가 있으면 거
기가 오케스트라의 객석인 것 같다. 나는 식사에 초대를 받아서 가
면, 어디에 앉게 되더라도 외톨이 같은 생각이 든다. 또 나는 나의
일(법률 사무관계)에 있어서도, 선배의 파트너들이 나에게 일거리를
맡아다 주어도 역시 느끼는 불안은 마찬가지였다. 실제로 나 자신
은 내가 아닌 딴 사람 같은 생각이 든다. 집에서도 내 집이라고 느
꼈던 적은 한번도 없었다."(P.R. 레만의 《나는 이 집 사람이 아니다라
는 환상》에서)

정신병 환자 중에 중증인 많은 사람들이 그런 환상을 가지고
있다. 그들은 자기의 조상 탓으로 삼거나 자기가 사생아라는 점을
서슴없이 강조한다. 이런 환자들은 흔히 '사생아'라든가 하는 따위

의 자기의 신분을 떨어뜨리는 말을 남들이 하는 것같이 생각하는 것
이다.

b) 정신병원에서

"내가 친어머니로 알았던 나의 어머니는 임종 때에야 내가 자기
의 친아들이 아니라는 고백을 했다. 나를 이 세상에 낳아 준 어머니
는 스코틀랜드의 여자——스코틀랜드의 공주였었다는 것이다. 그
녀의 말로는, 자기는 스코틀랜드의 왕 조지 3세의 손녀였다. 그 여
자는 또 역사상 아일랜드의 에드워드 피체랄드 후작으로 알려진 사
람의 딸이었다. 그분이 진짜 나의 어머니인데 살해당했다. 나는 어
머니를 보지도 못했고 만나지도 못했다. 이 말은 전지전능하신 신
의 말처럼 거짓없는 사실이다."(뉴욕 주립 병원의 어떤 환자의 말)

c) 신문기사에서

《이리 소녀》의 이야기에서 일어난 런던 클럽의 싸움.

당시 영령이던 인도 벵갈 주의 어느 이리 굴 속에 어린 두 소녀가
살고 있는 것이 발견되었다는 이야기가 어제 〈웨스트민스터 가제
트〉지에 보도되자, 오늘 런던의 어떤 유명한 클럽에서는 그것을 믿
을 것이냐 믿지 않을 것이냐 하는 문제로 격론이 벌어져 결국에는
폭력사태로까지 발전되었다고 한다. 〈웨스트민스터 가제트〉지는 캘
커타의 비숍 대학의 월슈 신부가 한 말을 전한 것이었는데, 그 내용
인즉 벵갈 주 이드나풀의 목사인 잘신지 씨가 자기의 지방 촌락에서
얼마 떨어진 곳에서 두 소녀가 발견된 사실을 전했던 것이다. 그 소
녀들은 2세와 8세 정도이며, 소리를 지르면서 손발로 기어 돌아다니
는데, 어느 모로 보나 영락없이 이리와 같은 모습의 생활을 한다는
것이었다.

이 소녀들은 아마 갓난아기 때 부모로부터 버림을 받아, 이리의
젖을 먹으며 자라난 것으로 추측된다. 유명한 저작가이며, 여행가

인 도로시 밀스 부인은 언급하기를, 서부 아프리카에서는 그 지방의 어린아이들이 큰 종류의 원숭이 새끼처럼 키워진다는 말은 가끔 들었지만, 아주 어린 갓난아기가 이리에게 키워진다는 말은 믿기 어렵다고 말했다(1926년 10월 23일자 〈뉴욕 타임즈〉에서).

d) 동화에서

"그러나 신데렐라는 전처의 딸이었으므로 부엌에만 있었습니다. 한편, 계모의 두 딸들은 거실에서 재미있게 놀고 있었습니다."

⑤ 존속 살해의 환상

자기방위를 위하여, 아니면 원수를 갚기 위하여, 혹은 질투심에서 나는 아버지(어머니·형제·자매) 또는 그의 대신되는 사람을 살해하지 않으면 안된다(또는 살해한다). *

a) 시에서

그리고 사람은 누구나
자기가 사랑하는 사람을 죽인다네
누구라도 모두 이 말을 들어라.
어떤 자는 얼굴을 찡그리고
어떤 자는 아첨하는 말을 늘어놓고
비겁자는 키스로
용감한 자는 칼로!

---

*오이디푸스 콤플렉스는 모든 신경증의 중심적인 것인데, 부친살해의 주제는 이 콤플렉스의 일부분을 구성하고 있다(앞에서의 기술한 내용을 참조).

어떤 자는 젊은 시절에
자기 연인을 죽이고
어떤 자는 나이들어 죽인다.
어떤 자는
육욕의 손으로 목을 조이고
어떤 자는 황금으로
칼을 사용하는 자가 가장 친절하리라.
그것은
죽음의 공포와 고통이 없기 때문이니.

——— 오스카 와일드의 〈The Ballad Reading Goal〉에서 ———

b) 동화에서
"……그리하여 신데렐라의 마음 나쁜 언니들은(물론 그 여자의 명령
에 의하여) 죽임을 당하고, 그 여자는 왕자님과 영구히 행복하게 살
았습니다."

c) 사무실에서
"약 4,5년을 전후해서 일어난 일인데, 나는 아버지라면 까닭없이
화가 치밀어 견딜 수가 없었습니다. 그럴 만한 이유는 조금도 없는
데, 이 이상 화날 일이 어디 있을까 할 만큼 화가 납니다. 아버지는
참 좋은 분이어서, 늘 나를 생각해 주고 또 나를 위해서 걱정도 많
이 해줍니다. 사실 나는 오히려 부끄러울 지경입니다. 그런데 나는
아버지에게 무슨 사소한 결점만 발견돼도 곧 그를 죽이고 싶도록 미
워집니다. 그리고 내가 그것을 실행에 옮길 것만 같아서 근심이 될
정도입니다. 물론 그 근심이란 나의 목소리와 말뿐이지만."
어머니가 돌아가신 후부터 아버지와 나는 함께 생활하고 있습

128

니다. 함께 사노라니 쓸쓸하지 않아 좋다고 아버지는 말씀하십니다. 나의 입장에서도 아버지와 함께 생활하는 것이 결코 싫은 것은 아닙니다. 그러나 아버지는 제3자로 생각되는 것입니다. 할아버지가 된다는 말입니다. 무어라 표현해야 적절할까요. 한 마디로 아버지가 계시면 방해가 됩니다. 적어도 신경질이 납니다. 그렇지만 아내는 별로 성가시게 생각지는 않습니다.

아버지는 지금도 사장으로 재직하고 있습니다. 하지만 사무실의 모든 일은 거의 내가 하고 있습니다――나는 사장의 직함은 아니지만, 그런 것은 상관하지 않습니다. 하지만 사무실의 모든 일은 거의 내가 하고 있습니다. 나는 그에 대해 조금도 괴롭다고 여기지 않습니다. 아버지께서는 내가 하고자 하는 것은 대개 무엇이나 허락합니다. 그렇다고 하더라도 이미 오래 전의 일이지만, 아버지께서 고집세고 폭군으로 군림하시던 때의 기억이 도저히 잊혀지지가 않습니다. 주위의 사람들이 아버지를 무서워했던 것도 무리가 아니었고, 나 자신도 어렸지만 두려워한 것은 확실합니다. 지금의 아버지는 조금도 무서운 존재는 아닙니다. 그런데 왜 내가 아버지를 이렇게 싫어하는지 도대체 영문을 모르겠습니다.

d) 역사에서

잔인하기로 유명했던 헝가리의 엘리자베스 바도리 백작부인(A. D. 1560~1614년)은 6년 동안에 650명이라는 시녀를 죽였다. 그녀는 귀족의 부인인 관계로 처벌을 받지 않았다. 이 부인의 심리상태로서는 그 시녀들이 자기의 딸을 대표하고 있었을지도 모를 일이다. 세상의 많은 여자들은 자기 딸을 죽이고 싶은 충동을 느끼지만, 대부분의 경우 그렇게 뜻대로 되지 않을 뿐이다. 그러나 극히 소수의 여자들만이 바도리 부인처럼 살인귀적인 난행이 가능한 것이다――물론 바도리 부인은 가학성(sadistic) 성격을 가졌기 때문이긴 하지만.

e) 신문에서

몽유병의 청년이 아버지를 사살.

플로리다 주 레이크랜드 11월 15일발, 악기점을 경영하는 C. S. 피플 씨는 오늘 이른 아침에 자택침실에서 자는 동안에 살해되었다. 이 사건을 조사중인 경찰당국의 발표에 의하면, 피플 씨는 몽유병자인 16세의 자기 아들에게 사살된 것이라는 것이다. 그는 오늘 몇몇 친구들과 사냥을 나가기로 계획되어 있었다고 한다(1922년 11월 15일자 〈토피카 데일리 캐피탈〉지에서).

위와 같은 경우는 잠자고 있을 동안에는 흔히 일어나는 일로서, 억압된 소망이 표면에 나타나게 된 것이다. 우리는 부모가 사망한 꿈, 애인이 죽은 꿈 혹은 자기가 그들을 죽이는 꿈을 꾸는 경우가 종종 있다. 그러나 꿈이 현실로 실현되는 일은 아주 드물다.* 그의 아들에 의하여 실현된 행위와 같은, 사람을 죽이고 싶은 소망은 대개의 경우 표면에는 나타나지 않는다. 그런 현상이 분명하게 나타나는 경우가 적은 것은 참으로 다행한 노릇이다. 이 항의 처음에 들은 오스카 와일드의 시를 다시 한 번 참조하기를 바란다.

f) 현대의 전설에서

"윌리엄스 씨는 지난 25년여에 걸쳐서 유럽 전체의 신문지상에 똑같은 기사가 여러 번 되풀이해 실리므로, 화가 치밀어 죽을 지경이라고 말했다. 그 기사의 내용이란, 본질적인 내용은 항상 같은 것이지만 다른 것과 구별하기 위해서 제목을 〈돌아온 손님의 모험〉이라고 붙여도 좋을 것이라 한다. 날짜·고유명사 및 말은 다를지언정 그 기사의 핵심은 언제나 같다. 즉, 동유럽의 어떤 사람이 미국에 건너가서 여러 해 동안 있다가 황금을 주머니에 가득 넣고 돌아

---

* 본서 제 I 권 p. 368 〈몽중 여행증〉항 참조

온다. 그리고 욕심쟁이인 농부의 집에서 하룻밤을 자게 된다. 이 농부는 돈에 눈이 어두워 당장 이 나그네를 살해한다. 그런데 그 후 이 농부는 자기가 죽인 나그네의 소지품을 뒤적이다가 그가 자신의 아들임을 알게 된다는 이야기이다. 틀림없이 이 살해된 남자는 아침식사 때에 체코슬로바키아어로 '놀라지 마십시오, 바로 저올시다!'라고 가족들을 깜짝 놀라게 하려던 즐거운 계획을 가지고 있었을 것이다."

윌리엄스 씨의 말에 의하면, 대개 6개월마다 이런 이야기를 영국이나 프랑스나 독일의 신문에서 본다는 것이다. 그럴 때마다, 이 사건은 전날 밤에 발생했다고 보도하고 있으며, 절대로 사실의 보도임을 강조했다. 그리고 그때마다 그는 그 기사는 어느 외딴 지방의 통신원도 역시 사실이라고 보도해 왔을 것으로 생각했다——아마 이 통신원은 무슨 일이든지 의심이라는 것은 모르는 사람으로서 〈없어져 버린 부인〉이라든가, 〈이중의 경고〉와 같은 종류의 이야기라도 어떤 술집에서든 누구에게라도 들으면 무조건 그대로 믿어 버리는 친구일 것이다. 세상의 술집 어디에든 장시간 앉아 있노라면, 반드시 누군가가 이런 이야기를 정말처럼 꾸며 말해 주게 마련이다.

그래서 나는 윌리엄스 씨에게 말하기를 〈돌아온 손님의 모험〉은 전설적인 가치가 있는 것이기는 하겠지만, 아무래도 그 이야기는 유럽에서만 유행되는 모양이라고 말했던 것이다. 그런데 겨우 2주일도 채 지나기 전에, 뉴욕 〈헤럴드 트리뷴〉지의 제1면 최신 톱 기사로서 다음과 같은 것이 게재되었다. 즉, 폴란드 수도에 주재하는 AP 특파원이 왈소에서 비싼 전신료를 지불하고 타전한 것으로서, 거기에는 숨쉴 사이도 없었다는 듯이 다음과 같은 제목이 붙어 있었다.

〈나그네로 변장한 부호의 아들을 부모가 살해〉

——재미 18년의 폴란드인이 집에 돌아와서도 몰랐다.

그리고 이 제목 밑에 계속하여 나온 이야기라는 것이, 바로 윌리엄스 씨가 말하던 바로 그 이야기였다. 그것이 최초에 그러했듯이 지금도 그렇고, 언제나 그렇듯이 끝없는 세계이다."(알렉산더 올코트, 1931년 12월 12일자 〈뉴요커〉지에서)

g) 성경에서

"2일 후에 하느님이 아브라함을 시험하시려고 그를 부르시되, 아브라함아 하시니, 그가 가로되 내가 여기 있나이다. 여호와께서서 가라사대, 네 아들 네 사랑하는 독자 이삭을 데리고 모리아 땅으로 가서, 내가 네게 지시하는 산 거기서 그를 번제로 드리라. 아브라함이 아침 일찍이 일어나 나귀에 안장을 지우고 두 사환과 그 아들 이삭을 데리고 번제에 쓸 나무를 쪼개어 가지고 떠나 하느님이 자기에게 지시하시는 곳으로 가더니, 제3일에 아브라함이 눈을 들어 그곳을 멀리 바라본지라. 이에 아브라함이 사환에게 이르되, 너희는 나귀와 함께 여기서 기다리라. 내가 아이와 함께 저기 가서 경배하고 너희에게로 돌아오리라 하고 아브라함이 이에 번제 나무를 취하여 그 아들 이삭에게 지우고, 자기는 불과 칼을 손에 들고 두 사람이 동행하더니 이삭이 그 아비 아브라함에게 말하여 가로되, 내 아버지여 하니, 그가 가로되 내 아들아 내가 여기 있노라. 이삭이 가로되 불과 나무는 있거니와 번제할 어린 양은 어디 있나이까? 아브라함이 가로되, 아들아 번제할 어린 양은 하느님이 자기를 위하여 친히 준비하시리라 하고, 두 사람이 함께 나아가서 하느님이 그에게 지시하신 곳에 이른지라. 이에 아브라함이 그곳에 단을 쌓고 나무를 벌여 놓고 그 아들 이삭을 결박하여 단나무 위에 놓고 손을 내밀어 칼을 잡고 그 아들을 잡으려 하더니……"(창세기 22:1~10)

이 성경의 말씀과 다음 예는 아들이 아버지를 죽이는 것이 아니라, 아버지가 아들을 죽이는 것이므로 오이디푸스 콤플렉스와는 정반대이다. 그러나 무의식세계에서는, 아버지는 흔히 자기가 전에 어렸을 당시 자기 아버지에게서 느꼈던 것과 같은 것을 자기 아들에게서 느낀다는 의미에 있어서 이것도 이해할 수 있다(다음 장의 〈전이〉의 항 참조).

6 죄의식

죄의식의 콤플렉스와 유화(宥和)의 강박현상들

나는 죄를 범했다. 그것이 나를 무겁게 내리누르고 있다. 나는 속죄를 해야 한다. 나는 대가를 치러야 한다. 나는 벌을 받고 그리스도의 힘으로 죄의 사함을 받아야 한다. 그렇지 않으면 속죄의 양——나의 죄를 대신할 희생물——을 찾아야 한다.

a) 정신병 진료소에서

4년 6개월이 되는 딸이 먹어서는 안 된다는 초콜릿을 몰래 먹고 있는 광경을 어머니가 숨어서 보고 있었다.

그런데 이상한 일은 그것을 한 입 깨물 때마다 자기의 손을 자기가 때리는 것이었다. 그래서 어머니가 왜 네 손을 그렇게 때리느냐고 물었더니

"나는 행실이 아주 나쁜 아이예요. 그러니까 벌을 받아 싸지요"라고 대답했다.

이 '처벌'의 필요성은 기묘한 형태로 나타나는 경우가 있다. 9세의 소녀가 자기 아버지의 운전사에게 추행을 당하였는데, 그런 일이 있은 후 소녀는 이 남자를 정기적으로 찾아가게 되었다. 그런데 그렇게 하고 난 그 소녀의 후회는 점점 커지기만 했다. 그에 따라서 그 소녀는 어머니를 성가시게 굴었다. 예를 들면 군것질에 너무 많

은 돈을 소비한다든가, 공부를 게을리 한다든가, 값진 물건을 망가
뜨린다든가 하는 일을 자백하는 것이었다. 이런 일에 대한 그 소녀
의 고백 행위가 너무 지나치게 행해졌으므로, 결국에는 사건의 진
상이 탄로나게 되었다(A. A. 브릴, 《죄악의 정신병리학과 그 정신의학
적 및 사회적 의의》에서).

많은 범죄자들이 최소한 스스로의 판단으로 큰 죄라고 생각되는
어떤 죄의식에서 벗어나기 위한 수단으로, 보다 죄의식이 적은 범
죄를 고백하거나 그에 대한 형벌을 달게 받는 것이 프로이트 및 그
이후의 심리학자들에 의하여 지적되어, 범죄심리학에 지대한 이바
지를 하고 있다. 그들 중에는 레이크*1 · 알렉산더 · 스토브*2 등이 특
히 유명하다. 내가 최근에 조사한 어떤 죄수는 각서를 쓴 후에 석방
되었다. 그는 집에 돌아와서 보니, 어머니의 병환이 위중하여 간호
할 사람이 없어서는 안 될 상태에 있었다. 그래서 그는 처음에 생각
했던 멕시코 행을 포기하고, 자기 고향에 살면서 어머니를 봉양하
지 않으면 안 될 어쩔 수 없는 처지가 되고 말았다. 그러나 그는 얼
마 안 가서 몇 가지 작은 절도죄를 저질러 지난번의 각서를 어기고,
감옥으로 재수감되었다. 여기서 꼭 기억해야 할 점은 의지적으로나
환상적으로나, 나쁜 짓을 하려는 어떤 소망만으로도―― 하기야 실
제로 범죄 행위를 저질렀을 때만큼은 강하지 않겠지만―― 무의식
의 세계에서는 죄의식이 따르게 마련이라는 점이며, 흔히 그 죄의
식이 괴로운 나머지 죄를 고백하든가, 그렇지 않으면 반대로 공격
적인 행위를 자행하여, 그 결과 처벌을 받게 되는 것이다.

b) 신문기사에서
슬픔에서 죽음으로.

---

*1) Reik, 《탄로되지 않은 살인범》의 저자.
*2) Staub, 《범인 · 재판관 · 사회》의 저자.

12세된 소년이 공작새를 죽이고 자살.

텍사스 주 산 안토니오 5월 28일——에드워드 페레노(당12세)는 공작새를 쏘아 죽인 후, 양심의 가책을 받아 어젯밤에 그곳에서 목매어 자살했다.

시체는 그의 누이에 의해 발견되었는데, 부모 앞으로 남긴 유서에는 그가 자살하게 된 동기가 적혀 있었다.

"나는 공작새를 쏘아 죽였으므로 먼저 갑니다. 안녕히 계십시오. 아버지 어머니, 용서하십시오. 다시 뵈올 날이 있겠지요."

30년간의 침묵을 아십니까?

"레프 프로멜은 30년 세월을 한 마디의 말도 하지 않고, 또 목소리도 전연 내지 않고 지냈다. 이 엄청난 고행은 자발적인 것이었다. 프로멜은 어떤 일로 화가 난 김에 신혼의 아내에게 저주스러운 말을 퍼부은 일이 있었는데, 그런 일이 있은 지 얼마 안 되어 아내는 사고로 참변을 당하였다. 프로멜의 생각으로는, 그 일이 자기가 내뱉은 저주의 말 때문에 일어난 것으로 여겨졌던 것이다. 그는 폴란드의 초르트코프 지방의 저명인사로 알려져 있었다. 1928년 그가 사망했을 때, 독일 및 폴란드의 각 신문은 그의 생애와 그가 일생 동안 깨뜨리지 않은 수수께끼의 맹세를 다시 보도했다."

c) 정신병 진료실에서

두리틀 부인은 "너무 신경이 날카로워 견딜 수 없다"며 나에게 치료를 받으러 왔다. 그녀는 자기 병의 주요 원인은 고용주가 너무 거만하고 잔소리가 심하고 못살게 굴어서 도무지 견딜 수 없기 때문이라고 했다. 그녀는 직장을 바꾸려는 생각으로 자기의 의견이 옳다는 말을 내가 해주기를 바라고 왔던 것이다. "그렇게 하는 것이 내게는 좋을 것 같습니다. 왜냐하면 내가 어디로 보나 지금과 같은 천대를 받아야 할 이유가 없습니다. 정말이지 나는 왜 이런 꼴을 당하는지, 또 그것이 왜 이렇게도 마음에 거리끼는지 나 자신도 도무지 알 수가 없습니다. 같은 동료들은 나를 두고 그렇게 죄지은 사람처럼 보이면서도, 나같은 아무 죄도 없는 사람은 아직 본 적이 없다고 들 말합니다."

그래서 나는 이 환자에게 "당신이 직장의 고용주에게 그렇게도 순종하며, 당신이 동료들에게 그런 인상을 주었다는 점에서 판단하면, 당신은 아마 무슨 나쁜 짓을 했다는 죄의식을 가진 것 같군요"라고 말했더니, 그녀는 다음과 같은 말로 반응을 보였다. 즉, 그녀는 지금까지 몇 번의 연애사건이 있었는데 한결같이 모두 비참한 결과로 끝났다는 사실을 고백하며, 그것이 심리적으로 영향을 미치고 있을 것으로 생각한다고 말했다.

이 말을 듣고 나는, 그녀가 그런 사건에 대하여 유감으로 생각하는 것은 당연하지만, 그런 불행한 사건의 저변에 흐르고 있는 원칙은 현재 그녀를 괴롭히는 것과 똑같은 종류의 원칙임을 지적했다. 즉, 그녀는 자신을 필요 이상으로 복종적인 위치에 놓고 있다──마치 혐의를 받기 전에 스스로 자기에게 죄가 있다고 말하고 죄의 대가에 복종하며, 어떤 처벌을 받고 싶어서 못견디는 것처럼 일신상에 슬픔을 가져온다고 설명했다. 이런 일은 제3자에게 비통한 고통을 받는다고 불평을 호소하면서도, 그런 사태를 개선하려고 들지 않는 부류의 환자에게서 흔히 볼 수 있다.

그녀는 나의 설명이 근거가 없다고 주장했다. 그러나 얼마 후에, 나는 다음 사실을 알게 되었다. 즉, 그녀는 지금까지 수차례 결혼했는데, 그 중의 한 남자와의 사이에 세 자녀가 태어났다. 그런데 그녀와 세 자녀는 친정어머니와 함께 살고 있다. 이 친정어머니는 재산이 많지만, 그녀는 가진 것이라고는 아무것도 없었다. 그러나 그녀는 자기와 자녀들이 그녀의 수입만으로는 도저히 감당할 수 없을 만큼 호화생활을 하고 있으므로, 친정어머니로부터 경제적인 지원을 받고 있었다. 그런 생활은 좋은 점도 있으나 고통스러운 점도 없

지는 않았다. 친정어머니라는 분은 지원을 아끼지는 않았지만, 그
것은 그분이 뽐내고 호령하기를 좋아하는 폭군이었기 때문이었다.
그리하여 나의 이 환자와 그 자녀들의 일거일동을 아주 사소한 것이
라도 들추어서 간섭을 하며, 이러쿵저러쿵 말이 많았다. "나와 아이
들은 우리의 정신은 우리의 것이라고 주장할 형편이 못됩니다"라고
그녀는 말했다. "물론 우리는 잠자코 참을 뿐입니다. 그것은 경제적
지원을 받아야 하기 때문입니다. 사실 지원 없이는 생활을 꾸려갈
수 없습니다. 물론 어머니가 돌아가시면 내가 상속을 받지
만——솔직히 말씀드린다면 그렇게 되면 얼마나 좋을까(아니 좋아
질 것이다라는 뜻입니다만)라고 생각한 적이 종종 있었습니다. 아!
내가 이런 것을 말한다는 것은 온몸 전체가 붉어질 정도로 부끄러운
일입니다마는, 사실대로 말씀드린다면 어차피 어머니도 한 번은 돌
아가셔야 할 바에야 좀 서둘러서 빨리 돌아가셨으면 좋겠다고 가끔
생각할 만큼 나는 비열한 인간이었습니다."

이처럼 그녀가 자기 어머니의 사망이 빠를수록 좋겠다고 생각한
것과 그녀가 자기로서는 의식하지 못하는 증오감이 자기의 양심을
책망해서, 그것에 대하여 그녀가 보상을 하고 있는 것이었다.

d) 대학에서

대학생으로 자기의 오른손을 깨물고 싶은 충동으로 견딜 수 없다
는 청년이 치료를 받으러 온 적이 있었다. 이 청년의 증상은 이미 2
개월 이상이나 계속되어, 벌써 피부가 굳어져 무감각으로 된 흉한
부분이 상당히 커져 있었다. 그는 이런 발작을 조절할 수가 없는 것
이 매우 부끄러워서 날씨가 따뜻한 시기인 데도, 그 흠을 감추기 위
하여 장갑을 사용한다고 말했다.

치료의 제1단계로, 이 무감각하게 된 피부 표면에 산을 발랐다.
이 기법은 강박현상에 관한 한 유효하였다. 그러나 이 환자는 곧 또
다른 증상을 호소했다. 그는 도덕적인 문제로 인한 고민을 끊임없

이 하게 되었다. 이 고민스러운 문제란 다음과 같은 내용이다.

그가 거리를 걷고 있는데, 조금 앞에 아무도 상대해 주지 않는 후배학생이 걸어가고 있었다. 한편, 뒤에서는 자기와 동급생으로 교내에서는 꽤 인기도가 높으며 이름이 알려진 학생이 걸어오고 있었다. 그는 속으로 생각하기를 '나는 마음이 끌리는 저 동급생과 함께 걸어갈까? 그렇게 되면 나의 인격이나 품위도 향상될 뿐만 아니라, 결과적으로 나의 기독교적인 일의 능률도 나아질 것이다. 그렇지만 아무도 상대해 주지 않는 후배와 함께 가는 편이 더 좋지 않을까?'라고 생각했다. 결국 그는 아무도 상대하지 않는 후배학생과 함께 걸어갔다. 그런데 그 후에 그에 관한 불만이 생겨서, 그날 밤은 흥분 때문에 도무지 잠을 이루지 못했다.

또 한 번은, 넥타이 문제로 어떻게 해야 좋을지 몰라 망설였다. 자기가 헌 넥타이를 매면 같은 방에 있는 생활이 넉넉치 못한 친구의 자존심을 상하지 않게 할 수가 있다. 그런데 그가 넥타이를 매고 힘있는 학생들의 인기를 끌면, 자기의 인격적 위치도 굳건하게 할 수 있고, 아울러 자기의 기독교 사업의 능률도 올릴 수 있을지도 모른다——이 문제는 해결이 되지 못했다.

이러한 도덕적인 불안상태는 여러 날 계속되었다. 그러던 어느 날 이 환자는 이런 문제의 고민을 이제 씻은 듯이 사라졌다는 보고를 하러 왔다. 그렇지만 그와 대화하는 중에, 이번에는 그의 왼손을 깨무는 것을 보게 되었다. 이 새로운 강박현상이 나타났으므로 정식으로 그의 성격을 조사하기로 합의하고, 일반적인 수단으로 되어 있는 기법이 사용되었다. 그리하여 손을 깨물게 된 동기가 무엇인지 그것을 조사해 내려고 여러 가지 각도로 질문을 던진 결과, 드디어 그는 다음 사실을 생각해 내었다. 15세 때에 그는 홍역을 앓았다. 그것은 그가 남몰래 성적 자위행위를 하게 된 후의 일이었다. 그리하여 이 환자는 앓아 누워 있을 동안에 자기가 최근에 한 그릇된 행위에 대하여 몹시 후회했다. 그런 상태에 있었기 때문에, 그는 자기의 손을 깨물기 시작한 것이었다. "손을 깨물고 있을 동안은 나는 죄의식을 잊어버릴 수가 있었습니다"라고 그는 말했다(잉글리쉬 백바이, 《강박현상과 그 동기》에서).

e) 종교에서

그는 혼자 자그마한 벽돌집에 살고 있었다. 그의 침대에는 나뭇가지가 깔려 있었다. 어느 해에 그는 십자가에 달려 있었는데, 그것이 수많은 그의 고행 중에서도 가장 큰 종교적인 신앙의 기쁨을 주었다. 그런데 사순절도 거의 다 갈 무렵의 고난의 금요일이 임박했다. 그런데 이 고난의 주간에 구세주의 고통과 죽음을 재연하는 행사 가운데서, 그는 주역을 맡았던 것이다. 그로 인해 그의 등은 상처투성이가 되었다. 처음에 생겼던 세로로 셋, 가로로 셋의 깊은 상처는 새로 생긴 상처 때문에 알아볼 수 없을 정도로 되었다. 그가 죄인을 처벌할 때 쓰는 가죽채찍으로 자기 자신을 채찍질하는 끔찍한 광경은 차마 눈뜨고는 볼 수 없었지만, 보는 이의 마음을 감동시키기에는 충분했다. 흘러내리던 피가 굳어지고 새로운 피가 그 위로 흘러내렸다. 그러는 그에게 이런 고행을 그만두라고 권고했을 때, 그는 조용히 미소지을 뿐이었다. 그가 이 고통을 당하고 싶은 심정은, 그가 처음 이 마을로 왔을 때와 비교해서 조금도 변함이 없었다. 그런데 모든 사람들은 그의 사랑의 혜택을 받고 있었다. 그런 까닭에 그의 기분을 상하게 할 수 없었다. 거기에다 다른 신자들을 위한 그의 기도 또한 무수히 계속됐다. 다른 신자들도 그를 위하여 기도했다.

그곳 사람들은 지금까지의 관습을 깨뜨리고 그를 15년간에 걸쳐 대형(hermans mayor)으로 존경했던 것이다. 그가 질서를 유지하고 분쟁을 해결하려는 열성은 대단한 것이었고, 그럴수록 자기 자신에게 가한 고행은 더욱 심해졌다.

그는 이러한 과정에서 치명상을 입게 되어 임종을 맞게 되었는데, 그 자리에서 그러한 정열을 갖게 된 이유를 고백했다.

"파드레(신부님), 당신의 교회가 나를 구해 줄 때가 왔던 것입니다. 이제사 그 시기가 온 것이 오히려 때늦은 느낌이 있었습니다. 내가 오늘까지 살아온 것은 이곳의 생활이 있었기 때문이지, 결코 살고 싶어서 산 것이 아니었습니다. 내 백부님은 지위가 높고 권세를 너무 부리는 바람에 나 자신도 거만하고 사치스러운 생활을 했습니다. 나는 아라비아의 말을 타고 다녔으며, 우리 집은 크고 넓기로 유명하였습니다.

나는 마드리드의 왕실 무도회에서 마누엘리타를 만났습니다. 참 아름다웠습니다. 그녀는 스페인식의 핀을 머리에 꽂았고, 눈은 빛났습니다. 나의 가슴은 불타올랐습니다. 그것은 사랑으로서가 아니라, 욕정으로 불탔던 것입니다. 나는 그녀를 유혹해 보려고 시도했으나 보기좋게 거절당했습니다. 세상에는 선천적으로 선량한 여자가 있다는 것을 그 후에야 알았습니다. 당시 나는 화가나서 그녀를 단념하고 좀더 쉽게 유혹할 수 있는 대상을 물색했습니다.

그 후 나는 난봉을 거듭하며 마음껏 죄악을 저지르고 큰댁으로 돌아왔습니다. 그러나 그것도 오래가지 못했습니다. 바다 건너에 있는 나의 부모님이 나에 대한 여러 가지 걱정을 하시므로, 하루는 백부님이 나를 결혼시킬 준비를 마련해 놓았다고 말씀하셨습니다. 그리고 나의 결혼 상대가 마누엘리타라는 말을 듣고 나는 무척 기뻤습니다. 다만 그뿐이었습니다. 그녀는 재산이 많고 예쁘고 애교가 있어, 자유분방한 생활을 하는 인간에게는 참으로 훌륭한 아내가 될 여인이었습니다. 나는 그녀를 자랑했고, 그렇게 함으로써 내가 훌륭해지는 줄 생각했습니다. 그녀가 우리를 찾아왔습니다. 나는 쉴새없이 나쁜 짓들을 하는 동안에 그녀에게도 추파를 던졌습니다. 내가 그녀를 아무렇게나 생각했던 것처럼, 그녀도 나를 그렇게 생각하고 있으리라고밖에 생각지 않았습니다. 그것이 나의 최초의 대실패였습니다. 나의 이기적인 성격이 너무나 강했던 탓으로, 그녀의 눈에 사랑의 빛이 깃든 것을 볼 수가 없었습니다.

우리들은 큰댁 안에 있는 교회당에서 결혼식을 올렸습니다. 이 결혼식은 스페인 전국에 소문이 퍼졌고, 그뿐 아니라 해외에까지 번졌습니다. 나는 교회 밖에서 큰 아버지의 하인들이 지르던 환호 성을 분명히 기억하고 있습니다."

(알베르토는 여기서 잠시 말을 멈추고 잠잠히 있었다.) "이상도 해라. 내가 그것을 기억하다니? 나의 기억이란 별로 신빙성이 없어서, 어떤 것은 충실하게 기억하지만, 어떤 것은 전연 종잡을 수가 없는 데.

그것은 참 찬란하고 성대한 결혼식이었습니다. 누구를 막론하고 기뻐했습니다. 다만 마누엘리타와 나만이 태연했을 뿐이었습니다. 그러나 나도 전연 기뻐하지 않은 것은 아니었습니다. 마누엘리타는 장식물로서 내가 자만하기에 충분했습니다. 그렇지만 나는 마음 속 으로는 도망할 궁리를 하고 있어, 얼마 안 가서 그런 모양으로 돌아 가 버렸습니다. 마누엘리타는 겉으로는 아주 태연한 듯이 바라보고 만 있었습니다.

그녀는 자기의 서약을 지켰습니다. 나는 남들 앞에서는 내 아내 의 자랑을 해왔지만, 나의 내면생활은 방탕의 연속이었습니다. 나 의 죄악은 공공연한 것이었습니다. 내 아내도 알고 있었지만 한 마 디도 불만을 토로하지 않았습니다. 나는 도리어 내가 버림받은 것 같은 생각이 들었습니다. 나는 그녀가 그런 일로 걱정하는 줄은 꿈 에도 몰랐습니다. 나는 그녀에게, 당신도 나처럼 연인을 가지면 좋 지 않겠느냐고 말했습니다. 그러나 그때 아내가 나를 바라본 그 눈 빛의 의미를 이해하지 못했던 것입니다. 그 눈 속에는 우수와 무한 한 애수가 서려 있었던 것입니다. 미국에서 살던 나의 가족이 모두 세상을 떠나, 나의 재산이 늘었습니다. 나는 스페인에 남아 있기로 작정하고, 거기에 토지를 샀습니다.

나는 결혼 10주년 기념 파티를 계획했습니다.

(알베르토는 이야기를 중단하고 "좀더 가까이 오십시오. 내 목소리가 점점 힘이 없어지니…… 나는 당신들의 것입니다!"라고 말했다.)

나는 이름난 무용가들이며 음악가들을 왕도(王都)로부터 초빙하고, 연예인들을 파리에서 불러들였습니다. 3일에 걸치는 축제를 하던 중 그 축제의 피날레로 투우를 할 셈으로, 내 손님은 물론이고 그 지방 사람들도 누구든지 와서 구경할 수 있도록 큰 경기장을 지었습니다.

아, 하느님. 내가 이렇게 이런 말을 하기 위하여 살아야 한다니! 관중석 한복판의 특별석에 마누엘리타가 앉아 있었습니다. 사람들은 팔을 휘두르고 소리를 지르며 열광하였습니다. 그러던 중에 아! 이게 웬일입니까? 경기장 건물이 요동에 못 이겨 무너지고 말았습니다. 그녀는 무거운 대들보 밑에 깔렸습니다. 그것은 아내를 위해서 내가 정성을 들여서 지었던 것입니다. 그때 비로소 나는 깨닫게 되었습니다. 아내의 얼굴에는 애수의 빛이 있었습니다. 나의 아내는 나의 이름을 부르면서 "하느님, 그를 용서하시고 구원해 주십시오"라고 기도하였던 것입니다. 그녀의 기도는 나를 슬픔의 수렁으로 밀어넣었습니다. 나는 아내의 바로 곁에 쓰러지면서 그것은 무슨 뜻이냐고 물었습니다. 그러나 아내는 "하느님, 그를 용서하옵소서"라고 말하고는 영영 숨을 거두고 말았습니다.

나는 나의 양심에서 도망하려고 했습니다. 잊을 수만 있게 된다면, 무슨 짓이라도 할 작정이었고, 또 그렇게 해보았습니다. 그러는 동안에 나는 깨닫게 되었습니다. 이 고행자들, 그들을 나는 여태까지 무지하고 아주 무분별하며 공연히 자기 자신을 괴롭히는 사람들인 줄만 생각하고 실은 불쌍하게 생각해 왔습니다마는, 그들이야말로 나와 같은 인간들을 구하기 위하여 십자가에 달리신 '그리스도'와 가장 가까운 데 있는 것이라는 점을…… 파드레, '그리스도'의 극을 상연하면, 거기 평화가 있습니다. 그것은 무한한 것입니다.

파드레, 떠나 주십시오. 죽음이 가까웠습니다. 그의 안개가 내 앞

에 있습니다. 어서 가십시오. 나의 동포들이 환영준비를 해줄 수 있
도록……"

7 잔혹성

가학성·피학성의 환상

나는 채찍으로 얻어맞고 있다. 나는 어떤 사람을 채찍으로 때리고 있다.

잔혹한 짓을 하며 좋아하는 사람이 있는가 하면, 욕을 당하면서
좋아하는 사람이 있다는 것은 널리 알려진 사실이다.

이것을 이해한다면, 우리는 아이들이 자기 부모의 다툼에 대한
분노가 상당히 심하며, 표현할 수 없을 정도의 노여움으로 발전
된다는 점을 생각지 않으면 안 된다. 자기 아이들에게 채찍질을 가
하는 부모로서는 그 아이가 그렇게 할 수 있는 힘과 권력을 얻었을
때에는, 다음 세대에 대하여 복수를 한다 하더라도 놀랄 일은 아닐
것이다. 어떤 경우에는 이 복수를 하는 대상이 가엾은 자기 자녀들
뿐만 아니라, 동물이든가 자기보다는 약한 다른 어른들에게까지도
미치게 된다. 이런 복수는 다만 유아기에 부모들에게 맞은 것만으
로 국한되지 않는다. 부모들이 저지른 그 밖의 여러 가지 잔인한 행
위에 대해서도, 그 아이는 자란 후 남들에게 별 거리낌 없이 복수를
하는 법이다.

정신분석적인 연구에 의하면, 아이에 대한 부모의 잔혹한 행위는
그 아이의 성행위나 성적 감정에 밀접한 관계가 있음을 보이고
있다. 아이들은 부모의 성행위의 관계를 '가학성'으로 해석하는 경
우가 많다. 이런 견해는 아이들이 보고 듣는 여러 가지의 일, 즉 가
축들의 교미행위 따위를 잘못 해석하거나 잘못 관찰하는 데서 온 것

이다. 아이들은 여자(여성)가 학대받는 줄 생각한다. 그러므로 그들은 고통과 성적 쾌락을 관련시키게 된다. 어느 여자 환자는 어렸을 때, 자기 아버지로부터 친절하기는 했으나 비인간적인 다룸을 받았다. 이 여자는 자기 오빠가 아버지에게 매를 맞는 것을 보면, 언제나 몹시 흥분하는 것이었다. 아버지는 그녀의 오빠를 사정없이 때렸던 것이다. 그럴 때면 그녀는 너무나 걱정한 나머지 히스테리를 일으키며, 오빠 대신 자기가 맞겠다고 애원하기도 했다. 그러면 아버지는 어리둥절해 하며, 더러는 그 소원이 하도 간절하여 그녀를 때렸다. 한번 그런 일을 경험한 후에 그녀는 울기는커녕 아주 좋아서 도리어 기쁜 표정이었다. 그 이유는 첫째로, 그녀가 자기 아버지로부터 어떤 격렬한 개인적인 주목을 받는 것에 어떤 성적인 향수를 느꼈던 것이다. 둘째로, 그녀는 자기 오빠에 대한 심술궂은 질투의 감정을 만족시킬 수가 있었다. 왜냐하면 이제는 오빠의 처벌을 자기가 대신받고 있기 때문이다.

고통을 주는 것을 성생활과 연관시키는 것의 흔적은 많은 사람들——거의 대부분의 사람들——에게서 볼 수 있을지도 모른다. 그러나 대개의 문명인들 사이에는, 이것은 거의 억압되어 있다. 때로 이 억압은 반동형성이라는 데까지 발전시켜서 비로소 해명이 가능하게 된다. 어떤 사람들은 동물애호(학대방지)에 관하여 열광적인 관심을 가지는데, 왜 그들이 그렇게 하는가의 설명이 여기서 발견되는 것이다. 매저키즘은 사디즘만큼 잘 억압되어 있지는 않다. 그것은 전자가 후자만큼 세상에서 비난을 받지 않기 때문이다. 그뿐 아니라, 순교자적인 행위를 하고 싶은 사람이 세상에는 의외로 많이 있어, 그들은 세상을 향해서는 그 고통을 슬픈 듯이 보이면서도 속으로는 오히려 즐기고 있는데, 다만 그 사실을 자신이 의식하지 않을 뿐이다.

내가 어렸을 때, 우리 이웃에 말을 채찍으로 학대하는 나쁜 버릇을 가진 남자가 있었다. 그는 빈 궤짝과 같은 마구간을 고안해서 지었는데, 그 속에는 말 고삐를 짧게 맬 수 있게 되어 있었다. 그래서 그는 마구간 밖에서 그 말을 때려 주는 것이었다. 주위 사람들이 화를 내어 말리거나 경찰관이 오고 해서 중지시키지 않으면, 그는 이 말을 때려 죽일 것만 같았다. 당시에 나는 이런 일이 다른 데도 있으리라고는 생각지도 못했다. 어린아이들은 누구나 그렇듯이, 나도 성장함에 따라 세상에는 잔혹한 인간이 얼마든지 있는 것을 알았다. 그리고 수없이 많은 사람들이 불쌍한 동물들의 생명을 뺏고서도 거리낌이나 일말의 양심의 가책도 없이 즐기고 있다는 것을 알았다. 또한 대부분의 사람들이 먹을 것을 얻기 위해서라기보다는, 동물이 울부짖으며 쓰러지는 광경을 보는 즐거움으로 살생을 한다는 사실을 알았다. 사춘기에 들어서야 이 즐거움이 무엇이며, 또 동물이나 새들을 무감각하게 함부로 살생하는 것이 대개의 수렵가에게 공통된 특징이라는 것을 알았다.

나는 또 세상에는 자기 자녀를 지독하게 학대하고도 아주 태연한 부모들이 있기 때문에 인간적인, 그리고 문명적인 사람들이 그러한 아동학대를 방지하기 위한 협회를 곳곳에 설립했다는 사실도 알았다. 그러는 동안에 나는 《니콜라스 니클비》를 읽고, 또 그 후 《라임하우스 나이스》 그리고 다음에는 《올리버 트위스트》(낸시가 가학성의 남편 빌에게 지나치게 순종하는 것이 좀 이상하지만) 같은 것을 읽고, 이즈음에 이르러 쾌락과 고통의 학설, 즉 '인간은 본능적으로 고통을 피하고 쾌락을 추구하게 마련이다'라는 학설이 있음에도 불구하고, 어떤 이는 고통받기를 즐거워하고, 어떤 이는 남에게 고통을 줌으로써 낙을 삼는다는 사실을 알게 되었다.

보통 이 역설은 합리화의 학설로써 해명되고 있다. 즉, 동물을 살생하는 것은, '인간에게는 사냥을 하고 싶은 본능이 있는 것이며, 다만 그 본능은 문명화된 생활양식 때문에 자기 자신으로부터 가려져 있을 뿐이므로, 이 본능대로 행동하는 편이 인간으로서는 정상적인 것이다'라는 것이다. 그들은 또 자기는 식량을 구하고 있다든가, 때에 따라서는 인류의 안전을 위한 것이라든가, 동물을 보호하기 위하여 해로운 동물들을 퇴치하는 것이라는 변명을 하는 경우도 있는 것이다.

(1) 가학성(sadism)

a) 산업계에서

1929년 2월 9일 밤에 피츠버그 석탄회사의 사설 경찰대의 W. J. 리스터 경위는 "기분좋은 운동을 하고 난 것 같은 기분이군"이란 말을 했다고 보도되었다. 그곳은 펜실베이니아 주 임페리얼에 있는 사설 석탄철강 경찰관서. 존 발코스키라는 한 광부가, 술이 만취되어 자기의 집에 침입한 청원경찰관을 찔러 살해한 혐의로 잡혀와 있었다. 거기서 이 광부는 매우 심하게 매를 얻어맞고서 마룻바닥에 기절해 있었다. 목격자의 말에 의하면, 리스터 경위는 웃옷을 벗은 채 석탄궤짝이 있는 데로 가더니, 쇠부지깽이를 집어들어서 그 쇠부지깽이가 거의 U자로 휘어질 정도로 이 광부의 머리를 후려쳤다. 그런 후 그는 잠시 한숨 돌리고 나더니 그 휘어진 쇠부지깽이를 바로 펴서 다시 광부를 때렸다. 너무 심하게 얻어맞은 광부가 의식을 잃게 되자, 이번에는 리스터 경위와 같이 근무하는 H. P. 와츠 순경이 쓰러진 광부의 몸을 차례로 걷어차고 짓밟고 하여 그는 완전히 초죽음이 되었다고 한다. 그리하여 이 광부는 다음날 아침에 숨을 거두고 말았다. 그의 시체가 자기 집으로 운구되었을 때, 집에는 아내와 네 자녀가 있었다. 그들과 같이 그의 시체를 살펴보았더니, 그의 손은 매를 막으려다 그렇게 된 듯 퉁퉁 부어 있었으며, 그의 코는 갈라져 있었고 갈비뼈는 성한 것이 없었고, 또 폐는 여러 곳이 터져 있었다. 남편의 시체를 부둥켜 안은 채 넋을 잃고 울던 발코스키 부인은 "그 사람들이 남편을 왜 그렇게 때렸는지, 정말 이해가 가지 않습니다. 남편은 누구에게도 못된 일을 안 했는데……"라고 울먹이며 말했다(1929년 2월 27일자 《네이션》지에서).

b) 시에서
최초의 죽음
그는 젖가슴 위에 머리를 살며시 올려놓았다.
그의 이야기는 위로하는 듯
그의 애무는 맹렬하여 놀랍고
어느 사인가 한 뼈를 부러뜨렸다.

그의 손의 움직임은 정연했고
그는 입맞춤의 동안에
무저항의 팔에 상처를 주고
가녀린 팔목을 뚝 꺾어 버리네

힘이 모두 사라져 버린 젖가슴과 두 손
입은 봉해져 소리도 못지른다.
그는 공포로 뒤끓는 피에다 손을 담그고
두려움으로 떠는 허벅지를 피로 물들인다.

그는 교묘한 솜씨로 손쉽게 육신을 뚫었다.
마치 꽃을 꺾듯이
심장의 푸른 날개를 뽑아 버린
꽃잎들은 소낙비처럼 떨어져 내렸다.

그리고서는 가장 잔인하게
숲의 신 '사타'가 장난하듯이
그 몸을 줄기로 버티고
그 뿌리에서부터 대지를 흔들었다

——— 헬렌 피어스, 1929년 1월호 《네이션》지에서 ———

다음 시에서 좀더 분명하게 느낄 것이다.

다정한 친절

그녀의 육체는 채찍질을 하기에는 서정적이며 감미롭다.
채찍이 그녀의 피를 표백하며
하나 하나의 맥을 따라
증오에 넘치는 아픔이
뜨겁게 달리고
그리고 그녀의 비명소리는 찬 이슬에 묻혀 버린다.
그는 그녀를 사랑했다——그렇지만
그의 열정은 초조하기만 했다.
어색한 노여움이 터질 때까지 그녀를
매질하지 않고서는——
그러나 그의 손이 그녀의 빈 가슴에
공포를 채웠을 때
후회를 가장한 열광적인 기쁨으로 그는 알았다.

이 사람들의 것은 공포의 잔을 따르는 인연이었다.
그리고 그는 마셔 버렸다.
그녀의 뻣뻣한 사지를
가혹한 예술로
그는 그녀에게 가르쳐 주었던 것이다.
부드러움은 이미 네 것이 아님을
그녀가 눈물을 맛보기 위하여
상처받기를 빌 때까지
그리고 찢겨진 가슴에 키스하려고 그녀가 머리를 숙였을 때
그의 머리에 중국 양초의 불을 켰다.

——도날드 에반스의 《파다고니아인》의 소네트에서——

c) 교육계에서

독일 슈바비아인인 어느 교장은 그가 50년간 큰 학교를 관리하는 동안에 911,500회에 걸쳐 학생을 한 방에 가두었으며 121,000번을 채찍질 했으며 166,000번을 자로 때렸으며 10,200회나 귀를 때렸으며 22,700회나 글을 외우는 벌을 가했다는 사실이 기록되어 있다. 그밖에도 그는 700명의 학생들에게 콩을 깔아 놓고 그 위에 올라서게 했고 6,000명을 뾰족한 나무 끝에 앉게 했고 5,000명에게 '바보의 모자'를 씌워 주었고 1,700명에게 몽둥이를 가지고 있게 했다(윌리엄 M. 쿠퍼 목사, 《몽둥이의 역사》에서).

d) 소설에서

문이 살그머니 열렸다 닫혔다. 갑자기 웅성거리던 교실 안이 쥐 죽은 듯 조용해졌다. 학감이 들어온 것이었다. 정적이 계속되다가, 이윽고 맨끝의 책상 위에서 회초리로 책상을 탁 치는 소리가 났다. 스테펜의 가슴은 공포심으로 방망이질하듯 두근거렸다. "누구든지 회초리로 맞고 싶은 학생은 없습니까. 아날 신부님? 공부도 안 하고 게으른 녀석으로서, 회초리로 맞아보고 싶은 녀석이 이 반에는 없습니까?"라고 학감은 소리쳤다(제임스 초이스, 《청년시대의 초상화》에서).

e) 설교단상에서

조나단 에드워드는 죄인이 지옥에서 참혹한 책벌을 받는 장면을 묘사하였는데, 그의 이 무시무시한 환상의 배후에는 무엇이 있었을까?

그것은 두말할 필요도 없이 가학성이 변장하고 나타난 것이라고 진단할 수 있다. 그것이 아니라면, 그는 성적으로 타락한 속물일 것이다——그는 자기의 음흉한 육욕을 채우기 위하여 억압된 리비도를, 분명히 그것임을 지적할 수 있는 선을 따라 고상화시킨 것이다.

그가 설교에 열중한 것은 자기의 성적 난음을 그것과 대치해 놓은 것이다. 그가 지옥의 광경을 묘사하고 자신을 망각한 채 열정과 무섭게 격렬한 어조로 설교하고, 인간이 가진 엄청난 성적인 가능성——그것은 음란한 민족이나 주크 가의 사람들 또는 그보다 더 나쁜 사람들(그런 사람이 그의 조상 중에 있었다고 가정했을 때)로부터 빼놓지 않고 모두 계승한 것——을 해방시키고 그것을 실행으로 옮겼던 것이다. 그러나 에드워드를 낳은 귀족들이 뿌린 죄악의 독소는 그가 인류에게 준 '정신적'인 약탈에 비한다면 실로 한 방울의 바닷물에 지나지 않을 만큼 적은 것이다. 그에 비하면, 초기의 한무리의 타락자들은 그들의 어두운 세상에 있어서의 천사였다고 할 수 있다. 빛나는 에드워드는 그의 동족의 육체를 능욕하는 것을 멸시하고, 그는 그들의 무서워 떠는 넋을 피투성이의 음란하고 광적인 의식을 행하여 갈기갈기 찢어 버렸던 것이다. 그런데 이 의식도 오늘날에는 이미 그 무지하고 추한 몰골을 백일하에 드러내고, 그 제단의 향연의 참기 어려운 악취는 문명인의 코를 찌르고 있다.

성난 신의 손에 들어 있는 죄인들은 무서운 경고를 받았다. "신의 분노는 그들을 향하여 불탄다. 그들이 지옥으로 떨어지리라는 결정은 변경되지 않는다. 지옥의 굴은 준비가 되어 있다. 불도 타오르기 시작하고 있다. 가마도 달궈져서 죄인들이 떨어져 들어오기를 기다리고 있다. 불길은 노한 듯 타오르고 있다. 악마들은 항상 죄인들의 오른편에 서서 감시하며 기다리고 있다. 욕심 많고 굶주린 사자들이 먹이를 보고서 군침만 흘리고 있다. 우선은 그대로 두고 보자는 듯이. 만일 신이 그의 손을 거두어 버리면——신의 손이 그들을 방어하고 있으므로——사자들은 즉시 죄인들의 가엾은 넋으로 달려들 것이다. 오래 묵은 뱀은 입을 크게 벌리고 그들을 기다리고 있다. 지옥은 그들을 맞아들이기 위하여 큰 입을 벌리고 있다. 그러므로 신이 허락만 하면, 그들은 당장에라도 지옥의 목구멍으로 넘어가 없어지게 된다."

마치 사람이 거미나 귀찮은 곤충을 불로 태우듯이, 지금 당신을 지옥의 불 속에 던진 신은 당신을 미워하며 진심으로 분노한 것이다. 당신에 대한 신의 노여움은 불처럼 타고 있다. 신은 당신을 보고 있다——그리고 당신 같은 것은 지옥의 불 속에나 처넣을밖에는 아무 가치도 없는 존재로 생각한다. 신의 눈은 당신 따위를 보기에는 아까우리만큼 맑은 눈이다. 신의 눈으로 당신을 볼 때, 가장 징그러운 독사를 우리가 보았을 때 싫다고 생각하는 것보다도 열 배나 더 싫을 것이다."(아더 C. 재콥슨, 《천재》에서)

(2) 피학성(masochism)

a) 의사의 진찰실에서

몸집이 크고 건장해 보이는 농부가 나에게 진찰을 받으러 온 적이 있었다. 대강 인사치레를 하고 나서, 그는 자기 병에 대하여 말하려고 했지만 어리벙벙하여 무슨 말을 하려는 것인지 도무지 종잡을 수 없었다. 그러다가 겨우 말을 꺼냈다.

"아시겠습니까? 선생님, 나는 감사할 일이 대단히 많습니다. 훌륭한 농원을 가졌고 수지타산도 맞습니다. 손해만 보는 다른 농가보다는 아주 다릅니다. 나의 아내는 이 땅에서는 가장 훌륭한 아내일 겁니다. 그녀는 건강하며 매일 열심히 일하여 살림을 돕고 있습니다. 자녀들은 여섯이 있는데 모두 건강합니다. 또 이웃 사람들도 모두가 우리를 친절히 대해 줍니다. 우리 가정은 참 유쾌한 기분으로 생활합니다. 그런데 한 가지 문제가 있습니다.

나에게는 이상한 병이 한 가지 있는 것 같습니다. 나 자신도 이해할 수 없으며, 어떻게 설명해야 좋을지조차도 모르겠습니다. 사실 내가 나의 병 이야기를 선생님께 드리기란 차라리 죽기보다 싫습니다. 그러나 어차피 선생님께 말하기로 한 아내와의 약속도 있고 하니 좌우간 말씀드리겠습니다.

선생님이 보시기에는 내가 별다른 데가 없는 다른 사람들과 같아 보입니까? 선생님은 아마 나를 별 이상이 없는 인간으로 보실 것입니다. 나는 보통 때는 분별있게 행동을 합니다. 그러나 가끔씩 이상한 기분이 들곤 합니다. 이런 묘한 이야기는 선생님께서도 아마 지금까지 아무에게서도 들어 보지 못했을 겁니다. 나로서도 아직까지 이런 이상한 기분을 느낀 사람이 있었다는 말을 들어 본 적이 없으니까요. 아무튼 그런 기분이 들기 시작하면, 나는 도저히 주체할 수가 없습니다. 먼저 나는 널판지나 막대기 같은 것을 어디서든 구해 와서는 아이들이 학교에 가거나 놀러 나가거나 잠이 들거나 하여서, 아이들이 모두 내 눈에 안 보이게 되기를 기다렸다가 그것을 아내에게로 가지고 갑니다."

여기까지 말하고 난 이 불쌍한 농부는 이야기를 계속하기가 굉장히 난처한 모양이었다. 결국 그의 이야기는 계속되었지만, 상당히 힘들게 이어졌다.

"그리고 나는 아내를 의자에 앉게 합니다. 다음에 나는 아내의 무릎 위에 가로로 엎드립니다. 그것은 마치 내가 어렸을 때 어머니에게 꾸지람을 들으며 볼기를 맞던 그런 모양으로, 그리고 나는 아내에게 힘껏 매질을 해달라고 합니다. 아내는 나더러 바보라느니 별별 소리를 다하며 싫다고 합니다. 그렇지만 아내는, 내가 그런 요구를 하는 심정이 얼마나 간절한가를 잘 알고 있습니다. 그러고 아내의 매질이 끝나고 나면, 나는 기분이 한결 가뿐해지며 평상시처럼 됩니다. 나는 아내에게 감사하며 아내를 사랑하며, 또 나의 어리석음을 부끄러워합니다. 그렇다가도 또다시 나에게 그런 기분이 일어나면, 나는 내 의지로는 어찌할 도리가 없게 됩니다."

b) 시에서
여인들의 기도
오, 성령이여

언덕 위에 살며시 내려앉고
깊은 바다 위를 사뿐히 지나고
그리고 바람 속에 들리는——
우리들을 구원해 주소서.
남정네의 눈의 욕구로부터
그리고 그들의 잔인한 육욕으로부터
저 무덤처럼 좁디좁은 집 속에서
암흑과 고독으로 인해
무정한 씨가 싹트지 않도록 우리들을 구원해 주소서……
여인들은 수치와 권태와 오랫동안의 고통을 참아 간다.
다만 남성들이 마음으로 조소하도록
남성들이 승리의 기쁨을 누리도록
그리고 장난하고 싶은 기분에서 그는
우리들을 조롱하며
우리들과 함께 놀고
우리들을 짓밟는다……
우리들이 그들을 수태하며 그리고 참아 간다.
우리들이 그들을 해산의 고통으로 낳는다.
우리들은 그들을 자궁 속에서 키우고
젖으로 양육하고, 무릎 위에서 키운다.
우리들을 그들은 어머니라 부르고 아내라 부른다.
그리고 다시 어머니가 된다. 그의 아이의 그리고 그의
아이의 아이의……
아, 괴로움이 끊임없는 밤낮
그가 우리들의 머리카락을 볼 때,
그 머리가 백발이 된 것을 보리라.
그리고 우리들의 입술,
오랜 고통의 세월로 해서 굳게 다물어졌음을 보리라.

또 우리들의 유방은 쭈그러져 불모의 언덕 같으리. 그리고
우리들의 손,
그것은 힘겨운 노동으로 지쳐 있으리니!
아, 괴로움이 끊임없는 나날
그가 우리들이 무참히 깨어져 황폐한 잔해임을 느낄 때
그는 무엇이나 빠짐없이 본다.
다만 한 가지 안 보는 것은 침범당한 자궁
그것은 그를 저주하고 있다.
참고 있는 마음…… 그것은 동정 때문이리.
살아 있는 두뇌, 그것은 그를 몹시 비난하고 있다.
짝을 지어 자기를 거부하는 정신
그리고 영원히 볼 수 없는 넋
──그가 그것과 같은 것이 되며,
대등한 것이 되기까지 마침내 보지 못할 넋.
고삐를 잡았으나 그는 이끌지 않으며,
채찍을 가지고도 도리어 쫓기며
양을 치는 그는 우리들을 부른다.
그리고 그이 자신은 언덕에서 울면서 돌아다니는
길 잃은 양이다!
오, 성령이여.
우리들을 수호하는 아홉 천사들이여!
그리고 당신, 순결하신 예수님
그리고 슬픔의 어머니이신 성모 마리아여.
남자가 우리들에게 범한 잘못을 바로잡아 주소서.
가슴이나 유방에는 이미 진저리가 난 우리들은
당신에게 호소합니다, 외치웁니다.
오, 자비를 베풀어 주소서!
──피오나 마클레오드(윌리엄 샤프), 〈어떤 여자의 마음〉──

c) 종교계에서(피학성 및 노출증)

① 인도교

"싱가폴의 인도교의 고행자는 50개의 창(한개 한개가 끝이 뾰족한)으로 몸을 찌른 채 뙤약볕에 3마일이나 걸었습니다. 그 한걸음 한걸음이 얼마나 큰 고통이었는가를 상상해 보십시오."

"무엇 때문에 그는 그런 짓을 했을까?"

"무엇 때문이라는 것은 문제가 아닙니다. 인도교의 광신자들이 하는 일에는 별다른 의미가 없을 겁니다. 그러나 그가 그것을 해냈다는 것과, 그것으로써 인간은 어떤 특수한 정신상태 밑에서 어느 정도의 고통까지 견딜 수가 있는가를 실증하는 점에 흥미가 있다고 하겠습니다."(로버트 리틀레이, 《아십니까?》에서)

② 기독교의 신앙

"오, 주여. 나는 당신의 위로를 받을 자격도 성령의 은혜를 받을 자격도 없습니다. 그렇기 때문에 나의 가난과 고독은 어쩜 당연하다고 생각합니다.

왜냐하면 내가 바다만큼 눈물을 흘리더라도, 당신의 위로를 받을 자격은 없기 때문입니다. 그러므로 나는 오로지 혼이 나고 징계를 받는 것이 당연합니다. 왜냐하면 나는 종종 뉘우칠 만큼 주께 거역했습니다. 잘못한 일이 여러 가지로 많았습니다."(토마스 캠퍼스, 《그리스도의 흉내》에서)

③신문기사에서

남편에 대한 사랑의 표적으로
허벅지에 이름의 첫 글자를 지져 새겼다.

남편은 아내의 지나친 성실을 꾸짖으며 구타하였다.
힌튼 부인은 사랑의 무의미함을 깨닫고, 아마 이혼소송을 제기할 것이다.

캔자스 주 위치타 2월 28일발—— 결혼한 지 몇 달 안 되는 신부가 남편을 향한 한없는 애정에서, 밀주 제조소의 불 앞에 앉아서 불에 달군 바늘로 자기의 왼편 허벅지의 하얀 살갗에다 남편 이름의 첫 글자를 새기고, 그 상처 위에 양잿물을 발라서 지울 수 없는 흉터를 내게 했다는 사실이 그곳 경찰의 조사에 의하여 판명되었다.

이 첫 글자 E.H.는 엘머 힌튼을 의미한다. 이 남자는 아내를 때렸다는 혐의로 시립감옥에 수감되어 있는데, 이웃 사람들이 그 아내의 비명을 듣고 경찰에 신고하는 바람에 체포된 것이었다.

경찰이 이 갓결혼한 신부의 다리며, 몸의 검은 상처를 조사하다가 문제의 첫 글자를 발견한 것이었다. 이 흉터로 된 글자는 길이가 2인치, 너비가 3인치 반이었다. 힌튼 부인은 처음에는 히스테리적인 흥분에서 남편이 그 첫 글자를 지져 새겼다고 말했으나, 나중에는 그것을 부정하고 자기의 애정에서 나온 행위라고 고백했다.

그녀는 그들의 신혼 당시를 회상하면서 다음과 같이 말하였다.

"남편은 위치타 시에서 남쪽으로 조금 떨어진 오언스버그 근처에 밀주 제조소를 가지고 있었습니다. 그래서 나는 밀주 제조를 그만두라고 졸랐습니다. 그 일로 우리들은 싸웠습니다.

자기는 나를 위해 돈을 벌려고 밀주를 만들고 있는데, 나더러 자기를 사랑하고 있다는 증거는 아무것도 없지 않느냐고 거듭 말했습니다. 또한 그는 내게 시샘을 부렸습니다.

그래서 나는 아내로서 남편을 사랑할 때에는 어떻게 사랑할 수가 있는가를 한번 보이리라고 마음먹었습니다. 그리고 만약 그렇게 하면 밀주 제조 행위를 그만두거나 금주를 하게 될지도 모르겠다는 기대를 했습니다.

어느 날 나는 달군 바늘로 남편 이름의 첫 글자를 나의 다리에 새겼습니다. 그리고 그 위에 양잿물을 발랐습니다. 그 양잿물이 몸을 태우는 고통이란 당해 보지 않은 사람은 아무도 모를 겁니다. 당시 생각으로는 그 고통이 영원히 멈추지 않을 것 같았습니다.

나는 여러 날을 자리에 누워서 고통에 시달렸습니다. 그러던 중 마침내 아픈 통증이 가시고, 그 자리에 비교적 선명한 흉터가 남았습니다. 이 사건이 있은 후, 당분간 엘머는 전보다 훨씬 나를 사랑하는 것 같았습니다.

술을 마시지 않을 때에는 그는 순한 양과 같은 분입니다. 나는 남편을 구할 수만 있다면, 나 자신을 또 한 번 불로 지져도 좋다고 생각합니다. 나의 몸은 남편이 남겨 준 상처투성이입니다. 그래도 그를 사랑합니다."(1928년 2월 28일자 《토피카 데일리 캐피탈》에서)

8 순결한 임신(성모 마리아)의 환상

나는 더럽혀졌다──감염되었다──대리로 임신되었다.

순결한 임신(immaculate conception : 성모 마리아의 경우)은 카톨릭교의 교리에 의하면, 마리아의 어머니가 임신한 그 순간부터 '처녀 마리아'에게 원죄의 오점이 감염되지 않게 하기 위해 특별한 보호대책이 강구되었던 것과 관련하여 생긴 것이다. 그러나 세상에서 보통 말할 때는, 이 말은 아주 다른 의미를 가지며, 동시에 그것이 카톨릭의 교리에서 나온 것으로 오전되는 경우가 많다. 이 말은 성교 없는 임신, 즉 '무성(無性)'의 재생산의 의미로 사용된다. 이 의미, 즉 이 환상은 물론 성을 죄악시하여 그것은 부도덕한 것, 불결한 것, 금기(즉, 재생산은 바라는 바이지만 그것에 어쩔 수 없이 따르는 옳지 못함)라는 편견에서 생긴 것이다. 이런 견해는 카톨릭이나 기독교의 교리 또는 그 밖의 어떤 종교사상의 탓으로 돌릴 수도 없다. 왜냐하면 우리의 현대문명보다 훨씬 오랜 기원을 가진 전설 · 신화 ·

구전들에 이미 이런 견해가 나타나 있기 때문이다. 미의 여신 비너스는 신화에 의하면 수태라든가, 출산이라든가, 그녀의 위엄을 손상시키는 것을 일체 거부하고서 태양의 한복판에서 뛰어나왔다. 바빌론 왕국의 전설적인 시조인 샤르곤, 기독교의 창시자 예수, 그 밖의 많은 사람들은 처녀의 몸에 잉태되어 출생했다고 믿어지고 있다 (앞에서 기술한 바 있음).

아기를 갖고 싶다는 생각은 어린 사내아이에게도 여자아이에게도 공통적인 자연스런 소망이다. 사내아이는 생활풍습에 따라 그 소망을 포기하거나 다른 것으로 변형시킨다. 그러나 여자아이는 인형놀이를 하며 아기에 대하여 흥미를 가지며, 나아가서는 정말 아기를 가져보고 싶다고 생각한다. 그러나 아이로서는 성은 금단의 열매이므로, 어떤 마술적으로 죄가 되지 않을 방법을 써서 손에 넣고 싶다는 생각을 은밀히 꿈꾸고 있다. 이 죄가 되지 않는 방법으로 수태하고 싶다는 소망에는, 출산에 대하여 아이들이 가지는 정확치 못한 정보나 이유 없는 근심들이 연결된다(대개의 경우, 이것은 부모들이 거짓말을 하거나 대답을 회피하는 데서 생기는 것이다). 그리고 이런 공상은 정상적인 아이들 사이에는 보편적으로 있는 일이다. 이런 공상은 신경증의 아이들이나 어른들 사이에는 끊임없이 행해지고 있다. 후자의 경우에는, 무슨 병균에 감염되지나 않을까 하는 변태적인 공포로 발전하는 수가 있다. 또는 생리적인 지식의 결함과 연결되어, 실제로는 임신한 상태가 아니면서도 임신한 것 같은 이상 상태를 일으키는 수도 있다. 이것을 상상임신이라고 한다.

부인이 아이를 못가진 데 대해, 대개의 경우 물론 사회가 그 책임의 일부를 져야 한다. 그러나 결혼의 장애나 결혼 후에도 아이를 못낳는 경우, 그 대부분은 내부적 · 심리적 장애에서 오는 것이다. 좀 지루하게 여기겠지만, 나는 추가해서 한 마디 해야겠다. 즉, 이 심리적 장애는 일반적으로 무의식적인 것이라는 점이다. 이런 부류의 부인들은 남편을 가지면 자연히 아이도 갖고 싶다고 생각하므로,

남편이나 아이가 없으면 그것을 이상하게 생각한 나머지 자신은 왜 이렇게 불운한가 하고 슬퍼하게 된다. 그렇지만 실제로 이 소망의 실현을 방해하고 있는 것은 운명이 아니라, 유아기에 생긴 무의식의 공포와 금기이다.

a) 입으로 임신

예쁘고 조숙한 여고생이 알 수 없는 뱃병에 걸렸다. 그녀는 대변을 자주 보고 싶어했고 그 외에도 여기저기 아프기 때문에 6개월 이상이나 병상에 누워 있었다. 그런데 여러 번 만나서 대화하는 동안에 모든 문제가 해결되어 버렸다. 결국 그녀는 임신이란 입으로나, 다른 막연한 방법으로 어떤 신비한 경로를 거쳐서 이루어지는 일이며, 다만 한 가지 확실한 점은 성적인 감각에 관련을 가진 것이라는 아동기의 공통된 생각을 전부터 이미 갖고 있었다는 사실이 판명되었다. 얼마 전에 그녀는 6명의 친구들과 서로 애무하는 '패팅 파티'에 초대되어 난생처음으로 키스를 당했던 것이다. 이 여학생은 퍽 엄격하게 자라났기 때문에 키스를 한다는 것은 성적 쾌감이 따르므로 좋지 못한 짓이며, 따라서 임신할 위험이 있는 것으로 믿게 되었다. 그녀는 수태라는 것은 뱃속의 한 곳에서 이루어지며, 직장을 거쳐 해산하는 줄 생각하고 있었다. 그래서 그녀는 대변을 자주 보고 싶었던 것이다. 그녀는 자기의 무의식적인 걱정이 전연 기우였었다는 것을 깨닫게 되었고, 이에 관련하여 축적되어 있었던 정서가 발산되자 병은 완전히 낫게 되었다. 의식적으로 그녀는 이런 문제에 대하여 조금도 오해하고 있지는 않았다. 다시 말해서 의식적인 마음은 분명히 16세의 소녀였지만, 무의식적인 생각은 7세 소녀의 상태였다.

b) 귀로 임신

명문의 기사 푸일은 눈썹이 가늘고 옥수수 수염 같은 머리털을 가진, 마음이 순결한 처녀 에이글의 사랑을 차지할 수가 없었다. 푸일은 너무 쉽게 성공한 탓으로 이런 남자에게는 성실성이 없으며, 주위 사람들의 아첨이나 받아 이기적인 인간이 되어 있다고 에이글은 생각하고 있었다. "그런 남자는 보기도 싫다. 차라리 그런 자는 빗자루의 끝과 같은 머리털을 가진 마구간의 하녀라면 좋아할 것이다. 나는 그의 얼굴이고 행동이고 그의 생김새…… 모두 싫다"라는 형편이었다. 그러나 이 기사는 어떻게 해서든지 이 처녀를 얻을 욕심으로 유쾌한 요술을 사용하기로 했다. 그는 여러 가지로 자기 자신을 변형시켰다. 그는 우선 '골격이 굵고 기개가 높고 세찬' 군마로 변해 보았다. 다음에는 독을 품은 무엇이라도 뚫어 버릴 수 있을 만큼 강하고 예리하며, 상대에게 치명상을 입힐 수 있는 정교한 칼로 변했다. 다음에는 그는 양으로 변해서, 그녀의 조각이 새겨 있는 그릇으로 음식을 받아 먹었다. 다음에는 그녀의 비둘기가 그의 정신과 기력을 붙들었다. "나의 마음은 굽히지 않는다. 나는 그가 이유없이 싫다"고 에이글은 냉정하게 말했다. 최후의 수단으로 푸일은 좁쌀만한 사람으로 변해서 에이글의 귀 속으로 숨어들어가, 마침내 그녀의 아름답고 따뜻한 몸에 접근하는 데 성공하였다. 그리고 그는 여러 달을 두고 온갖 애정담긴 부드러운 말로 속삭이며, 그녀를 위한 여러 가지 약속을 했다. 그리하여 드디어 그녀의 사랑을 차지하게 되었다.

"내가 사랑받고 있듯이 나도 당신을 사랑하겠습니다"라고 에이글은 말했다. 그는 그녀의 귀 속으로부터 나왔다. 그런데 이 작은 푸일은 금방 커졌다. 그리하여 그날 밤에 에이글은 푸일의 신부가 되어 죽을 때까지 그의 사랑스런 아내가 되었다라는, 이 오랜 이야기는 끝을 맺는다(에피 로간 부인이 개작한 《웨일즈의 전설》에서).

c) 위의 임신

"……너는 진실을 말하였다. 나에게서 도둑질을 한 자는 귀온바

하였어"라고 캐리드웬이 말했다.

그래서 그녀는 달음박질하여 그를 좇아갔다. 달려오는 그녀를 발견한 그는 토끼로 변신하여서 도망했다. 그러자 그녀는 사냥개로 변신하여 뒤를 좇아갔다. 그는 강으로 향하여 달려가서 물고기로 변했다. 그러나 그녀는 포기하지 않고 수달로 변신하여 물고기로 변한 그를 물 속으로 좇아다녔다. 그는 기진맥진하여 이번에는 새가 되어 공중으로 날았다. 그러자 그녀도 질세라, 매로 변해서 그에게 숨쉴 사이를 주지 않고 추적을 계속했다. 그녀가 그를 거의 좇아가서 잡으려 하고 그도 지칠 대로 지쳐 이제는 잡혀 죽는구나 생각하는 순간에, 그는 어느 농가 창고에 키질해 놓은 밀이 쌓여 있는 것을 보았다. 그는 죽을 힘을 다해 밀 위로 내려가서 밀알로 변신했다. 그녀도 이번에는 벼슬이 높다란 검은 암탉이 되어서, 쌓인 밀을 발로 헤집어서 그를 찾아내어 삼켜 버렸다. 그녀는 9개월 후에 그를 분만했는데, 낳고 보니 그가 어찌나 잘생겼는지 죽이고 싶은 마음이 조금도 나지 않았다. 그래서 그녀는 그를 가죽자루에 넣어서, 하느님의 자애하신 은총이 내리기를 바라며, 4월 29일 그를 바다에 던져 버렸다라고, 이 옛날 이야기는 말하고 있다(게스트 역, 《웨일즈 전설집 : The Mabinogion》에서).

d) 촉각의 수태

"선생님, 그런데 병균의 학설은 선생님에게 오는 다른 환자들에게 많은 도움이 되었는지는 모릅니다마는, 나의 경우에는 이것이 나의 생활을 완전히 파멸로 이끌고 말았습니다. 내가 생각하기에는 나보다도 더 병균에 대하여 모르는 사람은 없을 것이고, 나만큼 병에 대한 걱정으로 세월을 보내는 사람도 없을 것 같습니다.

여러 해 동안, 나는 병균에 감염될까봐서 자나깨나 걱정이었습니다. 병균이란 어떻게 생긴 것인지는 모릅니다마는, 아마 올챙이를 훨씬 작은 모양으로 축소한 것 같은 아주 작은, 꿈틀거리는 동물일 거라고 상상합니다. 물론 나는 책에서 여러 모양의 그림과 사진을 보았고, 또 그놈들이 다른 것에 어떻게 옮겨붙는가를 책에서 읽었습니다. 나는 확실히 지나친 걱정을 한다고 생각합니다. 그러나 나로서는 어떻게 할 수가 없습니다. 이것은 나의 인생의 강박관념으로 되어 있습니다.

나는 누구하고도 악수하지 않습니다. 크리스마스 선물 등을 보내지도 않습니다. 나는 편지 따위에도 좀체로 손을 대지 않습니다. 우송 도중에 무슨 병균이라도 묻어올지도 모르기 때문입니다. 문의 손잡이를 만지면 나는 당장 손을 씻어야 합니다. 나는 항상 어떤 병균에 감염되지 않을까, 작은 병균들이 내 몸 안으로 나의 폐 속으로 나의 몸의 여러 기관으로 들어와서 체내에서 자라서, 마침내 내가 병에라도 걸려 죽지 않을까 하는 공포심을 가집니다. 나는 이미 수천번 죽었습니다. 내 아파트에 사는 사람이 혹시 기침이라도 할라치면, 당장 다른 데로 이사하고 싶어집니다. 전차에 탔을 때, 얼굴이 창백하거나 살이 빠진 사람을 보면, 저녁이 되기까지에는 반드시 어떤 병균이 내게 감염되었다고 생각합니다. 만약 찾아오는 사람이라도 있었을 때는 여러 날을 두고 나는 잠을 이루지 못합니다. 왜냐하면 손님이 폐렴균을 가지고 들어와서 가족들 중에 누가 이 병으로 죽을 가능성도 있다고 근심하기 때문입니다. 사람이 이처럼 불합리하고 어리석은 공포증에 걸리면, 그것이 얼마나 고통스러운 일인지 당해 보지 않고는 도저히 상상도 되지 않을 것입니다.

누구든 남이 내 몸에 닿기만 해도 나는 참을 수가 없습니다. 나는 여러 해 동안, 맨발로 마루 위를 걸은 적이 없습니다. 나의 세탁비 지출은 아주 놀랄 정도로 많습니다. 왜냐하면 나는 한 시간이나 두 시간 가량만 입으면 벗어서 세탁소로 보내야 하기 때문입니다. 어쩌다가 극장에라도 가면, 나는 좌석의 끝 쪽에 겨우 걸터앉을 뿐입니다. 그 이유는, 깊이 앉으면 등받이에 등이 닿기 때문입니다. 한번 손을 댔던 것은 먹지 못합니다. 빵을 떼어 먹을 때도, 나는 손으로 쥐었던 부분은 먹지 않고 버립니다. 접시도 끓는 물에 소독되어 있지 않으면 그 위에 담은 음식을 먹지 못합니다. 목욕을 할 때마다 나는 새 비누를 써야 합니다. 그뿐이 아닙니다. 목욕은 하루에도 몇 번씩 해야 합니다.

나는 나의 공포증이 어리석고 불합리한 것임을 잘 알고 있습니다. 그러면서도 나의 생활은 이 공포에 의하여 완전히 지배되고 있습니다."

⑨ 마술의 지팡이

황금의 가지·임금의 돌 등의 주제

그것을 가지고 있으면 무엇이든지 할 수 있다는 만능의 돌이라든가, 세력과 권력의 표상이라는 것이 있다. 다시 말하면

① 그것을 손에 넣기만 하면 세상은 내 것으로 될 것이다.

② 나는 지금 그것을 가지고 있다. 그러나 도난을 당할지도 모른다.

③ 나는 전에는 가지고 있었다. 그러나 도난을 당해 지금은 없다.

a) 신화에서

'황금의 가지'의 전설은, 다이아나를 숭배하는 네미가 승위를 계승하는 방법에 관한 것이다. 어느 숲 속 한복판에 있는 참나무에 황금가지가 붙어 있었다. 이 가지는 기생목(寄生木)이라고 믿어진다. 왜냐하면 그 가지는 그러한 방법으로 생명을 상징하고 있기 때문이다. 이 나무는 '숲의 왕'이라고 부르는, 잠이라고는 잘 줄 모르는 승려가 지키고 있었다. 그러나 어떤 도망꾼이나 노예가 이 승려가 한눈을 팔고 있을 때를 요행히 만난다면 이 가지를 꺾을 수 있을지

도 모른다. 그리고 만약 이 황금의 가지를 손에 넣을 수가 있다면, 이 노예는 그 승려와 결투할 자격이 생길 것이고, 그리고 만약 그 승려를 이긴다면 그는 새로운 '숲의 왕'이라는 칭호와 '황금가지'의 수호직을 계승할 수가 있었다(제임스 G. 프레이저의 저서에서).

b) 성경에서

"주의 지팡이와 막대기가 나를 안위하시나이다."(시편 23편 4절 이하)

"……아론이 지팡이를 잡고 손을 들어 땅의 티끌을 치매, 애급은 땅의 티끌이 다 이가 되어 사람과 생축에게 오르니."(출애굽기 8장 17절)

"모세가 그 손을 들어 그 지팡이로 반석을 두 번 치매 물이 많이 솟아나오므로 회중과 그들의 짐승이 마시니라."(민수기 20장 11절)

c) 의학사에서

의사가 단장을 짚고 다니는 것이 오랜 습관으로 되었다. 윌리엄 맥미카엘은 1827년에 어떤 의사 가문에 대대로 전승되어 오는, 상부를 금으로 장식한 단장에 대한 책을 썼으며, 포스턴 시의 코리알 박사는 이 습관의 상징적인 기원을 다음과 같이 지적하고 있다.

역사적으로 보아서, 의사의 단장은 가발이나 반지와 마찬가지로 심원한 학식·지혜 및 권력의 상징으로 되어 있다. 이것은 옛날의 포고자(布告者)의 지팡이, 허미스[1]의 지팡이, 이스큐레피어스[2]의 지팡이, 원시인들이 신성한 것으로 생각했던 지팡이, 동화에 나오는 마술사의 지팡이, 경관이나 군사법관의 지팡이, 자각의(刺恪醫)[3]의 지팡이들과 분명히 상징적인 의미의 연결이 있다. 오랜 옛날

---

*1) 희랍 신화의 여러 신들의 사자.
*2) 로마의 의술의 신.
*3) 환자의 아픈 곳을 찔러 피를 나게 하여 치료하는 의사.

에는 의사의 지팡이나 외과의의 곤봉들이 실제로 사용되었을지도
모른다. 수세기에 걸쳐 몽둥이 또는 막대기로 때리는 것은 도덕적
인 과실을 벌하는 수단으로 쓰여진 것과 마찬가지로, 생리적인 병
의 치료법으로서도 가장 좋은 방법으로 믿어진 때도 있었다. 즉, 물
건을 훔치면 막대기로 맞았던 것과 마찬가지로, 학질에 대해서도
막대기로 때리라는 처방이 나왔던 것이다. 역사상으로 본다면 이런
관습은 막대기로 때린다는 형벌의 한 사소한 사건일지는 모르지만,
거기에는 강한 가학성과 피학성의 요소가 포함되어 있다.

　의사의 지팡이라는 것은 일반적으로 매끈하고 알맞은 무게의 것
이며, 상부에 손잡이 모양의 금장식이 달려 있었다. 어떤 시대에는
금이 의료적인 힘이 있는 줄로 생각되었던 적도 있었으나, 금장식
을 하여서 훌륭하게 보이고 싶다는 생각이 그보다도 더 유력한 동기
였을지도 모른다. 이 지팡이의 상부는 속이 비어 있는 경우가 많
았다. 그리고 그 속에 약을 넣고 다니는 것이 습관으로 되어 있
었다. 그리하여 사람들의 마음 속에 한 신비로움이 생겼다. 즉, 이
지팡이 속에는 누구나 잘 아는 요정의 거처가 있고, 요정은 이 지팡
이 임자에게 신기한 힘을 주는 것이라고 알려져 있었던 것이다. 그
러므로 이 상징에는 두 가지의 의미가 있었던 것이다. 즉, 첫째로
지팡이 그 자체가 어떤 마술·주문·전능의 도구로서, 그것은 악마
를 정복하는 힘을 가진 것으로 인정되었다. 둘째로, 지팡이는 의사
라는 직업의 표징으로서 고대의 사자의 지팡이와 같이, 그것을 가
진 사람은 의료의 능력이 있거나 권력이 있음을 상징하고 있어, 의
사의 직업상에서는 전능하다는 것을 상징하는 표식이기도 했다. 황
금은 또 해의 상징이기도 했다. 즉, 이스큐레피어스의 아버지이며,
만물의 생식을 주관하는 신인 아폴로를 상징했다. 연금술에서는 남
성의 활동은 모두 금에서 나오고, 여성의 활동은 모두 은에서 나
온다고 인정하고 있다.

　그리하여 상부에 금을 장식한 지팡이는, 그것이 한 의사로부터

다른 의사에게로 계승되어 감에 따라 의사의 힘 또는 영원무궁한 힘
의 계승자 또는 그 힘을 간직하고 있음을 상징하게 되었던 것이다.
역사적 견지에서 본다면 그것은 다만 의사라는 직업의 상징이 되었
지만, 내용을 자세히 살펴보면 그 저변에는 상징주의가 숨어 흐르
고 그 의미는 마술로 병을 치료했던 시대로부터 연관성이 있었던 것
이다. 이리하여 무의식중에 치료의 힘의 비밀이 거기 있음을 보였
던 것이다. 이런 현실적인 의의로부터 베일을 쓴 상징주의로의 이
행은 문명이나 문화의 발전도상에서 흔히 볼 수 있는 일이다. 오랜
옛날부터 전해오는 이런 종류의 신비주의의 실례를 하나만 인용해
본다면, 신혼부부에게 쌀을 던지는 풍습인데, 이것은 다산을 뜻하
는 것이라고 말할 수 있다."(Isador H. Coriat, 《상부를 금으로 장식한
지팡이의 심볼리즘》에서)

d) 소설에서

"임금님께서 시종 한 사람도 거느리지 않고 무기도 없이 이렇게
여행을 하신다니 어쩐 일이십니까?"

"그렇지만 나는 지팡이를 가지고 있지 않습니까…… 이것이 보이
지 않나요? 이것만 있으면 겁날 것이 없지요."

"그렇군요. 크기는 그만하면 됩니다, 정말. 그러나 자칭 왕이라
하시는 젊으신 나그네여, 당신은 강도가 갖고 다니는 곤봉을 가지
고 다니는 게 아닙니까? 나는 곤봉을 대단히 무서워합니다."

"나의 지팡이는 우주의 생명의 나무, 이그드라실*의 가지입니다.
이것은 델시테스가 내게 준 것입니다. 그리고 이 가지 속에 흐르는
수액은 울달의 샘에서 솟아오르는 것입니다. 이 샘이 솟는 곳에서
는 엄숙한 여신들이 인간을 위하여 법률을 만들며, 인간들의 운명
을 좌우하고 있습니다."

─────────

*북구신화에 나오는 하늘과 지옥을 맞닿는 나무.

"델시테스는 조소하기를 좋아합니다. 그가 남에게 선물을 보낸다면 그것은 사람을 놀리는 일입니다. 나는 그런 것은 정말이지 싫습니다."

그리하여 두 사람은 언쟁을 시작했다. 그러나 조금도 성을 내거나 과격한 말을 하지 않았다. 문제는 유르진이 이 소중한 지팡이를 어떻게 처치하는 것이 제일 좋으냐 하는 것이었다.

"하여튼 내게서 제발 그것을 치워 주세요"라고 클로리스가 말했다. 그래서 유르진은 그의 지팡이를 감추어 버렸다.

"오, 불쌍한 임금님!" 클로리스가 부르짖었다. "당신은 나의 죽음이 되지 않을까 그것을 두려워합니다. 그리고 당신은 나를 이처럼 압박할 권리는 없습니다. 왜냐하면 나는 당신의 국민이 아니니까요."

"나는 그보다도 당신이 나의 왕후가 되어 주었으면 합니다. 친애하는 클로리스, 내가 가장 소중히 여기는 것을 전부 다 받아 주시고."(제임스 브랜치 케벨, 《유르진》에서)

e) 사회생활에서

부루츠 부릭스텐 부인은 브리지(트럼프놀이)에 지면 몹시 불안해하는 것이었다. 그것은 비단 브리지놀이에만 한하지 않고, 다른 어떤 승부에 있어서도 패하면 불안해지는 것이었다. 해마다 가을이 되면, 그녀는 오빠들과 함께 오리사냥에 나갔다. 그런데 그녀는 그 중에서도 가장 총을 잘 쏘는 편이었다. 그녀는 상업에 훌륭한 수단이 있다고 인정받는 것을 자랑으로 삼고 있었다. 그리고 사실 전문가나 다름없는 솜씨로써 지휘할 수도 있었던 것이다. 그녀에게는 두 아이가 있었는데, 그녀는 한 사람의 시민으로서의 활동이 바쁜 관계로 아이들을 돌볼 겨를이 별로 없었다. 그녀는 가사와 여성적인 일은 전반적으로 경시했다. 그녀의 남편도 아내의 친구들과 마찬가지로, 그녀의 주장대로 온순히 굴복하고 있었다. 그들은 그녀의 능력을 칭찬하며, 어느 남자보다도 훌륭한 실업가라고 말했다.

부릭스텐 부인에게는 한 가지 증상이 있었는데, 그 증상이란 다름이 아니라 가끔씩 공연히 불안해지는 것이었다. 그리고 때로는 그 불안이 더욱 심해지기도 했다. 그녀는 어떤 막연한 이유 때문에 몹시 불안한 입장에 놓여 있는 것처럼 느꼈다. 그것은 갑자기 무슨 수치를 당하지나 않을까 또는 곤란한 일이 일어날지도 모른다는 생각이 드는 것이었다. 어떤 때는 소중한 것을 어디다 놓고 잊어버리거나 분실하지 않을까 하는 생각이 들어서 뚜렷한 뜻도 없이, 그러면서도 끊임없이 집안을 이리저리 찾아다니는 것이었다. 그리고 이런 까닭모를 충동에 눌려 자기가 허둥대는 것에 화가 나서 견딜 수 없는 것이었다(앞에서 기술한 《황금공과 개구리》의 항을 참조).

f) 동화에서

"……그리고 그녀가 신데렐라에게 마술의 지팡이를 살짝 대자, 초라한 넝마옷이 순식간에 세상에서 다시없는 아름답고 화려한 옷으로 변했다…… 그리고 마차는 호박으로 만들어졌고, 생쥐가 여덟 필의 훌륭한 준마로 변했다."

위에 들은 예 중에서 마술의 지팡이라는 것은 모두 쾌감과 권력의 기관으로서의 페니스(남근)를 상징적으로 대리하고 있는 것이다. 어떤 사람에게 있어서는 권력을 뜻하며, 특히 파괴력을 의미한다. 그리고 남근을 칼로 생각하는 사람에게 있어서는, 그것은 실로 적절한 것이다. 생식기 숭배——그것은 생식기가 극히 중요한 요소로 되어 있고, 소유하고 있는 자신보다도 더 위대한 권력의 근원으로 되어 있다——는 원래 유치한 원시적인 개념이기는 하지만, 많은 문명사회의 성인들도 이 유치한 사고방식을 계속하여 가지고 있는 형편이다. 그러나 생식기를 지나치게 소중히 생각하는 것은, 만약 그것을 잃어버리면 큰일이라는 병적인 공포를 동반한다. 이것은 임상적으로 실험 관찰하면, 많은 부인들은 월경과 관련하여, 많은 남자들은 피를 보는 것에 관련하여 일종의 불안스럽다는 형식으로 나타난다. 이런 이유없는 유치한 걱정이나 공포를 학술 용어는 거세 콤플렉스라 부르고 있다. 마술의 지팡이·황금의 나뭇가지·아름다운 칼 등을 함부로 칭찬하는 일은 결국 자기를 안심시키며 보정하기 위한 환상인 것이다.

⑩ 재생의 환상

세상의 귀찮은 혼잡을 피하여 나는 드디어 나를 낳아 준 어머니에게로 돌아와서, 저 피안의 항구로 들어간다──어머니의 육체에 싸여서 조용한 보호를 받을 수 있는, 그녀의 자궁 안으로 되돌아간다. 거기서 나는 완전한 평화와 행복을 발견할 것이다. 거기가 나의 안식처이다.

a) 성경에서

예수께서 대답하여 가라사대 "진실로 진실로 네게 이르노니 사람이 거듭나지 아니하면 하느님 나라를 볼 수 없느니라."

니고데모가 가로되 "사람이 늙으면 어떻게 날 수 있사옵니까? 두 번째 모태에 들어갔다가 날 수 있삽나이까?"(요한복음 제3장 3~4절)

b) 시에서

위대하도다, 남자여!
남자는 여자의 육체를 향하여 현세로부터의 해방을 바란다.
그녀의 넓적다리에서 해방된 이후
낯설기만 한 이 현세로부터──
어렸을 때의 파라다이스였던 모태 안으로 그는 돌아가는구나.

그는 꿈을 꾸어도 분별을 모르고
떨어져 있기가 싫어진 추방인이다.

여자의 육체로부터 남자는 의기양양하게 일어선다.
그의 맥박을 흔들면서
예리한 칼을 갈며 노래를 부르네
이제 그는 약함에서 해방되었으니
알 듯 모르는 창조의 신비에 매어 있는 끈을 늦추었다.

또다시 그는 강대해지고
자기의 힘의 기쁨으로 발을 구른다.
그의 말·행동, 이들은 모두 세계에 전해지리라.
모태는 다만 그를 재생시켰을 따름
그는 돌아와서 조소하고 거절한다.
그리고 다시금 돌아온다
——드디어는
생명의 처음부터 달래 주던 슬픈 영원의 품 안으로
어둠 속에서 당황하는 안티오스*를 보고 미소하는 눈으로

——윌리엄 로스 베네, 1928년 8월 15일자 《네이션》지에서——

c) 거리에서
"나는 어떤 것이 나의 이상적인 휴가인가를 말해 보고자 한다. 우

---

*안티오스는 두 발이 땅 위에 닿아 있을 동안에는 패배를 모르는 역사
(力士)였으나, 그의 어머니 리큐리스에게 공중으로 들리어서 그만 죽어
버렸다.

선 나는 아무도 없는 한적한 데로 가고 싶다. 고요하며 아무도 오는 이가 없는 그런 곳에서, 나 혼자서만 있고 싶다. 방해하는 것은 아무것도 없고 책임도 없는 곳, 이래라저래라 간섭할 사람도 없이 나는 안락하게 있고 싶다. 식사준비도 다른 이가 해주고, 내가 해야 할 일이란 다만 누워서 뒹굴며, 잠에서 깨어나 책이나 읽고 밥 먹고 식후에는 또 책을 읽다가 잠든다. 오로지 유쾌하고 고요한 안식의 동면──이것이 내가 생각하는 나의 이상적인 휴식이다."

d) 찬송시에서

사랑하는 어머니, 예루살렘이여
언제쯤 내가 당신 앞에 갈까요?
언제쯤 나의 슬픔의 끝날이 올까요?
당신의 기쁨을 언제쯤 보게 될까요?
오, 사도들의 행복한 항구여!
오, 정든 즐거운 땅이여!
거기엔 슬픔은 볼 수 없겠지요.
탄식도 근심도 힘든 일도 없겠지요.

당신의 뜰과 아름다운 산보길은
언제나 푸르르고
달콤하고 어여쁜 꽃들이 만발했으니
어디서 이같이 아름다움을 볼 수 있으리요.
길에는 은소리가 나며
생명강에 생명수가 흐르고
강가에 생명나무가 자란다.

── 〈Living Age에의 찬가〉에서(1583년에 라틴어로부터 영역한 것) ──

e) 젊은이의 환상

이 책의 제Ⅰ권이 출판된 지 얼마 후에, 아래에 게재한 시를 쓴 부인으로부터 편지를 받았다. "나는 당신이 재미있게 생각하실 줄 믿었습니다…… 나는 그것을 여러 해 전에 썼었지요. 내가 젊었을 때에, 정신분석이라는 것을 전혀 몰랐을 시절에……"라고 편지에 씌어 있었다. 그리고 그녀는 자작시를 이 책에 게재하기를 쾌히 승락했던 것이다.

오, 어머니!
햇빛을 듬뿍 가질 수 없는 나——
그 즐겁고 열대적인 영광의 전체를
황금빛으로 물들인 야자수와 유카리 나무 아래
오팔같이 눈부시게 빛나는 햇빛——
이끼가 늘어진 산 참나무는 노목되어 숭고하게 흔들거린다.
바다는 흐르는 터키 옥색으로 번쩍이며 비친다.

그러면 먼지 앉은 커튼 사이로 흘러들어오는 희미한 광선 따위
는 내게 소용없다.
그러나 나는 갖고 싶다——죄를 깨끗이 씻는 깊은
깊은 암흑 그 침묵의 날개로부터
평화와 치유의 따뜻함이 힘없이 늘어지고,
그로써 굶주린 눈에 가져오는 잠과 꿈을——
깊이 잠긴 꿈,
먼 죽음의 중얼거림이 들리는 달콤한 꿈을

오, 어머니! 오, 달디단 암흑이여!
헤아릴 수 없는 세월을 통하여
나는 누워 있었다. 넋은 지치고, 당신의 유방 아래에

나의 가로누인 몸 안에서 활활 타던 마른 불을 끄고서
당신의 서늘한 포옹 속에 나를 묻어 주오.
빛 없는 깊은 가슴 속으로.
거기서 나는 휴식할 수 있으리니!

─── 미리암 데 포드 ───

f) 요양소에서

"네, 나는 돌아왔습니다. 나를 다시 이 요양소에 입소시켜 주십시오. 나는 다시 머리가 좀 혼란해진 것 같습니다. 그렇게 되어 가는 것같이 느껴집니다. 그러므로 나는 폭풍에서 벗어나서 이리로 들어오고 싶습니다. 만약 머리 속이 이상해지면 여기 올 수가 있을 테고, 그렇게 되면 여러 사람들과 멀어지고 다른 사람의 시중을 받게 되어 아무런 책임도 없게 되며, 더욱이 내가 무슨 짓을 하더라도 남들의 간섭을 받지 않게 된다는 생각을 하면 나는 한결 기분이 좋아집니다. 나는 마치 세상을 향하여 죽어 버려라! 나를 참견하지 말라고 말하고 싶은 생각이 듭니다. 그리고 여기 숨어서 먹고 자고 또 오랫동안 유쾌하게 목욕을 한다. 이렇게 생각하면 나는 마음이 편안해집니다. 안심이 됩니다. 그것은 내가 미쳐 있다는 지금의 처지에서 느낄 수 있는 최상의 안락일 것입니다. 나는 여기에 돌아온 것을 다행으로 생각합니다."

g) 병실에서

"……인간은 자기 자신이 입는 옷을 밤마다 벗고, 자기 자신의 육체상의 결함을 가능한 한 가리기 위한 여러 가지 도구, 말하자면 안경·가발·틀니 등을 벗는다는 사실에는 별 관심을 두지 않는다. 그리고 또 인간은 잠들기 전에 그의 정신의 옷도 역시 벗는 법이라고 말할 수가 있다──그는 대부분의 물질적인 소득물을 벗어 버린다. 이렇게 하여 두 방향으로 향하여 그는 자기의 생명이 시작되었던 때와 흡사한 환경을 만들어 낸다. 수면은 육체적으로는 모태에 여행하는 것의 재현이며, 몸이 쉬는 자세·온도 및 자극의 결여 등과 같이 모태에 있을 때와 똑같은 조건을 갖추어 주는 것이다. 사실상 많은 사람들은 수면중에 태아와 똑같은 자세를 취한다. 자는 동안의 사람의 정신상태는 그의 환경 및 자극의 결여 등과 같이 모태에 있을 때와 똑같은 조건을 갖추어 주는 것이다. 사실상 많은 사람들은 수면중에 태아와 똑같은 자세를 취한다. 자는 동안의 사람의 정신상태는 그의 환경 및 환경에 대한 홍미에서 완전히 격리된다는 것이 그 특징으로 되어 있다. 이 사실이 수면에 의한 회복이나 피로라는 것의 성질에 관하여 새로운 빛을 던지는 것이 아닐까?"

(S. 프로이트 《*Metapsychologische Ergänzung zur Traumlehre*》에서)

태아는 모태 속에서 평화롭다
사체는 무덤 속에서 휴식한다
우리는 끝나는 데서 시작한다

―― 쉘리의 단편소설 《*Peace First and Last*》에서 ――

8. 정신분석

정신분석에 대하여 마지막으로 한 마디 더 하겠다. 이 장에서 해설한 각종 법칙·개념·메커니즘들은 모두 정신분석을 이용하여 발견한 것이다. 그러나 정신분석은 확실히 심층을 탐구하는 '기술'이기는 하지만, 동시에 그 이외의 것도 의미한다고 볼 수 있다. 정신분석은 원래 정신적인 질환을 '치료'하는 수단이다. 그리고 그것은

그런 경로를 거쳐서 발견된 것이었다. 정신분석은 또 '연구'의 수단
이기도 하다――비단 심리학에서만 아니라 인류학에 있어서나 비
교종교학에 있어서도, 또한 다른 사회과학에 있어서도. 그 뿐만 아
니라, 정신분석은 과학적인 모든 사실과 가설의 한 체계로서, 의학
및 심리학상의 어떤 역학적인 관점을 대표하는 것이다. 그리고 이
들이 지난 수십년간에 걸쳐 정신분석에 이바지한 영향에 힘입어 학
문으로서의 정신분석은 매우 풍성하게 되고 더욱 기름지게 되어
있다.

실로 오늘날에는 지식인이나 이 분야에 밝은 과학자들로서, 정신
분석의 주요한 논제와 여러 가지 발견에 이의를 제기하는 이는 거의
없다. 그러나 거기에는 아직도 논의의 여지가 있는 사항이 많다. 그
리고 불행하게도 오늘에 이르기까지 이미 발견된 문제들도 상당히
복잡한 것이므로, 소수의 사람들만이 더욱 소수의 사람들이 지도해
가는 길을 따라갈 수밖에 없는 것이다.

프로이트에 의한 정신분석의 발견과 그 후의 전개에 대해서는 이
장 첫머리에서 이미 밝혔다. 어떤 표준으로도 '정신분석의 분파'란
말을 쓰는 것은 잘못된 일이다. 정의를 내리면, 정신분석은 오로지
하나밖에 없다. 그리고 그것은 프로이트의 학설을 따르는 것이다.
처음에는 프로이트와 함께 연구하다가, 조그마한 이견으로 각기 독
자적인 심리학적 연구와 치료방법을 발전시킨 이들은, 자기의 발견
을 정신분석이라고 일컫지도 않고, 또 정신분석에 관계가 있다고도
생각지 않는다. 따라서 주위의 사람들도 그것을 정신분석이라고 말
해서는 안 된다. 한편 정신분석은 과학적으로 표준화된 원칙이다.
이 표준화라는 말은 그 임상적인 응용에 관한 한, 대부분의 사람들
이 생각하고 있는 것보다는 훨씬 고도로 정밀한 것이다. 이 사실을
나는 미국에 있어서의 정신분석의 역사를 간단하게 기술함으로써
분명히 하려고 한다.

정신분석은 1908년경에 뉴욕의 A.A. 브릴 박사와 당시 토론토 대

학에 있던 어니스트 존스 박사 및 하버드 대학 의학부의 J. J. 푸트
남 박사에 의하여 소개되었다. 미국에 있어서의 초기의 발달은 주
로 이런 분들의 선구자적인 노력에 의한 것이다. 그리고 또 뉴욕의
스미스 엘리젤리페 박사의 탁월한 연구 및 기술적인 개발 그리고 워
싱턴의 W.A. 화이트 박사가 정신분석의 모든 발견과 정신의학에
정식으로 응용하고, 일반 의학계에 그것을 해명하기에 노력한 점도
역시 힘이 컸다.

　의사들에게 정신분석의 학설과 기술을 정식으로, 그리고 조직적
으로 가르치게 된 것(소수의 숙련된 이들이 개인적으로 교수하고 있었던
것은 제외하고)은 전에 베를린에 있던 프란츠 알렉산더 박사가 1930
년에 시카고 대학의 정규과목에 정신분석을 처음으로 채택한 것이
그 시초이다. 1932년에는 나와 더불어 알렉산더 바테마이어·부리스
텐·맥크린·프렌치 등 여러 박사들 및 기타의 사람들이 모여서 시
카고 정신분석 학회(The Chicago Institute for Psychoanalysis)를
조직했다. 그 후 같은 연구소(빈·베를린·런던 그리고 부다페스트에
있는 연구소를 모방한)가 미국 각지에 생겼다. 즉, 뉴욕·보스턴·볼
티모어·워싱턴·필라델피아·디트로이트 및 토피카에 창설되었다.
미국 정신분석 협회(The American Psychoanalytic Association)
의 지부가 이 도시들과 캘리포니아에 설치되었다. 그리고 이 협회
의 대회가 해마다 미국 정신의학 협회(The American Psychiatric
Association)와 공동으로 개최되며, 참석자의 수효도 해마다 늘어
갔다.

　정신분석자가 되려면 먼저 의사라야 한다. 그리고 정신의학의 훈
련을 받지 않으면 안 된다. 그는 교육을 시킬 자격이 있다고 인정된
분석자 밑에서 먼저 자기가 정신분석을 받지 않으면 안 된다. 그는
또 일정수의 케이스 세미나(실지연습)에 참여해야 하며, 대표적인 강
의에도 출석하고, 또 정신분석의 학설에 대하여 구술시험에 통과될
수 있을 정도로 이 문제에 관한 문헌에 대해서도 박식해야 한다. 그

뿐만 아니라, 훈련을 시킬 자격을 갖춘 분석자의 지도·감독 아래서 매주 1회씩, 적어도 4명 이상의 환자의 정신분석을 완료해야 한다. 끝으로 그는 어느 학회에 제출하여도 인정될 만한 정신분석에 관한 논문 또는 이론을 제출하지 않으면 안 되며, 어느 기간 동안 그 집단적인 감독 밑에서 분석의 경험을 쌓아야 한다. 그런 후에야 그는 자기가 원하는 정신분석 협회의 준회원이 될 자격이 생기며, 그때부터 비로소 정신분석자라고 말할 수 있는 자격이 생긴다. 그런 후에 만약 허락된다면, 정회원으로도 될 수 있다. 내가 알기에는 의학계의 어느 분야에 있어서도 전문의로서 인정받기에 이처럼 고도의 필수조건을 갖추도록 요구하는 곳은 없다.

9. 요강

이 장에서는, 나는 퍼스낼리티의 '힘의 배분의 심적 기제'에 대하여 기초적인 법칙 및 그 메커니즘이 실제로 어떻게 작용하는가를 어느 정도 독자들에게 보이려고 했다. 이 해설의 방법은 일부 새로운 것도 있다. 그러나 자료는 새로운 것이 아니다. 나는 모든 현상의 배후에는 여러 가지 본능의 충동이 있다고 말했다. 즉, 이 본능들——이기적인 것이나 비이기적인 것, 자아적인 것과 성적인 것, 건설적인 것과 성적인 것, 건설적인 것과 파괴적인 것——은 각각 그 목적을 향하여 돌진하며, 그 결과 가끔 충돌을 일으키기도 하고 타협도 해서 결국 이렇게도 저렇게도 하고 싶은 본능적 힘(추세)은 그대로의 형태로 실현되지를 못하고, 거기에 억압과 억제가 있어야만 했던 것이다.

'억압'에서 벗어나기 위해서, 이 본능적인 경향과 소망들은 가지각색의 수정이나 변장을 행한다. 그들의 변장은 자기의 초자아 또는 검열관(그것은 마음의 의식과 무의식의 경계선 근처에 서 있다고도 말할 수 있다)을 속이려는 목적이 그 일부분을 차지하고, 다른 부분은 일반의 눈을 속이려고 한다. 그런데 일반은 단지 그 결과를 볼 뿐이며, 그 동기를 미루어 살피는 일은 전연 없다──그렇게 보인다고 할 수 있다. 그런 일을 행하고 있는 당사자로서도 그 동기를 인식하는 일은 없다. 만약 있다고 하더라도, 그것이 어떤 행위나 감정상태로 표면에 나타날 때까지는 알 수 없다.

나는 이런 변장의 실례를 여러 가지로 들어가면서 해설했다. 어떤 것은 전혀 무해하다. 예를 들면 꿈 같은 것이 이 경우에 해당된다. 그 중에는 이로운 것도 있다. 그런 것은 '승화'라 부른다. 또 어떤 것은 해로울 뿐만 아니라 전혀 소용이 없는 것이며, 더 나아가서 그것들은 말할 필요도 없이 나쁘고 위험하다. 이런 종류의 변장은 증상으로서 나타나며, 이 증상에 대해서는 이미 이 책의 한 장을 할애하여 설명했다(제 I 권 제3장 참조).

정상인의 경우에 그의 본능의 표면에는 여러 단계를 통하여 목적물의 변천에 따라, 자연스러운 진전 또는 발전이 있음을 우리는 이미 살펴보았다. 어떤 사람은 이 발전적인 수정을 행하기에 곤란을 느끼며, 또 어떤 사람은 그 정도는 아니더라도 유아기에 사랑을 느끼던 것으로 되돌아가고 만다. 그러나 대부분의 사람들은 만사태평하여, 이 아무런 의무도 지지 않았던 시대의 유물에 매달려 있다. 이런 관계로 일종의 환상이 끊임없이 생긴다. 인간은 인간 세상에 사는 동안은 그다지 욕망이 없다고 말한다. 그러나 이 '얼마 안 되는' 욕망 속에는 신이 되고 싶다든가, 신의 아들이 되고 싶다든가, 임금의 홀을 가지고 싶다든가 영원한 평화의 천국에서 평화롭게 살아보고 싶다든가 하는 욕망이 포함되어 있다.

끝으로, 나는 연구기술 및 과학적 원칙으로서의 정신분석은 치료방법으로서 정신분석에 추가되는 것임을 밝혔다. 후자는 개인의 내면적인 분쟁이 심한 압력을 가져와서 그에게 고통을 주는 경우나 변장된 해로운 신호가 나타나서(상징으로 나타나 있어) 그것이 그러한 억압을 해방시키거나 해소시키는 열쇠를 제공할 경우에 응용할 수 있다. 이 점에 대해 나는 다음 장에서 좀더 깊이 있게 말하려고 한다.

제5장
치 료

실용편

치료를 하는 기술

눈에 병이 생기면 당신은 즉시 치료를 한다. 그러나 마음에 질환
이 생기면 무시한 채 당신은 그 치료를 1년 이상 그냥 내버려 둔다.

—— 호레이스 〈신한〉 1의 2, pp. 38~40 ——

1. 치료

그대는 마음의 병을 고쳐서 그 기억으로부터 깊게 뿌리박힌 근심을 씻어 버리고, 뇌수에 기록되어 있는 고통을 지워 버리며, 어떤 기분좋은 해독약을 써서 한없이 억눌려 있는, 당장 터질 듯한 마음을 시원하게 해줄 수는 없는가?

―― 《맥베드》 제5막 1장 ――

1 예방

치료의 항에서는 치료를 받아야 할 필요성을 살펴 알게 하는 방법에 관하여 한 마디 말하는 것이 관례로 되어 있다. 이것은 원래 '위생'이라는 말로 표현되어 있는 개념이다. 따라서 우리들의 전문 부분에서는 당연히 '정신위생'이라고 할 수 있다(제Ⅰ권 제1장, 3항 〈정신의학)을 참조). 우리는 지금 자신을 조절하려고 해도 잘 되지 않는 상태에 있는 사람들의 치료에 대하여 이야기를 하기 전에, 우선 그렇게 하지 않더라도 어떤 조직적인 방법으로 자기조절을 할 수 없는지, 그 가능성에 관하여 먼저 논의하지 않으면 안 된다.

정신질환에 관한 대중교육의 중요성이나 정신질환에 대한 본격적인 치료의 중요성을 과소평가하려는 의도는 조금도 없다. 그러나 소위 정신운동이란 것이 맨 처음 완성한 것이 무엇이냐 하면, 현재 현실적으로 행해지고 있는 여러 가지 예방원칙보다는 오히려 조직적인 방법에 의한 자기조절이었던 것이다. 이것은 전에 전국 정신위생위원회의 이사였던 F.E. 윌리엄스 씨의 충격적인 논문 가운데 잘 전개되어 있다. 거기서 그는 다음과 같이 지적하고 있다. '금주를 실행에 옮기면 술로 인해 생기는 정신질환은 생기지 않게 될 것이다'라든가, '근심하지 말라', '늘 웃으며 살아라', '너 자신을 알라'라는 따위의 충고는 정신질환의 예방수단으로서는 그야말로 쓸모없고 전근대적인 것이라고 말했다. 정신위생이란 그 이름이 의미하는 그대로라고 지식층의 사람들로 하여금 믿게 하기에는, 우리가 이것을 지지할 자료가 충분하지 못한 현시점에서 실망을 초래하게 된다. 의학계에 심리학이 부활했던 초기에 이러한 견해가 지나치게 확산되었던 것은 의심할 여지가 없다. 그러나 '자조(自助)'를 통하여 개인의 순응을 적당히 조절해 나갈 가망이 없다는 생각을 우리가 하고 있는 것처럼 믿게 하는 것도 잘못이다. 내가 이 책을 처음에 저술할 때에는 그런 생각을 전혀 하지 않았었는데 책이 출간되자 이 책을 읽은 독자들의 생활이나 견해나 순응 등이 뚜렷이 호전되었다는 내용의 편지를 놀라울 정도로 많이 받았던 것이다. 내가 관찰한 바에 의하면, 다른 정신과 의사들이 저술한 책도 역시 같은 효과를 얻었으리라 확신한다. 나는 또 정신위생에 대한 강의가 대학생들에게 주는 영향은 매우 적극적이며, 좋은 것임을 보았다. 그래서 나는 심리적인 원칙들에 관한 교육은 그것이 이런 것들을 객관화시키기 때문인지, 그렇지 않으면 다른 이유 때문인지는 확실히 알 수 없지만, 그것이 정신위생적인 차원에서 좋은 효과가 있으며, 또 예방적인 구실을 한다는 점을 믿지 않을래야 않을 수가 없다.

그런데도 일부 사람들은 건강상의 이상 경향을 제거하고 싶다는 의식적인 소망은 가지고 있으면서도, 실제적으로 그것이 어느 정도의 효과를 가져다 줄 것인가라는 의혹을 갖는다. 어떤 사람들에게는, 우리가 이런 경우는 이렇게 할 것이며 저것은 어떻게 하겠다는 결심을 해도 그런 따위는 다만 본인 스스로의 처방에 의한 고약과 같은 것에 불과하다. 우리가 자기 신체의 모양을 바꾸어 놓을 수 없는 것처럼 자기의 마음도 어떻게 할 수는 없다고 믿고 있다. 그렇지만 그와는 반대의 의견을 지지할 자료도 그만큼 많다. 즉, 표범은 자기의 반점을 고치지 못하겠지만, 우리는 표범의 ‘반점’을 고칠 수 있는 것이다——그것은 비록 일부 광적인 열심가들이 생각하듯이 그렇게 쉽게 되는 일이 아닐는지 모르지만.

가령 사람이 자기의 울분을 억눌러 참는다는 문제를 예로 들어 보자. 우리는 정서의 과잉으로 발생하는 성격의 혼란에 대하여 이미 여러 가지로 고찰한 바 있다.* 어떤 사람은 별스러운 일도 아닌데 당찮은 화를 내기도 하는데, 주위의 사람들이 보기에 정신에 이상이 있는 사람으로 느낄 만큼 심한 분노를 터뜨리는 것을 우리는 많이 보아 왔다. 우리는 또, 어떤 사람은 보기에도 딱할 정도로 의기소침해 버리는 경우도 있다는 것을 알고 있다. 인간은 이 문제를 의식적으로 생각하여 그것을 고치고자 하는 마음으로 노력함으로써, 자기의 감정을 조절하거나 우울감을 경감시키거나 자기를 불구로 만드는 행위를 고치기란 도저히 불가능한 일일까?

아니다. 그것은 절대로 가능하다. 만약 정신의학계의 전문가들이 자기의 경험으로 미루어 보아 가능하다는 결론을 내리지 못했다면,

---

*제 I 권 제3장 3항(p. 301)참조.

그들은 이미 오래 전에 이런 일을 포기하고 말았을 것이다. 그리고 그들은 최악의 증례들을 목격해 왔다. 증상의 원동력이 되는 '무의식'에 대하여 의식적인 자아는 비교적 약한 통제력밖에 가지고 있지 않다는 개념은, 사람들이 생각하는 정도로까지 비관할 것은 못 된다. 왜냐하면 만약 무의식이라는 것이 자아가 전혀 감당할 수 없는 것이었다면, 우선 정신분석 그 자체가 발견되지도 않았을 것이며, 그것이 결코 효과적이지도 않았을 것이기 때문이다. "지성의 목소리는 낮다. 그러나 꺾이지 않는다"라고 프로이트는 실로 힘찬 웅변으로 갈파했다. 어떤 의미에서 볼 때 정신의학의 기능은, 이를테면 힘에 겹도록 무거운 짐을 지고 있는 자아들, 즉 자기 환경에서 직면하는 각종 문제 및 자기의 본능에서 비롯되는 투쟁을 처리할 능력이 없을 만큼 약한 자아들에게 힘을 보충해 주는 것이라고 설명할 수 있을 것이다.

그러나 일반적인 경향은 정반대 방향으로 나가고 있다. 즉, 의식적인 지성은 전능하다고 생각하고 있다. 즉, '자기가 하고 싶은 것은 어떤 것이라도 할 수 있다'라는 따위이다. 그러나 이러한 생각들은 그야말로 어리석은 것들이다. 어떤 의미에서 본다면, 우리는 실제로 자기가 하고 싶은 대로 하고 있다. 그렇지만 만일 무의식이 소망하는 쪽이 더 강한 힘을 가졌다면, 그것과 반대되는 의식적인 소망은 좌절되어 버린다. 그러나 본인으로서는 자기의 소망을 포기한 것만 알지 그렇게 된 이유는 알지 못한다. 신경증적인 경향이 없는 사람은 정말 행복한 사람들이다. 그런데 그들의 대부분이 지나치게 점잖을 과시하며, 신경병으로 고생하는 이들을 멸시하는 어조로 "몰랐다는 것은 말도 안 되고, 또 알았으면 좀 잘 처리해 보는 편이 좋지 않을까?"라고 말한다. 그러나 실제의 사정은 어떤가? 그것을 배로 비유한다면, 키(방향타)가 의식적인 지성이며, 기관이 마음속의 무의식적인 부분에 해당하는 것이어서, 아무리 훌륭한 키를 가졌다 하더라도 기관에 고장이 생기거나 큰 폭풍우를 만나게 되면 배는 예정된 항로를 따라 항해할 수 없는 것과 같은 것이다.

인간은 지성만 있으면 훌륭히 행동해 나갈 수 있다고 생각하는 그 릇된 관념이, 모르는 사이에 흔히 남용되고 있다. 예를 들면 의사들 중에는 환자에게 이 정도만 말해 주면 그들이 곧 쾌유될 것으로 생 각하는 이가 있다. 그런데 자기가 생각한 대로 환자가 완쾌되지 않 으면 괜히 화를 낸다. 사실 이런 관념을 남용하는 엉터리는 이 외에 도 많이 있다. 그것은 의사 중에도 있으며, 문필가나 종교계에도 있다. 오늘날까지 말할 수 없이 많은 종류와 수량의, 치유를 위한 안내책자(cheer up books)가 나와 있으나 그 중의 대부분은 인쇄된 종이값만큼도 가치가 없으며, 더욱이 어떤 종교적 그룹의 사람들은 인간의 마음은 신이다, 사랑도 아름다움도 행복도 신이라고 말하 며, 〈이제는 비는 안 올 것이다〉라는 말도 신이라는 생각을 하고 있다.

독자들 중에는 이 책을 읽는 중에 조금은 엉뚱하다고 생각하는 사 람도 있을 것으로 나는 생각한다. 이런 사람들은 정신의 건강이나 완전성에 있어서 중요하다고 여겨지는 어떤 표어 같은 것이 이 책에 게재되어 있지 않을까 하고 기대했으리라고 생각한다. 그런데 그게 아니라 인간의 마음은 동기와 메커니즘들의 복잡한 집적체이며, 동 시에 그것들은 자칫하면 고장나기 쉬운 것이어서, 일단 이상이 생 기면 정신과 의사에게로 가는 편이 제일 좋은 방법이라는 말만 늘어 놓고 있다.

그러나 다시 한 번 생각해 보면, 실제로는 그 방법이 그리 나쁜 것만은 아니다. 대부분의 마음병을 앓고 있는 사람들일지라도 정신 과 의사의 신세를 져본 경험이 없으며, 또 앞으로도 치료를 받으러 가는 일은 결코 없을 것이다. 그리고 일반적으로 사람들은 정신과 의사를 찾지 않는 편이 좋을 것으로 생각하지만, 그래도 정신의학 의 원리만은 알아두는 것이 좋을 것이다. 때로 그것은 자기에게 스 스로 적용할 수 있으며, 어떤 경우는 친구가 훌륭히 치료해 주기도 한다. 가정 주치의나 목사들은 흔히 이런 일에 관여하고 있다. 그리고 어떤 때는 책이 해주기도 한다——이를테면 이 책이나 조금은 통속적으로 씌어진 책들로서, 오늘날에도 사람들에게 추천되고 있다(본서의 권말부록을 참조). 건강한 정신을 유지하기 위해서는 이렇게 하는 것이 좋다는 어떤 수치적인 규정이나 표준이 될 만한 처방안은 없다. 그러나 일반적인 원칙이며, 일부의 사람들로부터 도움이 되었다고 생각하는 것을 간추려 본 것이 있는데, 다음에 들어놓은 것이 그것이다.

· 가능한 한 정직하고, 쾌활한 마음으로 현실에 대처하기를 자신의 신조로 삼을 것.
· 사교적인 교제를 영위하며 문화적인 교양을 몸에 지닐 것.
· 신경증적 도피는 그대로 인식하며, 그것을 승화시킬 기회를 되도록 이용할 것(취미를 습관화하여 대치시킬 것).
· 정신적인 질환의 징후가 있으면, 그것을 감지하는 능력과 그 병에 대해 가장 효과적으로 대처할 수 있는 방법을 배울 것.
· 불행한 사람들이란 항상(적어도 부분적이라도) 자신의 어딘가에 '고장이 났다'고 추정해야 한다.

2 진단—치료의 필수조건

독자들이 제Ⅰ권 제2장을 다시 한 번 읽어본다면, 근대 정신의학의 기초적인 개념에 대하여 기억을 새롭게 할 수 있을 것으로 믿는다. 즉, 우리가 알고 있기로는, 퍼스낼리티즈는 각 개인이 가지고 있는 모든 유전이나 본능의 충동 및 과거의 경험 등을 포함한 현재의 상태를 일컬으며, 그것은 끊임없이 변화해 가는 환경에 순응하려 하며, 또 한편으로는 이 환경 자체도 어느 정도의 순응을 하고 있는 것이라고 볼 수 있다. 이 상호순응의 관계가 제대로 이루어지지 않으면, 그 환경이나 개인 중에 어느 한편이 곤란한 형편에 놓이게 된다. 그런 곤란을 당한 사람은 현명한 판단으로 도움을 청원하게 된다.

그럴 경우 원조자가 의사라면, 우리는 이것을 치료라고 한다. 때로는 의사 이외의 사람들——예를 들면 사회사업가나 학교의 선생·부모·변호사·심리학자·입법기관 등——에 의해서도 원조를 받을 수 있으며, 현재 받고 있기도 하다. 그러나 이런 이들의 원조에 대해서는 법적으로나 전통적으로도 '치료'라는 말을 적용할 아무런 근거가 없다.

'치료'라는 말이 적용될 경우는, 이 원조를 주는 사람이 누구이든 그 원조를 줄 때에는 과학적인 정확성을 가지고 한다. 그러나 그것은 권위있는 충분한 진단이 선결된 후에 행해지는 것이다. 진단이라는 말을 어떤 것에 명칭을 부여하는 일로 잘못 생각하는 사람도 있다. 그렇지만 우리의 언어가 부적당하게 구성돼 있기 때문에, 그리고 이미 확립된 명칭의 의미까지도 동요하고 있으므로, 정신의학에 있어서는 명칭의 진단만으로는 별 소용이 없다는 것이다. 불행스럽게도 이런 사실을 모르고, 정신의학이라는 것은 여러 가지 불쾌한 명칭, 예를 들면 정신이상·정신박약·조광증·정신질환 등을 사람들에게 씌우는 과학이라고 믿는 사람들이 아직도 있다.

'진단'이란 말의 바른 의미는, 순응이 제대로 되지 않는 사람의 병의 성격이나 의미를 충분히 이해하며, 따라서 그의 고통을 없애주고 순응이 잘 되도록 보완해 주며, 어떻게 하는 것이 가장 좋은 방법인지 그 가능성과 기술을 지시해 줄 수가 있다는 것을 포함하고 있다. 다시 말해서 진단은 역학적인 말로 표현되지 않으면 안 된다. 즉, 다만 퍼스낼리티만이 아니라 그 환경도 설명하며, 동시에 과거·현재 및 이 둘 사이에 있어서의 상호작용의 성질까지도 아울러 설명되어야 한다. 그런 까닭에 여기 문제가 있다. 말의 표현이라는 것이 완벽하지 못하기 때문에 이 모든 것 전부를 해명할 수 있는 명칭이란 존재하지 않는다. 그러나 우리는 최소한으로 이 병에 걸린 사람과 그의 환경을 체계적인 방법으로 설명할 수가 있으며, 또 통계와 분류를 내기 위하여 퍼스낼리티·환경 및 병의 일반적인 유형을 경험으로 얻은 술어로 기록해 보일 수도 있다.

실제 문제로서 우리의 환경을 과학적인 용어로 말하는 것과 사회의 힘을 체계적으로 설명할 수가 있게 되기는 극히 최근의 일로서, 정신의학계에는 가장 적절하게 기록하기에 적당한 기술도 전문용어도 없다. 그러나 우리는 퍼스낼리티를 체계적으로 설명하기에는 제법 숙달되어 있다. 그것은 우선 그 퍼스낼리티의 발달에 관한 역사적인 사실을 빠짐없이 조사하는 일에서 시작하여, 고르지 못한 순응의 증거 중 최근의 것에 특히 중점을 둔다. 의학계에서는 이 중에서 '가문의 역사'를 전통적으로 포함시키며, 유전적인 경향이나 흔적(stigmata : 과거에 일어났던 이상한 일)을 확립하며 유아기의 사회적인 환경을 가능한 한 소급해서 조사한다. 다음에는 그 '발달사', 즉 취학 전과 사춘기에 자신이 하고자 생각했던 것이나 달성한 순응 등을 조사한다. 다음은 '경력'으로, 이 환자가 생활비를 충당하기 위하여 했던 모든 경력의 구체적인 기록을 작성하며, 다음 단계는 '병력(病歷)'으로서, 순응의 과정중에 일어난 유기적 사건들——전염병·수술·특수질환들——이 병력의 일부분이 된다. 마지막으로는 '사회적인 역사'인데, 여기서는 그 환자가 다른 사람들에 대하여 사회적으로, 또는 성적인 의미에서 자기조절을 어떻게 했는가가 중요한 항목이 된다. 이것은 유아기의 가정생활로부터 '성'생활의 발전을 거쳐 결혼에 이르러 새 가정을 이루고, 자기 인생의 반려자와 자녀들에 대한 순응이 어떠했는가를 조사하는 것이다.

이상의 조사 대상들은 단지 개인 역사에 불과하며, 그 종적인 조사로부터 진찰——이것은 횡적이라 할 수 있음——에로 이어진다. 그리고 그것은 여러 해를 두고 발전해 왔던 인생·신체 및 마음의 어떤 한 시기를 택해서 행해지는 것이다.

진찰을 종류대로 구분하여 분류하면 다음과 같다.

① 신체의 의학적인 진찰 : 머리·가슴·배·성기·다리·피부·맥박·체온·혈압·기타

② 신경병학적 진찰 : 신경계통의 상태를 나타내는 어떤 일정한 반사·운동·감각을 잘 관찰한다.

③ 화학적 검사 : 혈액·소변·대변·가래 및 척수액

④ X광선·뇌사(腦寫)·뇌피 및 필요에 따른 기타의 특수한 진료

⑤ 심리검사 : 이것은 대개의 경우 가장 중요한 것이지만, 실제로는 가장 등한시되기 쉬운 것이다. 심리검사는 어떤 일정한 형식이 있는 경우와 없는 경우, 두 가지 형태로 행해진다. 그 대상이 되는 것은 환자의 감각작용·사고·감정 및 행위가 어떤 일반적인 증상을 보이는가 하는 것을 최대한 정확하게 판단하는 일이다. 이 검사는 증상의 양이나 질에도 시행되며, 또 소위 '이상심리'의 정도를 결정할 뿐만 아니라, 정신측정이나 근대 심리학이 받아들인 다른 가치평가(예 : 로르샤하·루리아·뎀보·기타의 검사법) 등도 여기에 포함되어야 한다.

이런 체계적으로 세워진 입론의 자료들을 요약해서 소화하면, 그 사람의 퍼스낼리티의 내용이 어떤 것인가를 알 수 있다. 우리는 그가 반응을 보일 경우에 '무엇으로써' 또는 '무엇에 의하여' 그런 반응을 나타내는지 알고 있다.

진찰탐색의 다음 순서는 그가 '무엇에 대하여'는 반응을 나타내지 않고는 못 견디는가에 초점을 맞추어 방향을 잡지 않으면 안 된다. 환경(사회적·의학적·경제적)의 검사는 여러 가지 방법을 종합해서 하는 것이다. 어느만큼은 환자 자신의 말에서 찾아낼 수가 있다──그는 자기의 눈에 비친 대로 말할지도 모른다. 그러나 올바른 과학적인 방법, 즉 표준화된 방법이란 것은 훈련을 받은 정신과 전문의적인 사회사업 종사자(social worker)들의 눈과 두뇌를 통해서 하는 것이다. 이 젊은 직업여성들은 불과 20년 동안에 근대적

공공진료소(제6장 참조)에 없어서는 안 될 조수로 자리를 굳혀 버렸
던 것이다.

끝으로 우리는, 이 환자가 가지고 있는 것으로서 반응을 나타내
지 않고는 견딜 수 없는 내용이, 역시 반응을 보이지 않고는 견딜
수 없는 자극과 만날 경우(또는 이미 조우했다면), 어떤 일이 일어나
는가를 세밀히 연구 관찰하지 않으면 안 된다. 의사는 이것을 '현재
증(지금 진행중인 병세)'이라고 부른다. 그것은 현재 나타나 있는 어
떤 특정한 병이나 실패의 시말서이다. 그것은 순응하지 않으면 안
된다는 절박한 압력 밑에서 퍼스낼리티에 나타난 징후(제Ⅰ권 제3장
참조) 및 그릇된 방향으로 이끌린 동기(제4장 참조)의 연구이다.

그런데 순응에 실패한——완전하게, 불완전하게 또는 진행
중——사람으로서 정신의를 찾는 사람들은 어떤 특정형에 속하는
사람들인데, 이 형에는 명칭이 붙어 있다. 그러나 이 명칭들은 그렇
게 중요한 것은 아니다. 그리고 만약 이 명칭들이 의사의 주의를 끌
게 되어, 환자의 순응의 문제를 이해하는 일은 도외시하고 병에 붙
여진 이름에만 주의를 집중시키는 일이 있다면, 명칭 따위는 오히
려 해로운 것이다.

그러나 '기술적(記述的)인 진단'에 있어서는, 만약 그것이 분류의
정확한 목적을 달성하는 것이라면, 모종의 이용가치가 있다고 할
수 있다. 그러한 진단은 다음과 같은 점들을 고려해서 결론을 내렸
을 것이다.

a) 정신의학적 증후군 또는 질환상

이것은 미국 정신의학 협회(The American Psychiatric Association)
의 위원회에서 승인되어, 지금 미국의 표준명칭으로 인정된 명칭목
록과 일치될 것이다. 이런 용어들에 의해 표현된 역사적이고 현대
적 개념을 더 자세히 묘사하여 본다 하더라도 별로 소용이 없을 줄
로 생각된다. 그런 것들 중의 일부는 제Ⅰ권 제2장에서 이미 논의한

바 있다. 그럼에도 전문적으로 더 깊이 연구하고자 하는 사람들은 정신의학계의 교과서를 참고하면 더 많은 것을 볼 수 있을 것이다. 그 외의 사람들은, 그런 것은 잊어버리는 편이 가장 좋으리라 생각된다.

b) 일반적인 퍼스낼리티의 구조

이것은 돌발적인 급성질환이 일어나기 전에 뚜렷하게 나타나는 것인데, 이것은 제Ⅰ권 제2장에서 해설한 퍼스낼리티 유형에 대체로 일치된다. 그러나 우리는 직업상에 있어서는 다소 다른 용어를 쓰고 있다.

c) 지금까지의 내과와 외과의 흥미가 부합된 조건들

나의 의견으로는, 환자의 순응의 부조(不調)를 그 병의 원인·구조(構造) 및 관능적인 발달의 견지에서 해석해 보려는 '해석적인 진단'의 수단이 기술적인 진단보다는 훨씬 중요하다고 생각된다.

이런 '병원적인 요소들'이 생리적인 것이라고 생각되는 경우에는, 우리는 그 정도에 따라 그것들의 국소 성격 그리고 될 수 있으면 그 근원을 분명하게 구별하도록 힘쓰지 않으면 안 된다. 그러나 '심리적인 요소가 순응부조의 발생요인 가운데서 현저하다고 생각되는 경우에는, 우리는 그 정도에 따라 그 사람의 퍼스낼리티의 정상적인 발달을 방해 또는 억제한 것으로 생각되는 최초의 외상 및 그 이후의 이 환자의 생활에 있어서 2차적이거나 병발적(倂發的)인 요소가 되고 있는 주요 정신적인 외상을 지적하도록 노력하지 않으면 안 된다. 또 사회적·경제적인 이상상태가 강력하게 이 발달을 제한했거나 지나치게 자극한 경우에는, 그것이 어느 정도로 원인이 되고 있는가를 확인해야 한다. 끝으로, 순응부조의 마지막 단계로 접어들거나, 그 증상의 분명한 증후와 관계가 있는 하나 내지 그 이상의 촉진적인 요소도 주의깊게 인식하여, 그 이전의 경험과 비교

검토하지 않으면 안 된다. 마찬가지로 다음과 같은 '구조'의 견지에
서도 우리는 이 환자(퍼스낼리티)의 약점 또는 결함을 탐구하지 않으
면 안 된다.

① 생리적인 구조의 견지에서(예를 들어 결핵성인가, 아닌가)
② 생리적인 기능이나 화학적 기능의 견지에서(예를 들어 심계항진)
③ 심리적인 의향과 억제의 견지에서(예를 들어 지능발육의 정체 및
   편집병양상)

셋째는, 순응부조의 '동태'에 대한 것으로서, 우리는 최초의 병의
근원적인 요소들이나 그것들로 인하여 입게 된 상해가 환경을 어떻
게 변화시켰으며, 그 결과 그 후 순응의 곤란을 어떻게 증가시켰으
며 아울러 그것이 순응에 대한 노력을 증가시켰는지, 아니면 반대
로 그런 노력을 모두 압도해 버렸는지를 알아야 한다. 그렇게 하려
면, 우선 '공격성'이 누구에게 어떻게 향해져 있는가——또는 그
공격성이 누구에게 어떻게 '잘못' 돌려져 있는가라는 말로 해야 할
는지도 모른다——를 조사한다. 왜냐하면 이 공격성이 바르게 다
루어졌다면, 그것이 이 환자의 마음의 평형을 유지하도록 작용할
것이고, 나아가서 순응을 방해하는 요소의 영향을 저지하는 구실을
다했을 것이기 때문이다. 그리고 그런 증오의 생각이 어리석게도
아무 쓸모없게 투자되어 버리면, 그 투자된 정도에 비례하여 제4장
에서 기술한 바와 같은 죄악감이 생길 것이 예기되므로, 이번에는
그것에 대한 징벌의 필요성이 발생한 점을 찾는다. 정신분석을 정
신의학에 올바르게 적용하고 있는 것으로 생각하고 책을 저술하고
있는 일부 학자들은, 개인의 증상·망상·행동에 나타난 사건들의
상징적인 의미에 대단한 중요성을 두고 있으나, 사실 그것은 별로
중요한 것이 아니다.

끝으로, 해석적인 진단이 적절하고도 완전하게 행해졌을 경우에

는, 그 병이 나타내고자 하는 첫번째의 목적을 표명할 수 있을 것
이다. 그것은 또, 이 병이 그 환자를 도와서 완성해 주고 있는 2차
적인 이득도 특별히 기록해야 할 것이다.

상당히 많은 경우에 있어서 이 이득이 매우 막대하여 원래의 동기
를 보잘것없게 하거나 아예 은폐시켜 버린다.

③ 치료(처치)

진단에 대해서는 이 정도로 해두기로 하자. 그러면 일단 진단이
나오고 문제가 이해되었으면, 그것의 처치는 어떻게 할 것인가?

정신의학적인 처치란 순응을 용이하게 하는 것이라고 생각해야
할 것이다.* 한 사람이 하려고 생각만 했지 실행하지 못했던 것을
할 수 있도록 후원해 주려면 어떻게 하면 좋을까라고 스스로 자문하
지 않으면 안 된다. 우리는 그를 변화시킬 수가 있을까? 그렇다면
어떻게 하면 좋을까?

또 우리는 그의 환경정세를 변화시켜야 할까? 그것이 과연 가
능할까? 그것은 어떻게 하면 가능할까?

(1) 약물과 외과수술

정신의학적 치료는 때때로 약물로도 가능하다. 이 문제는 명확
히, 그리고 오해가 없도록 밝혀야 되겠다. 정신의학이 신앙에 의한

---

*이것은 모든 병에 대한 모든 처치에 대하여 적용할 수가 있다. 예를 들
면 두통에 아스피린을 복용하면, 통증이 화학적으로 억제되므로 인생
살이가 바뀌게 된다. 종기를 절개하는 것도 사람을 편안하게 하기 위한
하나의 수단이다. 그렇지만 이런 견해는, 일반의학에서는 무시되어도
좋다. 그러나 정신의학에서는 필요불가결한 것이다.

치유라고 상상하는 사람도 있지만, 그것은 틀린 생각이다. 정신의학에는 속임수가 있을 수 없다. 인생의 모든 문제를 단 한 가지의 형식으로 해결하려고 들지 않는다. 그리고 변비가 나아지도록 기도를 올리지도 않는다. 약이 그 사람에게 필요한 변화를 줄 수 있는 경우에는, 정신의학은 그 사람에게 약을 먹여서 변화시킨다.

가령 어느 남자가 뇌매독이었다고 하자. 이 남자가 제멋대로 행동한 결과 아무 쓸모도 없는 인간으로 전락해 버렸다 하더라도 그에게 모종의 약을 투약하여서 다시 능률을 높이며, 성공할 수 있는 인간으로 변화시킬 수가 있다(그럴 수도 있다는 말이지, 반드시 그렇다는 의미는 아니다). 갑상선 실조(失調)로 바보가 된 아이에게 갑상선 추출약을 투여하면, 그 흔적을 알 수 있을 만큼(좋은 방향으로) 변화시킬 수가 있다. 또 어떤 종류의 지방과다증으로 곤란을 당하는 이들은 적당한 점액분비선에서 추출한 주사약으로 상당히 즐거워질 수가 있다. 아스피린은 고통을 일시적으로 경감시킴으로써 인간의 생활에 수천년의 세월을 부가하고 있다. 과식이나 수면 부족으로 기분이 무겁고 답답한 사람에 대하여 카페인은 자극을 주어 일을 시키고 있다. 부로마이드·소다·루미날 등이 수많은 사람들에게 얼마나 많은 평화를 선사했는지 이루 헤아릴 수 없을 정도다. 새로이 발견된 바비튜릭산 계통의 최면약이나 파랄데하이드와 같은 오랜 역사를 가진 약도 오늘날에 이르기까지 수없이 많은 사람들의 고통을 진정시키며, 필요없는 고통을 없애 주었던 것이다.

그렇다고 하더라도, 정신의는 화학적인 질환이나 생리적인 질환을 다루는 것을 주로 하는 일반 내과의나 외과의보다는 약물치료를 하는 경우가 적은 것은 사실이다. 대체로 약물로써 사람의 성격·심성·순응 따위를 바꾸거나 좋게 만들 수는 없는 노릇이다. 그렇지만 때로는 가능한 경우도 있다! 이 점을 꼭 알아두어야 한다. 그러나 일반적인 경우에는 약 이외의 다른 것을 필요로 한다.

외과도 역시 마찬가지이다. 야심적이고 남을 구해 주려는 마음을 가진 외과의가 분별없이 개복수술을 감행하여 아무거나 끄집어 내려고 하였던 시대가 있었다. 도시 변두리나 시골에는 아직도 그런 의사가 더러 있을 것이다. 전국을 상대로 조사해 보면 외과수술을 받은 많은 수의 남녀들이 아직도 각종 발작이나 고통이나 수술의 실패로 고생하고 있으며, 이 사람들은 전보다도 훨씬 정력이 감퇴되고 원기가 약화되고 마음의 평화를 얻을 가능성이 더욱 희박하게 되어 있다. 그래서 많은 사람들은 무분별한 외과적 치료요법 따위는 차라리 안 하는 편이 좋을 것이라고 비난하고 있다.

이렇게 되니 사람들은 모든 외과적 치료요법을 일원론으로 만들어 버려, 그 결과 때로는 외과수술이 재조정의 훌륭한 필수조건임이 경시되기 쉽게 되었다. 정신적인 이상이 있는 사람도 육체는 가지고 있기 때문에, 이 육체는 외과적 수술을 받아야 치료될 병에 걸리는 수도 있다. 그리고 그런 경우의 유일한 치료법은 외과수술이다. 맹장염·뇌종·배농수술이 필요한 화농 또는 기형인 안면이나 수족의 정형수술을 필요로 하는 것——이런 것들 외에도 외과적인 치료를 받아야 하는 경우가 실제로 허다하다.

물리요법·수치(水治)요법·작업요법 및 기타의 요법으로 육체를 쉬게 하고 정신을 안정시키게 하는 것에 관해서는 뒤에 나오는 〈입원치료〉의 항에서 상세히 말하기로 하자.

(2) 정신요법

정신요법이란 것은 퍼스낼리티의 물리적 또는 화학적인 메커니즘보다는 정신적인 메커니즘을 이용하여 병을 공격하여 치료하는 각종 치료요법의 총칭이다.

정신요법의 첫째 원칙은, 그 치료를 어떤 사람에 의하여 또 다른 어떤 사람에게 시행한다는 점이다. 그 치료는 구세주적인 사람을

필요로 한다. 이 구세주라는 것은 그 누구라도 좋다──상당수의
직감적인 부인들이 신경증의 남편이나 연인을 정신요법으로 고쳤다
는 것이 빌헬름 옌센의 단편소설 《그라디바(Gradiva)》의 주제로 구성
되어 있으며, 프로이트는 이 소설을 《망각의 꿈》*이라는 제목으로
정신분석의 입장에서 해석하고 있다. 목사들은 종종 집단적인 정신
요법을 훌륭하게 완성하고 있으며, 또 내가 아는 어느 경찰관은 마
음의 알력에 대해서는 지방판사보다도 더 잘 알고 있으며, 어느 정
도의 알력은 해결할 수 있는 방법도 알고 있었다. 또 어느 대학의
학장으로 재직하는 사람이 자신으로서는 비전문가로서 기술적인 것
에 대하여 아는 것이 아무것도 없다고 말하지만, 순응부조의 학생
들을 능수능란하게 조정하여 해결해 주고 있어 정신위생의 고문역
으로 많은 일을 손색없이 처리하고 있음을 알고 있다.

물론 전문적인 훈련을 이수하여 지식을 갖춘 사람은 보통의 정신
치료가에 비하면 상당히 유리한 입장에 있다. 예를 들어 말한다면
그는 하면 안 될 일, 말해서도 안 될 일의 분별을 알고 있다. 인간
의 마음, 특히 고통을 가진 사람의 마음은 아마추어 탐험가들이 가
보더라도 아무런 수확도 얻을 수 없는 곳이다.

그러나 전문적인 기술의 수련과 지식보다 더 중요한 것은 무엇
보다도 환자를 걱정하는 태도이다. 이것이 없이는 정신요법은 불가
능하리라고 본다. 정신요법을 행하고자 하는 사람은 고민에 싸여
있는 사람에 대한 관심이 진정한 마음이어야 한다. 즉, 그 환자를
진심으로 사랑하지 않으면 안 된다. '신경질'적인 사람의 환상이나 실
패나 이상한 태도에 싫증을 내거나 귀찮아하거나 화를 낸다면, 그
사람의 실패는 불을 보듯 뻔하다. 치료자는 언제까지라도 끈기있게
순진한 관심을 기울이면서도, 동시에 환자를 객관적으로 다룰 수
있을 만큼 거리를 두고──'냉혈한'처럼──있지 않으면 안

───────────────

＊《환상과 꿈 : *Delusion and Dream*》(1922년)

된다. 외과의는 자기가 집도하는 수술에 대단한 열의를 가지는데, 그것이 그를 지치게 하며 걱정을 유발시킴에도 불구하고, 그의 정서는 조금도 요동하지 않고 있다는 마음가짐과 태도를 유지하지 않으면 안 된다.

다음으로는 정신요법을 시도하는 사람은, 자기가 무엇을 완성하려 하고 있는지를 명확히 파악하지 않으면 안 된다. 정신요법이라는 것이 오로지 어떤 사람의 기분만을 편안하게 해주는 것으로 만족할 게 아니라, 좀더 근본적인 점에 목표를 두어야 한다. 환자가 괴로움을 느끼는 것은, 본인이 의식하거나 의식하지 못하는 가운데 일어나는 마음의 갈등이므로, 이 갈등을 공격하여 그 사람의 재조정을 도와주는 것이 치료라는 개념을 결코 잊어서는 안 된다. 무의식의 갈등이 수적으로 더 많으며 힘도 강하지만, 표면에 나타난 곤란만 해결되면 그것도 충분히 평온을 되찾을 수 있다는 사실이 종종 실증되고 있다. 정신요법으로 치료효과를 거둘 수 있는 증상은, 무의식적인 투쟁이 심한 경우 그 고통이 여러 가지 변장을 이용하여 의식적인 생활 속으로 돌출되어 나오는 경우의 증상이다. 이 경우, 정신요법은 단계적으로 약해진 '억압'을 강화하거나, 불필요한 억압을 해소시켜서 가중한 짐을 가볍게 덜어 주거나, 변장의 탈을 쓰고 이탈해 나온 유해한 형태의 것을 무해한 것으로 변형시키는 것이다.

어느 사람이 신경증의 증상을 다른 어떤 유익한 활동으로 바꾸어 놓고 싶다는 생각을 가질 경우에, 그 사람은 말하기를 "어떻게 해서든지 그녀의 마음을 솔깃하게 할 수 있다면, 그녀는 자기의 증상을 고칠 수가 있을텐데"라고 한다. 이 학설은 이 점에 관한 한 옳은 것 같다. 그러나 이것은 주위 사람들이 어떻게 말하더라도, 증상을 고상화(승화·미화)시키는 일이 생각처럼 그리 간단히는 안 된다는 것을 무시하는 데 어려운 점이 있다. 그러한 변화를 시도해 보려고 할지라도, 환자측(대체적으로 무의식적인 상태이기는 하지만)의 '저항'이

상당히 강경하다. 그리고 대양 한가운데 추락한 사람이 해안까지 헤엄쳐 나오기가 어려운 것처럼, 사람에게 그런 변화를 일으키려고 하더라도 원조가 뒤따르지 않으면 극히 어려운 일이거나 불가능하다. 그는 그 증상에서 자기가 구원되기 위해서는 어떻게 해야 하는지를 잘 아는 경우가 허다하다. 그러나 대부분의 경우, 다른 사람이 그런 말을 해주면, 그것이 가장 가혹한 인신공격으로밖에 느껴지지 않는다. 그것은 마치 물에 빠져 죽게 된 사람에게 "당신이 살고 싶다면 해안까지 헤엄쳐 나오시오"라는 구경꾼의 말을 듣는 것과 마찬가지의 감정일 것이다. 말 자체는 틀림없이 맞는 말이다. 그러나 그것은 불가능한 일이 아닌가.

이 곤란을 이해하는 것이 지성이 있는 정신요법가의 근본적인 문제라고 할 수 있다. '저항'이라는 말이 학술용어로 되어 있는데, 이것은 정신분석이 이바지한 새로운 개념들 중에서 가장 중요한 것 중의 하나이다. 저항이라고 하는 것은 고통을 당하고 있는 사람이 자기의 고통을 호소하면서도 그 고통을 해소시키기 위한 행위에는 반대하는 것으로, 누구에게나 있는 것이다. 어떤 증상이 생기는 것은 그 증상이 생길 만한 충분한 이유가 있기 때문이다. 그것은 어떤 종류이든 목적을 가지고 있으며, 환자의 어떤 무의식적인 강한 소망을 만족시키고 있는 것이다. 그렇기 때문에 그것을 변화시키려는 의도의 노력은 항상 '반대'에 봉착하게 된다. 예를 들어 20년 동안 길거리에서 연필 따위를 팔아 생계를 유지해 온 절름발이 거지가 있다고 가정하자. 그런데 어느 날 갑자기 기적이 일어나 절름거리던 다리가 나았다면, 이 거지는 상당히 딱한 처지에 놓이게 될 것이다. 그는 발이 완전하게 고쳐진 반면, 자기의 생계유지 수단을 잃게 될 것이기 때문이다. 따라서 그는 몹시 곤란한 재조정이 불가피하게 될 것이다. 그래서 오히려 그는 발을 고쳐 주는 것에 찬성하지 않을 것이다. 그와 마찬가지로, 신경증의 환자는 누구나 예외없이 자기의 증상을 해소시키는 것을 반대한다. 다르게 말하자면, 그는 병을 완쾌시키고 싶은 생각이 전혀 없다고 보아야 할 것이다.

이것은 믿을 수 없다는 생각이 들지도 모른다. 더욱이 신경증 환자는 도저히 믿으려고 하지 않을 것이다. 환자는 대개 "당신은 내가 언제까지나 이 상태로 있기를 바라는 줄 생각하십니까?"라는 말로 연극의 대사처럼 과장된 몸짓을 사용하며 반문하기가 일쑤이다. 그럴 경우 '의식적으로야 그렇지는 않겠지요. 그러나 무의식적인 면에서 당신의 병이 당신을 만족시키고 있습니다. 다시 말하면, 그것이 어떤 문제의 해결책이 되어 있습니다──타협적인 해결인 것입니다. 나쁜 두 가지 중에서 피해가 적은 쪽입니다. 적어도 당신의 무의식적인 면에서는, 당신은 그렇게 생각하고 있습니다'라고 말해 주면 환자는 이렇게 대답할 것이 분명하다.

'그럴까요. 그러나 나는 견디기가 아주 힘듭니다. 이것은 결코 공상이 아닙니다. 정말 견딜 수가 없어요. 병이 나을 수만 있다면, 세상에서 아무리 어려운 일이라 할지라도 하겠습니다. 어떤 일이라도!'

'알겠습니다. 그 말이 사실이라면 내일 아침 8시에 다시 나오십시오. 치료를 시작해 보기로 합시다. 당신이 반드시 나을 것으로 확신합니다.'

'저 그런데 선생님, 아침에는 오기가 좀 어려운데요. 실은 내일 아침에 사촌누이와 함께 물건을 사러 나가기로 약속했습니다. 모레 오면 안 될까요?'

물론 이것은 어느 정도의 과장이 섞여 있기는 하지만, 그리 심하게 과장된 것은 아니다. 수많은 환자들이 치료를 받으러 내게로 온다(물론 다른 정신의에게로도 간다). 그들은 한결같이 병이 낫기를 바란다고 말하지만 "그러면 이렇게 하십시오"라고 충고를 하면 당장에 그것을 실행에 옮기지 않는다. 그들은 병이 낫기를 진심으로 바란다. 그리고 그렇게 생각하고 있는 것은 진심이다. 그들은 남들이 자기를 모르는 것과 마찬가지로, 자기의 병의 이유를 모르고

있다. 그리고 그들은 그 원인을 발견하지 못하도록, 혹은 병을 쫓아
내지 못하도록 자기 자신을 스스로 보호하고 있다.

예수 그리스도도 당시에 정신이상자를 고쳐 주려다가 '저항'에
직면한 사실을 성서에서 볼 수 있다.

회당에 더러운 귀신 들린 사람이 있어 크게 소리질러 가로되, 아
나사렛 예수여, 우리가 당신과 무슨 상관이 있나이까. 우리를 멸하
러 왔나이까. 나는 당신이 누구인 줄 아노니, 하느님의 거룩한 자입
니다. 예수께서 꾸짖어 가라사대 잠잠하고, 그 사람에게서 나오라
하시니 귀신이 그 사람을 무리 중에 넘어뜨리고 나오되, 그 사람은
상하지 아니한지라.(누가복음 제4장 33~35절)

배에서 나오시매 곧 더러운 귀신 들린 사람이 무덤 사이에서 나와
예수를 만났다. 그 사람은 무덤 사이에 거처하는데, 이제는 아무나
쇠사슬로도 맬 수 없게 되었으니…… 밤낮 무덤 사이에서나 산에서
나 늘 소리지르며 돌로 제 몸을 상하고 있었더라. 그가 멀리서 예수
를 보고 달려와 절하며 큰 소리로 부르짖어 가로되 지극히 높으신
하느님의 아들 예수여, 나와 당신과 무슨 상관이 있나이까. 원컨대
하느님 앞에 맹세하고 나를 괴롭게 마옵소서 하니…… 자기를 이 지
방에서 내보내지 마시기를 간절히 구하더니.(마태복음 제5장 2~3,
5~7, 10절)

저항이란 것은 오로지 치료받기를 싫어할 뿐만 아니라, 여러 가
지 형태로 나타나기도 한다. 최근에 내게로 치료받기 위해 오게 된
어떤 환자는 그것을 매우 자랑스럽게 생각하며 치료를 받기 시작했
는데, 그는 만나는 사람마다 그 얘기를 하면서 이것은 참 신기한 일
로 생각한다고 말했다. 그런데 그는 이 구실 저 핑계를 만들어서 나
에게 오는 약속을 어기더니, 드디어는 아예 오지 않게 되었다. 또

다른 어느 환자는 수차례에 걸쳐 나와 만날 약속을 해놓고는 번번히 그럴듯한 구실을 핑계삼아 그 약속을 어겼다. 그 후 나를 만나게 되었을 때, 그녀는 지난 여러 주일에 걸쳐 나에게 만날 약속을 하려고 무척 노력했다고 말하면서, 이번 한 번만 더 약속을 해준다면 무슨 일이 있더라도, 또 어떠한 지장이 초래되더라도 다시는 그 약속을 어기지 않을 것이라고 단언했다. 그녀는 나에게 바로 그날 즉시 시작하지 않는다고 불평이 대단했다. 그리고는 다음날에는 어떤 일이 있어도 치료를 시작해 달라기에, 나는 바쁜 시간을 쪼개서라도 그렇게 해보마고 약속했다. 그렇지만 그녀는 그 이후 한번도 내 앞에 나타나지 않았다.

많은 환자들은 병을 낫게 하기 위해 '치료'라는 이름이 붙는 것이라면 무엇이나 가리지 않고 하려고 하면서, 정작 병이 나을 만한 일에는 관심을 기울이지 않는다는 형태의 저항을 보인다. 어떤 환자는 거의 절망상태가 되어서야 뻔질나게 병원을 드나들며, 입원하기도 한다. 그리고 3개월 내지 반 년 정도만 입원하고 있으면 완쾌되리라고 생각한다.

그러는 동안 당분간은 놀라울 정도로 빠른 회복세를 보인다. 그러나 결정적인 순간, 즉 조금만 더 있으면 완전한 치유가 눈앞에 보일 즈음에 향수병(home sick)에 시달리다 퇴원해 버리는 경우가 허다하다.

저항의 또 다른 유형은 의사라면 무조건 싫어하며 꿈 속에서는 의사가 악한으로 나타나 보이게 된다. 나에게 오는 어느 환자는 내 진찰실에 오기만 하면 '그 망할 놈의 악마!'라는 생각이 언제나 머리에 떠오른다고 하는데, 그 목표가 과연 누구인지 도무지 기억해 낼 수가 없다고 말한 적이 있었다.*

---

* 이 저항의 문제에 관한 전문적인 연구를 하려면 프로이트의 《불안의 문제 : *The problem of Anxiety*》를 참조.

a) 여러 형의 정신요법

대체적으로 정신요법의 목적이란 것은 그 형식이야 어떻든간에 이 '저항'을 압도하며, 환자의 에너지를 유해한 형으로부터 무해한 형으로 변화시키는 것이라 할 수 있다. 거기에는 여러 종류의 방법과 기술이 있다.* 예를 들면 다음과 같은 것들이 있다.

＊억제의 원리를 응용하는 방법(억제식)

① 테러리즘

② 안심시키기

③ 휴양

④ 최면술

⑤ 암시

⑥ 격려

⑦ 설득

⑧ 해설

⑨ 명령

⑩ 종교적 보증

＊표현의 원리를 응용하는 방법(표현식)

① 마음의 세척

＊ 환자의 입장에서 본 여러 가지 치료법을 기술한 것에는 《일반인이 본 의사 : *The Layman Looks at Doctors*》(S. W. and J. J. Pierce, New York, HarcourtBrace & Co., 1929)란 책이 있다. 이 속에는 〈최소화에 의한 치료〉· 〈성적 매력에 의한 치료〉· 〈술어학에 의한 치료법〉· 〈환자에게 용기를 북돋우고 무한의 끈기를 보이게 하는 요법〉· 〈능률에 의한 요법〉 등의 항목이 있다. 의사라면 누구나 할 것 없이 이 책을 읽어야 한다. 개중에는 지나치게 과장한 부분이 없지는 않지만, 순응부조의 환자가 순진한 이해와 원조를 바라는 모습은 보는 이의 동정심을 일으키기에 충분하다.

② 정신의학적인 조언
③ 정신분석
④ 최면분석
⑤ 마취종합

　억제식의 정신요법에서는 환자의 정신적 알력에 대하여 의사는 적극적인 태도를 취하며, 그 알력을 망각의 저쪽으로 몰아내려고 노력하는 반면, 그 알력들을 추출하여 제거해 버리려고 하는 것이 표현식이다. 이것은 임시변통의 약물요법과 구치적(救治的)인 외과요법 사이에서 볼 수 있는 차이와 비슷하다. 억제식의 정신요법——예를 들어 크리스천 사이언스·암시법·설득법 등——에서는, 이 요법을 행하는 사람이 환자에게 이야기를 해주거나 책을 읽어 주며, 격려하고 훈계하고 원기를 북돋워 준다. 또 환자에게는 책을 읽게 하며, 표어를 외우게 하며, 기도를 드리게 하며, 어떤 동작을 하게 한다. 알력을 소멸시키거나 억제해 버리기 위해서는 수단과 방법을 가리지 않는다.
　표현식의 정신요법——정신분석이 최선의 예라 하겠다——에서는, 그 방법이 전자와는 정반대로 환자에게 말을 하도록 한다. 의사는 "무슨 말이든 다 털어놓고 말하세요"라는 말 외에는 환자에게 다른 말을 하지 않는다. 대개 의사는 환자에게 정신병 관계의 책자는 읽지 않는 것이 좋다고 충고한다. 환자는 자기가 억압당하고 있는 모든 자료를 추출하여, 그것과 있는 그대로 대면할 용기를 갖도록 격려를 받을 뿐이다.
　표현식의 정신요법에서는 환자로 하여금 가능한 한 여러 가지를 생각해 내어 그것을 토로해 버리도록 적극 장려한다. 억제식의 정신요법에서는 그에게 잊어버리도록——즉, 이 알력을 더 깊숙한 무의식세계로 몰아넣도록——설득한다. 이 요법이 성공만 하면 실로 훌륭한 속임수다. 그 방법은 빠르고 간단하고 비용도 들지 않고,

동시에 가끔 효과도 본다. 그렇지만 대부분의 경우에, 그것은 그리 오래가지 못한다. 왜냐하면 알력은 생쥐와 같아서 고양이가 사라지면 즉시 다시 나와 놀고 싶어하는, 지극히 간단하고 분명한 이유에서이다. 따라서 환자가 계속해서 억제자의 손가락에 눌려 있게(그의 영향권에 놓여 있음) 하는 방법이 강구되지 않으면, 이 증상은 수시로 재발하게 된다.

때로는 억제식의 치료 결과 내부적인 변화가 발생하는 경우가 있다. 따라서 그 이후는 환자가 자기 스스로 잘 처리할 수 있는 경우도 있다. 이것은 어느 정도 종기에 고약을 붙이는 것과 비슷하다. 의사라면 누구나 알고 있는 일이지만, 이런 종류의 가정요법으로 종종 효험을 보기도 한다. 그런데 의사들은 누구든지 큰 종기는 대개의 경우 절개하지 않으면 안 된다고 생각한다. 이 말에 비유한다면, 표현식의 정신요법은 알력을 뿌리째 뽑아 버리는 것이 목적인 것이다. 즉, 고름을 뽑아내는 것이다. 이 요법의 취약점이자 불리한 점은 오랜 시간을 필요로 하고 기술적인 숙련이 필요하며, 많은 돈이 소요된다는 것이다. 그 반면 유리한 점은, 이 요법의 치료효과는 영구적이며, 환자를 완전히 해방(그 이상 의사의 도움을 필요로 하지 않음)시키는 것이다.

b) 억제식의 정신요법

억제식의 정신요법에는 여러 가지 유형이 있다. 그 중에서도 E. E. 사우다드 씨가 전쟁으로 생긴 병례(war case)를 모아서 저술한 《전투 신경증과 신경 정신의학 : Shell Shock and Neuropsychiatry》라는 놀라운 저서에서 인용한 다음의 예는 이 요법의 전형적인 예라 하겠다.

이것들은 모두가 전쟁으로 생긴 병례이기는 하지만, 그같은 증상·광경·치료가 보통 일상생활에서 민간요법으로 시행되고 있는 정신요법의 일반적인 방식으로 되어 있다.

① 테러리즘에 의한 치료

어느 프랑스의 병사가 오른쪽 종아리 위쪽으로 3분의 1쯤에 부상을 당한 후로 12개월 동안에 수술을 두 번 받았다. 그 후에 그는 신경진료소로 이송되었다. 그의 오른쪽 다리는 영구성의 절대적 근육의 수축으로 인하여, 대퇴부로부터 곧게 뻗은 채로 두 개의 목발에 의지하여 걷고 있었다. 그 움직임은 느리고 약하기는 했지만, 다리를 굽히는 동작 이외의 몸놀림은 무엇이든지 별 지장 없이 해낼 수가 있었다. 그러나 무릎 굽히기 이외에도 적극적인 동작을 행하는 것은 불가능하였다. 그 다리에는 감각만 있을 뿐이었다. 반사작용도 역시 정상적이기는 했지만, 각부 굴절은 질환을 가진 다리는 조금 강하게 나타났고, 슬개반사는 근육의 수축으로 전연 반응을 보이지 않았다. 전기반응은 정상이었다. 오른쪽 발과 종아리의 부상당한 부위의 언저리에 영양장애가 현저해 있었다. 피부는 약간의 부기(浮氣)와 청색증(zyanose)·냉기(冷氣)가 보였다. 그리고 다리의 끝부분에는 근육성 과인이 뚜렷이 나타나 있었다.

요컨대 페란드는 여기서 소위 생리학적 증례 중에서 바빈스키군의 한 예를 처리하기로 되어 있었던 것이다. 이 남자는 정신이 약간 박약하여 불안스러워하며, 몸을 떨면서 치료를 받겠다고 애원하는 것이었다.

그는 재교육실에 편입되어 심한 육체적 운동의 결과로 생긴 피로에 의하여 '잔혹하게 정복되었던'(페란드의 말) 것이다. 다리를 오그리고 펴는 운동을 한 지 약 30분만에 근육의 수축이 사라져 버렸다. 이 환자에게 다리를 오그렸다 폈다 할 수 있는 방법을 가르쳤다. 그리고 그로 하여금 자발적으로 그렇게 하도록 시켰다. 이런 적극적인 동작에는 도움이 필요했으며, 때로는 다소 아픔을 느낄 정도의 전류로 자극하기도 했다. 그리하여 이 환자는 조금씩 걸으면서 양무릎을 굽힐 수 있는 데까지 굽혀 보았다. 2시간 30분의 치료로 이 환자는 완쾌됐다.(페란드, 1917년 3월)

② 안심시키기 방법에 의한 치료

갈리폴리에서 온 한 병사는 눈이 보이지 않아 에든버러의 로얄 빅토리아 병원에 입원이 허락되었다. 그는 1915년 5월 1일부터 8월 12일까지 갈리폴리에 있었는데, 바로 그날 그의 참호 근처에 포탄이 터져 생매장을 당했다. 그를 구조해 냈을 때에는 그의 신경은 극도로 흥분되어 후들후들 떨고 있었다. 조금 후에 두 번째의 포탄이 번쩍 하고 터지자 그는 정신을 잃고 말았는데, 정신이 들어 본즉 병원에 와 있는 것이었다. 그런데 왼쪽 눈으로는 아무것도 볼 수 없었다. 오른쪽 눈의 시력도 아주 약해졌다. 10월 9일에 그는 스코틀랜드에 도착했다. 그는 신경질이 심했고 쉬 흥분했으며, 조금 침울해 있는 편이었다. 그는 왼쪽 눈이 보이지 않고 아프고 두통이 난다고 호소했다. 왼쪽 눈까풀이 처져 있기는 했으나, 안구 이상은 없었다. 그는 지금까지 마취제를 사용한 적은 없었다.

그리하여 그의 눈은 외상을 조금도 받지 않았으며, 다만 폭발에 의해 시력이 저하되었다는 사실과 왼쪽 관자놀이에 몇 대의 강력한 주사약을 주사하면 시력이 회복될 것이라는 말을 들었다. 매일 아침 그는 식염용액 주사를 맞았으며 그 분량을 점점 늘려갔다. 4일 후에, 그는 치료의 효험이 있다고 말했다. 1주일 후에는 시력이 훨씬 좋아졌다고 말했다. 주사를 15회 맞고 났을 때 그는 잠이 오지 않으며, 두통이 심해지고 뭔가 모르지만 '머리 속에 움직이는 것'이 있다고 말했다. 그는 한참 동안 안절부절하다가 새벽녘에야 잠이 들었다. 아침 8시경에 잠이 깨었을 때는 모든 것을 완전하게 볼 수 있었다. 그는 너무 좋아서 어찌할 바를 몰랐다. 그러나 곧 시력이 다시 흐려지고, 4일 후에는 눈이 보이지 않는다고 말했다. 다시 보통 식염주사를 했더니 그것이 그에게 고통을 주었지만, 병세가 호조를 보여 그는 원대로 복귀하게 되었다. (부루스 1916년 5월)

③ 휴양에 의한 치료

한 보병이 폭발물이 터지는 바람에 기절하면서 청각을 상실했다. 정신을 차린 후 검진해 보니, 몸에 부상은 없었지만 귀머거리에다 실어증이 되어 있었다.

10여 일이 경과하자, 말은 하게 되었고 귀도 얼마간은 들리게 되었다. 그러나 말은 매우 더듬거렸고, 할말을 어렵게 찾아내어 어린 아이처럼 문법의 '부정법'의 형식으로 얘기하거나 전보내용처럼 관사나 전치사를 생략하고서 말하는 것이었다. 그러나 글을 이용한 자기의 의사표시는 분명하게 나타낼 수 있었다.

오른쪽 청력은 빠르게 좋아졌으나, 왼쪽은 아예 들리지 않거나 어쩌다가 가끔씩 조금 들리기도 했다. 피부는 전반적으로 민감한 반응을 보이며, 관자놀이를 누르면 아프다고 했다. 피부 및 건반사는 항진상태에 있었고, 두 손은 무척 떨고 있었다. 이 남자는 불안·침울·흥분상태였다. 그 후 몇 주일 동안, 청각기관의 온열시험을 했는데, 이 환자는 신경질적으로 두 번이나 울었다. 그 이후부터 모든 증상이 악화됐다.

그래서 이상과 같은 모든 영향을 받지 않도록 그 환자를 격리시켜 휴양하게 하였더니, 수개월이 지나는 동안 거의 완쾌되었다.(쟁거 1915년 7월)

④ 최면술에 의한 치료

1951년 7월 18일, 22세 된 어느 영국병사가 흙벽 위에서 밖을 내다보고 있었다. 나중에야 그는 자기 눈에 모래알이 들어가고, 뒤로 넘어지면서 머리를 부딪친 것을 기억할 수 있었다. 그 사고는 그가 밖을 내다보고 있을 때 방탄용으로 쌓아 둔 모래부대에 포탄이 떨어졌던 것이다. 그는 24시간 동안 줄곧 인사불성상태로 있었다. 정신을 차렸을 때는 눈이 전연 보이지 않는 것을 알게 되었으며, 다만 왼쪽 눈으로 명암만 겨우 분간할 정도였다. 눈이 아프고 눈까풀이 검푸

르게 변했다. 그리고 두통이 무척 심하고, 듣기조차 어려움을 느
꼈다.

얼마 지나자 청력은 회복되었고, 두통도 가시게 되었다. 그러나
눈의 상태는 더욱 영구화되어 가는 것 같았다. 9월 14일에 무리하게
눈을 뜨게 해보았더니, 동공이 훨씬 위쪽을 향하고 있어 안광이 안
보일 정도였다. 결막에는 모래알이 박혀 있었으나, 각막에는 아무
런 이상도 없었다. 모래알의 주변에는 염증 같은 것도 발생하지 않
았다.

그래서 그에게 최면을 걸어, 이번 잠에서 깨어나면 눈이 보이게
될 것이라는 암시를 들려주었다. 그가 잠을 깬 순간에 이 암시는 강
하게 작용하여, 그의 눈은 떠진 채로 있었다. 그는 눈이 보인다고
큰 소리로 외치며 기뻐했고, 눈물이 뺨을 타고 흘렀다. 그는 무릎을
꿇고 감사하였다. 3일이 더 경과한 후 그전처럼 눈이 잘 보인다고
말했다. 그러나 왼쪽 눈의 망막출혈로 인하여 유리체에 흐릿한 기
미가 있었다. 9월 30일, 그의 오른쪽 눈은 시력이 완전하게 회복되
었으며, 왼쪽 눈은 17퍼센트 정도의 회복에 그쳤다. (하스트 1916년 11
월)

⑤ 암시에 의한 치료

20세 되는 어떤 병사가 뉘베 사펠리에의 전투 후에 말을 못하고
귀도 들리지 않게 되었다. 8일이 경과한 후에야 비로소 그는 귀가
안 들리고 말도 할 수 없다고 쓴 종이쪽지를 들고, 자기의 입과 귀
를 손가락으로 가리키면서 아주 흥분한 상태로 전문의에게로 치료
를 의뢰해 왔다.

오 말레이 의사는 종이를 한 장 꺼내서 "내가 당신을 말도 할 수
있게 하고 청각도 되찾게 해드리겠습니다"라고 써서 보여주었다.
그런 후 그는 거울을 사용하였다. 즉, 이 기구를 환자의 목구멍 깊
숙이 구토질을 할 때까지 밀어넣었다. 그리고 "이제는 당신도 말을

할 수 있을테니 큰 소리로 열까지 헤아려 보시오"라고 종이에 써 보였다. 이 환자는 그대로 했다.

다음에 오 말레이 의사는, 이 환자의 오른쪽 귀에 현기증이 날 정도의 차가운 물을 주입했다. 그리고 환자의 귀에 통화관을 끼우고서 "이제는 들리지요?"라고 큰 소리로 말했더니, 소리를 듣게 된 이 환자는 눈물을 흘렸다. 그 후에 그는 남들과 자유롭게 대화할 수 있게 되었다. (오 말레이 1916년 5월)

⑥격려에 의한 치료

전쟁발발 당시에는 신분이 낮았던 25세 된 어떤 병사가 다다넬스에서 이질과 위장병에 걸렸다. 하기야 그는 이질에 걸리기 전부터 신경이 나빠져 있었다. 그는 설사와 구토를 했고 언제나 기분이 나빠 있었다. 걷지도 못했고, 밤낮 옷을 입은 채 소변을 보아 옷은 젖어 있었다. 영국에 도착하여 입원치료를 받았지만 구토증은 멎지 않았다. 그는 밀크와 커스터드(custard)로 연명을 하며 계속해서 병상에 누워서 지냈다.

이 환자는 자신의 다리가 허약하다고 생각하고 있었던 것인데, 사실은 자신이 상상하는 만큼 허약하지 않다는 것을 집중적으로 타일러서, 생각을 바꾸어 가지게 하였다. 그에게 걸어 보도록 부추기고, 점차적으로 가벼운 음식을 들게 하고 다음에는 일반식사를 하도록 했다. 그는 자기가 입원해 있는 병동의 잡일까지 맡아보게 됐고, 그 후 5마일이나 걷는 행진에도 참가하게 되었다. 2개월 후 그는 건강을 회복하여 원대로 복귀하여 근무하게 되었는데, 전보다도 체중이 7파운드나 늘었다. (맥도웰 1916년 12월)

⑦ 설득에 의한 치료

오른쪽 다리는 완전마비상태이고, 왼쪽 다리는 부분마비상태인 남자가 절름발이용 목발을 쓰고 있었는데, 그것이 원인이 되어 이번에는 오른팔에 마비가 왔다. 오른쪽 다리와 팔에 혈관신경의 변화가 눈에 띄게 생겼으며, 핀으로 찔러도 감각이 없었다. 그에게 두 다리를 자유롭게 놀릴 수가 있을테니 움직여 보라고 해보았으나 성공하지 못했다. 단둘이 앉아서 설득을 한 후에야 비로소 그는 팔을 쓰기 시작했고, 차차로 온전한 걸음을 걷게 되었다. 그는 참호 속에 있었을 때, 오른쪽 무릎이 몹시 아팠던 관계로 다리를 사용하지 않았으므로, 점점 무용지물처럼 되고 만 모양이었다. 이 마비현상은 3개월이나 계속되었다. (러셀 1917년 8월)

⑧ 해설에 의한 치료

포탄이 터지는 바람에 사관과 그의 병사가 폭음에 날려서 떨어졌다. 병사는 사관을 무척 존경했던 터라 그를 위하여 들것을 가지러 뛰어갔다가 돌아왔는데, 그때 이 사관은 몸에 경련을 일으키더니 숨을 거두었다. 그 직후 이 병사도 경련을 일으켰다. 그 후 2개월 동안 그는 11번이나 발작을 일으켰다. 의사는 걱정으로 인한 히스테리성 발작이 생긴 것으로 진단하고서, 자기가 생각하는 바를——이 병의 원인과 성질에 대하여——이 병사에게 들려주었다. 그랬더니 이 병사의 경련은 완전히 그쳤다. (허스트 1917년 3월)

⑨ 명령에 의한 치료

한 소녀가 부모에게 끌려서 그에게로 왔는데, 그 소녀는 두 주먹을 어찌나 꽉 쥐고 있었던지 손톱이 손바닥의 살을 파고들어가 있었다. 이 소녀는 여러 주일을 이런 상태로 있었는데, 의사들이 여러 가지 치료법을 다 동원해 보았으나, 아무런 효과도 얻지 못했다. "귀여운 아이야! 잠깐만 실례한다"라고, 매두 신부는 누구라도 귀가 솔깃해질 수밖에 없는 인자한 목소리로 말하였다. 그는 소녀의 손을 자기 손으로 포근히 감싸쥐고 부드럽게 소녀의 손가락을 하나하나 펴서 자연스런 상태로 해놓았다. 이것은 순전한 히스테리의 증상으로서 병이 손발에 침투한 것으로 흔히 볼 수 있는 증상이다.
(존 프란시스 매콰이어 《매두 신부》 1864년)

 이상 예를 들어 말한 바와 같은 민간인의 일상생활에서 볼 수 있
는 '셸 쇼크'는 여러 종류의 방법으로 치료효과를 얻을 수 있다. 그
방법들 중에는 정직하고 현명한 수단도 있고, 또 개중에는 아주 기
만적이고 교활한 술책에 의한 방법도 있다. 그런데 한 가지 짚고 넘
어가야 할 것은, 가장 이지적으로 선택된 양심적인 치료법이라 하
더라도 때로는 효과를 얻지 못하는 경우가 있다는 점이다.
 오슬러는 마음의 평정(equanimity)에 관하여 유명한 논문을 썼는
데, 그는 거기서 젊은 의사에게 주는 충고로, 의사는 가장 협력적인
환자의 집에서 우연히 선반 위에 어떤 매약이 놓여 있거나 신앙에
의한 치료에 관한 책자가 있음을 보게 되더라도 결코 낙심하거나 인
간성에 대한 신뢰심을 잃어서는 안 된다는 말을 했다. 왜냐하면 병
은 원래 현실에서의 도피이며, 환자에게는 현실로 돌아갈까말까 하
는 마음의 알력이 있었기 때문이다. 그에게는 병으로 인하여 고생
은 하고 있더라도 그 편이 차라리 현실의 모든 문제들에 대처하기
보다는 수월하다는 생각이 들지도 모르기 때문이다. 그를 현실세계
로 되돌아오게 하는 하나의 방법은, 그의 공포심을 아주 늦춰 줌으
로써 그의 지성이 다시 자기의 생활에 대하여 자신감을 가질 수 있
도록 만들어 주는 일이다. 물론 이 방법은 다른 방법에 비해 한층
바람직하며, 좋은 방법이다. 그리고 또 한 가지 방법은 신앙심으로
자신을 갖게 하는 것인데, 이 방법은 예언의 말씀이나 기적에 대한
믿음, 회복을 장려하는 애정 등을 통하여 완성된다. 이 사실은 종교
적인 치료의 간단한 사례 중에 뚜렷이 나타나 있으며, 종교적인 권
위자는 과학적인 권위자와 동일하게 병을 고칠 수도 있다는 것을 보
이기 위하여, 나는 다음에 기술한 사례들을 인용한다. 이 사례들은
대부분이 시행되고 있는 것으로, 기관잡지나 소책자에 실린 신앙에

의해 치료된 사례들보다는 더욱 신뢰할 수 있도록˚한층 정직하게 보고된 것이며, 그 메커니즘도 위에 말한 것과 비추어 보아 명확히 이해할 수 있는 것들이다.

앞에서 기술한 전시의 비상사태에 의해 갑자기 발생한 극적인 순응부조의 대표적인 몇 가지 예를 통하여, 우리는 별안간에 나타난 이 본능의 경향이나 정서의 억제를 조장하여, 유년기에로의 후퇴함이 없이 현실을 받아들이도록 도와주는 방법이 얼마나 많은가를 알 수 있다.

⑩ 종교적인 안심에 의한 치료*

──안심──

오라토리안스파의 창시자이며, 현명하고 성격이 온화한 성 필립 네리(1551~1595)의 생애에는 정신병적인 치료의 경험이 많이 있었다. 또 카테리나 루시의 경우를 생각해 보면 그녀의 종기는 히스테리에서 온 것이 분명한 것 같았다. 성자 필립이 그녀에게 베푼 치료법의 결과는 우리의 현대적 지식으로도 그 이상 더 개선할 수 없다. 그는 "자 아가야, 조금도 무서워하지를 마라. 앞으로는 이런 병으로 고생을 안 할거야. 곧 낫는다"라는 식으로 말했다. 그런데 놀라운 것은 그 말대로 정말 완쾌된 것이다(P. J. Bacci, 《성 필립의 생애 : Life of St. Philip Neri》, F. 안트로버스 영역, 1902년).

──단언──

루크레치아 그라치는 한쪽 가슴에 유방암이라는 진단이 내려졌다. 의사는 쇠침을 불에 달구어 환부를 지져 보기로 마음먹고, 수술받을 마음의 준비를 하고 병실에 누워 있으라고 말했다. 그러나 그녀는 신성한 신부에 대한 믿음에 마음이 움직여서 그(성 필립 네리)에게로 가서 자신의 병상을 말했다. "오, 불쌍도 해라. 그런데

---

*Percy Dearmer, 《육체와 혼》에서 인용.

그 암이라는 것은 어디 있느냐?"라고 신부는 물었다. 그녀는 "신부
님, 여기입니다"라고 자기 손가락으로 아픈 곳을 가리키면서 말
했다. 그러자 신부는 그곳에 손을 얹고 "안심하고 돌아가거라. 병은
틀림없이 나을 것이니 의심하지 마라"고 말해 주었다. 그녀는 집에
돌아와 거기 있는 사람들에게 "나는 이제 아프지도 않고 압박
감도 전혀 없어요. 나는 이제 완쾌되었음을 확신합니다"라고 말
했다. 그런데 정말로 그렇게 되었던 것이다. 얼마 후에 의사들이 암
의 상태를 진찰하러 왔다가, 종양이 흔적도 없이 사라진 것을 보고
깜짝 놀라 멍하니 아무 말도 못하고 있었다(앞에서 언급한 바 있음).

——십자가——

언젠가 신의 사람(아시시의 성자 프란체스)이 나르니에 들러서 여러
날 묵고 있었는데, 그 당시 거기에 전신마비로 병석에 누워서 고생
하는 피터라는 사람이 있었다. 5개월 동안이나 그는 수족을 전연 쓸
수가 없었다. 그는 스스로의 힘으로는 일어나지도 못하고 몸은 조
금도 움직일 수 없었다. 그처럼 그는 수족과 머리의 힘을 완전히 잃
었으므로, 그가 할 수 있는 일이란 다만 혀를 놀리는 것과 눈을 뜨
는 것뿐이었다. 그런데 나르니에 성 프란체스가 왔다는 말을 듣고
비숍에게 사람을 보내어 "종을 불쌍히 여기셔서 하느님의 최고의
성자를 꼭 좀 보내 주소서" 하고 간청했다. 그것은 그가 이 성자와
동석할 수만 있으면, 자기의 병은 당장에 완쾌될 것으로 믿었기 때
문이다. 과연 그렇게 되었다. 은혜받은 성자 프란체스가 그에게 와
서 이 사람의 머리에서 발끝까지 십자 모양의 성호를 그었다. 그랬
더니 이 남자의 모든 병은 물러갔고, 예전의 건강한 상태로 회복되
었다.(셀라노 토마스, 아시시의 성자 프란체스 전 : Lives of St. Francis
of Assis), A.G. 페러스 하웰 영역, 1908년)

——축복——

어느 곳에 한 남자가 있었는데, 그는 측은해서 차마 눈뜨고는 볼
수 없는 병에 걸려 있었다. 그는 가끔 땅 위에 쓰러져서 눈을 무섭

게 부릅뜨고 게거품을 내면서 뒹굴었다. 그의 수족은 어떤 때는 오
그라들고 어떤 때는 뻗대고, 또 어떤 때는 비틀리기도 하고 어떤 때
는 빳빳하게 굳어지기도 했다. 또 어떤 때는 온몸이 긴장으로 뻣뻣
해지며, 발이 머리에 닿으며, 갑자기 용수철이 튀듯이 보통 사람의
키 정도쯤 공중으로 치솟았다가 떨어지는 것이었다. 성 프란체스는
이 사람의 병을 불쌍하게 생각하여, 그에게로 가서 기도를 드린 다
음에 그에게 십자성호를 그어서 축복했다. 그러자 이 남자는 순식
간에 완쾌되었고, 그 후 다시는 이런 무서운 병을 앓지 않게 되었다
(앞에 게재된 것임).

——권유——

에텔월드의 여수도사이며 멜로스 수녀원의 원장은, 1년간을 머리
와 옆구리에 참을 수 없는 고통을 당했다. 그런데 이 통증은 어느
의사도 손을 써볼 엄두도 못냈다. 이것을 불쌍하게 생각한 커드버
트(B.C. 687년에 사망)는 이 불쌍한 여자에게 기름을 칠해 주었다.
그때부터 그녀는 병이 나아가기 시작하여 수일 후에 완쾌되었다 (J.
A. 가일스, 《성 커드버트 베다 : St. Cuthbert, Beda》에서).

——신에게 바친 빵——

전도 지부장 힐데머는 당장이라도 숨이 넘어갈 듯한 고통으로 누
워 있었다. 그의 친구 중의 한 사람이 자기는 성자 커드버트에게 받
은, 신에게 바쳤던 빵을 가지고 있다고 말했다. 거기 모여 있던 모
든 사람들은 신앙심이 두터운 일반 신도들이었다. 그들은 서로 바
라보면서, 그 빵을 그에게 먹이면 병이 나을 것이라는 자기들의 신
념을 조금도 의심없이 발언했다. 그들은 그 빵을 조금 떼어 컵에 물
을 붓고 빵을 풀어 그에게 마시게 했다. 그러자 놀랍게도 즉시 내부
적인 고통이 없어지고, 외면의 걱정스러운 쇠약도 사라졌다. 그 후
그는 완전히 회복되었다.(가일스)

c) 표현식의 정신요법

근대의 정신의학에서는, 앞에서 예를 들어 이야기한 대부분의 방법들을 별로 사용치 않는다. 그런 방법으로 효과를 거둘 형의 순응부조는 극히 드물다. 그렇지만 나는 앞에서 사용된 방법이 유효한 방법이라고는 믿지 않지만, 그래도 상당히 장황하게 여러 가지 사례를 들어 보았다. 그 이유는 정신의학을 제외한 기타의 근대 의학에서는 아예 무시해 버리고 있지만, 생리적인 병에 정서적인 요소가 거대한 영향을 미친다는 사실을 이 사례들이 실제로 설명해 주고 있기 때문이다. 병을 치료하고 고통을 없애는 것은 의사의 당연한 일이며, 이 목적을 달성하기 위하여 여러 종류의 치료법과 기술이 응용되어 왔다. 예를 들면 약품·기계·외과수술·열요법 등으로, 이러한 것들은 의학의 기술적인 진보를 의미하는 것이다. 다만 여기서 문제가 되는 것은 매일같이 의사에게로 밀려 들어오는 수많은 환자 중, 대부분의 환자가 이 치료법들로는 어느 것으로도 효과를 거둘 수 없는 종류의 병에 걸려 있다는 사실이다. 그들의 증상은 여러 가지로 나타나며, 그것으로 인한 고생과 고통을 애처롭게 호소하며 도와주기를 바란다. 그렇지만 그들의 병은 대개의 경우 기질적 병리학의 범주를 벗어난 것들이다. 이 사실은 일부 의사에게 있어서는 이해할 수 없는 모순으로서, 일반적으로 이런 환자는 의사들로 하여금 정서적인 반응을 유발시킨다. 다시 말하자면 의사를 흥분시키거나 환자를 귀찮게 만들고, 또 격분시키거나 환자를 멸시하는 마음을 갖게 하거나 배알을 틀리게 하는 경우까지 있다. 그런데 어떤 의사들은, 환자의 순응부조가 약물치료나 외과수술로 충분히 치료될 것 같은 증후를 보이므로, 아무 소용도 없는 수단을 여러 가지 써서 환자의 환심을 사거나 헛수고를 하는 반응을 보이는 경우도 있다.

이런 정서반응이 일어나는 것은 주로 우리와 같은 의사들이 전에 (오늘날도 전근대적인 의학교에서는 그렇지만) 모든 병의 원인들은 기질적이라는 잘못된 원칙을 배웠기 때문이다. 따라서 환자가 증상을 호소하면, 환자는 대단한 거짓말쟁이가 되고 만다. 그리고 일반적으로 환자들은 오해와 잘못된 치료를 받기 때문에, 그런 환자는 그들의 병이 주는 사소한 유리한 점——그것에는 의사의 과오나 환자 가족들의 의아해 하는 것도 포함된다——이라도 이용하여 착취하는 것을 깨닫게 된다. 이 부차적인 이익들이 매우 확실한 경우가 종종 있기 때문에, 의사는 환자의 가족들처럼 그것을 일차적인 원인으로 오해하여 이 환자에게 엉터리꾼이니 기만자라는 그릇된 오명을 씌우게 된다. 이런 그릇된 비난은 환자로 하여금 자기는 스스로 수난자라고 생각하게 만든다. 고민을 하기 위해 억지로 고민거리를 만든다는 것은 너무나 엉뚱한 '미치광이'의 이상심리이므로, 이것은 의사를 불쾌하게 만들기도 한다. 또 때로는 의사를 화나게 만들 생각으로, 그는(환자) 자신이 속아 왔다는 감정에 연결시킨다.

그러므로 우리가 그런 감정을 압도하지 않으면, 이런 종류의 환자를 이해할 수 없는 것은 당연지사일 것이다. 그러나 우리는 이런 환자를 이해하지 않고서는 그런 감정을 압도할 수 없는 것이다. 이런 환자를 완전하게 이해한다는 것은 물론 우리가 이 책에서 이미 논의한 바와 같이, 순응과정의 방해를 이해한다는 의미가 된다. 이 속에는 프로이트 이전에는 우리가 아는 것이라고는 아무것도 없었던 무의식적인 동기가 들어 있다. 그것은 마치 개복수술이 시행되기 전까지는, 우리는 맹장염이나 수술로 충분히 고칠 수 있는 장질환에 대하여 아무것도 몰랐던 것과 마찬가지이다.

여러 가지 사례에 대하여 정신분석을 행한 결과, 순응부조의 증상으로 의사를 찾아오는 환자의 무의식적인 동기의 하나는, 그(환자)가 다른 사람을 놀려 주려는 소망이라는 것이 밝혀졌다. 그리고 타인을 놀린 결과는, 그 대가로 자기가 고생하지 않으면 안 될 벌을 억지로 자기에게 가하게 된다. 이 고통을 맛보기 위하여 그는 무의식적으로 의사에게 치료라는 명분을 빙자하여, 반대로 그에게 고통을 받도록 유도하는 경우가 종종 있으며, 그리하여 의사는 그런 환자들의 희생이 되어 방광경을 사용하거나 알레르기 검사를 하거나 고통이 심한 부인병적인 처치를 하거나 영양 제한을 해보거나, 심지어는 고통을 받아 보고 싶다는 환자의 강력한 욕구를 마음껏 만족시켜 주기 위하여 외과수술까지도 하게 된다. 그러나 불행하게도, 이런 처치로 영속성있는 치료의 효과는 결코 얻을 수 없다. 이 환자는 단지 그가 의사에게 늘어놓은 여러 가지 치료상의 불만에 새로운 치료와 그릇된 치료를 추가할 따름이다. 그리고 그는 또 다른 의사에게로 가서 그 의사의 희생자가 되고, 동시에 그는 의사를 자기의 희생자로 만든다.

이런 환자를 다루는 데 있어서, 좀더 지성적이고 과학적인 방법은 과연 무엇일까? 그것은 우리가 이 책에서 이미 논의해 온 여러 원칙에 입각한 정신요법을 행하는 것인데, 그것은 억제식의 치료법이 아니라, 표현식의 치료법을 사용하는 것이다. 여기에는 보통 네 가지 형식으로 구분된 단계가 있다.

① 정신 세척

괴로움이 있어 그것을 남에게 애기하는 형식은 옛날부터 사용하던 구원의 수단인데, 그것은 자기의 감정을 말로 표현하여 발설함으로써 그 고민을 객관화시킨다는 원칙에 의한 것이다. 그리고 모든 순응부조에 포함되어 있는 죄의식의 구제가 여기에 속한다. 카톨릭의 고해성사는 권장할 만한 정신요법이라고 할 수 있다. 그래서 나의 친구 찰스 M. 셸던 씨는 "기독교에서도 참회제도를 채택하는 것이 어떻겠느냐?"라는 꽤 설득력 있는 제안을 한 적이 있었다.

괴로운 문제를 다 고백해 버린다── 학술어로는 '정신세척(mental catharsis)── 하더라도, 어떤 병이나 모두 고칠 수 있는 것은 결코 아니고, 또 신경증적인 증세가 심한 사람에 대해서는 별로 효과적인 치료법도 아니다. 왜냐하면 신경병은 표면적으로 의식하고 있는 알력에서 오는 것이 아니라, 그 누구도 의심의 여지가 없는 깊은 마음의 알력에서 오는 것이기 때문이다. 그렇다고 하더라도 어느 정도의 효과는 거둘 수 있다. 왜냐하면 단순하기 때문이다. 달리 말하자면 정신요법을 행하는 사람이 환자에게 동정심을 가지고 아무런 비판을 가하지도 않고, 다만 환자의 말을 들어 주기만 함으로써 그 환자의 병이 완쾌되는 경우가 있다. 나에게 오는 환자 중에 상당한 지성과 교양을 겸비한 부인이 있었는데, 그녀는 몹시 고민스러운 십자가를 지고 있었다. 그래서 가끔 나에게 와서는 자기의 고뇌를 토로하고 정신을 세척하는 것이었다. 솔직히 말해서 그 부인의 문제에 관한 한 나는 아무런 도움도 줄 수 없었다(그녀도 그런 줄을 잘 알고 있다). 그러고 그녀는 계산을 치르고, 한결 기분이 개운해졌다고 말하면서 돌아가는 것이었다.

해 골
어느 누구의 다락에도 해골은 가득하리라——
해골들의 달그락거리는 비웃음소리
소리 높여, 잔혹하게
잠긴 문을 억지로 열어 음란하게 소동치며
바깥으로 나가려는 몸부림, 몸부림
이 몸부림은 고통이리.

우리 중에 긴 세월을 피나는 노력으로 문을 사수한 이도 있으니
오래 전에 문에 자물쇠를 채운 채 열쇠를 잃어버린 이도 있다네

그래도 해골들은 끊임없이 도망하네——
보기에도 흉칙한 변장을 하고서.
기묘하게 차림하고서.
가끔은 쓰임새 있고 아름다운 변장도 하지만——

해골들은 힘을 잃는다네 ──모든 것이 들어나 버리면
길고 가느다란 자기관찰의 검으로 모두 파헤쳐질 때
다 부서진 문도 열어젖힐 힘도 없어지고
동시에 고통도 사라진다.
또다시 문은 굳게 닫히고
해골들은 안에 갇힌다.
침묵
다시금 무덤 속에 던져진 것이다.

외양으로 보면 모두가 순조로우며
평온은 되찾아
마음은 편안하고 고통도 없으리 ──
아직도 해골들은 갇혀 있지만!

──K. A. 메닝거──

② 정신의학적 조언

환자들 중 대부분의 사람들이 외과적인 대수술을 필요로 하지 않는 것과 마찬가지로, 순응부조도 역시 정신분석이 모두 필요한 것은 아니다. 거의 대부분의 순응부조는 그런 철저한 요법을 사용하지 않더라도 충분히 나을 수 있는 것들이다. 앞에서 말한 정신세척만으로도 치유되는 사람도 있지만, 어떤 사람은 조금 앞선 방법으로 하지 않으면 안 된다. 우리가 흔히 말하는 '정신의학적 조언'에서는 앞의 진단의 항에서 말한 바와 같은 항목에 대하여, 의사는 환자에 관해서 되도록 많은 것을 알려고 노력한다. 그리고 그 환자 개인에 관해 얻은 지식, 환자가 순응하지 않으면 안 될 주위사정 및 정신기능의 원칙에 관한 지식이나 다른 병례를 다루면서 얻은, 경험에 의한 지식 등을 기초로 하여 환자에게 충고를 주거나 맹세를

하게 하거나 깨우쳐 주거나 격려하여 줄 수가 있다(이 경우는 꼭 정신
의학 전문의가 아니라도 관계없다). 이것이 억제식의 정신요법과 다른
점은, 그런 충고를 받기 전에 환자 자신이 자기가 생각한 대로 아무
런 재촉도 비판도 받지 않고, 깊은 동정심으로 들어 주는 의사에게
자신의 문제를 자기의 입으로 숨김없이 말해 버린다는 점이다. 이
것이 효과를 발생시킨다. 그리고 이 효과는 앞서 셀 쇼크의 실례에
서 본 것처럼, 졸렬하긴 해도 신비적인 구석과 비교해 보면 매우 극
적이며, 더욱 철저하고 영속성있는 치료로서 놀라운 결과를 가져다
주는 경우가 종종 있다.

　이런 정도의 정신요법은 어느 의사라도 할 수 있다. 문제는 그가
수고를 하느냐 하지 않느냐 하는 것뿐이다. 이 요법은 상당한 시간
이 걸린다. 그러나 결과가 좋게 나타나므로, 이 시간은 결코 허비한
게 아니라 보람있게 보낸 셈이 된다. 다만 한 가지 어려운 점은 의
사가 환자에게 "잊어버리십시오"라고 말하여, 주의를 기울이지 않
고 문제를 슬그머니 넘겨 버리려고 하는 경우가 자주 있다는 점
이다. 때에 따라서 의사는 "당신은 아무렇지도 않습니다"라고 말
한다. 그러나 그런 말은 환자에게 아무런 도움도 되지 못하며, 혹
환자가 일시적으로 조금 호전되는 일이 있더라도 결코 오래 지속되
지는 않는다. 그 뿐만 아니라, 그런 말은 환자의 기분을 상하게 하
는 경우가 종종 있다. 또 어떤 의사는 '당신은 당신의 일에 너무 상
심하지 않도록 하십시오. 그러면 아무렇지도 않게 될 것입니다'라
는 말을 할지도 모른다. 그러나 이것은 너무나 미약한 효과의 정신
요법이다. 이와 같이 환자들의 병이란 어떤 병적인 관심을 다른 곳
으로 전환할 수 없어서 발생하는 것이므로, 의사들은 환자로 하여
금 그것을 깨닫도록 가르쳐 주는 것을 자신의 목적으로 삼지 않으면
안 된다. 일부 목사나 교사들이 의사보다 이 일을 훌륭히 해낸다는
사실은, 그들이 정신요법에 대해 환히 알고 있어서라기보다는 그들
이 그 필요성을 절감하고 노력하기 때문이라고 보는 것이 옳을 것

이다.

만약 정신의학적으로 조언을 줄 경우 그 순서에 관한 규칙은 어떤 것인가라는 질문을 받는다면(사실 나는 종종 이런 질문을 받는다), 나는 다음과 같이 대답을 할 것이다.

첫째, 우선적으로 당신이 환자에게 관심을 가지고 있음을 보여준다.

둘째, 환자에게 거짓말을 해서는 안 된다. 다시 말해서 일시적인 위안을 주기 위한 말을 하거나 그의 증상에 대한 농담을 해서는 안 된다. 그리고 환자와는 무슨 약속을 해서도 안 된다.

셋째, 환자가 하고 싶어하는 말이라면 무엇이든지 들어 주어야 한다. 그것도 오랜 시간을 되풀이해서 말을 하더라도 끈기를 가지고 성의껏 듣는 자세를 보여주어야 한다. 그리고 가능한 한 다른 방해를 받지 않도록 단둘만 있어야 한다.

넷째, 환자가 하는 말을 검열·반박 내지는 비웃어도 안 되며, 재미있다는 말이나 표정을 얼굴에 나타내지 말고 듣는다. 환자가 하는 말이 어리석게 들릴지도 모르지만, 순응부조라는 것은 환자 자신에게 있어서는 결코 웃을 일이 아니다.

다섯째, 환자의 고민의 진짜 원인이 무엇이라는 것을 확실히 알아낼 때까지는 환자에게 충고나 치료를 한다든지, 의견을 말해서는 안 된다. 원인을 파악한 다음 환자에게 '그런 불행이 증상의 원인이 될 수도 있다'라는 말을 한다. 그러나 그것이 '원인이다'라는 단정을 내려서는 안 된다.

여섯째, 환자에게 그의 불행과 증상의 관련성을 차츰 이해하도록 도와주며, 그로 인하여 더 큰 평화를 가져올 가능성도 있다는 태도로, 자기의 기술이나 환경을 변화시키는 일은 환자 자신의 책임이며 자신이 해야 한다는 점을 강조하여 이해시킨다. 그리고 무엇보다도 치료의 책임이 전적으로 의사에게만 있는 것이 아니라는 것을 그에게 인식시키는 것이 그를 돕는 데 있어서 가장 합리적이고 영속성 있는 성공을 가져오는 유일한 방법이다.*

③ 치료법으로서의 정신분석

환자가 가진 문제를 털어놓고 얘기하는 방법은 이론적으로 끝까지 밀고 나가면, 결국 정신분석에 이르게 된다. 그러나 치료기술로서의 정신분석은 기억을 고백하는 것만이 아니라, 그 외에도 더 많은 것들을 포함하고 있다.

사실 이 '고백'의 단계는 즉시 지나가 버리고, 환자는 쓸모없는 기억을 상기해서 아무 필요성도 없는, 때로는 그냥 공상적인 말로 들리는 방대한 분량의 이야기를 시작하게 된다. 제임스 조이스의 《율리시즈》 속에는 정신분석을 받는 환자가 '자유연상법'을 하고 있을 때와 흡사한 장면이 있다. 거기에는 '메우기'적인 이야기가 허다할 것이다. 그런데 그야말로 무의미하고 자질구레한 일이며, 직접적으로 필요치 않은 잔소리가 대부분이지만, 그 과정에서 이 기억 저 기억이 서로 연결되고, 또 꿈을 꾸고 생각난 일과 꿈의 해석 등이 어우러져 환자는 어렸을 때의 기억을 서서히 정리하여 하나로 완성하게 된다. 그리하여 마침내 현재 자신의 딜레마가 얼마나 무의미한 것인가를 이해하게 된다. 그렇게 되면, 그는 이미 여러 가지 동기·소망·환상·공포·걱정 등에 관하여 지금까지 한번도 의심해 본 적도 없는 그 실상을 의심할 여지도 없이 명확하게 발견하게 되는 셈이다. 그와 동시에, 이것들이 관련한 정서적인 부담(그것을 억제하는 데 필요한 노력도 포함함)을 덜게 되며, 그것을 버리고 잘못된 것이 수정되는 것이다. 실제상의 치료는, 완쾌되고 싶다는 환자의

---

*정신의학적인 치료기술에 대해서는 kenneth E. Appel 및 Edward A. Strecker 공저 《Practical Examination of Personality and Behavior Disorders》만큼 분명하게 씌어진 책이 없다. 이 책의 제1장은 의사라면 누구나 한번쯤 읽어 볼 만한 가치가 충분히 있다.

소망과 완쾌의 필요성을 부인하려는 환자의 소망 사이에 일어나는
알력 쟁투라는 형태로 나온다. 그리고 이것은 현실로는 '감정전이'
와 '저항' 사이의 알력을 뜻한다.

── 감정전이현상 ──

정신분석적인 치료가 오래 계속되면, 환자는 자신의 과거생활 중
에서 중요한 부분들을 되새겨 볼 뿐만 아니라, 어느 정도까지는 그
부분을 다시 한 번 되풀이하여 실연하는 경향이 생긴다. 물론 그는
유아기 때의 정세와 경험을 실제 그대로 재현하는 것은 아니지만,
현재 일어나고 있는 일들 중에서 과거의 경험이 가졌던 의의를 알게
된다. 그런 경우, 그는 분석자를 자기의 유아생활의 극중에서 주연
을 맡은 사람들── 보통 부모──의 '원형'으로 간주한다. 이 무
의식적으로 일어나는 정서의 전이── 과거에 다른 사정 아래서 다
른 사람한테 대하여 품었던 정서를, 정신요법의 치료를 할 때에 그
치료를 행하는 이에게 전이하는 것── 가 '감정전이' 현상으로 알
려져 있는데, 이것은 정신분석 치료상에 있어서 가장 유력한 도구
의 하나이다. 그렇다고 하더라도 재능이 없거나 특수훈련을 받지
못한 비전문가인 정신요법 시술자의 손에 걸리면, 이 현상은 양면
에 날이 선 검처럼 위험하다. 왜냐하면 이 사람은 불합리한 환자의
감정전이에 대한 이해는 물론 해석할 수도 없으므로, 지금까지 온
순히 시술자가 시키는 대로 치료를 받아 왔던 환자가 갑자기 돌변하
여 악의를 보이며 완강한 저항을 하게 되면, 그는 이 화난 환자의
태도에 대하여 그의 가족이나 친구들이 대하는 것과 마찬가지로 주
관적인 반응을 보인다. 따라서 그는 정신요법적인 정세의 조절을
잃게 된다.

이 조절이란 것은, 환자가 정서적인 공격이 통제된 정세 밑에서
객관적이고 비판적인 태도를 취하지 않으며, 또한 정서적인 반응도
보이지 않는 상태에서 시술자를 향하여 표현(발산)하기를 허락하는
일이다. 이런 상태 아래서, 정신분석자는 환자가 주로 어느 방향으

로 자기의 투쟁을 전개하고 있는가를 파악함으로써 감정전이 현상을 평가할 수가 있다. 따라서 그는 환자 자신이 왜 지금과 같은 행위를 하는가를 해명해 준다. 한편 이 환자는 아직까지 그런 반성을 해볼 입장에 있는 때가 없었던 것이다. 그때에 환자는 분석자를 공평하고 사심이 없는 관찰자로 보지 않는다는 점을 기억해야 한다.

왜냐하면 환자는 치료를 받는 대부분의 기간중에 예외없이 분석자를 자기 일상의 드라마 속에 등장하는 별별 인물들에 대하여 품고 있는 강한 감정의 색안경을 통하여 보므로, 환자의 눈에 비치는 분석자의 인상에는 그런 색깔이 물들어 있기 마련이다. 그렇기는 하지만, 환자의 이러한 감정이야말로 분석자가 이용하여 환자의 퍼스낼리티의 재건에 사용하는 힘의 하나이다——처음에는 전혀 무가치하고 이익이 없으며, 시간적으로 말해서 시대에 뒤떨어진 배출구로부터 다른 방향으로 전환시키며, 다음에는 생산적인 경로로 재도입시키는 것이다. 이런 결과가 나타나기 시작하면, 환자는 이미 정신분석자가 불필요하게 되며 감정전이 현상도 자연히 없어지게 마련이다.

이러한 경과는 내가 쿠퍼 부인이라는 환자를 분석하는 것으로 가정한 이야기를 예로 들면 한결 이해하기 쉬울 것이다.

쿠퍼 부인은 지금까지 각종 병에 걸려 고생했었다. 그런 까닭에 여러 의사를 찾아다녀야 했다. 따라서 여러 가지 치료를 받아 보았으나 효과가 없었다. 그 중의 한 의사가 그녀를 내게로 보내왔다. 그녀는 자기가 어렸을 때, 한없이 애착을 가졌던 자기 아버지와 내가 닮은 데가 많다고 주장했다. 예를 들면 체격이 비슷하다——수염·걸음걸이·손가락 모양 등——는 것이다. 그녀는 자기 아버지가 학교의 선생이었던 관계로, 내가 대학에서 강의하는 것에 깊은 흥미를 가졌다. 그녀의 아버지는 한때는 의사공부를 한 적이 있었으며, 물론 나도 의학공부를 했다. 그녀의 아버지는 심리학에 흥미

를 가지고 있었는데, 이 학문은 정신의학과 관계가 있다. 그녀의 아
버지에게는 1남 2녀가 있었는데, 내게도 1남 2녀가 있다는 것을 그
녀가 확인했다. 그리고 그녀가 생각하기로는, 여러 가지 문제에 관
한 의견이 자기 아버지와 내가 거의 일치되어 있었다는 것이다.

그렇지만 이런 사실들에 기초를 둔 세세한 내용들보다도 더 중요
한 것은, 그녀가 13년이나 퇴행하여 당시에 자기 아버지에게 취했던
바로 그대로의 행동을 나에게 취했다는 점이다. 그리고 이 행동은
그녀가 그녀의 남편도 포함한 모든 남성들에게 취해 왔던 행동으로
서, 그녀는 무의식중에 모든 남성들을 자기 아버지와 동일화하고
있었던 것이다.

이상과 같이 가정하여 설명한 이야기에서 그럴 듯도 하다고 느끼
겠지만, 예리한 독자들은 그녀가 여러 가지 발견을 했으므로 나에
게 감정전이를 하게 된 것이 아니라, 감정전이를 하였으므로 이런
공통점들이 발견되었던 것이라는 사실을 알 것이다. 달리 말하면,
그녀는 자신이 느끼는 것을 정당화시키기 위하여 이런 여러 가지 사
실들을 발견해 냈던 것이다. 그녀는 과거에 아버지에게 가졌던 감
정과 같은 감정을 나에게도 가졌다. 대부분의 환자는 의사에게서
아버지나 어머니의 모습 및 감정을 느낀다. 그래서 자기를 동정하
며, 자기의 고통을 덜어 주고 도와주기를 기대하는 법이다. 환자의
이런 태도는 어떤 특별히 비슷한 데가 있든 없든 관계없이 의사를
자기의 아버지나 어머니와 동일화시키며, 또한 과거에 자기가 어머
니와 아버지에게서 느꼈거나 행동했던 것과 같은 태도를 의사에게
나타내 보이는 것이다.

감정전이의 결과로 더욱 놀라운 일이 발생하기도 한다. 그것은
감정전이에 의한 치유라고 불리우는 것으로, 감정전이 현상의 성질
을 더욱 상세히 해명하는 것이다. 정신의라면 누구나 경험한 일로
서 신경증적인 환자들과는 보통 두세 번 만나 얘기했을 따름이지

만, 그들 중에는 기적적으로 완쾌되는 사람이 상당수 있다. 이런 경우, 이 의사가 한 말에는 의미가 깊거나 값어치가 있는 말이 있었을 수도 있었겠지만, 어쩌면 별스러운 말이 아니었을지도 모른다. 이런 종류의 경우에는, 의사의 말은 아무래도 상관없다. 만일 환자가 강한 감정전이를 일으키고, 그 의사가 환자에게 동정적이었다는 믿음을 주게 되면, 병은 자연히 낫기 때문이다. 이 경우, 이 의사가 환자에게 일반적인 의미의 사랑을 해야 한다는 말은 아니다. 그러나 의사는 이 환자의 감정전이를 일으킨 원래의 사람——어머니나 아버지——이 사랑하던 식으로 사랑해 주지 않으면 안 된다.

이런 종류의 치료의 한 가지 결함은, 감정전이가 계속되는 동안은 효력이 지속되나 감정전이가 그치면 병이 다시 재발된다는 점이다. 그러므로 이런 감정전이를 지속시키려면 계속 연락을 취하게끔 약속을 맺어 두지 않으면 안 된다. 어떤 환자는 병원에 다니는 동안에 의사가 별다른 치료를 하지 않는 데도 병이 낫는 일이 있는데, 그것은 바로 이러한 연유 때문이다.

정신분석의 치료를 받는 환자가 시술자에게로 감정전이를 일으키는 것은, 우선 이 환자가 말하는 꿈 속에 뚜렷이 나타난다. 그런 감정을 의식적으로는 절대로 긍정하려 들지 않는 환자라도, 그가 가지고 오는 꿈의 내용 속에서 의사와 관련된 어떤 문제나 사정을 찾아볼 수 있으며, 거기에는 그런 감정이 분명히 나타나 있다. 물론 그런 사실은 그런 감정을 완전히 이해하지 못하는 환자들을 당황시키기에 충분하다.

어떤 환자는 자기의 감정전이를 무슨 말로 표현해야 할는지를 도무지 알지 못하기도 한다.

한 예로 내게 오는 환자 중의 한 여인은 존스라는 친구가 자기에게 꽃을 한 송이 주는 꿈을 꾸었다. 얼마 후에 그녀는 존스라는 사람이 도급자(undertaker)임을 생각해 내고는 웃으면서, 내가 자기의 신경질환의 분석을 책임지게(undertake) 되어 이 일을 어지간히 책임을 완수했다고(undertaken) 생각한다고 말했다. 다음에 그녀는 존스 씨의 특징을 대여섯 가지 말했는데, 그것은 나에게도 적용되는 것이었다. 얼마 후에 그 꿈 속의 존스라는 사람은 나를 가리킨다는 사실이 밝혀졌다.

부인에게 꽃을 준다는 행위의 의미는 구태여 설명할 필요가 없다. 그 행위의 로맨틱한 의미와 정신분석적인 의의는 맥락을 같이한다. 이 꿈은 다른 모든 꿈들의 경우와 마찬가지로 어떤 억제된 소망을 즐거운 모습으로 표현하고 있어, 그것이 감정의 전이를 지시했던 것이다. 왜냐하면 결국 그녀가 바라는 바는 내가 아니라, 나를 대리로 내세운 본래의 다른 사람이기 때문이다.

하나의 '음성 감정전이(negative transference)'는 항상 '양성 감정전이(positive transference)'의 기초가 되는 것으로서, 그것은 정신분석이 제대로 진행되면 반드시 추출되어 나와야 되는 것이다. 앞에서 말한 쿠퍼 부인의 경우 처음에는 나를 좋게 생각했었지만, 내가 가진 여러 가지 결점을 알고부터는 나에 대한 감정이 좋지 않게 되었는데 그 이유를 유심히 조사해 본즉, 그것은 나와는 조금도 상관이 없거나 전혀 근거도 없는 것에 관련되어 있었다. 그녀가 내게 좋지 않은 감정을 품게 된 진짜 원인은, 내가 그녀를 나의 귀한 딸이나 신부로 삼지 않았기 때문이었는데, 이것은 역시 그녀가 유아기에 자기 아버지에게 품고 있던 좋지 않은 감정과 같은 종류의 것이었다. 그녀로서는 아버지를 몹시 따랐지만, 아버지는 그녀보다 그녀의 언니를 더욱 사랑하는 것같이 보였기 때문에 마음에 좋지 않은 감정이 생겼던 것이다.

이렇게 하여 환자는 자기의 어렸을 때의 생활을 재현하여, 당시 만족을 채우지 못했던 욕망을 만족시키고, 또 그 당시의 도저히 형용할 수 없던 증오감을 표현하는 것임을 알 수 있는데, 그때에 환자는 시술자를 편리할 대로 이용해서 그런 행동을 하는 목표로 삼는다. 그러나 이 환자도 차츰 시술자만이 아니라 다른 사람들에게 대해서도 객관적인 견해를 가질 수 있게 되어 완쾌되는 것이다. 이처럼 치료를 행하는 시술자를 정서적으로 이용하는 것이 우리가 뜻하는 감정전이이다.

제4장에서 마리 베이커라는 사람의 예를 들어, 아이가 자기의 애정이나 증오감을 부모에게 정착하면 비참한 결과를 가져온다는 것을 설명했는데, 여기 또 다른 실례를 보이기 위하여 이 부인을 한 번 더 재등장시켜 보겠다.

현실의 마리는 정신분석의 치료를 받았다. 그리고 여기에 기록된 것은, 실제로 있었던 사실을 간추려서 기록한 것이다. 그녀는 여러 주일에 걸쳐 매일 나에게 와서 자기의 지금까지의 생활을 소상하게 이야기하고 나니, 다음에는 더 말할 얘깃거리가 없게 되었다. 그래도 그녀에게 어떤 것이라도 좋으니 생각나는 것은 빠뜨리지 말고 이야기하도록 유도했다. 처음에 그녀의 생각으로는 이것은 어리석고 무의미한 짓같이 보였던 모양이다. 그러나 그녀는 차츰, 아버지가 얼마나 자기를 사랑해 주었으며, 자기는 어머니를 얼마나 존경했던가, 또 수줍은 체하는 큰어머니의 나쁜 심리하며 자기가 잘못된 인식을 가졌던 '성'문제에 대한 일, 처음으로 육체적 사랑을 자각했던 때의 일 등 오랫동안 망각 속에 묻어 두었던 것을 하나 둘씩 생각해 내었다. 그녀는 어렸을 때 생긴 일로 인해서 아버지에게 지나친 애착을 가지게 되었고, 반대로 어머니에게는 적의를 가지게 된 사정을 구체적으로 똑똑하게 상기했던 것이다. 이처럼 자기를 지배하고 있는 아버지에 대한 지나친 애착이 그 후의 그녀의 천박한 연애관계나 정신적인 사랑 등에 여러 가지 형태로 재현하였는데, 이와 같은 경과를 거친 후에 그녀는 아버지와는 닮은 점이 전혀 없으며, 아버지가 아주 싫어하는 형의 남성에게 새삼 정욕적인 매력을 느꼈던 사실도 생각해 냈다. 자기의 애정의 흐름을 원만히 조정하기 위한 이 최후의 노력——그것은 그녀에게 있어서 유일한 진실이었지만, 동시에 그녀의 사랑의 생활이 요구하고 있는 것에 대응하기에는 그 만한 가치가 없었던 배출구——이 없어지게 되자, 그녀의 애정의 흐름은 자기에게 일어나는 충동의 열정 속에서 이리저리 희롱되면서 놀랍게 교란되었다. 그리고 이 충동은 언제나 그 목적이 억제되어 있으며, 그 방향은 여러 갈래로 흩어져 있었다. 따라서 결국에는 어쩔 수·없는 고민, 즉 그녀의 신경증적인 병으로 발병되었던 것이다.*

정신분석을 하고 있는 도중에 마리는 갑자기 그것을 중지하지 않을 수 없었던 때가 가끔 있었다. 그것은 마치 그녀가 아직 젊은 몸으로서 세상의 모든 일에 끌려 치료상 후퇴해 버린 것과 마찬가지였다. 처음에는 그녀도 그 동기를 깨닫지 못하는 때가 있었다. 그녀는 갑자기 지금의 치료를 계속한다 하더라도 아무 보람이 없을 것 같다고 말했다. 왜냐하면 계속해 본들 어떤 결론이나 이익을 얻을 것도 아니고 처음 시작할 때나 지금이나 조금도 달라진 것 같지 않으며, 따라서 그것은 어리석은 짓이라는 이유에서였다. 그러한 이유는 하나같이 틀린 생각이었지만, 그녀는 남들에게 그럴 듯하게 말했으며 자신도 사실로 믿고 있었다. 그런데 2,3일이 지나면 또 마음이 변하였다. 이번에는 경제적인 것을 구실로 삼았다. 즉, 비용이 생각보다 많이 든다, 치료를 계속할 만한 경제적 여유가 없다, 시술

---

*프로이트는 훨씬 전에, 사람이 신경증에 걸리는 까닭은 하나 내지 두 가지 이상의 상황에 의하는 것이라고 지적했다. 이 상황이란 첫째, 사람이 자기의 리비도적인 투자를 할(즉, 연애·일 등) 기회를 가지면서도, 그것에 대응해 갈 만한 힘이 없을 때라든지(즉, 승진 후 자살하는 사람이나 결혼하자 병에 걸리는 사람 등), 둘째로 지금까지 만족할 만한 상태에 있던 배출구가 제거되거나 잃은 경우를 말한다. 마리의 경우는 물론 둘째의 경우이다. 그것은 사랑하는 사람이 죽거나 그에게 버림을 받아서 생기는 신경증의 경우도 마찬가지이다.

자가 자기에게는 치료비를 다른 사람들보다 더 받지나 않을까, 이 시술자는 치료비를 시간당 수백 달러나 받은 경우도 있다는데 자기에게도 그렇게 치료비를 청구하지나 않을까라는 생각을 하는 것이었다. 그러한 생각도 어느 것 하나 정당한 것이 아니었지만, 때로는 그런 것들이 커다란 장애가 되었던 것이다.

그러는 동안에 그녀는 도대체 정신분석이란 것은 어떤 효과라도 있는 것인가, 그렇지 않으면 아무 효과도 없는 공허한 것인가를 생각하기 시작한다. 분석자란 세상에서 흔히 말하는 엉터리일지도 모른다. 그것은 누구도 알 수 없을 것이다. 왜냐하면 분석자야말로 남을 속이기란 쉬운 일이기 때문이다. 스폴레이 부인의 이웃 사람들은 분석자들이란 어쩌면 돌팔이 의사보다도 더 나쁘다고 말한다. 이런 한탄의 말들은 그녀의 원한을 전혀 관계도 없는 일에다 결부시켜서 말하도록 만들었을 뿐만 아니라, 어떤 다른 일로 해서 자기 자신에게 그것을 직시하게 하거나 말하거나 받아들이거나, 버리기가 가슴아픈 자료와의 접촉을 지연시키는 구실을 하고 있었던 것이다.

또 이 저항은 여러 가지 다른 형태로 나타났다. 즉, 침묵한 채 오래 있거나 대답하기를 거부하거나 치료받으러 오는 것을 잊어버리거나 다른 시간에 오거나 좀 늦거나 하는 식으로. 분석치료라는 어려운 일을 도피하려는 이런 노력들은 과거의 경험에 비추어 전형적인 것이다. 때로는 이런 저항으로 인하여 환자가 탈선하는 경우도 있다(탈선해 버리는 경우가 발생하면 치료는 더 진전시킬 수가 없게 된다).

그러나 대부분은 치료를 계속하려는 환자의 마음이 승리하여 완전한 재조정이 이루어지고 퍼스낼리티의 변화를 가져오게 된다.

치료를 계속하는 동안에, 마리의 관심은 분석과 시술자에게로 집중하게 되었다. 이 상태는 그녀의 마음의 알력이 거의 해소될 때까지 계속되었다. 여기까지 진척되면 모든 분석에 있어서, 이 임시적인 목적은 밀려나고, 시기적으로 최종목표가 다른 만족할 만한 것으로 바뀌어져야 할 때가 된 것이다. 환자가 제 힘으로 걸을 수 있도록 해주어야 한다. 정신분석이란 환자를 독립시키는 데 그 목적이 있다. 즉, 신경증으로부터 해방시키며 지금까지 의존하던 사람들이나 사물로부터 독립해 나갈 수 있도록 도와주는 것이다. 그리고 최종적으로는 환자를 정신분석자로부터도 독립시킨다.

마리의 경우, 처음에는 그것이 잘 되지 않았다. 그녀는 독립하는 것이 두려웠던 것이다. 그런 까닭에 떨어지지 않으려고 애를 썼다. 그러나 그녀는 마침내 달성했다. 그리하여 그녀는 1년 후에 대학을 졸업했다. 이것은 그녀가 15년 전에 학위를 받으려고 출발했다가 신경증의 발병으로 파탄이 생겼기 때문에 달성하지 못했던 일이다. 그녀는 졸업 후 우선 집으로 돌아와서, 전에는 얼굴조차 보기 싫었던 어머니와 지금도 지나친 애착을 느끼기는 하지만 이제는 가슴 속 깊이 우상처럼 모시고 있지는 않은 아버지와 함께 며칠을 지냈다. 그녀에게는 알버트라는 신경증의 오빠가 있었는데, 그 오빠가 내뱉는 여러 가지 한탄과 불평을 들어도 이제는 그녀의 마음은 조금도 흔들리지 않을 정도로 평정을 되찾았던 것이다.

"오빠도 정말 꼭 나아야겠다고 마음만 먹는다면 완쾌될 수 있어요"라고 그녀는 오빠에게 말했다. "이것만은 기억하셔야 해요. 나는 이 집에서 낙심한 채로 헛되이 십 년간이나 지내 왔는데, 지금의 나를 어떻게 보세요? 남들은 보는 사람마다 내가 십 년이나 젊어졌다고 말해요. 또 나도 그런 생각이 들고요. 오빠도 그렇게 될 수 있어요. 그러기에는 '올바른 원조'가 필요해요."

마리는 그 후 다른 주로 가서, 전에 충분한 경험을 쌓은 바 있는 일과 비슷한 계통의 직장에 취직했다. 그곳은 연쇄점이었다. 3년 후, 마리는 여섯 개의 연쇄점 경리사무를 담당했고 감사역까지 맡았다. 이것은 9년 전의 일이다. 그 후 그녀는 더 높은 자리에 진급했다. 그녀는 건강한 몸과 정신으로 행복하고 즐거운 나날을 보내고 있다.

의사나 분석자의 입장에서 본 정신분석에 대해서는 이쯤 하기로 하자. 이것이 환자에게는 어떻게 보일까? 이 질문에 대한 대답으로서는, 단편소설 작가이며 신문기자인 루시안 케리가 쓴 〈정신분석을 받는 이는 어떻게 느끼는가?〉(《아메리칸 매거진》, 1925년 5월호)라는 문헌보다 더 적절한 것을 나는 보지도 듣지도 못했다. 케리 씨의 허락을 얻어 그 일부를 여기 수록한다.

나는 그 정신분석자에게 "병이 나을까요?" 하고 물었더니, 그는 좌우간 두고 보아야 알 일이라고 말했다. 그리하여 우리는 분석을 시작했다.

서너 번 만나서 얘기하는 동안에, 나는 기억을 더듬어 올라가서 내가 기억할 수 있는 나의 어린시절의 과거부터 그에게 들려주었다. 나는 사실대로 숨기지 않고 솔직하게 말했다고 자신에게 말할 수 있다. 사실 나는 이야기를 상당히 솜씨있게 다루었다. 생략할 부분을 특히 잘 구분했던 것이다.

할 이야기를 다하고 났더니, 그는 이야기를 쉬지 말고 어서 더 계속하라고 말했다. 나는 "뭐라구요?"라고 반문했다. 어떤 어린애라도 이런 시간을 끌기 위한 속임수를 안다.

"어서, 이야기를 계속하세요."

"다 했습니다."

"지금 이 순간에 당신의 머리 속에 들어 있는 생각은 무엇입니까?"

"별로 대단치 않은 것입니다."

"그것이 바로 내가 듣고 싶어하는 것입니다. 당신은 아무것도 아닌 것으로 생각하고, 또 이야기하기도 싫은 그런 것이 말입니다."

"그런데——그것은 토끼에 대한 이야기입니다."

"빨리 이야기해 보세요."

"내가 다섯 살 때 나는 내 또래의 여자친구와 마당에서 놀고 있었습니다. 그때 근처에서 밭을 갈던 남자가 갓난 토끼새끼가 소복이

들어 있는 토끼집을 파헤쳐서는 그 토끼새끼를 우리들에게 주면서 물에 집어넣어 버리라고 말했습니다. 그러나 우리들은 그것을 가지고 실컷 놀았습니다. 얼마쯤 지났을 때 그 소녀는 나에게 토끼들을 물에 빠뜨려 버리라고 말했습니다. 그 소녀 자신은 할 수 없는 일이지만, 아마 나는 할 수 있을 것으로 여겨졌던 모양입니다. 하기야 나는 남자니까 그럴 생각도 있었습니다. 나는 뒷문으로 가서 물동이에 물을 길어다가 새끼토끼들을 거기에 집어넣었습니다."

여기까지 말한 나는 당장이라도 울음이 터져나올 것 같아서 말을 제대로 이을 수가 없었습니다.

그러자 분석자는 "계속하세요"라고 말했다. 나는 터져나올 것 같은 울음을 억지로 참으며 말을 계속했습니다.

"그때 마침 어머니가 나오셔서 물동이에 죽어 있는 어린 토끼들을 보시고 '오! 루시안, 너 어쩌자고 이런 끔찍한 짓을 했니!'라고 나무라셨습니다."

"그때 당신은 어떤 생각이 들었습니까?"

"나는 도저히 용서받을 수 없는 나쁜 짓을 저질렀다고 생각했습니다. 그리고 그것이 대단히 수치스럽게 여겨졌던 까닭에 아직까지 나는 누구에게도 이 이야기를 말한 적이 없었습니다."

내가 지금 여기 쓴 바와 같이, 그 이야기를 분석자에게 말하고 나니 나는 참으로 마음이 후련했다. 분석자는 나에게 사람은 누구든지 어렸을 때의 기억으로서, 다른 사람에게 이야기하기가 고통스러워서 말하지 못했던 일——그것은 끔찍한 죄악이어서 다시는 그런 짓을 범하지 않으리라고 스스로 생각하는 일의 기억——을 잊지 못한 채 가지고 돌아다니는 법이라고 가르쳐 주었다. '자기 신체의 조직 밖으로 내던져 버린다'라는 속어적인 표현이 있듯이, 이런 불쾌한 기억을 남김없이 토설해 버리면 기분이 후련해지는 법이다. 그리하여 자기는 특별한 인간이 아니다——자기는 보통 인간이며, 마음이 나쁘지도 않다——라는 생각을 스스로 가지게 되는 것도 좋은 일이다.

그러나 정신분석이란 자기의 쓰라린 기억을 고백하는 것만을 가리키는 것이 아니다. 진정한 정신분석자는 당신이 생각해 내는 일에 흥미를 가지는데, 그것은 당신이 생각해 내지 못하는 기억도 생각나도록 유도하고 있기 때문이다. 다시 말해서 정신분석의 과정이란 것은 유아기의 상황들 중에서 생각하기가 너무나 불안하므로 생각해 내지 못하는 것을, 당신으로 하여금 생각해 내도록 도와주는 과정이라고 말할 수 있다. 그러니까 당신이 잊어버리고 있는 여러 가지 감정들이 무의식의 세계 속에 남아 있다는 말이다. 이처럼 무의식의 세계 속에 있는 것을 의식의 세계로 끌어내는 일이 정신분석적인 치료법의 목적이라고 할 수 있다.

만약 내가 이 토끼 이야기의 전모와 그 이야기가 암시하는 것의 일체를 생각해 낼 수가 있다면, 나는 나의 어렸을 때의 중요한 감정의 전부를 생각해 낼 수가 있을 것이다. 그 뿐만 아니라 내가 왜 갑자기 이야기를 더 쓸 수 없게 되었는가 하는 까닭도 이해했을지 모른다.

환자가 잊어버린 것을 다시 기억해 내도록 하기 위해서는 주로 꿈을 분석한다. 나는 다음의 꿈을 기록하여 분석자에게로 가져갔다.

나는 자동차를 운전하고 네거리로 나섰다. 지금까지 내가 온 길은 거기서 끝나 있었기 때문에 나는 오른쪽으로나 왼쪽으로 돌아가지 않으면 안 되었다. 모퉁이에는 비옷을 걸치고 방풍 모자를 쓴 교통순경이 서 있었다. 그는 좌측을 가리키며 "당신은 저 길로 가시오"라고 말했다. 좌우로 살펴보았더니 오른쪽 길은 혼잡한데, 왼쪽으로 가는 길은 텅 비어 있었다.

분석자는 나의 머리 속에 어떤 것이 먼저 생각났느냐고 물었다. 처음에는 나는 제일 먼저 생각난 것을 그대로 말하지 못하고 두 번째·세 번째, 때로는 네 번째로 생각나는 것을 말했으나, 나중에는 분석자가 하라는 대로 제일 먼저 생각나는 것을 즉석에서 말할 수 있게 되었다. 여기에서 내가 말한 것을 전부 쓰자면, 여러 장이 소요될 것이다. 그러나 나는 그 중에서 중요한 부분을 요약해서 다음과 같이 기록할 수는 있다.

"이 왼쪽이란 말과 관련하여 당신은 무엇을 생각합니까?"

"오른쪽."

"그 외에 또 있을 겁니다. 멈추지 마시고 빨리."

"그릇된 일――왼손으로 하는 찬사(마지못해서 하는 기분나쁜 찬사)――좌완 투수는 우완 투수보다 낫다――나의 아버지는 왼손으로도 오른손으로도 글씨를 잘 쓴다――그는 왼편 어깨받이로 총을 쏘았다――그는 명사수였다――그는 총 한 방으로 두 마리의 메추라기를 맞췄다――나는 오른편 어깨받이로 쏜다――나의 아들 피터는 왼손잡이이다――그 녀석은 잘생겼다."

이것이 자유연상법이라는 것이다. 꿈을 해석하는 것은 외국어를 번역하는 것과 비슷한 점이 많다. 외국어를 번역할 때에 당신은 사전을 사용할 것이다. 그리하여 점점 적절한 의미로 꾸며져 간다. 꿈을 해석할 때도 마찬가지로 자유연상 가운데 나오는 말들을 조사하여 간다. 그리고 차츰 그 뜻을 밝혀 간다. 분석자의 힘을 빌려 당신의 꿈을 해석하는 데 있어서 가장 곤란한 점은, 당신 자신이 그 꿈의 뜻이 발견되기를 싫어한다는 점이다. 만일 당신이 자기의 머리에 떠오른 것을 그대로 분석자에게 말할 수 있다면, 그리고 만일 그 꿈이 당신에게 어떤 유죄판결을 내리더라도 조금도 두려워하지 않는다면, 당신은 정신분석을 받을 필요조차 없다. 당신의 생활이 아무리 고상하더라도, 당신의 마음 속에서 그것을 하이에나*의 죄로

---

*hyena : 썩은 고기를 먹는 야행성 동물이지만, 여기서는 배신자로 비유됨.

돌리기를 주저하는 충동을 발견하지 못한다면, 당신의 꿈의 해석은 그다지 진보되지 못할 것은 뻔한 일이다.

나는 3~4개월 동안 내가 꾼 꿈을 분석자에게 기록해 갔으나, 나 자신과 관련된 그리 중요한 것을 밝혀내지 못했다. 나 자신의 저항은 유치하고 완강하며, 또 교묘한 것이었다. 나는 언제나 분석자를 유인하여 정신분석의 이론에 대하여 논의했다. 분석자와 환자 사이에서 오가는 이러한 토론은 아무리 해보아도 결국은 아무런 소용도 없다. 결국 이득없는 토론은 그만두는 편이 낫다. 그것은 두 사람의 팽팽한 주장이 합의점을 찾지 못하는 것과 마찬가지다.

나는 스스로 '파헤치는' 편보다 토론하는 편에 흥미를 가지고 있다는 것을 자각하지 않고, 나는 거의 완쾌되었다고 스스로 판정해 버렸다. 나는 비서를 한 사람 채용하면 일을 할 수 있으리라고 생각했다. 그래서 나는, 내가 왜 일을 계속할 수가 없는가 하는 이유를 찾기 위한 나의 시도를 중단해 버렸다.

그러나 얼마 후에, 케리 씨는 다시 이 치료를 시작하여 이번에는 자기가 의식하고 있는 동기·습벽·목적 등과 의식하고 있지 않는 그것들 사이의 모순을 발견하는 방향으로 상당히 깊이 진척되어 나갔던 것이다. 그는 왜 일을 완성하지 못할까 하는 이유를 발견하고, 동시에 전에는 발견하지 못했던 다른 방면에서의 자기의 실패도 인식했던 것이다. 그는 분석 후에 자기에게 생긴 여러 가지 변화를 열거하고 있다. 예를 들면 자기 자신에 대해 전보다 훨씬 정직해졌다. 현실에 직면하며, 유치한 행동은 전보다 덜하게 되었다. 일의 능률이 높아졌고 몸이 훨씬 건강해졌으며, 쓸데없이 걱정하는 것도 줄었다.

그러나 정신분석의 결과에 대해서 내가 무엇보다도 흥미를 갖게 된 이유는 지금까지 보다 좀더 유쾌한 인생을 살아 보고 싶은 마음이 생긴 점이다. 내가 싫어하는 일이지만 하지 않으면 안 되는 일,

예를 들면 치과에 가는 일 따위가 전처럼 두려움으로 여겨지지 않았다. 그리고 내가 좋아하던 것은 더욱더 좋아하게 되었다. 가족들에 대한 감정도 전보다 더 좋아졌다.

그럼에도 불구하고, 나는 누구든지 다 나처럼 치료를 받으러 가서 나와 똑같이 하라고 권하지는 않는다.

정신분석은 보통 하루에 1시간 정도로 한 주일에 6일 동안, 8~9개월이 걸린다.*¹ 당신이 분석을 받는 기간 동안이나 그 기간이 끝나고 6개월 동안에 중대한 문제를 결정하거나 그런 일에 관여하지 않도록 충고를 받는다. 만일 아직 결혼하지 않았으면 결혼은 미루어야 하며, 기혼자라면 이혼 따위는 생각지도 말며, 일생의 사업으로 삼을 새로운 일을 계획하거나 손대는 일이 없도록 권고 받는다. 그것은 분석이 완전히 끝났다 하더라도 당분간은 분석의 중요한 효과가 금방 발생하지 않기 때문이다. 인생에 대한 새로운 조절(순응)을 하는 데는 그만큼 시간이 필요하다. 아무리 순조롭게 이루어진다 하더라도 분석은 당신의 일생에서 1년은 걸린다.

정신분석을 자신있게 할 만한 자격을 가진 분석자는 극히 드물다. 나는 내가 그들의 시설이나 규모를 잘 알고 있는 미국내의 분석자를 15명 정도 손꼽을 수 있지만, 그들 중에도 겨우 5명만이 자기 자신들이 철저한 분석을 받았을 뿐이다. 그런데 자기가 분석자가 되기 위해서는 분석을 받는다는 것은 근본적인 조건이다. 그리고 이 5명 중에서도 진보된 프로이트의 방법을 사용하고 있는 사람은 단 3명에 불과하다.*²

끝으로 한 마디 덧붙일 말은 정신분석은 몹시 고통스러운 시련

---

*1)이 기간은 분석에 필요한 최소한의 기간이다. 대개는 분석을 완료하기까지 1~2년이 걸리며, 더 오래 걸리는 경우도 있다.

*2)오늘날은 그 수효가 훨씬 증가한 것으로 안다. 그리고 세월이 흐를수록 더욱 늘어날 것이며, 또 그렇게 되어야 한다.

이다. 날마다 당신은 긍정하고 싶지 않은 일이나 생각에 대해 자인
하도록 강요되며, 자신으로서는 다른 어떤 것보다 가장 그리운 자
신의 환상을 하나 하나 버려야만 된다. 당신 자신의 인생행로에서
의 모든 난관은 누구의 탓도 아닌, 바로 당신 자신의 잘못에서 비롯
됐다는 것을 자인하게 된다. 또 당신은 자기 자신에 관한 현실의 사
실에 직면하지 않으면 안 된다. 당신의 친구들은 물론 가족들까지
도 대개 당신이 받고 있는 치료에 대하여 별로 동정적이 아니다. 그
들은 분별없이 정신분석의 결과 정신이상이 되거나 자살한 사람들
의 이야기를 하는 경우가 허다하다. 끝으로 나는 정신분석이 제대
로 성공하지 못하는 경우도 가끔 있다는 것을 말해 두고 싶다. 분석
을 받을 생각으로 시작을 해놓고, 끝까지 끈기있게 지속해 나가지
못하는 사람들이 의외로 많다. 한편 분석자로서도 환자를 그대로
단념해야 할 경우도 있다——그것은 환자들 중에는 자기 일에 관
하여 환멸을 느끼는 고통을 참아내지 못하는 사람 또는 참을 마음도
먹지 않는 사람이 있기 때문이라고 본다.

비록 정신분석이 훌륭한 성공을 거두었다고 해서 그 환자가 반드
시 행복하게 되고, 생활이 편안하게 된다는 보증은 하지 않는다. 인
생 자체가 투쟁이다. 인간의 일생에는 어쩔 수 없이 고통이 따르는
선택을 해야 할 사정에 직면하는 경우도 있다. 정신분석이 시도하
려는 바는 당신의 마음 속에 있는 무의식의 알력을 해소시키며 거기
에서 쓸데없이 소모되는 에너지를 해방시켜서, 당신이 의식하고 있
는 목적을 완성시키는 방향으로 돌려 주는 일이다.*

---

*정신분석이 어떠한 것인지를 알고자 하는 사람에게는 Dorothy R.
Blitzsten, 《Psychoanalysis Explained》(New York : Coward McCann,
1936)을 추천한다. 의사로서 실제적인 면을 상세히 알려는 사람에게는
Kubie의 《Practical Aspects of Psychoanalysis》(New York : W. W. Norton,
1936)을 추천한다.

④ 최면분석 및 마취종합

이들 문제는 본장의 말미에 있는 치료법상의 세 체제 중 제3절 정신요법에 잘 기록되어 있다.

——환경의 변환에 의한 치료——

때에 따라서 우리는 환자를 변화시키기 전에 먼저 그의 환경을 바꾸어 주어야 하는 경우가 있다. 그러나 환경을 바꾸는 방법에도 현명한 방법과 그렇지 못한 방법이 있다.

다시 말하자면 과학적이고 안전한 방법과 비과학적이며 위험한 방법이 있다는 것이다.

의사도 일반 사람들도 병의 참된 의미를 생각하지 않고서 지나치게 '도피형'의 치료에만 의존하는 경우가 종종 있다. 인간의 병이 다만 환경이 나쁘기 때문에 발병한다는 말이 아니다. 이것은 우리들 정신의학계의 근본원칙의 하나이다.

병은 퍼스낼리티의 경향과 환경의 영향이 결합하여, 이 두 요소가 오래 전부터 서로 영향을 미친 결과 비로소 생기는 것이다. 병이 나면 흔히 여행을 해보라는 말들을 하는데 이것은 지극히 어리석은 짓이다. 왜냐하면 순응부조인 사람이 아무리 먼 여행을 한다고 해도, 그것은 일시적인 기분전환은 될 수 있을는지는 모르지만 그 사람의 근본적인 내면문제가 해결되는 것은 아니며, 또 그 문제에서 빠져나올 수도 없는 법이다. 먼저 자기 자신으로부터 빠져나올 수 없는 것이다. 그리고 전지요양(轉地療養)이 의도와는 반대로 정세를 악화시키는 경우가 자주 있는 것이다.

에머슨은 〈자기 신뢰 : Self Reliance〉라는 논문에서 "여행은 어리석은 자의 낙원이다"라고 말했다. "……나는 집에 있을 때 가끔 나폴리나 로마에 가면 아름다움에 취하여 나의 슬픔을 잊을 수 있다는 몽상을 한다. 트렁크에 짐을 챙겨서 친구들과 작별하고, 항해를 시작한다. 어느 날 아침 잠을 깨어 보니, 드디어 나폴리에 와 있다.

그러나 거기에는 엄숙한 '현실', 즉 슬픔에 차 있는 나 자신이 사정 없이 조금도 바뀌지 않은 얼굴로 내 바로 옆에 있는 것이 아닌 가——나는 그것들로부터 도망해 온 것인데! 나는 바티칸에 가서 이곳 저곳 궁전들을 구경한다. 나는 그 웅장함과 그것이 암시하는 위엄에 도취하여 보려고 애쓴다. 그러나 나는 도취되지 않는다. 나의 '거인'은 내가 어디를 가든지 그림자처럼 붙어서 나를 따라다 닌다."

환자는 의사로부터 그의 거처나 직업이나 친구 및 환경을 바꾸어 보라는 지시를 종종 받는다.

문제 아동을 돌보는 임시 기숙사 등은 매우 효과적일 경우가 많다. 그리고 어떤 경우의 환경 속에서 특정한 조건이나 태도만을 변경하면 더욱 좋은 결과를 얻는 수가 많다. 이에 관하여 정신의학 적인 사회사업에 종사하는 이들의 협조는 오늘날에는 없어서는 안 될 필요불가결한 것으로 인정된다. 게다가 그들은 정신의와 함께 환자를 연구하며 환자에게 환경을 설명해서 적응시키며, 또 환경을 환자에게 알맞도록 바꾸어 주는 형태로의 치료를 도와주고 있다. 이들이 하는 일 가운데는, 가족들이나 많은 인력이 필요한 사업주 들과 상의하여 적당한 집이나 일자리를 구해 주거나, 자기 스스로 일자리를 찾지 못하거나 놀이에 나가지 못하는 사람들——그럴 힘 이 억압되어 있는 사람들——을 위해서 일자리나 놀이를 찾아주 고, 때로는 정신의의 지시·지도 아래 환자에게 요양적인 접촉을 계 속하는 일이 종종 있다.*

정신의가 돌보고 있는 환자로서 요양소나 병원에 갇혀 있는 사람 은 얼마 되지 않으며 대부분의 환자는 병원 밖에 있다. 그러나 그 중에는 입원할 필요가 있는 데도 입원을 못하고 있는 환자도 있다.

---

*본서 제6장을 참조.

우울증의 남자나 의심 많은 망상을 가진 부인 등은 급성맹장염에 걸린 사람이 입원해야 하는 것과 마찬가지로 입원이 불가피하지만, 이것은 일반에게 별로 인식되어 있지 않다. 이런 환자가 입원해야 하는 이유를 몇 가지 들어 보기로 한다.

첫째, 그런 환자의 경우에는 집에서는 치료를 하더라도 효과를 볼 수 없을 뿐만 아니라, 잘못하면 병이 과중될 우려가 있으므로 입원시켜 회복을 빠르게 하기 위하여.

둘째, 환자를 그 자신으로부터 보호하며, 잘못된 생각을 가진 가족이나 친척들로부터 보호하며, 참견하기 좋아하는 이웃 사람들이나 친구들로부터 보호하기 위하여.

셋째, 사회를 보호하기 위하여——왜냐하면 머리의 병을 가진 사람은 자기의 망상이나 감정에 좌우되어 예상치 못한 행위를 하거나 반사회적인 행위를 서슴없이 하기 때문에, 그들에게서 공공의 안녕을 생각하거나 세상이 바라는 대로 행동하기를 기대하기란 실로 어려운 일이기 때문이다.

그러면 일단 정신병의 치료를 받기 위하여 병원에 입원한 후로는 환자에게 어떤 일이 일어나며, 어떤 종류의 치료를 받게 되는 것일까?

·1백 년 전의 치료법

우리는 먼저 정신병에 걸린 환자들은——그것도 2,3대쯤 거슬러 올라간 세대의 환자들은 병원에서 어떻게 치료를 받았는가, 그것을 회고해 보자.

현재의 정세에 정통한 사람에게는 조지 3세 치하의 영국의 정신병원이 어떤 상태에 있었던가 하는 것은 도저히 이해할 수 없을 것이다. 우리는 어떻게 그렇게까지 무관심하게 방치되었으며, 아무런 생각없이 잔인한 행동을 할 수 있었는지 그저 놀라울 따름이다. 그러나 당시의 사람들은 남이 아무리 고생을 하고 있어도 쉽사리 동조하는 일이 없었고, 또 압박에 대해서도 그것이 정신병원·감옥·공장 등 구별없이 행해졌다. 그 당시 양심적인 여론은 그다지 민감하지는 못했다.

1777년까지도 '베들레헴의 광인들'이라면, 런던을 구경오는 사람들은 누구나 으레 들러서 구경하는 코스 중의 하나로 포함되어 있었다. 그리고 한때는 구경꾼들이 내는 입장료만도 연간 700파운드라는 수익을 올렸었다. 17세기 초기에 '베들레헴의 탑'이라는 노래가 나왔는데, 가사에 '면허를 가진 거지'가 정신병원에서 경험한 생활에 관하여 다음과 같이 노래하고 있다.

> 베들레헴의 정든 다락방에서
> 보기 좋게 짧게 깎은 머리
> 수갑으로 단단히 채워진 손
> 획획 기분나쁜 채찍소리
> 몸은 튼튼하고 배는 고프다.

정신이상자들의 생활상태의 비참함이란 이루 글로 표현하기 힘들다. 말썽을 일으키는 환자들은 어두컴컴한 방 속에 쇠사슬로 묶어두는 것이 통속적인 예로 되어 있었다. 그들은 마치 말이나 소처럼 짚으로 만든 침대 위에서 잠을 자야 했다. 간수들의 신분은 거의 천한 사람들이 많았다. 그러므로 환자가 불평을 늘어 놓아도 그런 호소 따위는 반영될 리 없었으며, 조사될 희망은 더더욱 없었다. 불행히도 그 당시의 의학계에 종사하는 사람들은 현상태를 유지시키는 것 외에는 달리 무슨 방법이 없다고 단언하고 있었다. 으레 행하는 치료로는 피를 내는 일, 굶기기, 설사를 나게 하는 일, 발포고를 바르는 일이었고, 충격을 주기 위한 방법으로 물에 집어넣거나 채찍으로 때리는 일이 있었는데, 환자에게 공포심을 일으키며 두려움에 떨게 하는 치료법이라면 종류나 방법을 가리지 않았다. 콕스 박사가 1804년에 출간된 그의 저서 《정신병의 실용적 관찰》 속에서 극찬한 기계가 있는데, 그 기계는 4명의 환자를 거기에 각각 결박시켜 회전시키면 그 동체가 수평으로 움직이는 회전 그네 모양으로 1분간에 100회나 회전하는 기계였다.

영국의 국왕일지라도 정신이상이 될 경우 이 잔인한 기계의 위력을 면치 못했다. 3개월 동안의 대부분을 광인용의 가죽조끼를 입으며, 채찍질을 당하며, 두 발에는 발포고를 붙여야 했는데, 기록에 의하면 왕은 시종에게 '반죽음이 되도록' 매질을 당했다는 것이다 (베드로드·피어스).

· **현대의 정신병원**

현대의 정신병원은 그 분위기나 설비에 있어서, 또한 치료법에 있어서도 백 년 전의 그것과는 판이하게 다를 뿐만 아니라 현대의 일반병원과도 다르다.*

환자는 자기에게 일어나는 특유의 고통은 자기 자신의 문제이며, 그 문제는 신중히 고려되며 동정이나 원조를 당연히 받아야 한다고 인정하는 분위기 속으로 들어간다. 그 증상의 상태에 따라 다르겠지만, 환자가 지내온 일반사회에서는 그의 생각과 행동이 괴상하고 어리숙하고 수치스럽게 생각되어 온 까닭으로, 이 병원에 오면 그의 기분은 실로 편안해진다. 병원에서는 그의 소원이나 요구에 알맞는 환경이 그를 위하여 준비되어 있으며, 또한 그의 병이 발생하고 발전한 주위의 사정으로부터 멀리 격리되어 있다. 그는 사람을 혼란시키는 일상의 사회로부터 보호되며, 자기가 자신을 파괴하려는 경향에서도 보호된다. 그리고 아무리 투쟁적인 인간이거나 아무

---

*특히 도로데어 딕스(Dorothea Dix)의 덕분이라고도 할 수 있다. 헬렌 마샬, 《도로데어 딕스, 잊어버린 사마리탄》 참조.

런 반응도 보이지 않는 인간이라 하더라도, 그는 변함없는 친절과 동정심으로 가득 찬 대우를 받게 된다. 그는 또 자기가 고민하는 일들로부터 도움을 받을 수 있고, 정신적으로나 육체적으로나 최대한의 편안함을 누릴 수 있도록 대접받는다. 게다가 그의 주위 사람들도 역시 대부분이 비슷한 고민을 가지고 있는 사람들이므로, 이 사실은 그 자신이 자기를 객관적으로 보는 데 도움이 된다. 생각이 얕은 사람 중에는 "다른 병자들과 함께 있게 하면, 도리어 병이 악화되지 않을까?"라는 질문을 하기도 한다. 그러나 실제로는 그 반대의 현상이 일어난다. 환자끼리 서로 참고 견디며, 서로 동정을 나누기도 하며 도움을 주는 일은 병원생활의 효과적이고 희망적인 하나의 모습이다.

정신병원 안에서 이루어지는 서로의 관계에 대하여, 나의 아우 윌리엄 C.메닝거 박사는 다음과 같이 말하고 있다.

정신적인 질환을 가진 환자들을 증상의 특질에 따라 각각 구분하여, 다른 환경에다 무기한으로 수용해 두는 것은 현명한 방법이 못 된다. 그는 인위적으로 만든 분위기를 떠나 현실세계로 들어갈 수 있기까지 자기 혼자서 노력하지 않으면 안 된다.

그를 위하여 피난처를 마련해 주고 있는 사람들은, 그의 소망──자기가 의식하는 것과 의식하지 않는 것──을 잘 이해하고 그에게 봉사해 주므로, 그는 이들에게 대하여 정서적으로 각종 반응들을 일으키게 되며, 이 정서적인 반응이 병 회복의 중요한 과정이 된다. 병원의 건물이나 내부설비 따위는 환자와 병원의 직원과의 사이에 발생하는 인적관계에 비하면 별로 중요시되는 것은 아니다. 환자가 가지고 있는 신뢰감이 치료상에 얼마나 큰 구실을 하며, 또 환자의 가족이나 친구들이 끼치는 영향이 이로운 것이건 해로운 것이건간에 어떤 관계가 있는가 하는 것은, 의사라면 누구나 잘 알고 있는 바이다. 치료는 이 누구나 아는 원칙이 이용되며, 또

한 그것을 연구의 대상으로 삼으며, 나아가 병원의 전 직원이 실행하는 정도까지 강화되지 않으면 안 된다. 직원 한사람 한사람이 단지 자기의 특정한 임무에만 힘쓸 것이 아니라, 이 중요한 규칙이 되는 원칙에 어떻게든 개인적인 이바지를 하도록 명심하지 않으면 안 된다.

── 과학적으로 통제된 우정, 매일의 일정 ──

이 원칙은 조직적이고 특수한 방법으로, 특히 환자 각자의 필요를 충족시켜 주도록 실행되지 않으면 안 된다. 이것이 실시될 수 있게 하는 한 가지 방법은, 매주 첫날에 환자 한사람 한사람에게 '당신은 이번 주에 이러이러한 일을 하시오'라는 식으로 개별적인 행동의 예정표를 만들어 주는 일이다. 그렇게 하면 환자는 자기에게 대하여 어떤 개인적인 관심이 베풀어졌다는 것으로 생각할 뿐만 아니라, 자기에게 주어진 치료를 위한 공격수단의 계획을 지속시킨다. 그리하여 환자로 하여금 작업요법(occupational therapy)·놀이요법(recreational therapy)·육체적 요법·독서·음악·휴식·정신요법·기타 창조적인 노력 및 몇 사람이 모여서 공동으로 연구하는 따위의 여러 가지 계획에 참가하는 기회를 가지게 한다. 이렇게 하여 환자가 자기의 예정표에 따라 행동하는 동안에 다른 사람들과 우정관계가 생기게 되면, 그 환자의 그날 그날 예정이 지금까지와는 달리 아무관계도 없이 다만 치료를 위한 것뿐이었던 것이 그때부터는 여러 가지 작업(환자가 하는 일)으로 조장되어 치료가 계속되어 가는 형식으로 변해 가는 것이다(W.C. 메닝거 박사의 저서에서).

병원내에서 신뢰감이나 안도감을 일으키게 하는 훌륭한 분위기를 만들어서 정신적인 환자의 재건을 돕는 데는 어떤 일종의 기술적인 고려가 필요하다. 환자에게는 언제나 정신적으로나 육체적으로 어느 정도의 피로가 있는 것이므로, 이런 것은 외부적인 수단으로 대처되지 않으면 안 된다. 즉, 특별히 마음에 드는 침대를 준다든가,

공기의 통풍이 잘 되며 유쾌하고 산뜻하게 잘 꾸며 놓은 방에 수용
한다든가, 용변이나 세면에 불편이 없도록 해준다든가, 간호사가
밤낮을 가리지 않고 거들어 준다든가(정신병원 안에는 초인종이 없다.
왜냐하면 환자 곁에는 언제나 간호인이 있어야 하기 때문이다), 여러 사람
이 거처할 수 있는 정결하고 유쾌한 방이나 보기만 하여도 먹음직한
영양이 풍부한 식사 등은 필수조건이라고 할 수 있다.

── 특수치료 ──

마사지는 혈액순환을 자극하여 기분을 부드럽게 해주고 유쾌하게
만들어 주므로 효과가 있다. '목욕치료(hydro-therapy)'는 진정적
영향이 있으므로, 많은 경우 마사지보다는 한층 효과적이다. 사실
경험상으로는 목욕요법이 이미 인정되어 있지만 어째서 그러한 효
과가 있는지를 우리가 완전히 이해할 수 없으면서도, 거기엔 정신
요법적인 확실한 효과가 있다.

── 작업요법 ──

이것은 여러 가지 수공예적인 일을 시키기 위하여 환자를 훈련하
고 지도해 가는 요법을 말한다. 그 일이란 것은 직조를 하거나 바구
니를 만들거나 목공일·도공일·비누질 등 여러 가지가 있다. 이것
은 다만 환자의 손과 마음을 어떤 일에만 몰두시키는 것만을 목적으
로 삼는 것이 아니다. 넓은 의미에서 볼 때, 그것은 환자에게 어떤
한 가지의 일을 창조하고 완성한다는 자극을 주기 위한 것이다. 이
런 견지에서 볼 때 작업요법은 오랫동안 아무것도 할 수 없었거나
하지 못해 낙심하고 있는 사람들의 정신력을 분기시키는 영향력을
가지고 있다는 점에서 때로는 참으로 놀라울 정도다. 그 뿐만 아니
라, 이런 일을 통하여 환자가 사교적인 모임 속에 동참하게 되며 대
인관계가 형성되기도 하는 것이다.

예를 들면 메리의 수요일 오전 10시의 예정표에는 '작업요
법 ── 이불을 꿰매는 일'이라고 씌어 있다. 그러나 메리는 이 예정
표의 글자를 좀더 개인적으로 만족할 수 있는 방향으로 이해하여 읽

는 것이다. 즉, 그 여자의 담당의사는 배에 홍미를 가졌으므로, 여러 가지 범선의 모양을 그림으로 그려서 그녀에게 주었다. 그리하여 그녀는 자기가 선택한 헝겊 위에 그 그림들을 대고 끈기있게 옮겨 그려 배와 흰 돛을 오려서 푸른 바다 위에 꿰맸는데, 그 작업을 하는 도중 그녀는 자기의 온갖 주의와 정신을 다했다. 그런데 그 일은 의사에게 선물로 줄 생각으로 환자가 예술적인 의미에서 생각해 내어 하고 있었던 것이다. 그 일은 그녀가 마음을 진정하지 못하고 낙심하여 자기 침대에 누워서 울기만 하던 때에 시도되었다. 그러나 이불을 만들어 감에 따라, 그녀는 다른 사람들과 교섭을 가지지 않을 수 없게 되었다. 그녀는 자기가 재료를 선택해야 했고, 재봉틀도 사용치 않으면 안 되었다. 그리하여 나중에는 병원 안의 다른 방면에까지 참가하여 활동하게 되었다. 그 후로부터 그녀의 회복세는 놀라울 정도로 빨랐다(ibid.).

중년남자, 은행가. 이 사람도 같은 증상의 상태였었는데, 그에게는 크로케 유희장의 설비를 감독하라는 의사의 권고가 내려졌다. 그러자 이 사람은 삼복의 무더운 날씨에도 장시간에 걸쳐 일을 하면서 이 유희장의 설계와 건축을 지시하며, 자기 자신도 직접 육체적인 노동에 참가하며 즐겼다. 이 일이 완성되기 전에 퇴원허가가 나왔지만, 그는 자발적으로 1개월 동안이나 병원에 남아서 이 일을 완성했다.

또 하나의 예에서는, 두 남자가 옥외에서 돼지 따위를 통째로 굽는 가마를 만들었다. 한 사람은 전형적인 우울증이고, 또 한 사람은 알코올 중독 환자였다. 두 사람은 수주일을 함께 일했다. 이 가마가 완성되자 명명식이 있었고, 축하행사도 행해졌다. 두 사람의 이름의 첫 글자가 가마의 시멘트의 부분에 새겨졌다. 이 두 사람은 퇴원한 후에도 이 병원을 찾을 때마다 이 가마를 둘러보며, 이것을 건설

하는 일이 자기들의 치료에 얼마나 좋은 효과를 가져다 주었는가를 말하는 것이었다. (윌리엄 C. 메닝거)

─── 기분전환 요법 ───

이 치료법은 환자에게 레크리에이션 형식의 방법을 이용하여 독특한 효과를 거두고 있는 요법이다. 레크리에이션을 주관하는 의사는 교묘한 방법으로 환자들에게 어떤 운동경기 또는 취미 방면으로 흥미를 가지도록 유도하여 서로 공통적인 관계를 가지게 하며, 그 환자가 게임에 참가하는 다른 사람들과 공동 동작을 하게 되는 사회적인 형편 속으로 끌어들이는 것이다. 자유롭게 놀고 있을 때──특히 야외에서라면 더 좋은데──환자는 자기의 정신적인 알력을 외기에 접촉시키거나 그의 공격심을 우의적인 형태로 발산시킬 수 있는 경우가 종종 있다. 파티를 열거나, 회합에 나가거나, 소풍을 가거나, 산보하거나, 음악회에 나가거나 어떤 놀이를 하는 일이 환자의 개인적인 필요나 기호에 따라 선택되며, 그것으로써 사회적인 영향이 강력하게 작용하게 마련이다.

기분전환의 치료법으로서 사회에서 널리 용인된 방법으로 개인의 적의나 파괴적인 기분을 마음껏 표출할 수 있는 기회가 얼마든지 있다. 어느 우울증의 남자는 가족들이 자기에게 아주 불공평하며, 또 의사도 잘 보살펴 주지 않는다고 투덜거리면서 자주 흥분하지만, 그는 그럴 적마다 30분 가량 샌드백을 실컷 두들기고 나면 한결 마음이 풀렸다. 이때 그의 공격심을 이 샌드백에 옮기는 것을 조장하는 의미에서, 거기에다 분필로 사람의 얼굴을 그려 놓았다. 또 분열증이 있는 젊은 부인은 집안 사람들의 참견이 너무 심하여, 자기의 생활을 망쳐 놓는다는 이유로 아무에게나 화풀이를 하며 불평을 했다. 그래서 이 부인은 골프연습을 할 때 그 볼에 집안 사람들이나 친척들의 이름을 써서, 그 한사람 한사람에게 쌓이고 쌓인 원한을 푸는 기회는 이때라는 듯이 힘껏 치는 일이 그녀의 울분을 가장 효과적으로 풀어 주었던 것이다.

그리고 또 어느 분열증의 소녀는, 집에 있을 경우 방을 드나들 때마다 문을 너무 힘껏 닫는 바람에 5년 동안에 집에 있는 문이란 문은 거의 대부분을 부수었다. 어떤 때는 라디오를 발로 차기도 하고 가구를 부수고 유리창을 깨뜨리며, 그 밖에도 온갖 파괴적 행동을 부모들 앞에서 서슴없이 하는 것이었다. 그녀는 입원 후 볼링을 시작했는데, 그녀는 10개의 핀 중 첫째 핀에 부모의 이름을 붙여서 부르게 된 후로는 이 경기에 대단한 진보를 보여, 여자 볼링 경기자 중 가장 뛰어난 선수의 한 사람이 되었다. 그녀가 이 병원에 오기 전에는 볼링을 해본 경험이 전연 없었다는 것을 나는 덧붙이는 바이다.

입원한 후 그녀의 회복에는 기분전환 치료법이 크게 구실을 한 것으로 생각된다. 마찬가지로 이 기분전환 치료법은 또 환상적인 감정의 배출구를 제공한다. 특히 극이나 음악에 적용된 때에 그렇다고 말할 수 있다. 분열증으로 중태가 된 어느 부인은 치료상의 활동에 참가하기를 아예 거절하였는데, 다만 피아노 앞에 앉아서 자기가 작곡을 하는 일만은 즐겨했다. 그녀는 자기가 성모 마리아의 재래라는 환상을 가지면서 여러 가지 음악을 자기가 해석하는 대로 무용으로 표현하게 되었는데, 그녀는 누구의 코치도 받지 않고 연습도 없었음에도 불구하고, 무용의 표현능력이나 우아함은 보는 이로 하여금 놀라움을 자아내기에 충분했다. 이 두 배출의 기회를 통하여 그녀는 회복되기 시작하여, 마침내 다시금 현사회로 돌아오게 되었던 것이다(ibid.).

독서를 한 수단으로 하여 환자가 자신을 가질 수 있게 만든 다음과 같은 사례가 있다.

어느 가벼운 조광증의 여자환자는 입원 후 몇 주일에 걸쳐, 그 병원의 정신의를 자기 곁에는 얼씬도 못하게 했다. 의사가 그녀의 신뢰를 얻을 생각으로 하는 일은, 하나같이 그녀가 배척하는 친척들의 무성의한 태도의 되풀이에 불과하다는 것이었다. 마지막으로 의사는 멜빌의 《백경(白鯨)》을 그녀에게 가지고 가서, 그 소설에 대하여 재미있다고 생각되는 부분과 비유로서의 의의를 상당히 오랫동안 그녀에게 이야기해 주었다. 그런 후 2, 3일 지나서 그녀는 제1장 〈리 해안〉이라는 부분을 일부러 자필로 옮겨 쓴 것을 그 의사에게 가지고 와서 시원치 않은 듯이 주면서, 어느 날 아침 일찍 잠이 깨었기에 그 소설을 읽다가 자기 마음에 든 대목을 옮겨 쓴 것이라는 설명을 덧붙였다. 이 감동적인 제1장에는 그녀 자신의 도피상태가 동정적인 방향으로 묘사되어 있음을 발견하고, 그것이 그녀로 하여금 자기의 저항을 완화시키고 적극적인 감정전이가 시작하기를 허용했던 것이다.

이상 말한 점이 이 외의 방면에서 환자의 흥미를 끄는 것에는 음악·그림·창작·어학·자연연구 등이 있다. 물론 정신병원에서도 다른 어떤 병원에서와 마찬가지로 정규 내·외과의 치료 및 각종 치료법이 강구되어 있다.

정신병원에서 하는 일은 의지할 곳 없는 연로한 부모들——그 자녀들은 전에는 자기들의 불쾌한 공포감을 없애 주기 위하여 애써서 돌보아 주시던 자기들의 부모들이 이제 연로해지자 자기네들에게 조금 성가신 존재가 되었다 하여 귀찮게 생각하는——을 돌봐주는 것은 결코 아니다.

그런데 가슴 아프게도 자녀들이 자기의 친부모를 주립병원에 '짐을 덜기' 위해, '귀찮은 것을 없애기' 위해, 우리 부모는 그런 치료를 받아야 할 만큼 심각한 정신병이 있다고 믿는 체하며 찾아오는 경우가 얼마나 많은지 도저히 상상도 못할 정도이다. 물론 때로는 그것이 실제이어서 가장 현명한 일이기는 하지만, 대부분의 경우에는 아직 그런 시기가 오지 않았음에도 불구하고 하루빨리 부모의 재산을 상속받기 위한 방법이거나, 주 정부의 관대성을 악용하는

것이었다. 다행히도 그런 신청이 있더라도 주립병원의 책임자들은
그것을 거절하는 경향이 강해지고 있다.

———정신병의 간호인———

근대의 정신병원에서는 개별적 진단과 개별적 치료에 중점을 두
고 있는데, 그 병원으로서의 발달은 불과 3,40년 전의 정신병자의
간호방법에 비하면 참으로 대단한 진보를 보이고 있다.

그러나 지금으로부터 1500년 전에 코에리우스 오레리아누스
(Coelius Aurelianus)는 그의 환자를 '채광·온도·정적'에 있어서 최
선의 조건 밑에 두며, 또 '흥분을 유발시킬 우려성'이 있는 것은 무
엇이든지 모두 제거하도록 진언하고 있다. 특히 흥미를 느끼는 바
는, 간호인은 환자가 적개심을 일으키지 않도록 상냥하게 대해야
하며, 또 육체적인 구속은 가능한 한 제한하며 구속이 필요하더라
도 특히 조심해서 하라고 한 말이다. 또 연회·승마·산보 및 일하
기를 장려하고 있으며, 특히 회복기에 있어서는 그것이 더욱 필요
하다고 말하고 있다. 그는 반쯤 굶기거나 피를 흘리게 하거나 쇠사
슬로 구속하거나 과도한 약물요법은 안 된다고 강조했다(D. K. 헨더
슨·R. D. 길레스피, 《정신의학의 텍스트 북》에서).

그러나 설비나 임상적인 수단의 발달보다도 더욱더 놀라운 일은,
간호를 담당하는 직원의 성격 및 환자에게 대하는 그들의 태도의 변
화이다. 간호사의 퍼스낼리티는 그녀가 담당하는 환자들의 회복에
크게 영향을 끼친다. 왜냐하면 나의 동생이 나에게 상기시킨 바와
같이, 간호사는 하루에도 24시간 환자에게 영향을 주지만 의사들은
환자와 함께 있는 시간이 얼마 되지 않는다. 그러나 이런 종류의 일
에는 그녀의 퍼스낼리티 뿐만 아니라, 그녀의 훈련방향도 그것에
적합하도록 하지 않으면 안 된다. 가령 외과환자를 다루는 데 숙달
된 간호사라도, 그 경험이나 일반적인 병원의 훈련을 마쳤다고 해
서 곧 정신병 환자의 간호사로서 충분한 자격이 있다고는 할 수

없다. 정신병 환자의 간호인은 간호사라는 직업 중에서 한 전문분야를 이루는 것이며, 그것은 정신의라는 것이 일반의술 중에서 한 전문분야로 되어 있는 것과 마찬가지다. 정신병 환자의 전문간호인에게 주는 일련의 강의 중에서, 다음에 뽑아 쓴 것은 정신병 환자들의 태도나 이상이 어떠한 것인지에 대한 개괄적인 개념이 될 것이다.

그런데 환자 가운데는 열등감(badness)——여러분이나 내가 쓴다면 그냥 순수한 bedness로 되는 것인데——을 상당히 발산시키는 사람이 있는 것은 사실이다. 그러나 우리는 항상 이것이 병 때문에 일어나는 결과라는 점을 염두에 두지 않으면 안 된다.

여러분은 이 병이 있기 때문에 그들이 자기 집에 있지 못하고 이리로 들어오게 된 것이라는 점을 잊어서는 안 된다. 그러므로 무조건 참고 그들을 위해서 할 수 있는 일이라면 무엇이든지 해주어야지, 마치 나쁜 아이를 꾸짖을 때 모양으로 그들을 처벌해서는 안 된다. 또 그들을 여러분보다 열등한 사람으로 생각하고 명령적으로 나가거나 복종을 강요해서도 안 된다. 그러면 여러분은 어떻게 해야 할 것인가가 문제이다. 그것은 진정으로 여러분이 그들에게 대하여 영향력을 발휘할 수 있도록 결심하지 않으면 안 될 것이다. 그렇게 되면 그들은 경우에 따라서는 필요한 일이나 유쾌한 일로 여러분을 돕게 된다. 그렇게 하는 동안에 그들은 자기의 좋지 않은 습관과 그런 경향을 무의식중에 잊게 되고, 다른 사람들에게 대하는 태도가 점점 좋아지며, 그리고 차차 어떤 것이 옳은 것인가 하는 정의감을 다시 찾게 된다. 그리고 옳은 일을 실행하려는 소망을 가지게 된다. 그리고 그 소망을 병이 파괴하고 있다는 쪽으로 생각하게 되는 것이다.

여러분 중에서 '누구 누구를 과연 말을 듣게 할 수 있을까? 그런 선생이 있다면, 그 선생이 하는 솜씨를 보고 싶다'라는 말을 속삭이

는 것이 들리는 것 같다. 그러나 상대가 인간인 이상 전연 영향력을
미칠 수 없다는 경우는 절대로 없다. 그런 경우는 결코 있을 수
없다. 그러면 그것은 어떤 방법으로 할 수 있는가? 첫째로, 그것은
무엇보다도 여러분 자신이 우선 어떤 인간인가 하는 것에 의하여 결
정된다. 여러분은 자신이 환자들에게 존경할 만한 사람이라는 점을
발견할 때까지는 그 누구에게라도 결코 영향력을 미치게 할 수는
없다. 개인적인 인격이 결국 모든 것의 기초가 되는 것이다. 환자
는——여러분은 그렇게 생각지 않을지 모르나——매우 예리한 비
판력을 가지고 있다. 환자가 자신의 간호인이 어떠한 인간인가를
알아내는 데는 그리 오랜 시간을 필요로 하지 않는다. 만일 환자들
에게, '저 사람은 옳은 일을 하려는 사람이다. 그는 언제나 바른 말
을 하는 사람이다. 그는 결코 불친절한 일을 할 사람이 아니다. 그
는 결코 난폭하고 거칠은 짓은 안 한다. 그는 의사가 있건 없건 늘
한결같다'라는 것을 인식시키게 되면, 그들은 이런 사람은 존경해
도 좋고 믿어도 좋다는 것을 곧 알게 된다. 그리고 간호인을 존경하
고 신뢰하며, 그의 영향력과 지도를 따르게 되는 것이다.

　나는 맨 먼저 어떠한 소질을 들어야 할지 모르겠다——이 일에
는 상당히 많은, 중요한 소질을 필요로 하기 때문이다. 아마 여러분
이 평상시에는 별로 들어보지 못한 말을 할는지도 모른다. 왜냐하
면 그것은 영어가 아니라, 스코틀랜드어이기 때문이다. 나는 kind-
ness(친절)라는 말조차도 kindliness라는 말만큼은 사용하지 않는다.
kindliness란 kindness보다 덤이 조금 더 붙어 있다. 그것은 어떤 친
절한 행위를 즐겁게 행하는 것을 뜻한다. 어떤 이들은 친절한 행위
를 하면서도 불유쾌하게 한다. 남에게 친절을 베풀면서도 행복을
베풀지는 못하므로, 그 친절로써 이익을 받는 편의 사람에게 별로
친절을 베푼 형편이 못 되는 것이다. 만약 여러분이 남을 기쁘게 해
주고 싶으면, 행복을 친절하게 행하라. 그러면 그 친절한 행위가 이
중의 효과를 거두게 된다. 그러므로 우리는 친절한 인내를 실행키

로 하자──무엇보다도 인내다. 여러분이 참다못해 분통을 터뜨리는 경우가 흔하게 있음을 나는 잘 알고 있다. 나는 또 언제나 온정을 유지하며 자제해 나가기가 얼마나 어려운가를 잘 알고 있다. 어떤 사람이든지 병동에 오래 앉아 있으면 거기서 간호인이 하는 일이 무엇이며, 그들의 일이 얼마나 힘겨우며 고생스러운가, 또 그 일을 하기에는──특히 훌륭히 해나가기에는──얼마나 훌륭한 인격과 인내력이 필요한가를 곧 알 것이며, 또한 그것을 느끼는 법이다.

낙심하고 있는 환자란, 여러분이 이미 잘 알고 있다시피 자칫하면 자살행위의 우려가 적지않아 걱정거리가 된다. 이런 종류의 사람들은 항상 주의깊게 감시를 하지 않으면 안 되지만, 이런 사람들을 돌보는 일이 맡은 일 중에서 가장 어렵다는 말은 아니다. 직원으로서 가장 어려운 것은 흥분한 상태로 온갖 독설을 퍼붓는 환자이다. 나는 여러 번 간호인들을 참으로 딱하게 여겼던 적이 있다──간호인들은 치욕적인 욕을 듣고서도 참고 견디어야 하고, 환자들로부터 불쾌한 암시의 질문을 받아도 그것을 받아넘기지 않으면 안 된다. 그런데 이런 환자라도 실제로는 그럴 사람으로는 믿어지지 않으며, 기분이 내키면 보다 훌륭한 행동과 태도를 보일 사람이다. 독설에 대한 유일하고 분명한 대답은 바로 침묵이다. 그러나 잠자코 있다고 해서 원만한 해결책이 될 수만은 없다. 왜냐하면 그것은 상대편에 대해 실례가 되는 경우도 있기 때문이다. 그럴 때는 독설을 못들은 체해야 하며, 대답은 최대한의 공손한 태도를 보여야 한다.

환자가 오만무례하거나 추잡한 태도를 보이는 진정한 목적은, 그렇게 하여 당신에게 모욕을 주고 상처를 줌으로써 당신이 분통을 터뜨리며 몸부림치는 모습을 보려는 것이다. 그런데도 당신이 노하지도 않고 아무런 반응도 보이지 않는다면, 자기의 독설은 실패로 돌아간 셈이 된다. 따라서 아무리 되풀이하여도 소용이 없음을 알게 된다. 그래서 환자는 제풀에 그만두게 되는 법이다. 그것은 마치 굴

뚝에 대고 욕을 하는 것과 다름없다는 사실을 깨닫기 때문이다. 그러니까 환자가 하는 말에 대하여 원한으로 생각하는 내색을 보이거나 화를 내어 말대답을 해서는 안 된다. 오히려 보통 때와 조금도 다름없는 태도를 가지고, 독설 따위는 못들은 체해야 한다. 만약 당신이 아무래도 꼭 말을 해야 할 경우라면, 어디까지나 공손한 태도로써 해야 한다.

이상 말한 것으로 정신병 환자의 전문 간호인의 임무가 일반환자의 간호인의 일에 비하여 얼마나 다르며, 또 간호인의 태도와 그들이 가지고 있는 심리적인 이해가 얼마나 중요한 것인가를 이해할 줄로 생각된다. 나의 경험을 통해 볼 때 간호인이 이러한 태도를 취하는 것은 그 누구에게라도 가르칠 수가 없다는 사실이 판명되었다. 그것은 그 사람이 간호인으로서 훈련이 아무리 훌륭하더라도 소용없다. 그렇기 때문에 근래에 와서 간호인을 교육하는 데 있어서 특히 중점을 두게 된 점은, 이 전문직업에 들어올 사람들의 인선을 더욱 엄밀하게 한다는 점이다. 현재로서는 제Ⅰ권 제3장 〈증상편〉의 〈심리적 테스트〉의 항목 같은 시험이 이 목적을 위해서 사용되고 있다.

전체적으로 말하면, 보다 높은 지능·교육 그리고 무엇보다도 정서적인 성숙이 정신병 환자의 전문 간호인에게 요청되는 자격조건이다. 그래서인지 그들의 공급은 수요에 훨씬 못 미치고 있다.

2. 치료법상의 세 체제

근래에 이르러 정신의학에 대한 일반사회의 관심이 급속히 커지고, 이에 자극되어 치료법의 조사연구가 더욱 강화되고 있다. 그리하여 여러 가지 새로운 치료법이 발견되고 제창되고 실험되어, 그 중에는 쓸모없는 것으로 판명되어 사라져 버린 것도 있고, 또 어떤 것은 유망성이 보여 연구가 더 진행된 것도 있다. 한편으로는 기존의 치료법도 개선되었다. 제2차 세계대전에 종군한 정신의들의 많은 경험은 의심할 여지도 없이 새로운 기술로 추가하게 되었던 것이다. 그러므로 지금 여기 말하는 바와 같은 것은 아무래도 성질상 과도기적인 것이다.

근년에 있어서의 치료법의 발달은 세 그룹으로 나눌 수가 있다. 즉, 충격요법·내과 및 외과적 요법 그리고 정신요법이다.

① 충격요법

1928년경에 오스트리아인 인턴인 사켈(Sakel)이라는 사람이 대량의 인슐린을 사용하여 실험했다. 이 인슐린이라는 것은 췌장 속의 어떤 선(腺)에서 추출한 것인데, 이 선의 활동이 활발치 못하면 당뇨병이 생긴다는 것이다. 그는 인슐린을 사용하여 그야말로 우연한 일로 어떤 환자에게 경련을 동반한 무의식상태를 일으키게 했다. 그런데 의외로 이런 '쇼크'가 일어난 후에 이 환자의 정신상태가 양호하게 되었던 것이다.

이 사건이 있고 나서, 1~3일 간격을 두고 6~20회에 걸쳐 시도해 본 결과, 좋은 효과가 실증되어 그 이후부터 그런 쇼크를 고의로 일으키게 하는 치료방법이 발달되었던 것이다. 이것이 빈에서는 1933년에 비로소 실시되었고, 미국에서는 1936년에 도입되었다. 이 치료법은 순식간에 확산되어 현재는 전 세계의 정신병원에서 널리 실시되고 있다. '인슐린 쇼크'를 일으키게 하는 것은 그리 간단히 되는 것이 아니어서, 그 당시에는 부다페스트의 메튜나(Metunna)라는 정신의에 의하여 소개된 다른 방법으로 경련을 일으키게 하는 방법이 더 한층 널리 행해지고 있었다. 역사적인 사실에 비추어 보면, '메트라졸 쇼크(metrazol shock)'라 불리우는 이 요법은 1781년에 런던의 윌리엄 올리버에 의하여 비로소 시험되었다. 그러나 이 요법이 널리 일반화된 것은 그리 오래되지 않은 일이다. 일반적으로 말하면 이 요법은 분열증에 대해서는 인슐린 쇼크보다도 효과가 적지만, 중증의 우울증으로서 특히 중년의 후반기에 일어나는, 간혹 '누적된 우울증'의 증상에 대하여는 효능이 앞선다고 생각되고 있다. 이 증상에 관련하여 이 요법을 사용하는 것은 A.E. 베네트에 의하여 처음 소개되었다. 이런 종류의 증상에 대해 과거에는 일반적으로 여러 해가 지나야 비로소 회복된다는 생각을 하던 것이, 오늘날에는 2,3개월 동안에 완전히 건강을 회복하는 경우가 종종 있다.

이 충격을 일으킬 때에 더욱더 편리하고 안전한 방법은 전기를 사용하여 뇌에 자극을 주는 일이다. 이것은 이탈리아의 세레티(Cerletti) 및 비니(Bini)에 의해 1937년에 비로소 행해진 방법으로, 현재 미국을 비롯하여 다른 여러 나라에서 사용되는 충격요법 중에서 가장 보편적으로 행해지는 요법이다. 메트라졸 충격요법은 어딘가 모르게 불안하며, 또 때로는 심한 공포감을 일으키게 하는 것이지만, 이 전기를 사용한 방법은 그런 일이 없을 뿐만 아니라 치료효과상의 측면에서 보더라도 그보다 결코 못하지는 않다.

이 요법들은 어느 것이나 강렬한 경련을 일으키게 하며, 그 결과 근육과 뼈에 가벼운 장애를 일으키는 일이 있으므로, 이 경련을 경감시키는 수단이 베네트에 의하여 소개되었다. 그것은 바로 서아메리카의 토인이 화살 끝에 바르는 독약 큐라레를 사용하는 것으로, 이 독은 근육의 수축을 감소시키는 효과가 있으며, 따라서 강렬한 경련을 완화시키는 것이다. 우리들의 요양소에서도 이 보조적인 처치를 하지 않고 충격요법을 시행하는 일은 결코 없지만, 일부 훌륭한 자격을 소지한 정신의 중에서 그렇게 할 필요는 없다고 생각하는 사람도 있다.

현재로서는, 충격요법의 효과를 정확히 평가하기는 곤란하다. 우리의 경험은 비교적 얕고, 또 이 요법은 계속 발달도상에 있으므로, 이 요법에 대해서는 충분한 자격을 소지한 정신의들이 제각기 서로 다른 견해를 가지고 있다. 나는 이런 말은 해도 별 이상이 없을 것으로 생각한다. 즉, 중증의 정신병 중의 어느 경우에는 틀림없이 효과를 보인 적이 있었고, 또 때로는 완쾌되는 경우도 있었다.

그렇기는 하지만 어떤 경우에든지 이와 같이 효과적이라고는 할 수 없다. 이 요법은 아무런 위험이 따르지 않는다고 단언할 수 없는 것이므로, 많은 정신의들이 이것은 장려할 만한 요법은 못된다고 생각하고 있다. 그런데 우리는 이 요법이 어떻게 되어서 치료적인 효과를 나타내는 것인지, 그 구체적인 지식을 터득하지 못하고 있다.[1]

② 약물 및 외과요법 ·

뇌매독의 치료[2]는 그 후 계속하여 진보되고 있다. 비소·수은 및 비스무트(wismat)제의 혼용에 대해서도 개선이 되었다. 이 약물들은 유기체의 조직(organizm)에는 유해하지만, 사람에게는 비교적 해독이 적다. 이런 것들이 혈행 속에 주사되어 병원체(spirochete)가 맹렬한 기세로 번식하고 있는 조직 속으로 운반되어 간다. 다른 방법에 의한 치료요법으로서는 1819년에 이미 관찰되었으면서도, 100년이나 지난 1919년에야 폰 야우레그(Von Jauregg)에 의해 햇빛을 보게 된 것이었다. 이것은 환자에게 말라리아균을 주사하여 고열을

---

*1) 참고문헌 : Byron Stewart, 《Present Status of Shock Therapy in Neuropsychiatry with Special Reference to Prevention of Complications》, Bulletin of the Menninger Clinic, 1942년.
*2) 본서 제Ⅰ권 p. 64 d)항 참조.

내게 하거나 전기모포를 씌우거나, 또 최근에는 고주파의 전자파에 환자를 쏘여서 환자의 혈액온도를 높이는 따위의 수단도 쓰고 있다. 이러한 방법들은 어느 것이나 효과적이다.

병원체는 죽게 되거나 번식이 억제되어, 병세나 진행이 퇴조한다. 이러한 발견들에 힘입어 과거에는 진행성마비 치매증에 대해서 어떠한 조치도 할 도리가 없는 것으로 생각되었지만, 근래에는 만약 조기에 발견하여 적당한 치료를 받기만 하면 상당히 희망적인 결과를 얻을 수 있게 되었다.

정신의학에 외과적 요법을 사용하게 되기는 최근의 일이다. 열요법과 충격요법에 비하면 아직도 미흡하지만, 전문지가 아닌 일반 신문·잡지 등에 널리 소개되어 있으므로, 여기서도 한 마디 해야겠다. 프리맨(Freeman)과 워츠(Watts)는 매우 중태인 정신병 환자들의 어느 섬유조직의 일부를 제거하면 이 환자에게 혼란을 일으키게 하는 충동이 그의 의식에까지 미치지 않으리라는 발상에서, 그런 실험을 해보았다. 그러나 이렇게 잘라 버린 섬유조직의 부분은 다시 재생되지 않는다. 따라서 뇌에 대하여 영구적인 장애를 준다는 문제에 당면했다. 임상적인 관찰이 해명한 점은, 대개 이런 정도의 것이었다. 즉, 의학계의 전문 문헌에 보고된 것을 살펴보면, 임상적으로 보아서 그전보다는 나아졌다는 환자가 몇 명 있기는 하지만, 그 중의 어떤 사람들은 상당히 회복되긴 했으나 한편 뇌에 끼친 장애의 징후가 눈에 띄게 나타나 보인다고 되어 있다. 이처럼 뇌에 외과수술을 한다는 생각은 공상적인 것을 좋아하는 사람들이나 벤자민 러쉬식의, 시대에 뒤떨어진 사상의 영향에서 아직도 벗어나지 못하고 있는 정신의들의 눈에 번쩍 띄기 쉽다. 그런데 이 벤자민 러쉬(Benjamin Rush)란 사람은 마음보다는 오히려 뇌가 정신의학의 관심의 중심이 되어야 할 것을 주장하여, 그 때문에 미국 정신의학의 진보를 여러 해 정체시킨 인물이다. 대부분의 정신의는 이런 식의 치료에는 단연 반기를 들고 있다──적어도 나타나는 현상으로서는 반대하고 있다.

한편 약물요법에 있어서는 유해하다는 경향은 극히 드문 것 같다. 그렇기는 하지만, 또 특별히 유효하다는 경우도 별로 없다. 그 중에서 특히 널리 사용되고 있는 두 가지 것은, benzedrine sulphate(대뇌 자극제로 커피와 같은 자극성을 가지고 있으며, 다만 그 효력이 '조금 강하다'는 정도에 지나지 않음)와 dilantin(경련적인 혼란의 진정제로서 특별한 효과가 있음)이며, 이 외에 정신요법에 관련하여 사용되는 약물이 몇 가지 있다.

③ 정신요법

정신요법의 진보는, 나의 의견으로서는 앞서 말한 것보다 훨씬 더 중요한 것이 있다. 하지만 그것들은 기술적으로 곤란한 점이 더 많으므로, 그것에 관심을 가지는 의사의 수효가 상대적으로 적을 수밖에 없다. 걱정하고 있는 친족들에게 '이 환자를 입원시켜서 충격요법을 받게 합시다'라든가, '뇌의 수술을 해봅시다'라고 말하는 편이 '환자는 자기 자신이 충분한 이해를 하지 못하고 있는 일 때문에 고민하는 것이므로, 이것을 전부 정식으로 훈련을 쌓은 사람에게 말해 버리게 할 기회가 주어지면, 그의 마음이 편하게 되어 병이 나을 것입니다'라고 설명하는 편보다는 훨씬 일하기가 간단하고 편하다.

그러나 여러 가지 하고 싶은 말을 전부 해버리게 하고, 환자가 자신에 관해서 스스로 각종 이해를 하게 하는 치료법은, 그 철학적인 기초는 소크라테스의 시대로 돌아가며 과학적인 제창은 프로이트 이전에 행해졌던 것이다. 정신분석 및 기타의 정신요법의 기법을 배운 정신의의 수효는 늘었으며, 정신질환이나 정서의 혼란에서 오는 생리적인 병의 치료에 사용되어 크게 세력을 얻게 된 것이다.

이 기법들은 증상이 꽤 악화된 정신병의 치료에도 적용되고 있다.

정신요법은 병이 완쾌되기까지 상당히 시간이 소요되는 경우가 있고, 그것을 촉진하기 위하여 여러 가지 방법이 사용되게 되었다. 정신분석에서는 분석자에게 날마다 가서 자신의 머리에 떠오르는 모든 것을 숨김없이 자유롭게 말하는 동안에, 자기의 잠재의식 속에 오랫동안 숨겨져 있던 기억을 생각해 내게 되며, 그렇게 하여 그는 여러 가지 사실을 다른 각도에서 볼 수 있게 된다. 이 경우에 어떤 부분적인 마비를 일으키게 하는 약물을 사용하여 의식하고 있는 분야에 수정을 가하면, 어떤 기억을 생각해 내는 것을 촉진시킬 수가 있는 것이다. 소량의 에테르나 최루가스를 사용하면, 보통 경우라면 남에게 말하지 않은(억제 또는 억압되어 있는) 것이라도 말해 버리는 것을 누구나 알고 있다. 그렇지만 이런 목적으로 사용하는 것이라면, 에테르나 나이트러스·옥사이드보다도 더 효과적인 약품이 있다. 즉, 아미탈 소디움이나 펜트살 등이다.

예를 들어 비행사가 자기의 과실로 탑승객들이 모두 죽었을 때 받은 충격으로 대단한 공포와 혼란상태에 빠져 사고 당시의 기억을 모두 망각한 경우에, 이들 약품을 주사하면 기억이 소생되어 자기가 체험한 것을 생각해 내며 말할 수 있게 된다. 그러면 그 말을 듣고 난 주치의는 위로의 말로 안심시킨 후 일단 잠들게 하면, 환자가 깨어났을 때는 기분이 편안해지고 마음이 가라앉는다는 말이 있다. 언제나 이런 형태로 일이 순조롭게 되어 간다고는 할 수 없지만, 때로는 이렇게 되는 경우도 적지 않게 있다는 것이, 이 치료법이 매우 유망시되는 까닭이기도 하다.

의식을 변경시키는 또 한 가지 방법은 옛날부터 내려오는 최면술이다. 최면술에 걸렸을 때 비몽사몽의 경지가 있다는 것은, 분명하지는 않지만 여러 세기에 걸쳐 알려져 온 사실이다. 그러나 이 특수한 상태를 환자의 치료목적에 이용해 보려고 그것을 계획적으로 도입 시도한 의사는 일반적으로 메스머(Mesmer)로 알려져 있다. 그는 상당히 우수한 인물이었으나, 빈의 의사로서 많은 천재들이 그러했듯이 그도 역시 일생 동안에 세상에서 성과를 얻지 못하고 말았다. 이 최면술이 브라이트(Braid) 및 자네(Janet)의 손으로, 비로소 근대 정신의학의 정신요법용으로서의 기초가 세워졌던 것이다. 그러나 이 방법의 응용법을 몰랐다. 그러는 동안에, 브로이어와 프로이트가 그것에 흥미를 가지게 되어 프로이트는 최면술을 통하여 자유연상법을 발견했는데 이것이야말로 프로이트는 물론 정신분석자들에게 있어서 최면술보다 더 요긴한 방법이 되었던 것이다. 왜냐하면 그것은 19세기에 알려져 있던 최면술로나, 최근에 이르러서도 환자가 최면상태로 있을 때는 단지 암시를 주거나 명령을 하는 일에만 의지하고 있었기 때문이다. 이 최면술에 의하여 의식을 변화시킨 상태를 본인이 최면에서 깨어났을 때는 이미 기억하지 못하고 있으며, 또 억압되어 있는 정서적인 장애를 들추어 내기 위하여 이용할 수 있다는 생각은 드물게, 그리고 비교적 조직적이지 못한 상태에 지나지 않았던 것이다.

수년 전의 일로서, 어느 부인이 7년 여에 걸쳐 중증의 정신질환의 병에 걸려 고생하는 것을 우리 요양소 직원들이 연구한 적이 있었는데, 그들은 이 부인의 병은 정신분석으로 치료가 가능하다고 판단했다. 그러나 실제로는 그녀에게는 정신분석을 할 수가 없었다. 그 이유는, 그녀의 병은 고통스러운 사건과 알력들이 원인으로 되어 있는 줄로 생각되었지만, 그녀는 그것을 전혀 생각해 낼 수가 없었기 때문이다. 그래서 그녀는 이 기억을 촉진시키는 수단으로, 최면술을 응용해 보는 실험에 자기를 사용해 달라고 자진해서 요청해 왔다. 그녀에게는 아무런 명령도 주어지지 않았다. 또한 암시 같은 것도. '당신의 병이 어떻게 시작되었는가? 당신의 장애로 되어 있는 것은 실제로 어떠한 것인가? 그것들을 생각해 내십시오'라는 정도로밖에 주어진 것이 없었다. 그리고 그녀는 자기가 꾼 꿈은 자신이 이해할 수 있고, 해석도 할 수 있다는 암시가 주어졌을 뿐이었다. 그녀는 의사들에게 자기의 감정을 표현하며, 또 그것을 자기의 부모에 대하여 느낀 그대로를 생각해 낸 것과 비교해 보도록 장려되었다. 그렇게 하여 2~3개월이 경과하자, 그녀는 여러 가지 자료를 제공하게 되었고, 또한 일반 정신분석을 받는 환자들이 보통 그보다 5배에 가까운 기간이 소요되어야 겨우 도달할 수 있을 정도의 통찰력을 얻었다. 거기에다 그녀는 병도 완쾌되었다.

이 사실과 함께 또 다른 사람들에 의하여 행해진 똑같은 실험과 경험의 결과, 정신분석을 하는 데 있어서의 보조적인 기술로서의 최면술에 새로운 흥미를 가지게 되었다. 그것은 아직 실험적인 단계에 있는 것이기는 하지만, '정신신체의학(psychosomatic)'적인 상태에 있어서, 단기의 통찰적인 정신요법을 필요로 하는 경우에는 특히 유용하다는 것이 증명될지도 모른다.

끝으로, 어떤 한 사람의 지도자의 영향 밑에 있는 수명의 사람들이 공통된 자극을 받으면, 그들의 의식이 변화하여 그들의 '수용성 또는 감수성'이 한층 강해진다는 매우 미묘한 수단에 관하여 한 마디 말하지 않을 수가 없다. 집단 정신요법, 즉 한 사람 이상의 개인을 동시에 치료적으로 변화를 준다는 것은, 교회의 목사가 하는 목회의 일 가운데 포함되어 있다. 이 방법을 환자에 대하여 사용하는 것은, 환자를 개별적으로 조치할 것을 강조하고 있는 근대 정신의학의 특징적인 사실에 대하여 어떤 의미로는 대조적이라고 할 수 있다. 그렇기는 하지만, 사람이 집단을 이루고 있을 경우에는 서로서로 영향을 주게 마련이며, 또 집단적인 정세에 반응을 보이는 것임을 무시하는 것은 과학적이 못된다. 집단 정신요법은 아직 발달 단계의 초기에 있다. 그것은 이미 여러 형태로——강연회 · 토론회 · 번안된 교육영화 · 자발적인 극의 상연, 기타 여러 가지 레크리에이션과 집단기획이 지금까지 실행되었고, 또 현재도 실행되고 있는 상태이다.

―― 군대 정신의학――

《군대 정신의학 : military psychiatry》 가운데는, 새로운 사상의 발달이나 도태·회견의 간소화·피난 아동들의 문제·공습에 대한 반응·피로 및 소모의 상태·전쟁 노이로제·항공 정신의학, 그 외의 많은 논제들이 들어 있으며, 또한 그런 것들이 계속해서 나타나고 있으므로 여기에서는 이 정도로 끝을 맺는다.*

3. 예후

의학계의 학술논문에서는 치료 후의 상태회복의 전망에 관하여 언급하는 것이 하나의 관례로 되어 있다. 나는 치료문제를 논할 때, 이 문제에 관해서도 동시에 언급하도록 노력해 왔지만, 지금 나는 최종적으로 어떤 구체적인 것을 말하지 않으면 안 될 궁지에 빠져 있다. 왜냐하면 "정신병은 정말 치료될 수 있는 것입니까? 정신병에 걸렸던 사람이 완전히 회복한 경우도 있습니까? 당신은 정신병에 걸린 사람에게 어떤 구체적인 처방을 해줄 수가 있습니까?"라는 등의 질문을 놀라우리만치 빈번하게 받기 때문이다. 더욱 놀라운 사실은 이런 질문들을 단지 일반 사람들로부터만 받는 것이 아니라, 의학도와 개업의들로부터도 받는다는 것이다. 특히 후자가 이런 질문을 한다는 것은 그들의 마음 속에 은근히 비관적인 생각을 가지고 있거나, 그들이 이 분야에 대한 최근의 진보상황을 모르고 있다는 것을 스스로 폭로하는 것이다. 그러나 사실은, 산부인과를 제외하고는 '의료과학'의 어느 부문도 정신의학을 따를 만한 부문

――――――

*군대 정신의학 일반의 요약에 관해서는 Colonel W.C. Menninger, 〈메닝거 연구소의 보고서〉 제5권(1944년) 참조.

이 없다고 할 수 있을 만큼 많은 환자들이 완쾌되고 있는 것이다. 대개의 정신병은 완쾌된다. 아주 중증의 환자인 경우에도 통계적으로는 일반적으로 알려져 있는 것보다 훨씬 양호한 예후를 가지고 있다.

주립병원으로 이송되어 오는 환자의 절반 이상은 다시 사회생활로 돌려보내졌으며, 그들의 대부분은 발병 전에 하던 것과 같은, 또는 그 이상의 일을 훌륭히 해내고 있는데, 주립병원에 이송될 정도의 병자는 아주 중증의 환자뿐이라는 점도 항상 기억하지 않으면 안된다. 물론 치료는 조기에 발견하여 시작할수록 양호한 예후를 얻을 수 있다. 사람이라면 누구든지 신경증적인 병에 걸리며, 정신적인 병의 침범을 받는다. 그렇지만 대부분의 사람들은 정신과 의사의 힘을 빌리지 않아도 훌륭히 회복되고 있다. 다만 정신과 의사가 그 회복을 촉진시킬 수 있다는 사실이, 이 장에 말한 자료 속에 들어 있다.

제6장
응 용

철학편

정신의학 이론의 원용

세상에는 용을 퇴치하려는 사람과 성배(聖杯)를 찾으러 다니는 사람이 있는 모양이다. 또 성 조지가 되는 편을 좋아하는 사람이 있는가 하면, 반대로 카라하드 경이 되는 편이 좋다고 생각하는 사람도 있다…… 또 우리는 온갖 정열을 다해 성배를 탐구하고 있는 사람들을 그들의 목표로부터 이탈시키려는 생각을 가져서는 안 된다. ……그러나 우리 '나머지 사람들'로서는 악은 느끼기가 쉽지만, 선은 느끼기는커녕 생각조차도 못한다…… 그러므로 우리는 몸 속에 깊이 스며든, 이 파괴적인 성향을 이용하여 불명확하며 추상적이고 상상하기조차 어려운 선을 건설하려는 따위의 생각을 그만두고, 우선 명확하며 구체적이고 눈으로 볼 수 있는 악을 없애 버리려는 노력을 해야 할 것이다. 우선 가까이의 악을 없애는 일을 성취하도록 하자. 그렇게 하면 최종 목적인 선이 곧이어 건설될 것이다. 이러한 공식이 성립한다면, '성배를 획득하라. 그러나 그보다 먼저 용을 퇴치하라'고 해도 좋을 것이다

——Elmer Ernest Southard의 《악의 왕국》에서——

1. 응용

우리는 인간의 생활이라는 것은, 인간과 환경이 서로 적응해 나가는 것이라고 생각할 수 있다는 전제 아래 출발하였다. 그리고 인간은 환경의 일부분이며, 이 환경을 구성하기 위하여 협력하고 있기 때문에 원래 인간과 환경은 따로 구별할 수 없는 것이지만, 논의의 편의상 이 철학적인 진리에는 잠시 눈을 가리운 채 인위적으로 구별을 하기로 하고 이야기를 시작했던 것이다. 그러나 인류는 이 착각 속에서 성장해 왔다. 그러므로 우리는 실용적인 목적에서, 퍼스낼리티 대 환경의 문제를 앞으로도 계속하여 화제에 올리기로 한다. 이 장에서는 보다 행복한, 다시 말해서 보다 건강한 마음을 가진 인간들이란 어떤 인간들인가 하는 점에 대하여 유익한 지시를 줄 것 같은 환경의 여러 면에 관하여 생각해 나가기로 한다. 정신의학의 원칙은 개인에 대해서만이 아니라, 조직적인 사회구조에 대해서도 적용이 가능하며, 또 이미 지금까지 적용되어 온 것이기도 하다.

퍼스낼리티가 인간적인 상황에 순응하려고 여러 모로 노력해 보아도 실패하는 일이 종종 있는데, 그것을 종족유형적인 용어를 사용하여 그 일반 적용의 법칙을 추출하거나 표현하는 일은 이론적으로는 가능할 수 있을지도 모른다. 그러나 나는 의사이어서 실제론자들이 현상유형이라고 부르는 방법으로——임상경험이나 개인이니 환경이니 하는, 편리하기는 하지만 인위적인 관용어를 사용하여——사물을 생각하는 습관이 있으므로, 거기에 입각해서 논의를 하려고 한다. 정신의는 경험의 결과 어쩌면 특별히 위험한 암초가 있다는 것을 배웠다. 혹은 인간의 행동과 관심(흥미)의 큰 범주 안에는 항상 위험한 암초가 있다는 것을 알았다고 말하는 편이 좋을지 모른다. 그 하나로 결혼이란 것이 있다. 이에 대해서는 앞에서도 이미 인용된 여러 가지 사례에 나와 있다. 교육도 역시 그렇다——내가 말하는 바는 정신적인 교육, 즉 현재 실시하고 있는 형식의 교육제도로서, 규칙대로 사물을 가르치기 위하여 고용된 교사의 지시에 따라 규칙대로 학문을 한다는 종류의 교육을 말하는 것이다. 산업은, 개인으로서는 취직을 하여 그 직업에 지속해서 종사한다는 일반적인 문제인데, 이것도 또한 암초투성이의 바다와 같다. 이 밖에도 조직적인 입법과 재판이 존재함으로써 생긴 사정, 즉 거기서 실수하면 죄가 된다는 상황이 있다. 끝으로 건강문제가 있다. 위생이 요구하는 대로 순응함으로 인하여 파괴되는 퍼스낼리티도 있다.

이 장 첫머리 인용문의 저자 어니스트 사우다드는 무지·악덕·범죄·빈곤 및 질병을 '악의 왕국의 주민들'로서 인용하는 일이 보통이었다. 정신의학은, 사람이 실패할 때의 각종 상태에 정통하고 있으므로, 이 '왕국'에 관련성이 있는 여러 가지 실패——예를 들면 교육상의 실패, 범죄에 관한 것, 건강에 관한 것 등——를 이해하는 데 있어서 어떤 형태로든 이바지할 수 있음은 지극히 당연한 노릇이다. 그것이 어느 정도까지 이바지할 수 있는가, 또 어느 정도로 성공할 수 있는가는 앞으로 말하는 가운데서 독자 여러분이 스스로 인식해 낼 수 있을 것이다.

'정신의학적 사회봉사'라는 전문화된 한 직업이 발달한 결과, 정신의학을 실제로 사회문제에 적용하는 일이 크게 촉진되었다. 이 정신의학적인 사회봉사가 정신의학적인 치료에 어떠한 기능을 발휘하고 있는가는, 이미 앞 장에서 자세히 말한 바 있다. 그렇지만 교육적·경제적 또는 사회적인 실패를 했다 해서, 그 사람이 정신의에게 치료를 받으러 가는 일은 거의 없다. 한편 정신의학적인 사회사업 종사자들의 익숙한 기술은 보다 광범위한 분야에 걸쳐 이용될 수 있다.

의학적인 사회봉사는 지난 50년 동안에 하나의 직업화가 된 것이기는 하지만, 정신의학적인 사회봉사는 어니스트 사우다드 박사 및 메리 C. 자렛 양에 의하여 1913년에 보스턴 정신병원에서 특수한 전문직업으로서 창시되었던 것이다. 이 일은 1918년에 스미스 대학에서 정신의학과를 신설하고 특수교육을 하게 된 후로 더욱 촉진되었다. 그 후 정식으로 인가받은 학교 중에서 정신의학적 사회봉사 학과를 설치한 학교의 수효가 무려 20개 교가 넘었다. 그 밖에도 사회봉사를 가르치는 학교에서는, 대개 어디서든지 정신의학 및 인간의 행동원칙을 모든 사회봉사의 기초 과목으로서 가르치게 되었다.

정신의학적 사회봉사를 확장하게 된 최초의 원동력은, 제1차 세계대전 후에 상당히 많은 '전쟁으로 인한 정신신경상의 부상자들'을 정신의학적으로 고치게 되어, 그 기술적인 조수가 필요하게 되었다는 것이다. 그 후 얼마 안 되어 공공자금의 원조를 받아 로슨 G. 로레이(Lawson G. Lowrey) 박사의 기술적 지도아래 '청소년 감화 요양소' 창설에 대한 계획이 추진되어 실현을 보게 되었다. 이것은 정신의·심리학자·사회사업 종사자·소아과 의사 및 비서 또는 서기들의 연합체로서, 그들은 문제 아동을 집단적으로 연구했던 것이다. 이런 요양소가 부모들이나 당사자인 아동은 말할 것도 없고, 학교·보육원·후생시설·소년 재판소, 기타 여러 분야의 공공단체에 실제로 유용했으므로, 이 착안은 대단한 인기를 얻어, 이런 종류의 요양소가 미국 전역에 걸쳐 큰 도시에 설립되기에 이르렀다. 이런 요양소에서 일하는 정신의학적 사회사업 종사자의 기능이 매우 중요시되어, 한 곳에 4~6명의 전문가들이 필요한 경우가 종종 있었다.

나의 의견으로는 이 소년 감화 요양소라는 시설은, 한편으로는 정신과 의사에게 사회사업 종사자의 기능의 중요성을 가르치며, 다른 한편으로는 사회사업 종사자에게 정신과 의사의 유용성을 가르쳤다고 생각한다. 사회사업 종사자들은 그들의 태도와 기술 가운데 정신의학의 원칙을 더욱 채택하게 되고, 또 그들 중에는 전문적인 사회사업에 종사할 사람이 점점 늘어갔다. 그러는 동안에 요양소·주립병원·위생부문 등 여러 방면의 특수한 건강증진 업무에 종사하는 정신과 의사는 정신의학적인 사회사업 종사자를 이용하는 일이 점점 늘어갔다. 나는 이제부터 정신의학을 사회적으로 응용하는 것을 말하려는데, 그 어느 경우에 있어서도 정신의학적인 사회사업 종사자가 대단히 중요한 기능을 발휘한다. *

① 교육에의 응용

유아교육에 정신의학과 근대심리학을 응용하는 의미에 대하여,

---

* 정신병원에 근무하는 사회사업 종사자들의 중요한 임무 중에는, 입원환자의 가족과 친척들에게 그들이 지금 갑자기 당한 위기에 대하여 이해되도록 설명하거나, 병원의 규칙에 대한 조언, 환자를 대하는 태도, 정신과 의사가 사용하는 말의 의미의 해설 등이 들어 있다.

　Edith M. Stern and Dr. Samuel Hamilton, 《Metal Illness : A Guide to the Family》는 가족들을 위해서 특별히 쓴 책인데, 위에서 말한 문제의 해답을 포함한 훌륭한 노작이다.

많은 오해가 있었다. 이 오해는 어린이를 키우는 데 필요한 믿음직한 '지도서'는 과학적인 이론보다는 의식이라는 생각을 하는 이들에게 크게 기쁨을 준 적이 있었다.

정신의학의 견지에서 말하면, 근대교육이란 어린이를 억제(inhibition)로부터 해방시키거나 어린이의 억압(repression)을 제거해 주는 일은 아니다.*

그것은 어린이에게 자연적인 발달을 하게 하고, 정서적·지적으로도 성숙하게 하는 일이다. 자연적인 발달이라고 해도 그것은 어린이에게 제멋대로 아무것이나 하도록 내버려둔다는 의미는 아니다. 왜냐하면 그렇게 된다면, 우리가 발달이란 어휘 속에 포함시키고 있으며, 중요한 부분으로 인정하고 있는 사회적인 순응에 역행한다고 생각되기 때문이다. 사람은 자기가 가지고 싶은 것이라면 무엇이나 아무런 노력도 하지 않고서도 얻을 수 있다면, 발달의 유인이 없어진다. 근대교육이란 것은, 어린이가 필요로 하는 것들과 어른의 소망을 고려한 교육의 체제를 가리키는 것이다.

과거에는 이 두 가지──어린이의 소망과 어른의 소망──는 같다는 견해였다. 그러나 프로이트가 연구한 어린이의 본능적인 발달에 관한 이론 및 안나 프로이트(프로이트의 딸)의 교육에의 응용을 통해서 어린이의 소망은 그의 인생의 초기에 있어서는 성인세계의 소망과는 상반되고, 저항이 심하지만 결국 어쩔 수 없이 자기가 하

---

* inhibition이나 repression은 모두 심리학적 용어로는 억제라는 뜻으로 사용되고 있다. 그러나 펑크 와그너즈 사전에는, 전자를 하나의 정신적인 또는 신경증적인 충동이 그 반대의 충동에 의하여 억압되는, 즉 어떤 행동을 하려다가 갑자기 그만두어 버리는 것이며, 후자는 불쾌한 기억이나 사건을 잊어버리는 것으로, 그것은 자신을 보호하기 위하여 무의식적으로 잊어버리는 것이며, 거기에는 기억이 의식의 표면에 나타나는 것에 저항하는 작용이 일어나게 마련이라고 되어 있다. 본서의 제4장 〈무의식의 법칙〉에서도 이 양자의 구별이 설명되어 있다.

고 싶은 것을 포기하고 어른이 바라는 사려와 자제의 행동을 나타내
게 마련이라는 사실이 제기되었던 것이다. 그러나 어린이는 자기가
필요로 하는 일이 만족되는 경우에는 참으로 놀라운 솜씨로 무엇이
든지 잘 해낸다. 어린이가 필요로 하는 것에는 음식·주택·보살
핌·애정 등 어느 사람의 눈에든지 명확한 것부터 차례대로 나온다.
그 중에서 특히 어린이와 성인 사이의 정서적인 관계가, 어린이가
사물을 배우는 과정을 엄청나게 빠르게 하거나 더디게 한다. 어린
이는 어떤 구체적인 만족이 따르는 경우에는 사물을 배우기를 수락
한다. 그러나 좌절을 겪게 되거나 너무 엄격한 제한을 받으면, 그는
교육자를 기쁘게 하려는 노력을 포기해 버리는 수가 있다.

정신과 의사는 학교에서 배우는 지식과 숙련의 가치를 결코 부정
하지는 않는다. 그렇지만 그들은 이런 교육의 경우, 개인에게 있어
서는 그 사람이 인생에 대하여 적정한 순응이 이루어졌을 때에야 비
로소 유익하다고 믿고 있다. 정신과 의사는 넓은 뜻에서 교육의 첫
째 목적은, 현실에 대한 순응을 촉진시키는 일인 것으로 생각하고
있다. 이것이 정신의학을 교육에 응용하는 데 있어서 근본적인 교
육의 의미라고 말할 수 있다.

정신과 의사는 이런 이유에서, 유아교육은 그 어린이가 출생한
날부터 시작되는 것으로서, 교육적인 견지에서 보면 어린이가 학교
에 가기 전인 그의 인생의 초기가 가장 중요한 시기라고 생각한다.
부모가 어린이의 최초의 교사이며, 학교 교사는 미가공의 소재를
다루는 것이 아니라, 퍼스낼리티가 이미 훌륭히 형성된 개인에게
접촉하고 있는 것이다.

예를 들면 갓난아기는 입으로 빠는 것이 자기에게 정서적인 만족
을 주는 것으로서 요구되는데, 이 행위의 만족은 그렇게 하여 얻어
지는 음식물로 인한 만족과는 전연 별개의 것이라는 점이 상당히 구
체적으로 확립되어 있다. 어린이들 중에는 젖을 떼는 데 상당히 애
를 먹이는 아이가 있다. 또 손가락을 빠는 버릇이 있는 아이는 치밀

하고 교묘한 방법으로 그치게 한다. 그런데 젖도 손가락도 못 빨게 되었을 경우의 어린이는 자기에게 만족을 주는 어떤 것을 속아서 빼앗긴 것으로 생각할지도 모른다. 이 시기의 경험은 그의 성장에 중요한 영향을 끼칠 가능성이 많다. 그 영향이 때로는 학대를 받는 것 같은 태도로 나타나며, 혹은 제멋대로 아무것이나 요구하거나 의타적인 태도로 나타난다. 또 너무 어려서부터 지나치게 청결하게 해주거나 괄약근의 조절(배뇨습관)에 대하여 훈련을 시키거나 너무 엄하게 다루면 좋지 않다. 그것은 어른의 미감을 만족시킬지는 모르지만, 어린이에게는 원천적으로 자기의 몸을 더럽게 가지고 싶은 자연적인 성향이 있는데 그 훈련 때문에 이 성향을 부인하지 않으면 안 되므로, 이 어린이는 정서적인 투자의 면에서 그 채무를 갚는 셈이 된다. 또 그 지불치는 이 어린이가 인생에 대처하기 위한 에너지의 총량에서 감소되므로, 그 점을 고려하면 이렇게 해서 얻은 성과에 비해서 희생이 엄청나게 큰 것이 된다.

이 어린이가 학교에 갈 때가 되면, 대개의 경우 그는 자기의 흥미(관심)가 환경의 대부분을 수용하는 단계에 도달해 있다. 그리고 교사의 입장에서는 여러 가지 사실(실상)에 대한 어린이의 호기심이 오히려 유리한 면으로 되어 있다. 불행히도 이 어린이는 갖가지 장애와 억제로 지금까지의 모든 발달단계를 무사히 통과할 수 없었던 경우가 많다. 따라서 교사는 그 어린이가 아직도 어머니의 '응석받이'로서 손가락을 빨거나 어머니의 치맛자락에 매달리거나 잘 울거나 공격적이거나 친구들에게 지지 않으려고 하는 것을 발견한다. 이런 것은 이 어린이가 받은 지금까지의 훈련이 이 어린이의 정상적 발달에 장애가 되어, 어린이를 옆길로 빠지게 하고 방해한 증거가 된다. 그러나 대부분의 경우, 교사는 이 사실을 모른다. 혹시 알더라도, 그렇다면 어떻게 해야 하는가 하는 점은 알 수 없다.

메리는 왜 학교에서 울기를 잘할까, 존은 영리한 아이인데 왜 낙제를 하는가, 헬렌은 평상시의 점수는 썩 좋은 편인데 왜 시험에는 늘 실패를 하는가 하는 질문을 교사들에게 제시해 보라. 그들의 대답이 어리석고 아무 도움도 되지 못하는 말과 태도에 당신은 적잖이 실망을 느낄 것이다. 만약 당신이 지성을 가지고 이 문제를 생각한다면, 그리고 비록 생각은 않더라도 그 아이가 당신의 아이라면, 교사의 대답이 단순히

'아, 그 아이는 좀 괴짜입니다.'

'그 소녀는 자발적으로 무엇을 하려고 하지 않습니다.'

'그 아이는 집에서 응석받이로 자랐습니다.'

'저 아이는 게으름뱅이입니다.'

라고 말한다면, 이 중의 어느 대답을 보더라도 교사가 아무것도 모른다는 사실을 알 수 있다. 또한 자기의 무지도 깨닫지 못하고 있음을 의미한다는 것을 알 수 있다.

그리고 정신의학은 교사들에게 있어서 매우 중요한 것일 뿐만 아니라 상당히 필요한 것이지만, 교육계에서는 뜻밖에도 그런 사실이 별로 알려져 있지 않다. 최근에야 비로소 사친회니 교육자협회 같은 데서, 정신위생에 대하여 알고 싶다는 요구가 강하게 일고 있다.

그러나 보통은, 정신위생은 일종의 부수적인 기술처럼 다루어지고 있으며, 학과에서의 정식과목으로는 채택되지 않고 있다. 단지 어떤 극단적인 경우에나 유용하다는, 요긴한 부속물 정도로 생각하고 있다.

정신위생 전담 교사를 각지로 순회시키는 일은 유감스럽게도 아직 널리 실시되고 있지는 않지만, 학교에서 정신위생이 어떠한 기능을 발휘할 수 있는가에 대하여 교육자들을 인식시키기 위한 교육방법으로서는 이 일이 퍽 효과적이었다. 이처럼 교육자를 교육하기 위해서 각지로 순회하는 전담교육인들의 경과보고서는 대단히 유익한 것이므로, 교사라면 누구든지 한번 읽어야 할 것이다.

교사들은 마치 가정의 주부가 체온계를 사용하듯이 지능검사를 실시하여 지식이나 능력을 측정하고 있다. 열이 있기만 하면 주부

가 깜짝 놀라는 것처럼, 교사도 이 검사를 해보고 성적이 좋지 못한 아이가 나오면, 그 아이를 등급 구별이 없는 교실에 넣거나 '뒤떨어진' 학생들만을 모은 교실에 넣어 버린다. 그것은 마치 열병환자는 전부 모아서 큰 '열병 환자실'에 수용하고 그 열에 대해서만 처치하는 의사와 무엇이 다르겠는가? 이렇게 처치된 학생들을 수용하는 교실에는 비웃기나 하듯이 '기회실(opportunity room)'이라는 명판이 붙어 있다.

E. K. 위크맨, 《아동들의 행위와 교사의 태도》라는 책에 실려 있는 연구는 여러 해 전에 저술된 것이지만, 거기 씌어 있는 그런 상태가 불행히도 오늘날에도 여전히 많은 학교에 현존하고 있다. 그런데 위크맨은 다음과 같은 일이 일어나는 것을 발견한 것이었다.

어떤 학교의 3학년생을 맡은 5,6명의 교사는 모두 같은 수효의 학생들을 다루고 있었는데, 한 교사는 정직하지 못한 학생이 3명 있다고 보고하였지만, 다른 교사는 18명이나 된다고 보고했다. 또 한 교사는 공상으로 정신을 파는 학생이 2명이 있다고 보고하였는데, 다른 교사는 34명이나 있다고 보고했다. 어떤 교사는 눈속임을 하는 학생이 26명이라고 보고한 데 반하여, 다른 교사는 43명이나 된다고 말했다. "그런데 덴마크에서는 일이 순조롭게 잘 되지 않고 있는데, 그 분란의 원인은 국민들에게 있는 것이 아니라, 여왕에게 있는 모양이다."*

위크맨이 발견한 것으로서 더욱 주목할 만한 점은 500명의 교사들에게 50가지 행실에 관한 문제——예를 들면 도벽·무단결석·태만·싸움질·수줍음 등——에 대하여, 각자의 주관에 따라 어느 것이 더 중시되는가를 등급으로 구분하여 대답해 달라고 했다. 그런데 교사들이 중요시하는 증상으로 1번부터 25번까지 사이에 든 것

---

*이 말은 미국의 학교교육을 풍자한 것으로 당시 대부분의 국민학교 교사는 여성이었다.

중에는, 정신과 의사가 그 정도의 중요성을 인정한 것은 겨우 둘밖에 없었다. 그리고 정신과 의사가 중요하다고 생각하고 있는 것은, 교사들의 표에는 거의 전부가 끝부분에 씌어 있었다.

달리 말하면 학교의 교사들은 정신의 건강상태가 어떻게 외관에 나타나는가를 전연 모르고 있다는 말이다. 교사들은 규칙을 지키지 않거나 윗사람에게 반항하거나 질서를 문란시키는 편이, 머뭇거린다든가 퇴행적인 경향을 가진 퍼스낼리티나 행위의 특질보다도 중요하다고 생각하는 것이다.* 교사들의 견지에서 보면, 자기들이 가지는 여러 가지 콤플렉스를 자극하지 않는 아이가 정상적인 아이이다. 따라서 교사들이 좋아하는 형은 별로 활동적이 아니며 온순하여 무엇이나 시키는 대로 하는 어린이이며, 저돌적이고 닥치는 대로 경험삼아 해보고 싶어하는 독립성이 강한 어린이는 싫다는 결과가 된다.

이상 말한 것은 학교의 교사라는 일반적인 견지에서 한 말이다. 또 그들이 그렇다는 사실은 극히 자연스럽기도 하다. 왜냐하면 학교의 교사들도 한 사람의 인간이며 제각기 다른 콤플렉스를 가지고 있고, 또 그들은 내가 앞에서 말한 바와 같이 정신위생의 원칙에 관한 한 전혀 문외한이며, 게다가 자기 자신도 정신위생에 대하여 관심을 기울이지 않는 교육계의 대가들의 지배를 받고 있기 때문이기도 하다. 그러나 그 중에는 주목할 만한 예외가 아주 없는 것은 아니다.

진보적인 교육 운동가들은 이 현상을 개선하려고 용감히 노력하고 있으며, 그들의 노력의 결과로 전국 각처에는 새로운 형의 학교가 설립되어 있다. 그러나 진보적인 교육이라는 것에도 그 학설에 억지와 왜곡이 있으며, 또 진보적인 교육이라는 간판에 걸맞지 않는 일이 다분히 있어서, 교육인지 무엇인지 알 수 없게 되어 있는

* 본서 제Ⅰ권 제2장의 《4 분열적 유형》(p. 113)을 참조.

경우도 있기는 하였지만……

나는《애증 : *Love against Hate*》이라는 저서 속의 〈희망〉이라는 장에서, 내가 교육에 대하여 품고 있는 생각을 상당히 자세하게 서술한 바 있다. 거기에서 나는 "당신은 교사가 어떻게 해주기를 바라십니까? 교사는 인간의 성격을 변화시킬 수가 있을까요? 교사 자신의 생활이 무미건조하고 자신이 인생에 실망을 느끼는 경우, 그러한 교사가 어떻게 아이들에게 애정과 이상을 가지게 할 수 있겠습니까?"라는 질문에 대한 해답을 주려고 애썼다. 정신의학이 교육에 대한 관점을 요약하면, 교사가 무엇을 어떻게 가르치느냐는 문제보다는 교사 자신이 어떤 인간인가 하는 것이 더 중요하다. 수단·방법보다는 태도가 훨씬 더 중요하며, 교사의 교육에 대한 철학──일부 지방의 학교 연합회는 대개의 경우, 교사들로 하여금 생활의 무미건조함과 인생에 실망을 느끼게 만들기가 고작이며, 교사들이 그렇지 않은 인간이 되는 것을 허용치 않으며, 한편 대학의 교육부 같은 데서는 교육의 내용과 아동들에 관해서는 전근대적인 사고방식이 언제까지나 지속되고 있다──이 아동들의 어휘 및 발달에 영향을 미치는 태도에 대하여 현재보다는 좀더 건전한 상태로 바뀌지 않으면 안 된다.

a) 대학 및 고등학교

인간의 동기나 탈선 등에 관심을 가지는 사람들에게는 대학이란 참으로 훌륭한 연구실이며, 그곳에는 연구의 대상이 되는 문제가 많이 있다. 즉, 찬란하게 성공을 거둔 사람들이 얼마든지 있는 반면, 한쪽에는 비참하게 실패를 당한 사람도 많아서, 그들은 언제나 엄정한 비판를 받고 있다. 근대 정신의학은 인간이 당면하는 생활상의 갖가지 곤란을 다루고 있으므로, 정신의학이 학생이 4년 동안 특수한 생활을 하며, 그동안에 직면하는 여러 가지 곤란에 대해 적용되었다 하더라도, 그것은 지극히 당연한 일처럼 생각된다.

해마다 수천을 헤아리는 학생들이 길거리에 쓰러진다. 그보다 더 많은 학생들이 매년 자기의 학업이 만족할 만한 것임을 기대할 권리를 가지고 있으면서도, 세상에는 그들이 성격의 발달을 보일 기회를 기대할 권리를 가지고 있으면서도 도리어 실망을 맛보고 있다. 이 학생이 당면하는 실패는 그것이 학과일 경우도 있을 것이고, 사교적인 면에서 순응하지 못했던 경우도 있을 것이다. 또 생리적인 건강에 관한 것인 경우도 있을 것이며, 우리가 일반적으로 말하는 정신건강이라는 것——어느 정도의 행복과 능률을 유지해 가는 능력——인 경우도 있을 것이다. 이 정신건강이라는 것은, 그 사람의 일반적인 순응이 어떠한 것인가를 볼 수 있는 좋은 지수가 되는 것이기도 하다.

그러한 실패에 대해서는 여러 가지 설명이 나와 있으며, 그 중에는 확실히 그럴 듯한 설명도 있다. 너무 많은 사람이 대학에 진학했다고 생각하는 사람이 상당수 있다. 현실적으로 대학에 갈 만한 준비가 되어 있지 못한 사람이 실제로 너무 많이 대학에 가고 있다. 그러나 그 준비를 시켜주고 있는 대부분의 사람들이 이미 대학을 거쳐 졸업한 인물들이다. 그러므로 교육제도의 어디에 결함이 있는가를 여기저기 들추어 보기도 하고 전가시켜 보아도, 역시 우리의 책임이 그것으로써 모면되지는 않는다. 대학에 가서도, 거기에서 배우는 내용의 진가를 이해 못하고 있는 학생이 상당수 있다는 것은 분명한 사실이다. 그러므로 어떻게 하면 이 학생들이 그 진가를 체험할 수 있을까라는 점은 심리학에서 연구해 볼 만한 가치가 있는 문제이다. 이 문제에 대하여 안티오치 대학은 하나의 실용적인 해답을 가지고 있다. 베링톤 대학에서는 또 다른 해결책을 가지고 있는데, 우리가 최종적인 해답을 얻게 되기까지는 그 외에도 여러 가지 다른 해답들이 나오리라고 본다. 우리들이나 대학과 밀접한 관계를 가지고 있는 사람들은 잘 아는 바이지만, 대학에서도 경박한 풍습이 성행되어 시간과 돈을 많이 낭비하며, 또 남녀학생들로 구성된 특별 클럽들은 현재 많은 대학에서 운영되고 있다(사실 아무것도 모르는 많은 부모들에 의해서도 창설되고 유지되고 있다). 사람들은 이런 일은 매우 유해한 것이라고 생각하고 있다. 해로운 이유가 무엇이냐 하면, 이런 클럽 따위는 인위적인 방법으로 특별한 사회적 지위를 쌓아올리며, 또 국한된 집단조직의 성격을 발달시켜 교육이라는 본래의 목적에 반대되는 방향으로 나가는 경향이 있기 때문이다. 원인이야 어디에 있든지간에 대학교육은 전면적으로 성공하지 못했다는 것이 사실이다.

이 사실의 불미스러운 정보를 과학적으로 실증하는 보고를 과거에 정신의학 및 심리학부의 부장이었던 사람이 뉴욕에 있는 메이시 백화점에서 역설한 일이 있다. 그의 경험에 의하면, 대학생 중에 거의 대부분의 학생들은 장래에 간부로 될 인재로서는 부족하다는 것이다. 왜냐하면 1931년 봄에 442명의 남자대학 졸업생들이 메이시 백화점에 취직신청을 해왔는데, 불과 15퍼센트가 정식 고용되게 되었고, 4퍼센트가 견습생으로 채용되었던 것이다. 이와 같은 경험과 평가에 의해 V. V. 앤더슨은 85~90퍼센트까지의 대학졸업생의 구직자(그의 회사에서)는 아무 일자리에도 맞지 않는 것으로서 거절되었고, 95~99퍼센트까지의 졸업생들은 장래 간부가 될 인재로서의 선택에서 빠지게 되었다는 것이다. 그 이유로는 다음과 같은 간부로서의 특질 중의 하나 내지 둘 이상이 빠졌기 때문이었다. 즉, 민첩성·지성·건강·에너지·결단력·예민성·순응성·통찰력·현실 순응력·명확한 이해관념·무엇을 완성했다고 인정할 수 있는 증거가 되는 것 등이다.

많은 사람들은 엄청난 돈을 들여 아이들을 대학에 보낼 가치가 있느냐 없느냐 하는 의문을 가지게 되었지만, 이것은 이상할 것이 조금도 없다. 이러한 결점과 부족이 있음에도 불구하고 교직원들 중 대부분의 사람들의 열의·성의·인내 및 고결성(책임자가 반드시 그렇지는 않다 하여도), 그리고 대학생은 남들이 부러워하고 있으므로 중

상을 받기 쉽다는 사실과 함께 나의 마음을 그들을 변호하는 쪽으로
기울게 하여, 정신의학을 일부의 학생들에게 적용하면 앞서 말한
여러 가지 실패를 예방할 수 있을지도 모른다고 생각하여 그 구제의
길을 모색하는 연구를 하게 한 것이다.

한 명의 존 스미스를 잃는 것은, 대학으로서는 별로 대단한 사건
이 아닐지도 모른다. 한 명의 메리 베커를 잃는 것도 일반사회로서
는 그다지 비관할 정도의 것은 아닐지도 모른다. 그러나 수많은 메
리 베커들 속에는 구제할 가치가 있는 사람들도 더러 있는 것이다.

정신위생은 그들을 구제하는 것을 목적으로 삼는다. 그것은 실패
의 예방이 목적이다. 그런 예방적인 노력은 낙제가 두려운 학생이
신경쇠약이 되거나 같은 방에서 생활하는 학생을 살해하거나 정신
병원에 입원하기 훨씬 이전부터 시작되어야 한다. 그 예방책은 그
런 사람에게 충동을 주어, 다시 회복할 수 없을 정도의 극단의 일이
일어나기 전에——몇 해는 아니라도 몇 달 전에——강구되지 않
으면 안 된다.

그렇기는 하지만, 대학은 요양소일 수는 없다. 라파엘이 말한 바
와 같이 "부적당하고 어울리기 어려운, 결점 있는 재료는 이것을 억
압하고 적극성이 있는 것을 촉진시킨다"라는 것은 실로 바람직한
일이다. 왜냐하면 결국 정신위생의 주요 목적이 다만 파탄에 빠지
려는 인간을 발견해 내는 데 국한된 것이 아니라, 능률과 행복을 증
진시키는 데 있기 때문이다. 대학생의 입장에서 보면, 외부사회에
서는 아무 의심도 하지 않는 요소가 그들의 순응의 어려움을 더욱
복잡하게 만든다.

예를 들면 대학의 신입생들이 어떤 일에 직면하는가를 생각해 보
자. 그는 대학에 진학함에 따라 고등학교 상급생이라는 자유롭던
생활에서 신입생이라는, 지금까지와는 반대입장이 된다. 그는 어떤
소도시나 시골로부터 대도시로 나온다. 그리고 대도시 중에서도 가
장 까다롭고 복잡한 그룹 속에서 생활하게 된다. 지금까지는 자기

집에서 이런저런 보호를 받으며 나름대로의 사려깊은 보살핌을 받아오다가 이제부터는 하숙집이나 기숙사에서 살게 된다. 그러는 동안 그는 생리적으로 변화하는 것이다(대학의 1학년생은 거의 생리적으로 아직 완전한 성인의 상태는 아니다). 대학에 진학하면 남녀를 막론하고 많은 친구가 생긴다. 또 대학생으로서 어떤 가져야 할 태도가 있고, 또 자기 만족도 구해야 하고 과거의 자기 행동이나 생각을 고쳐야 되겠다는 결심을 해야 하는 일이 생기는가 하면, 반대로 지금까지는 억제하거나 삼가해야 했던 것에 대한 자유도 생긴다. 또 대화 중에도 새롭고 특별한 언어가 생기고 새로운 금기사항도 나오고 자기의 전망과 대상을 상당히 철저하게 바꾸지 않으면 안 된다.

이런 일반적인 문제들 외에도 대학생에게는 외부의 사람들로서는 이해하지 못하거나, 정으로 판단할 수 없는 특수한 문제가 비일비재하다. 운동경기에 대한 야심과 실망(세상은 성공한 것만을 알아준다), 희랍어로 첫 글자가 붙은 학생 특별클럽에 관한 복잡한 문제로서 학교의 내부나 외부와도 관계있는, 그러나 학생들에게 밀접한 교섭이 있는 사람밖에는 잘 이해할 수 없는 것 등이 있다. 또 질투와 선망의 문제가 가정의 안팎에 있으며, 부모에 대한 항쟁 그리고 특히 싫어하는 과목과 교수·종교·학과·건강(실제 또는 자기가 상상만 하고 있는 것)·사업·인종·성욕·경제 문제 등 성인 사회의 모든 문제가 전부 있는데, 그 외에도 다른 많은 문제들까지 덧붙어 있다. 대학 1년생——지적으로나 경제적으로나 능률면에서 평균 수준인, 미국의 대학에 적을 둔 18세 전후의 청년——이 이런 여러 가지 문제에 직면한다는 점을 생각해 보라.

b) 낙제

학생들이 왜 자기가 공부하고 있는 과목에 낙제를 하는 것일까? '머리가 모자란다'라든가 '흥미가 없어서'라고 대답하는 것이 일반적인 공식으로 되어 있다. 그러나 지성이 실제로 부족하다면 그것은 곧 알 수 있으며, 정말 '우둔'하다면 대학에 오기 전에 경쟁에서 이미 떨어져 버렸을 것이다. 또 '흥미가 없다'라고 한다면, 그 흥미 는 대체 어디로 가 버렸을까?

앤 베이컨은 고등학교 시절에는 공부를 상당히 잘하는 학생이어 서 장학생으로 대학에 진학했다. 대학의 첫 인상도 좋았고 꽤 기대 에 부푼 계획을 짜고 있었다——그녀의 대학생활의 출발은 매우 좋았다. 그런데 첫 6주일 말에는 세 과목의 성적이 좋지 못하다고 보고되었다. 제12주 말에는 그 중의 두 과목이 낙제라고 보고되 었다. 그녀의 담당교수들이나 학장은 어떻게 된 영문으로 그녀의 성적이 나쁘게 되었는지 조사해 보았으나 그 원인을 알 수 없었다. 그런데 그녀는 열심히 공부를 해도, 자기가 공부한 것을 기억할 수 가 없다는 것이었다. 그녀의 지능검사 결과는 일반수준보다 훨씬 우수함을 보였다. 또 그 여자가 소속된 여학생 클럽에서의 평판은, 그녀는 조용하고 학구파의 학생으로서 사교적인 회합 따위에는 그다지 관심을 보이지 않았다. 따라서 그런 방면에 쓸데없는 시간 을 허비하는 것 같지는 않다는 것이었다.

나는 그녀와 대화를 나누어 보았으나, 겉으로 나타난 것 이외에 는 별로 알아내지 못했다. 그러나 그녀의 마음이 공부하는 데로 가 지 않는다는 것만은 분명히 알 수가 있었다. 그녀는 학업 이외의 것 들 또는 인적인 관계에 대하여 별로 특별한 관심을 가지고 있지는 않다고 말했다. 그녀는 낙제한 데 대하여 다소 우울해지기는 했 만, 그 사실을 별로 중요하게 생각하지는 않는 것 같았고, 그 정도 는 아무래도 좋다는 것같이도 생각되었다. 얼마 동안 잠자코 그녀 의 이야기를 듣고 나서 나는 조용히 "앤, 그는 지금 어디 있지요?" 하고 물었다. 질문을 받은 그녀는 나를 물끄러미 쳐다보더니 그만 울음을 터뜨렸다. 이것이 단서가 되어, 그녀의 로맨스——임신·인 공유산·실망·이별의 경로——가 밝혀졌다. 그것을 잊기 위해 그녀는 부단한 노력을 했었다. 그녀는 자기가 잊고 싶은 일을 발설하지 않음으로써 자기는 물론 다른 사람에게 부정할 수 있고, 그렇게 해서 정서상의 경험을 말살시킬 수 있다는 그릇된 생각에서 상당한 애를 쓰고 있었던 것이다. 나의 진찰실에서 지금까지 쌓이고 쌓였던 억압된 정서가 쏟아져 나옴으로써 그녀의 태도들 중에서 몇 가지 고쳐야 할 점에 관한 암시가 주어진 것만으로, 그녀는 다음해 제2학년을 우등으로 마칠 수 있었다.*

＊ 무인기·열등감·데이트가 없음

다른 사람이 자기를 알아주거나 칭찬해 주기를 바라고 애쓰는 노력은 결코 쉴 사이가 없다. 대부분의 사람들은 배우자·이웃 사람들·친구들 그리고 친척들이 자기를 어떻게 생각하고 있는지 매우 궁금해 하는 법이며, 때로는 걱정이 되기조차 한다. 대학과 같은 곳—— 거기에는 다른 사람들과의 밀접한 접촉이 끊임없이 일어나고 경쟁적인 자기표현의 기회가 많이 있는 곳—— 에서는, 이런 문제들이 고통스러우리만큼 현저하다.

일반적으로 말하여 학생은 첫째, 육체적으로 또는 지적으로 열등하다. 둘째, 사회적인 지위가 열등하고 인기도 없고 친구가 없으므로 인하여 우울하게 된다. 후자의 경우에는, 연인과 함께 데이트도 하고 싶지만 아무도 상대를 해주는 사람이 없는 딱한 아가씨들의 경우가 포함된다. 또 이 중에는, 다른 사람과 교제하기를 싫어하고 자기 혼자서 만족하거나 까다로워서 이성에 대해 무관심한 남학생들도 포함된다.

'데이트가 없다'라는 것은, 일반적인 것이기는 하나 때에 따라서는 중대한 대학병의 일종이 되기도 하는데, 그 원인은 꽤 많은 편이

＊이 치료법은 '세척'으로 알려져 있다. 앞 장의 〈표현식의 치료법〉의 항 참조.

며, 그 성격 또한 여러 가지다. 그러나 세상 사람들과 교제해 간다는 것에 관한 가정교육이 건전하지 못했던 경우가 압도적으로 많다. 아버지 또는 어머니에 대한 '정착', 무슨 일에 대해서도 자기는 아무래도 다른 사람들과 대등하게 함께 나갈 수 없다는 생각, 이성에 대한 그릇된 생각,* 지나치게 발달된 자기애 등——이런 요소 및 기타의 것이 다음의 사례에 나온다.

에스터는 목장 출신으로 자기의 출신을 늘 걱정했다. 그녀는 상당히 부끄러워했으며, 자기의 일이 항상 마음에 걸렸다. 특히 자기의 옷이 모두 언니에게서 물려받은 것이므로, 그것 때문에 늘 마음 속에 열등감을 가졌다. 그녀는 키가 작을 뿐만 아니라, 균형이 어색한 체격을 하고 있었다. 한동안 그녀에게는 송아지라는 별명이 붙어 있었다. 그녀는 사교적인 모임이나 집회에는 결코 참가하는 일이 없었으며, 가는 곳이란 겨우 교회뿐이다. 소도시에서 오기는 했지만 그곳 고등학교에 다닐 무렵에는 매우 사교적이었고 학교행사에도 활동적이었지만 학업에는 별 관심을 기울이지 않았다. 대학에 진학한 이후부터 그녀는 거의 매일 손 깍지를 끼고 자기의 몸은 움츠린 채 글자 그대로 책벌레가 되어 버렸다. 고등학생 때는 훌륭한 단원으로 알려졌던 학생이, 대학생이 되어서는 이상한 여학생으로 불리우게 되어 버렸다.

A. 아더라는 이름으로 그는 사인한다. 이 사인은 그의 정신적인 메커니즘을 실로 그대로 나타내고 있다. 고등학교에 다닐 때의 그의 생활은 매우 평범했다.

대학 1학년 가을에 그는 축구를 해보았으나, 별로 신통치 못했다. 그리하여 그는 웅변부·문예부 등의 부원으로도 활약해 보았으나 어

---

*본서 제4장 **10**항 참조.

느 것이고 성적은 좋지 않은 편이었다. 그의 이름이 A. 아더라고
나타나게 되기는 이때부터이다. 그는 퍽 수다스러운 사람이 되
었다. 대학의 각종 행사로서 유명한 학생이 있는 곳에서는, 특히 그
경향이 더했다. 그의 머리털은 길었다.

그는 누구에게 대해서든지 존경하는 생각을 가지는 일이 없다.
그가 회원으로 가입되어 있는 학생클럽 회장이 해외여행에서 돌아
왔을 때, 불과 4마일 정도의 거리에 있는 기차역까지 걸어서 마중하
러 나가기를 거부하였다. 그의 말에 의하면 교수들이란 하나같이
얼간이란 것이다.

그는 또 극을 상연하여 성공하려고 했지만, 그 노력은 여지없이
실패로 돌아가고 말았다. 그 다음날 그는 병이 나서 집으로 돌아와
어머니의 간호를 받지 않으면 안 되었다. 그는 아버지와 사이가 좋
지 못한 편이었다.

그는 학생들의 투표에 의하면, 대학내에서 가장 인기가 없는 학
생이었다. 그것은 그가 거만하고 잘난 체하는 것이 주된 원인이었
는데, 그의 이 태도는 확실히 그렇게 하여 자기만족을 얻기 위한 보
상심리의 작용이었다.

도라는 동부 아메리카의 어느 부유한 학교에 다니고 있었다. 그
녀는 상당한 괴짜였다. 그것은 자기 자신도 인정하고, 그녀를 알고
있는 다른 사람들도 그렇게 말하고 있었다. 그녀는 사람들 앞에서
터놓고 말을 못하고 언제나 무엇을 숨기는 듯 얼버무렸다. 그녀는
젊은 남성들과 데이트도 하지 않고, 또 여자친구들과도 어울려 춤
추는 일도 없었다. 그녀는 히스테리와 흡사한 발작을 일으키는 적
이 가끔 있었다.

어느 날 저녁에 기숙사의 한 방에서 여자친구들끼리 모여서 떠들
고 있을 때, 그녀는 여러 사람들에게 이성에 대한 말을 하는 것은
나쁜 일이라고 단언했다. 그녀는 눈물까지 흘리면서 말했다. "나는

어머니에게 그런 것에 대한 이야기는 고사하고, 생각조차 해서는 안 된다는 말을 수없이 들었다. 어머니는 남자들과 함께 돌아다니면 아주 무서운 재난이 온다고 일러주었다. 어머니는 내가 남자들과 놀기라도 하면 큰일난다고 하셨다. 그래서 나는 결혼은 생각만 해도 기절을 할 것 같다."

정신위생에 관한 상담을 받는다든가, 정신위생에 관한 교육의 실시는 수십개 정도의 대학에서 정식과목으로 채택되어 불과 5년여 사이에 발달된 것이다. 프린스턴 대학의 스튜어트 페이톤 박사가 이 방면에 선구자가 되었다. 또 예일 대학에서는 1년간 5만 달러의 예산이 투입되는 정신위생부를 설치했으며, 이 안을 철저히 실행하여 다른 많은 공공단체——예일 대학만큼 재정적으로는 혜택을 못 받고 있으나, 야심만은 결코 뒤떨어지지 않는——에 대하여 상당한 성원과 자극을 주게 되었다. 1925년부터 1932년에 걸친 경제계의 불황은 각지에서 이 방면의 사업에 지장을 초래했으나, 지난 수년간에 다시 회복하여 활발하게 되었다. 어떤 학교에서는 불황시에도 이 사업을 계속해 온 곳도 없지는 않았다.

이들 각 대학에서 실행하고 있는 정신위생 교육은 두 종류로 나눌 수 있다. 첫째는, 강의 형식으로 하는 교훈적인 것, 예를 들면 교수가 학생에게 여러 가지 책을 읽을 것을 지시한다든가, '내가 대학생활에 순응하는 데 가장 곤란을 느낀 것은 무엇인가?' 하는 따위의 소극적인 연습 같은 것과 연관된 교육이다. 둘째는, 학생과 그의 정신위생의 상담을 받는 상담역 사이에 행해지는 개별적인 접촉이다. 이 방법은 입학했을 때 한사람 한사람의 학생과 서로 자기소개를 하는 일정한 형식으로 할 수 있고, 또 순응문제에 관하여 특수한 곤란을 느끼는 학생이 발생할 경우에는, 한 번이나 그 이상의 치료적인 대담을 하게 되는 일도 있을 것이다.

예를 들면 미시간 대학에서는 정신위생부에서 학생 건강 서비스로서 전속 정신과 의사가 한 명, 일정한 시간에만 일하는 정신과 의사가 한 명 그리고 정신의학적 사회사업 봉사자가 두 명, 비서가 한 명 근무하고 있어서 학생이 정신위생의 상담을 원하는 경우에는 언제든지 대담이 행해진다.

이러한 선에 따라서 이 사업을 실시하고 있는 대학이 꽤 많다. 큰 대학에서는 정신위생에 관한 교훈적인 수업을 하는 것은 불가능하다. 이것은 규모가 작은 학교가 효과를 거둘 수 있는 이점이 있다. 과거 여러 해에 걸쳐, 나는 이러한 교훈적 교육을 할 것을 제창해 온 사람 중의 한 사람이다. 왜냐하면 나는 일반적인 강의를 하거나 이 과학에 관한 통속적인 강연을 갖고 있지만, 동시에 나는 내 경험에 비추어 볼 때 해마다 상당수에 해당하는 학생들이 이런 강의를 듣고 깨닫는 바가 있어 마음이 편안해지고 기운을 얻게 되어, 그들의 학창생활의 모든 면이 실질적으로 향상했다고 확신하기 때문이다.

정신위생 상담원과 개인적으로 상담하는 것이 학생에게 유익하다는 이야기에 대해 아무도 이견이 없으리라 생각한다. 이점에 대한 기술적인 보고가 정신의학과 연관된 많은 문헌 속에 보이며, 나 자신의 경험을 말한 것도 그 중에 포함되어 있다. 학교측의 의향에 대해서는, 보아사 대학의 밀드레드 톰슨 학장이 이 사업을 처음 시작할 때 말한 내용만큼 친절한 것은 다시 없다. 그녀는 《멘탈 하이진》지 1927년 4월호에 기고한 논문 〈대학에 있어서의 정신위생의 가치〉 가운데서 다음과 같이 말하고 있다.

내가 어려운 처지를 당할 때마다 언제나 변함없는 원조를 해준 보아사 대학의 고문 정신과 의사에게 나는 깊은 감사를 드리는 바이다. 그의 후견으로 나의 통찰력이 예민해지고, 전에는 흐릿하고 분명치 않던 정세를 정확하게 겨냥할 수가 있었다. 나는 가끔 그가 농담처럼 보아사 대학에서의 자기 지위에 언급하여, '학장의 조수'라는 말을 하는 것을 들은 적이 있다. 그것은 사실 그랬었다. 그러므로 나는 어느 대학이든지 정신과 의사를 학장의 조수로 두기를 권한다——그 정신과 의사가 그 외에 어떠한 일을 하든간에.

대학에서의 정신위생은 과거 5~10년 동안에 급격히 발달된 것인데, 정신위생의 전문가를 학교직원 편성에 정식으로 넣으며, 또 정규과목 중에 신체상의 위생과 정신위생을 동등한 지위에 둔다 해도, 그것은 이미 진보적이라고는 말할 수 없게 되어 있다. 그렇게 하지 않는 편이 도리어 비현실적이다.

소수의 학생은 직원(교수)들에게 상의하러 가는 일이 있으며, 그럴 경우에 교수들은 참을성과 현명한 지혜로, 그리고 우선적으로 그들의 상의에 응해 주는 노력은 칭송받을 만한 것으로서 그에 대해 흠을 잡으려는 생각은 조금도 없지만, 대학생의 정신위생이라는 것은 사실 이런 직관적으로 양심적인 소수의 사람들의 산발적인 원조에만 맡겨서는 안 될 정도로 중요한 문제로 되어 버렸다.

이 문제에 대해서는 연구가 진행되고 있으며, 그 결과가 공식적으로 발표되고 있다. 또 개인적인 관심과 과학적 기술이 잘 연결되어, 그것이 실용의 단계에까지 이르게 된 것이다. 그리하여 정신위생 운동의 진행은 드디어 대학의 상아탑에까지 도달한 것이라고 말할 수 있다. 우리는 결국 이 운동이 언젠가는 국·공립 중고등학교에까지 파급되리라는 희망을 가져도 좋을 것 같다.

정신위생의 책임이 대학측에 있느냐, 정부측에 있느냐 하는 논의를 대대적으로 전개시켜야 한다고 생각하는 이들도 있다. 대학 중에는 학생에게 정신의학적인 충고를 하거나 치료를 하는 것은 비용이 많이 들게 되므로, 학생을 교육한다는 약정 가운데 '인격의 재건'을 위한 무료치료는 포함되어 있지 않다는 것을 주장하는 이가 있는데, 이것은 지극히 당연한 의견일지도 모른다. 정신위생적인 상담에 응하는 일은 대부분의 경우가 다만 표면적인 순응의 문제이지, 인격의 재건은 아니라고 대답할 수가 있다.

그러나 이러한 표면적인 순응문제일지라도, 또 그것을 담당할 사람이 지성이 아무리 높고 현명한 사람이라 하더라도, 임상적인 훈련을 받지 않았다면, 정신과 의사보다는 부적합하다. 그러나 정신과 의사의 수는 태부족으로 채용하기가 어렵다. 주 정부에서 고용하고 있는 정신과 의사는 대개 이 일과는 상관없는 훈련을 받았거나 실무에서 실패한 경험이 있는 사람이기 때문에, 이런 종류의 일에는 부적합하다. 이 밖에 나는, 내가 다른 많은 예술가들과 함께 경제조직 위에 일어난 좀더 근본적인 변화에는 상관없이 직접 의학적인 사업을 수행하는 데는 양심적으로 반대의견을 가지고 있다.

그 결과(나는 그것을 인정하지만, 언급하는 것을 유감으로 생각하는데), 대학에서 정신위생에 관한 상담에 응한다는 사실은 학생에게는 퍽 도움이 될 것이며, 대학으로서는 한 걸음 앞서가는 교육이라고 할 수 있고 정신과 의사로서도 흥미깊은 일이기는 하지만, 실제의 운용에 있어서는 매우 곤란한 일이라고 하지 않으면 안 될 입장에 놓여 있다. *

② 산업에의 응용

정신의학이 산업에 응용된 것은 불과 몇 해 전의 일이다. 이 방면의 선구자로는 지금은 이미 고인이 되어 버린, 천재로 칭송을 받던

---

* 이 문제에 관련한 더욱 깊은 연구를 원하는 사람에게는 다음 문헌을 소개한다.

A. H. Ruggles, 《대학생의 정신위생》, Proc. First International Congress of Mental Hygiene, 제2권(1932). V. V. Anderson and W. M. Kennedy 공저 《대학에서의 정신의학》, Mental Hygiene, 제16권 (July, 1932). F. E. Williams, 《정신위생과 대학 : 정신위생 사업의 수준》, Mental Hygiene, 제5권(July, 1931) —— 이상의 문헌 가운데는 이 문제에 관한 그 밖의 여러 가지 참고자료가 들어 있다.

하버드 대학의 정신의학 교수 어니스트 사우다드를 들 수 있다. "고용주는 왜 근로자를 해고하는가?"라고 그는 자문했다. 그리고 이 문제를 규명하는 일을 착수하게 되었는데, 어느 큰 백화점의 기록으로부터 그는 그 원인을 찾아내었다.*

고용된 사람의 불만의 원인으로서는 윗사람에게 간섭받는다, 과외의 일을 종종 하게 된다, 전근이 잦다, 아니꼬운 말을 들어 화가난다, 급료가 부당하게 낮다, 일의 조건이 마음에 안 든다, 일이 힘든다 등을 들 수 있다. 그리고 사용자는 고용인에 대하여 다음과 같은 사정을 발견하므로 불만을 가지는 것이다. 즉, 동료를 선동하는 일·부주의·부정직·음주·싸움·개인의 경제적 부족이 일에 방해가 되는 것·불복종·열성 부족·잦은 결근·재직 증명서의 내용 불량 및 불충분·'공개되지 않고 감독자의 블랙 리스트에만 기록되어 있는 것'·절도·행동이 둔하고 느린 것 등인데, 그 밖에도 사용자의 인원 감축·정리 등의 사정이 생긴 경우도 포함된다.

사우다드는 이러한 대부분의 '불만'의 이유는 정신의학을 필요로 하는 것같이 생각된다고 말하고 있다. 그것은 정신과 의사·심리학자 및 정신의학적 사회사업 봉사자 등이 협력하여 해결해야 하리라고 그는 믿었다.

이 책을 지금까지 통독해 온 독자 여러분은 이런 퍼스낼리티의 결함이 어디서 생긴 것이며, 무엇을 의미하는 것인지 명백히 알 것으

---

* 여기에 인용하여 기록한 각종 원인보다도 더 새롭고 계발적인 표가 하버드 대학의 존 브로이어(John M. Brewer) 씨에 의하여 작성되어 《퍼스널 저럴》지 제6권에 발표되었는데, 그것에 의하면 조사된 4천여 건 중에는 62퍼센트는 기술적으로 무능하기 때문이 아니라 사회적인 견지에서 필요치 않다는 이유, 즉 명령에 복종치 않음·일반적인 신뢰가 없음·무단결근·태만·말썽을 일으킴·음주·규칙위반·부주의싸움·비행·불만감·습관적인 지각 등으로 해고되었다는 것이 밝혀졌다.

로 생각된다.

그러나 정신의학의 입장에 대하여 아무런 이해도 가지지 않는 사업주들에게, 정신의학을 응용하면 그들의 사업상에 대단히 유익한 점을 안겨준다는 사실을 설득시키기란 매우 곤란한 일이었다.

큰 사업을 하는 회사에는 대개 인사부가 있으나, 정신과 의사를 그 상담역으로 채용하는 곳은 적다. 정신과 의사를 상담역으로 두기에 앞서 먼저 인사관리를 훌륭한 표준에 준하여 처리할 필요가 있는 것은 틀림없지만, 실패할 듯하거나 순응부조의 징후가 나타나고 있는 고용인을 구제하거나 더욱 책임있는 관리직 사원들의 순응부조를 바로 교정하는 일은 최선의 인사부를 구성하여 갖추는 것을 초월한 문제이다.

회사에 따라서는 심리적인 과학을 능률증진에만 이용하고 있는 곳도 있다. 그들은 사업발전의 가까운 길과 증산방법 같은 것만을 추구하고 좀더 깊은 곳에 있는, 심리적인 견지에서 필요한 문제에 대해서는 실망할 정도로 무관심이었다. 시카고의 웨스턴 일렉트릭사에서 5년간에 걸쳐 행한 광범한 실험의 결과는, 아무리 표면적인 변화(변경)를 시도해 보아도 그것이 사용자에 대한 개인적인 관심의 표현만큼 능률증진에 도움은 되지 않았다는 사실로 나타나 있다.

판매회사 고용인의 20퍼센트까지는 고용주측의 문제가 된다. 즉, 그들은 실패하든지, 회사의 부담스러운 짐이 되든지, 앞으로 그렇게 될 가능성이 있다고 예측되어 있다. V.V. 앤더슨은 정신의학을 응용하면, 다만 정신상의 조치로서만이 아니라 재정적인 면에서도 유리하다는 것을 명시하고 있다. 문제로 되어 있는 사례 500가지를 들어서 조사한 결과, 77퍼센트는 회사에 남고, 13퍼센트는 해고되고, 8퍼센트는 사직하고, 2퍼센트는 퇴직하여 연금을 타게 되었다고 보고하고 있다. 사내에 남게 된 사람들 중의 40퍼센트는 바른 순응을 하게 되어, 이제는 회사로서도 '문제'가 없게 되고, 44.7퍼센트는 계속 치료를 받았다. 이 고용인들을 적절하고 올바른 방법으로 조사연구하는 편이, 그들을 주먹구구식으로 인사조치하거나 많은 경비를 낭비하면서 되든 안 되든 해보자는 식의 훈련을 하는 것보다 시간·금전·에너지의 절약이 상당하리라고 그는 지적하고 있다.

자기의 고용인들의 심리상태야 어떻게 되어 있든간에 그런 점에는 전혀 무관심하면서 기계설비만으로 능률을 올리려고 하는 형의 사업주는 근시안적인 업주의 부류이다. 미국과 독일에서 여러 집단의 노동자들을 대상으로 시행한 실험의 결과, 인간이 행복할 때와 그렇지 못할 때에는 산업상에 어떠한 영향이 있는가가 이미 증명되어 있다. 미국의 노무자의 경우, 행복할 때에는 평균수준보다 2퍼센트의 증산을 했고, 그렇지 못할 때에는 7퍼센트의 감산을 보였다. 독일의 노무자도 대개 비슷한 수치를 보이고 있다. 여러 가지 관찰 결과를 검토해 보면, 인간은 흥분했을 때와 공포를 느끼고 있을 때에는 일시적인 증산의 경향은 있으나, 지속성이 없다는 것이 판명되었다. 또 인간의 정서적인 요소가 이 몇 집단의 노무자에게 영향을 미쳐 일어나게 하는 증감의 분기점에 대한 연구가 있었는데, 그 것에 의하면 그들의 정서상태에 미치는 영향력은 미국 노무자의 경우에는 그들이 일을 할 때의 조건이 가장 결정적인 요인이었고(34퍼센트), 그 다음으로 노동자의 건강상태에 관련된 감정이었다(28퍼센트). 그리고 외부와의 관계가 셋째로 되어 있었다.

일반의 통념과는 반대로, 일기와 금전적인 문제가 노무자의 정서상태에 끼치는 영향들은 비교적 적은 편이었다. 이 조사를 행한 사람은, 이 연구는 일반적 경기가 좋을 때에 한 것이라고 설명하고 있다.

그러나 비교를 하기 위해서 독일에서 행한 조사는 불경기인 때였지만, 그래도 금전상의 문제의 영향력은 겨우 10퍼센트로서, 앞에서 기술한 세 가지의 영향력의 어느 것에 비해 보아도 반 이하에 불과했다. 이러한 여러 가지 연구는, 우리가 정신의학을 산업방면에 대한 응용을 실제로 전개해 나가는 데 있어서 참고가 되는 것이다.

a) 산업 정신의학의 여러 원칙들

갑자기 능률이 저하되거나 서서히 능률이 내려가는 일은 여러 가지 다른 원인으로 생기는 경우가 있으므로, 그 원인은 정신의학적인 조사를 하지 않고서는 밝힐 수가 없다.

① 급성으로 진행하는 뇌의 병에서 오는 능률의 상실

A양, 26세. 그녀를 진료소로 보낸 중역의 말에 의하면, 그녀는 윗사람의 명령에 반항하고 협동심이 없으며, 자기는 스스로 위대한 인간이라는 생각을 가졌다는 것이었다. A양은 몸집이 크며, 지나치게 발달된 몸매에 잘생긴 외모의 젊은 여성으로서, 사치를 무척 좋아하여 분에 넘치게 화사한 차림을 하고 있었다. 그녀는 기분이 좋은 듯이 희색이 만면했으며 의기양양하게 회의실로 들어왔다. 그녀는 심리테스트를 받기를 거부하고 중역 이외의 사람에게는 말상대도 하지 않았다. "나는 하찮은 일에 시간을 허비할 수는 없습니다"라고 그녀는 단호히 선언했다. 그녀는 그치지 않고 떠들었다. 어떤 문제에서 다른 문제로, 그리고 또 다른 문제로 연거푸 조잘거리는데, 한 가지 이야기를 결론짓지도 않고 다른 이야기를 끄집어내는 일이 비일비재했다. 그녀는 허둥대면서 이일 저일을 마구 벌여놓고 다니기만 하였지, 무엇 하나 제대로 완성하는 일은 거의 없었다. 임상적인 진찰의 결과, 그녀의 병은 일반적으로 잘 알려져 있는 뇌의 이상으로 계속적인 입원치료를 받아야 할 필요가 있다는 것이 판명되었다. 치료결과, 그녀의 상태는 호전되어 완쾌했으며, 전처럼 능률을 발휘했다. 따라서 다른 이들과의 사이도 좋아질 것으로 본다. 그녀의 경우는 일에 대한 순응문제가 아니었다(V.V. 앤더슨 박사의 〈사업에 있어서의 정신의학〉에서 인용).

② 만성 뇌병에서 온 능률의 상실

B씨, 60세(본인은 55세라 함). 첫 인상은 매우 좋다. 훤칠한 키, 말

숙한 옷차림으로, 억양은 저음의 잘 조화된 음성이며 남부 특유의
음색을 한 품위있는 말솜씨 그리고 예절을 갖춘 정중한 태도였다.
그의 주변을 조사해 보았더니, 그는 학교교육은 별로 받지 않았으
나, 많은 책을 널리 읽은 관계로 다방면에 걸쳐 제법 해박한 지식과
식견을 갖추고 있어 여러 층의 사람들과 막힘없는 대화를 할 수 있
었다. 독신으로 살면서 일생을 뉴욕의 여러 백화점에서 서무 또는
점원감독으로서 지내 왔는데, 어느 백화점에서든지 오래 근속하지
못했다. 그리고 백화점에서 일하지 않을 때는 거의 매일을 증권취
급소에 나가서 변변치 못하나마 그의 은행예금이 허용하는 범위 안
에서 제멋대로 투기를 하기가 보통이었다. 증권취급소에서 한바탕
투기를 해보고는 다시 백화점으로 돌아오는데, 어느 것 하나라도 1
년을 지속하는 일이 없었다. 그의 주장은 "부정직·비열한 음모·경
쟁자에 대한 암약과 술책을 쓰는 자들이 모든 탓을 나에게로 돌리고
있지만, 실로 그 동기와 행동은 자기들의 부도덕한 생활을 반영하
고 있음에 불과하다"는 것이었다. 그런 이유 때문에 한곳에 오래 있
을 수 없다는 것이다. 메이시 백화점에 와서도 그는 같은 말썽을 일
으켰다.
  "경영자는 알 수 없는 일이지만, 이 백화점에서는 이상한 일이 일
어나고 있습니다. 그들은 매우 교묘하게 일을 해나갑니다. 그러나
아무리 은밀히 한다 해도 예리한 사람의 눈은 속일 수 없습니다. 물
론 경영자 쪽에서도 과연 옳은 인간이 누구인지를 모르고 있습
니다. 그것도 그럴 것이 온통 나쁜 놈들만 있으니까요." 이 남자는
언행이나 사람을 대하는 태도가 드물게 보는 훌륭한 솜씨를 가진 사
람이었기 때문에, 누가 보더라도 틀림없는 '편집증적 증세'인 이 병
을 고쳐 줄 가치가 있게 보였다. 그렇지만 그의 병적으로 굳어 버린
그 상태를 '승화'시켜 보려고 온갖 노력을 기울여 보았으나 모두 실
패로 돌아갔다. 그가 동료나 윗사람에게 대하여 가지는 태도에서
여러 가지 알력이 발생했기 때문에 결국 해고할 도리밖에 없게 되었

던 것이다(ibid.).

③ 적은 순응부조에서 생긴 능률의 상실

C양(20세)은 일하는 태도가 불량하고 행동이 어색하고 형식만 취할 뿐만 아니라, 도대체 무슨 생각을 하고 있는지 종잡을 수 없는 태도를 보이므로, 접객상 불리하다는 등등의 이유로 진료소로 보내왔다. C양은 정숙한 프랑스 여자였다. 그렇지만 너무 심하게 부끄러워하고 사양하는 성격이라, 언제나 자기 신상에 대한 생각만 하므로 점원으로 부적격이었다.

그녀의 아버지는 이미 별세했고 어머니와 가족들은 프랑스에 있었으므로, 그녀는 홀로 쓸쓸하게 여성 합숙소에서 지냈으나 거기서의 생활이 그녀로서는 별로 편하지가 못했다. 소화불량에다 머리가 쑤시고 아파, 밤이면 불면증에 시달려야 했다. 진료소장은 건강문제나 일하기에 곤란한 점들에 대하여 그녀와 대화를 나누었다. 그는 육체 및 정신의 건강에 대하여 원칙적인 것을 가르쳐 주고, 그녀의 치료에 대하여 면밀한 프로그램을 작성했다. 그녀 또한 의사의 계획에 열성적으로 협력하여 정신과 의사와 접촉하고부터 비로소 병세가 호전되기 시작했다. 그로부터 6주일 후에 구입계원이 앤더슨 박사에게 "C양은 매장내에서 가장 좋은 성적을 올려서 모든 사람들을 놀라게 했습니다. C양의 판매성적은 대단하며, 그녀의 성격도 명랑해졌고 퍽 좋아졌습니다. 저는 이 결과가 무척 기쁩니다"라는 보고가 있었다(ibid.).

고용인 중에는 자기의 적성에 맞지 않는 일을 하므로 실패하는 사람이 있다.

D양은 현금 출납계원으로 채용되었으나 일이 정확하지 못하다는 이유로 정신과 의사에게로 보내왔다. 지능검사를 해본 결과는 I. Q.

가 88로 나왔다. D양은 신속을 요하는 일에는 느렸으나 사물을 깨닫는 능력은 양호하였고, 정확을 요하는 일에는 시원찮은 성적을 보였다. 그녀를 심사한 조수는 "그녀는 가까운 것에 충분한 주의를 기울이지 않습니다. 그리고 어떤 공상에 사로잡혀 있는 것이 분명하며, 겉으로 보기에는 별 이상 없어 보이지만 정서적으로는 상당히 혼란상태입니다"라고 보고했다. 가정사정을 살펴본즉, 어머니의 사망으로 아버지가 재혼한 후로부터 집안에서 뜻이 서로 맞지 않았고, 그래서 그녀는 하숙집에서 생활하고 있었다. 그리고 '나는 집에서 쫓겨났다'는 느낌을 가지고 있었다. 앤더슨 박사의 추천으로 그녀는 금전출납 담당에서 매장으로 근무처를 옮기게 되었다. 그녀는 판매직을 좋아해서, 상사로부터 "일을 잘한다"는 소리를 들었다. 그 후에도 그녀는 계속해서 정신과 의사의 치료를 받는 동안에 정상의 체중을 되찾게 되었고, 자기의 형편에 대해 적응하는 태도도 조금씩 좋아졌다. 그녀의 건강은 완쾌되었고, 판매성적도 양호했다. 그녀는 면밀한 정신의학적인 지도를 받아 근무성적이 매우 좋아졌으므로 계장이라는 낮기는 하지만 책임있는 지위로 승진되었다(ibid.).

고용인 중에는 몇 번이고 되풀이해서 실패하는 형의 사람도 있다. 그것은 '습관적 범죄자'로 일생을 마치는 인간과 비슷한 형이다.

31세의 어느 남자가 적십자사의 인도로 진료소에 왔다. 그는 일을 하려 하지 않으며, 가족을 부양할 책임도 지지 않는다는 보고였다. 환자 자신의 말로는, 자기는 몸이 약하고 신경쇠약에 걸려 있다는 것이다.

그는 국민학교 4학년까지 다닌 것이 고작이었고, 그 후 집에서 공학과 화학을 독학했다고 하는데, 그의 정신연령은 11세 정도였고, 지능지수는 72에 불과했다.

그는 23세에 결혼하여 3명의 자녀가 있었다. 처음에 그는 빵 배달
차를 따라다니며 배달하는 일이었다. 그 후 펜실베이니아 등지의
전보국 배달부가 되었다. 얼마 후에는 펜실베이니아 철도회사의 화
물부 서기로 근무하다가 그곳의 급사가 되었다. 그 후에 R제빵공장
의 노무자가 되었고, 여기저기 제빵공장으로 전전하다가 다음에는
노스 캐롤라이나에서 우체국 서기가 되었다. 그리고 다시 생선 배
달차를 타고 다니다가 다시 제빵공장으로, 양조장으로 고용되어 다
녔다. 실로 그는 어지간히도 많은 직장을 전전했는데, 그것은 그가
돌아다니기를 좋아했다는 것과 싸움질·구타행위가 잦았기 때문이
었다. 그러면서도 그는 어디를 가든지 자기가 다시 돌아오지 못할
정도의 일은 저지른 적이 없다는 것이었다. 그가 진찰을 받으러 왔
을 때, 그는 펜실베이니아 철도회사의 제동수가 되려는 생각을 가
지고 있었다고 한다.

한편 그의 아내는, 남편이 자기를 때리며, 집에만 있게 하고 직장
도 못나가게 하면서 그녀가 몰래 일을 하거나, 이웃의 도움으로 얻
은 자기와 아이들이 먹을 음식만 모두 축낸다고 한탄하였다(T.V. 무
어, 《의지의 병리학》에서).

**고용인 중에는 사회적으로 위험한 병에 걸려 있지만, 주위 사람
들은 그것을 모르고 있는 경우가 많다**(본서 제 I 권 증상편 p.321〈b〉 뇌
매독〉의 경우에 관한 사례도 참조).

어느 대륙횡단의 철도회사에서 운행하는 열차를 평원의 중간에다
갑자기 정차해 놓고, 다른 열차가 모두 아무 탈 없이 통과하기 전에
는 이 열차를 1피트도 전진시키지 않겠다고 선언한 기관사가 있다.
주위에는 다른 기차는 발견할 수가 없었다. 화부가 차장의 협조를
얻어, 이 기관사를 유도하여 다음 역까지 운행시켜, 거기서 기관사
를 하차시켰다. 그는 오래 전부터 뇌매독에 걸려 있었던 것인지도

모른다. 그렇다면 이 사건이 일어나기까지는 용케도 검출되지 않았던 것이며, 이 사건에서 발견되지 않았더라면 더 비극적인 일이 일어났을지도 모른다(이 사건의 사례는 토피카 주립병원의 M.L. 베리 박사가 저자에게 제공한 것이다).

다음의 사례는 신문에서 발췌한 것이다.

유진 F. 에반스라는 기관차 화부는 전날밤 갑자기 정신착란을 일으켜, 달리는 객차의 창으로 뛰어내리는 바람에 중상을 입고 병원에서 치료중 며칠 후 사망했다.

다음의 두 예는 테네시 주 정부의 건강관리부에 보고된 것이다.

어느 기관차 차장이 부전마비 증세로 입원했다. 그는 정신착란을 일으켜 열차를 역과 역 사이에 정차시켜 놓고, 전진도 후진도 못하는 지경에 이르기까지 근무하고 있었다.

또 한 가지 사례로는 이것 역시 부전마비인데, 이 환자는 회사 외과의의 권유로 권고사직되었으나, 다른 회사로 옮겨 근무하던 중 커다란 여객열차 사고를 일으켰던 것이다.

경련을 일으키는 경향이 있는 사람 또한 매우 위험하다.

어느 28세 난 기관차 화부가 1912년 9월 28일에 심한 발작을 일으켰다는 보고와 함께 병원에 왔다. 그의 집안 내력을 살펴보아도 신경·정신병 계통의 병을 앓은 사람은 없었다. 이 환자는 독신으로 성병을 앓은 적도 없었다는 것이며, 또 그런 흔적도 없었다. 그는 술은 마시지 않으나, 담배는 상당히 많이 피우는 편이었다.

최초의 발작은 1912년 5월 27일에 일어났지만, 그는 그 사실을 거

의 모르고 있었다. 그의 증세는 말을 못하게 되며, 복부에서부터 힘
이 빠지고 정신이 몽롱해지는 듯하다가 두 팔에 경련이 일어나면서
그대로 정신을 잃는 것이었다. 그는 배뇨 따위의 조절력을 잃는 일
은 없었으나, 발작할 때는 혀를 깨물고는 전신의 힘이 빠져 버리는
것이었다. 3주일쯤 지나서 같은 발작이 다시 일어났는데, 그때는 혀
를 깨물지 않았다. 그 후 또 2주일쯤 지나서 세 번째의 발작이 일어
났다. 그런데 이런 발작은 항상 전과 동일한 징후를 거쳐서 일어나
는 것이기는 하였지만, 기관차를 타고 근무하는 동안에 일어난 적
은 한번도 없었다.

입원한 후에도 한 번 발작을 일으켰는데, 그때 한 사람을 가리키
면서 무엇인가 말을 하려는 듯 입만 벙긋거리더니 의자에서 굴러떨
어져 버렸다. 그는 혀를 깨물고 두세 번 경련을 일으켰다. 5분 가량
그는 의식이 분명치 않더니, 발작이 끝나자 질문에 대답할 수가 있
었다. 그러나 그는 멍하니 있었다. 그는 자기의 직장으로 돌아갔다.
왜냐하면 그의 말로는 자기가 곧 기관사로 승진하게 되어 있으므
로, 지금 자기의 직업을 잃기가 싫다는 것이었다 [칼 D. 캔프 기고,
미국 의학협회지 1913년 8월 10일자 게재 〈철도 기관사 · 화부(火夫)들 사이
에서 보는 간질과 부전마비〉에서].

버스 운전사가 어느 날 정기운행을 마친 후 심한 두통이 난다고
말하면서, 집으로 돌아왔다. 이것을 신호로 하여 그 후 무서운 발작
이 일어났다. 장정 5명이 그를 붙들고 있지 않으면 안 되었다. 그는
자기의 격심한 통증을 제발 좀 고쳐 달라고 애걸하면서 자기 침대의
철주를 휘어 놓았다. 몇 차례인지 이런 발작을 일으키더니, 그는 잠
이 들어 버렸다. 잠에서 깨어났을 때에는 도리어 무슨 영문인지를
몰라 의아해 했다.

이 발작이 일어나기 직전에 그를 목격한 다른 운전사들의 말에 의
하면 평소에 그는 인사성이 무척 밝은 사람인데, 그날은 이상하게

도 옆을 지나쳐도 못본 체 몰라 보더라는 것이었다. 이런 병력을 들으면, 대부분의 의사들은 뇌종이라도 생긴 것이 아닐까 하고 의심할 것이다. 그러나 이 남자는 여전히 여객을 태운 버스를 운전했다.

고용주나 중역측에도 심한 순응부조의 문제가 있다는 것이 발견된다.

언젠가 나는 어느 회사의 고용인을 분석하여, 어떻게 하면 일의 능률을 올릴 수 있나를 조사 보고하도록 의뢰받은 적이 있었다. 이 부탁에 의한 분석 결과, 나의 견해는 총지배인과 부사장이 서로 화해를 하든가, 그렇지 않으면 둘다 사직을 해야 한다는 것이었다. 조사과정에서 발견된 것은 그들의 이러한 증오와 감정이 공장 전체의 분위기를 해쳤으며, 직원 모두를 곤란한 사정에 놓이게 했던 것이다. 그 일로 사장의 반대를 무릅쓰고 나를 해고시키고 말았다(이 외에도 본서 제1권 제2장 중 〈4 분열적 유형〉을 참조).

세상에는 '산업을 위한 정신의학'을 '산업심리학'이나 '성격분석'과 혼동하는 사람도 더러 있다. 산업심리학은 주로 어떤 종류의 소질——성벽·경향——이 어떠한 특정의 지위에 대하여 어떠한 이용가치가 있나 없나를 연구하여 측정하는 것이며, 성격분석 같은 것은 하지 않는다.

그러나 산업심리학은 산업 역군의 적재적소의 취사선택에 관련한 이론에 있어서도, 실제적인 일에 있어서도 상당히 유력하다. 그것은 직업지도와 밀접한 관계가 있으며, 이론면이나 실제면에서 볼 때 정신과 의사보다는 심리학자의 영역에 속한다.

정신과 의사는 이런 일에 관해서는 별로 아는 것이 없다. 그러나 심리학자는 인간의 형에 따라 유효적절하게 일을 시킬 수 있는 방법이나 일의 종류에 따라 단축해서 할 수 있는 방법 그리고 어떤 종류의 후보자는 어떻게 선출해야 한다는 것 등을 결정하기 위하여 여러 가지 시험방법을 착안해 내어 실행하고, 그것을 표준화한다. 예를 들면 뉴저지 주 몬트클레어에 사는 리리안 길브레드 부인은 퍼두 대학에서, 공전(空轉)을 배제하고 어떤 일정한 일을 함에 있어서의 '단 하나의 최상의 방법'에 대해 강의하고 있다.

또 판매사원의 훈련에 대해서도 참으로 열성적으로 임하고 있으며, 피닉스 상호생명 보험회사의 외무원으로서는 어떠한 성품의 소유자가 가장 필요한가에 대하여 실로 경탄할 정도의 성과를 올리고 있다. *

이런 일은 정신의학의 영역 밖의 일이기는 하지만, 결과론적으로 보면 과학적인 업적으로서도 칭찬받을 만하다. 그러나 상대적으로 다음 사례와 같은 엉터리도 있다.

나이 50세. 학교교육은 14세까지 공립학교에 다녔음. 지능지수 중상 정도. 직업은 판매원·판매지배인·신용 방면에 관한 상업상의 배상청구 조정인 및 수금원의 경력. 건강은 양호하고 체격은 우수. 재정적으로 풍족하고, 판매업무를 특히 좋아함.

그는 언제나 자기가 바라는 이상적인 직업이 나오기만 하면 일생을 거기서 안주하며, 더 이상 성공을 바라고 애쓸 필요도 없이 순풍에 돛을 달고 평온한 항해를 하리라는 생각을 가지고 있었다. 가정적으로 아무런 문제도 없었으나, 늘 자기의 직업에 불만스러운 생각을 가지고 있었다.

이 사람은 1912년과 1915년에 성격분석자에게로 갔었고, 1922년에

---

*즉, 젊은이들보다는 나이가 든 사람들이 성공할 가능성이 많은 것을 발견하고 있다. 그리고 최상의 결과를 가져오는 연령·교육·사교성 등을 기초로 하는 적절한 선택에 의하여 현재는 500명의 외무원으로, 전에 1,700명이 모집한 생명보험 가입 액수의 3배의 성적을 올리고 있다는 것이다.

는 두 사람의 다른 성격분석자에게도 갔었다. 최종적으로 진찰한 사람은, '당신은 성질이 과격한 편이라, 그것이 혈행을 좋게 하므로' 정치가가 되거나 대중 앞에서 연설하는 업종의 직업을 택하는 편이 좋을 것이라고 말했다. 그리고 또 건축관계의 일도 좋고 그의 대단한 과격성 가운데 자기가 책임을 가지고 사업을 성취해 나갈 재능이 있으며, 또 많은 사람들을 다룰 수 있는 능력이 있고, 사람을 보면 책을 읽듯 그 사람의 마음 속을 읽을 수 있다고 말했다. 또 그는 능률증진의 기술자도 발명가도 될 수 있고, 혹은 고문변호사가 되어 젊은이들에게 사업상의 충고를 할 수도 있다는 것이었다. 또 그는 장식가나 미술품의 관상 비평가 또는 고미술품의 감정가로서의 소질도 가지고 있다고 말했다. 또 파티를 주최하면 주인으로서의 역할도 훌륭히 해낼 수 있으며, 비밀주의를 더욱 발전시키고 그의 숭고한 덕성을 조절한다면, 모든 사람의 은인이 될 것이라고 그 성격분석자가 말했다(《멘탈 하이젠》지 제8권 제1호에 기고한 로린 부루에트 및 더글라스 프라이어 공저 〈직업상의 순응부조의 유인적 요소들〉에서, 1923년 1월).

제몫을 훌륭히 해낼 수 있는 인물이 해고되거나 자진해서 퇴직하거나 하여 그 사업에 손실을 끼칠 일에, 정신의학을 적용하여 정식으로 사태를 조사하거나 그 기술(치료)을 적용하면, 이 손실에서 구해 낼 수 있는 사람이 상당히 많다. 메리 C. 자네트 여사는 정신의학적인 사회사업 종사자로 오랫동안 근무한 경험이 풍부한 사람으로서, 산업에 관련성이 있는 많은 사례를 처음으로 보고한 사람들 중의 한 사람이다. 다음의 사례들은 그녀가 연구한 것으로, 1917년에 작성된 것이다(《메디신 앤드 서저리》지, 제6권, 1917년 9월호 참조).

〔사례 1〕기계공, 29세. 진단:조발성치매(본서 제 Ⅰ 권 제2장 〈④분열적 유형〉을 참조).

최초 관찰시의 상태(1916년 1월)

① 건강상태 —— 취업불능
② 직장 —— 해고
③ 재정 —— 부채
④ 정신상태 —— 자살기도(수차례)

일정 기간 동안 정신의학적 연구 및 치료를 한 결과(1917년 1월)

① 건강상태 —— 양호
② 직장 —— 취업
③ 재정 —— 부채 없음
④ 정신상태 —— 쾌활

(① 건강상태 및 성격 ② 직장 ③ 재정 ④ 정신상태 ⑤ 기타로,
이하 분류 생략)

[사례 2] 재봉사, 37세. 진단 : 알코올 중독 및 우울증

최초 관찰시의 상태(1914년 11월)

① 습관적 만취, 도전적, 자살기도
② 직장 해고
③ 부채
④ 가정불화
⑤ 도박

일정 기간 동안 정신의학적인 연구 및 치료를 한 결과(1916년 11월)

① 사람을 사랑하고 관용, 쾌활
② 취직함
③ 부채 없음
④ 아내에게 순종

〔사례 3〕의류인쇄업, 41세. 진단:신경쇠약증

최초 관찰시의 상태(1914년)

① 박애주의
② 취업불능
③ 이웃의 도움으로 생활함
④ 가족을 부양치 않음
⑤ 자살을 생각해 봄

일정 기간 동안 정신의학적인 연구 및 치료를 한 결과(1916년)

① 취업함
② 정상적으로 일하고 있음
③ 가족을 부양함
④ 쾌활
⑤ 사회봉사

〔사례 4〕다두마차의 마부, 32세. 진단:알코올 중독성 질투

최초 관찰시의 상태(1916년 1월)

① 습관적 만취

②수입부족
③부채 없음
④아내를 학대함, 의처증이 있음

일정 기간 동안 정신의학적인 연구 및 치료를 한 결과(1917년 1월)

①금주
②수입증가
③아내를 사랑함, 의심이 풀림

〔사례 5〕기계공, 47세. 진단:일반적 부전마비(뇌매독)

최초 관찰시의 상태(1916년 10월)

①습관적 만취
②취업불능
③부채, 수입이 없음
④아내와 불화
⑤치료비가 없음

일정 기간 동안 정신의학적인 연구 및 치료를 한 결과(1918년 1월)

①금주
②취직함
③부채절감, 적당한 급료를 받음
④행복

⑤ 치료를 받음

③ 법률에의 응용

"과거 수세대에 걸쳐 범죄학자들이 많은 노력을 해왔음에도 불구하고, 악질적인 저의를 처벌한다는 것이 여전히 형법의 주요한 골자로 되어 있다.

직무태만자나 범죄자에는 여러 부류가 있어, 그들에게는 각각의 특수한 수용시설을 만들어서 전문가에게 그 운명을 의뢰할 필요가 있음을 범죄학자와 의사들이 아무리 역설해 보아도, 법률가들로서는 법 앞에서는 누구든지 관념적으로 평등하다는 법이론이 항상 형법을 지배하여, 어떤 범죄자든 구별하지 않고 같은 감옥 속으로 수감해 버린다.

정신의학과 심리학이 지금까지 아무리 큰 일을 성취했다고는 하지만, 법률가로서는 정신이상에 대한 인간적인 법률상의 개념과, 정상적인 책임에 관한 인위적인 법률상의 개념 사이에 다만 하나의 평행선을 긋는 일 외에는 못하는 것이다.

형벌상의 조치로서 예외적인 일이 있었다면, 그것은 거의 어떠한 경우에든지 형사 재판소의 주의주장과는 근본적으로 다른 원리에 의하여, 또한 재판소와 법조계로부터는 대체로 눈총을 받으면서 행정 평의회와 심의회가 거들지 않고서는 달할 수 없었던 것이었다."

(당시 하버드 대학의 법대학장이던 로스코 파운드 씨의 말)

정신의학은 인간의 기묘하고 불행한 행위를 연구하는 과학으로, 당연히 범죄와 책벌에도 많은 관심을 가지고 있다. 그러나 전통·습관 및 법적인 전례 따위는 정신과 의사를 범죄자와는 가까이 못하도록 방해해 왔다. 일반적인 사람들이 보기에는, 정신과 의사란 것은 혐의를 받고 있는 범죄자를 돕기 위하여 간혹 나타나는 파벌의식이 강한 중재인처럼 보이며, 멀쩡한 사람을 '정신이상자'라고 선언하여 그가 범한 죄의 대가로서 '마땅히 받아야 할 형벌에서 빼내려고' 나타나는 사람으로 생각되고 있다. 그렇지만 이것은 너무나 어리석고 부당하며 정신과 의사들을 흥분하게 하는 일이다. 둘레이 씨가 법정에서의 정신과 의사를 희문화(戲文化)해서 쓴 아래와 같은 글이 아마 세상 사람들의 일반적인 견해를 대변하는 말일지도 모른다.

"당신은 이 피고인을 아십니까?"
재판소측에서 물었다.
"압니다."
정신과 의사는 대답했다.
"안 지가 얼마나 됩니까?"
"1시간 전에 비로소 만났습니다. 그러나 나는 그에 대한 일은 환히 알고 있습니다. 부잣집 아들인 이 젊은이는 편집증이고 조발성 치매·자아의 침체·소망의 억압·열등 콤플렉스·환각이 있고, 선천적인 고집불통 등의 증상이 있습니다. 한 마디로 말하자면 이 사람은 벌레나 다름없습니다. 재판장께서도 잘 아시겠지만. 그렇기 때문에 그는 가두어 두어야 할 필요가 있다고 생각합니다."
"정신병원에다 말입니까?"
재판소측에서 다시 물었다.
"아닙니다. 천만의 말씀입니다. 그렇게 해서는 그의 훌륭한 부모들에게 너무 가혹한 일일 뿐만 아니라, 호사스런 환경에서 자라난 이 청년에 대해서도 너무 가혹하다고 봅니다. 그리고 이 청년은 지금 내가 말한 두세 가지의 증상말고는 거의 정상적입니다. 나는 그와 같은 재산 많은 청년이 요구하는 유쾌한 생활에 필요한 모든 시설이 완비되어 있는 어떤 한적한 시골 같은 데를 말합니다.
예를 들면 진수성찬과, 지하실에는 갖가지 술이 풍족하게 준비되어 있고 말벗을 삼을 사람도 있는 곳으로 그를 보내도록 판결하시기를 제안합니다. 나는 그런 곳으로 그를 안내할 수 있습니다. 거기는 산과 들이 물결치듯 서로 어우러져 있는 아름다운 지방인데, 테니스·골프·수영 등의 시설도 훌륭하게 갖추어져 있습니다. 그곳에서 이 청년이 사나이다운 운동을 즐기며, 장시간 산보도 하고, 또 이 요양소의 지붕 밑에서 지저귀는 뻐꾹새들과 벗삼을 수도 있습니다. 거기가 바로 그러한 요양에는 더할 나위 없이 좋은 곳으로 나는 알고 있습니다. 실은 내가 그 요양소를 소유하고 있습니다."

정신과 의사라는 직업은 위에서 풍자하여 인용한 묘사와는 전혀 다른, 그보다 훨씬 권위있는 이상주의적인 직업이다. 그러나 때로는 그와 같은 일이 실제로 있는 것 같기도 하다. 그것은 대체 어찌된 까닭일까? 그리고 정신의학과 법정 사이의 올바른 관계란 어떠한 것일까?

(i) 과거의 선악의 문제
우리는 이 문제를 역사적으로 고찰해 보기로 하자. 과거에 인간의 모든 행동·태도를 선과 악의 둘로 구분하던 시대가 있었다. 선속에는 경건하다든가 바른 일을 한다든가 전통을 중히 여긴다든가 정해진 일을 성실히 한다든가 무해하다든가 그리고 선악에 다같이 문제를 일으키지 않는 일들이 포함되어 있다. 악 가운데는 이단 종교를 믿기, 정당치 않은 일을 하기, 전통을 무시하기, 정해 놓은 일을 규칙적으로 안 하기, 마음대로 행동하기, 반사회적이며 다른 사람이 이해하지 못하는 일 등이 포함되어 있다.

그 후로 악은 다시 설명할 수 없는 것과 해석할 수 있는 것 두 가지로 분류되었다. 그리하여 괴곽한 인간들로 한 그룹이 지어졌다. 이 자들은 악행이나 해로운 일을 해도, 그것으로써 어떤 이득을 얻고 있는 것 같지는 않았다. 사회에 위해를 끼치기만 했지, 그로 인한 그들 나름대로의 소원성취의 만족도 얻지 못한다. 그들의 행동은 조절이 불가능하여 근거 없는 공포를 조작하거나 자기의 육체를 자해하거나 가장 사이좋은 친구를 적으로 생각하거나 까닭없이 사람을 살해하려 하거나 실제로 살인을 저지르기도 했다. 그들은 이유없이 방화하거나 자신에게는 아무 쓸모도 없는 것을 교묘한 방법으로 훔쳐내는 것이다.

이처럼 그들이 하는 일들이 하도 의아해서, 다른 사람들은 일종의 공포감을 가지고 그들을 보게 되고, 예언자들은 그들을 처벌하는 것은 인정에 어긋나는 행위라고 선언했다. 그러는 동안에 약을 쓰면 상식에 벗어난 행동 중의 어떤 것은 다소 절제할 수 있음을 알게 되었다. 그리하여 이 사람들은 의사의 손으로 넘겨지고, 의사는 이 사람들에게 어떠한 처치를 하여 증세를 호전시켰다.

이처럼 의사의 손으로 넘기는 것을 법률적으로 정당화하기 위하여 '발광'이라는 말이 만들어지고, 이 말이 법적으로 효력을 발생하도록 정해졌다. 의사의 손으로 넘겨지고 증명서가 발급되고, 그리고 이렇게 처리된 인간은 '광인'으로 낙인이 찍혀 알려지게 되었다.

악의 다른 한 그룹에 속하는 사람들은 누구나 이해할 만한 일을 했다. 그들이 한 일들을 살펴보면 누구든지 한번쯤은 경험이 있었든가, 그렇지 않으면 해보려는 마음을 먹었던 것으로, 다만 사회의 편의나 안이와 충돌하는 성질의 일이었다. 이 사람들은 누구나 할 것 없이 탐내며, 필요하고 값진 물건을 훔쳤다. 그들은 자기를 해치는 사람들에게 복수를 했다. 그리고 만일 그들이 살인을 했다면, 그 피해자는 그의 적이었다. 이런 일들은 전통·종교 및 법률로 금지되어 있기는 하지만, 거의 모든 인류가 공통적으로 가지고 있는 본능이다. 선에 속하는 사람들까지도 역시 같은 유혹을 물리치려면 상당한 노력이 필요할 것이며, 정상적인 성인은 누구든지 유아시절에 범한 같은 방면의 죄에 대해 다소간의 뉘우침을 가지고 상기한다. 다만 어렸을 때의 도벽은 극히 적은 일이었고, 그가 살인을 하려는 충동도 실행에 옮기기까지에 도달하지는 않았던 것이다.

근대의 과학적인 모든 발견에 의하면, 이러한 '명백한' 범죄라도, 그것이 명백한(또는 명백하다고 생각되는) 동기에서 출발하여 범해진 것이라고는 믿기 어렵다는 의견을 제시하고 있다. 어떤 행위를 하는 동기에는 의식적인 것보다는 의식되지 않는 것이 많으며, 의식적인 설명은 자칫하면 표면적인 합리화로 되기 쉽다. 그렇기는 하지만 저지른 죄는 세상 사람들이 잘 이해할 것으로 생각되는 종류의 것이며, 나아가 그것이 죄인에 대한 태도를 결정하는 것이다.

우리가 이미 보아 온 바와 같이, 사회는 이해할 수 없는 그릇된 성질의 행위를 처벌하는 것은 몰인정하다고 생각하게 되었다. 그러나 원수를 갚으려는 자들이 너도 나도 일어나서, 그릇된 행위를 한 사람들——이들의 행위는 이해할 수 있는 것 같았다——의 피를 보지 않고서는 참을 수 없다고 야단한다. 그것은 마치 그들이 자기 자신의 마음 속의 맹렬한 다툼에서 패하여 항복했다(유혹에 넘어갔다)는 이유로(그들은 유혹에 넘어가지 않았으므로), 그들을 누구나 때려눕히고 싶어하는 것 같았다.

즉, 보통 사람이 보아서 이해가 되지 않는 죄를 범한 죄인은 공식적으로 '광인'이라는 낙인이 찍힌다. 또 우리가 자기의 내면적인 알력에 비추어서 즉각적으로 이해될 수 있다고 생각되는 사람들에게는, 공식적으로 '범죄자'라는 명칭을 붙였다. 전자의 경우는 더욱 능률적으로 되어 가는 과학적인 연구와 처치가 가해지고, 후자에게는 전통적으로 처벌이라는 벌칙을 가해 왔다. 광인이니 범죄자니 하는 낙인이 찍힌 인간의 수효는 일반적인 인구의 증가보다 빠른 속도로 늘어간다. 이 결과로 생기는 두 가지의 사회적인 문제를 다루는 방법을 관찰하는 것에는 중대한 의의가 있다. 정신과 의사의 증가는 정신위생을 세상에 널리 퍼뜨리기 위하여 과학적으로 계획된 프로그램에 따라 대처되어 왔다. 유사한 형의 비행에 대해서는, 히스테리컬한 소리로 범죄의 물결 운운하면서 어리석은 소리를 늘어

놓는다.

아마추어 범죄학자들은 수없이 많은 범죄 예방법을 제창했다. 그 중에는 강제적으로라도 교회의 주일학교에 보내자는 내용에서부터 자동차를 폐지하라, 담배를 없애라, 짧은 수영복을 못 입게 하라는 등의 내용까지 있다. 이러한 문제에 대해 현재 미국의 신문잡지에 헤아릴 수 없이 많이 게재된 특별기사와 논문 가운데서, 조금이라도 인간행위의 과학적인 기초를 이해하고 쓴 것으로 보이는 것은 실로 매우 드물다.

(ii) 처벌설

범죄자를 처벌한다는 것은 이론적으로 두세 가지의 이유에서 제창되고 있다. 즉 그것은

첫째, 범죄자의 마음을 개심시키기 위하여

둘째, 사회를 방위하기 위하여

셋째, 동일형의 범죄를 계획하는 다른 사람들에게 그런 생각을 포기하게 하기 위하여

라는 내용이다.

구치소와 감옥의 사정을 조금이라도 아는 사람이라면 누구나 죄인을 그런 곳에 수감해 두면 그들을 개심시킬 수 있다고는 결코 생각지 않을 것이다. 그들은, 수감된 죄수의 형기가 만료될 즈음에는 처음 입감될 때보다 훨씬 위험한 인물로 변해 있을 가능성이 높음을 알고 있기 때문이다. 교도소장들은 거의 모두가 그렇게 말하고 있으며, 그리고 직무에 태만한 판사를 제외한 다른 판사들도 누구나 이 사실을 잘 알고 있으며, 그 점에 대해 유감으로 생각하고 있다.

악을 일삼는 사람들을 어떤 곳에 가두어두고 그들이 나쁜 짓을 못하도록 하여 사회를 방위하는 권리를 사회가 가지고 있다는 것에는 그 누구도 반론을 제기할 사람은 없다. 그러나 형기라는 것은 일정한 기간이 경과하면 풀리게 된다. 만기 전에라도 선서 석방관의 판

단에 따라 인간적인 혹은 정치적인 고려가 있고 또는 새 수감자들을
수용하기 위하여 만원인 감옥 안에 수용의 여유를 만드는 행정상의
필요성이 발생하여 그들의 경기가 감형된다. 법률의 명문에 따라서
판결된 인위적인 형기도, 선서 석방관의 기분에 좌우되어 결정된
일정 같은 것도 이 죄인의 변화 즉, 위험 인물이었던 상태에서 안전
한 인물이 된다는 변화에는 합치되지 않는다. 그러므로 우리는 희
비극을 동시에 당하게 된다. 즉 범죄자가 일정 기간의 형량을 판결
받지만, 그 형기가 끝나면 그는 출감하게 되고, 그 다음에는 또 몇
번이고 죄를 범하는 경우도 많이 있다. 그런데 사회는 그런 범죄가
재발생되지 않도록 감옥에 의하여 보호되어 있어야 할 것이다.

과학적으로 증명된 일은 아니지만, 어떤 사람이 처형되는 광경을
본다면 다른 사람들은 죄를 범할 생각을 포기하는 경우가 있으리라
는 생각을 할 수 있다. 그러나 그러한 위협의 효과가 누구나 할 것
없이 나타나서 범죄에 대한 생각을 반드시 정지시킬 수 없다는 것은
명백하다. 그것이 사실이 아니라면, 범죄 따위는 이미 오래 전에 아
주 없어져 버렸을 것이다. 이 견제력은 현재 우리의 감옥에 수감되
어 있는 범죄자들을 억제하지 않았다. 사려깊은 사람이라면 어느
감옥에라도 가서 거기 수감되어 있는 범죄자들을 잠깐 들여다보면,
그들에게 죄를 범하지 않게 하기 위한 처벌에 대해 그들은 정말 이
해하지 못한다는 확신을 가지게 될 것이다. 달리 말하면 정신상으
로 이상이 없는 사람이라면 어떤 종류의 법률적인 위협이 효과를 거
두어, 그것이 견제가 될지도 모른다──그것도 정도 문제이기는
하지만. 그러나 죄를 범하는 사람은 현재로서는 정신이 온전한 사
람은 아닐지도 모른다. 그리고 정신에 이상이 있는 사람은, 사회적
인 조정에 대하여 보통의 반응을 보일 수 없다는 것은 참으로 놀라
지 않을 수 없다.

큰 문제가 되는 범죄에는 또 다른 요소가 있다. 범죄 행위에 대한
생각을 중단하게 하는 영향력이 있는 것이라면, 그것이 어떤 것이

든 일반적으로 널리 통하는 것인 한 견제를 받는 사람에게뉴 그 자체가 충분한 영향력의 요소가 있어야 할 것이다. 이 요소라는 것은, 그야말로 큰 문제라고 생각되는 범죄에 대하여 사회가 보이는 반대의 눈초리──그것에는 도덕적인 불명예도 포함되어 있다──를 매우 두려워하는 감정이다. 대부분의 사람들은, 사람들의 행위가 여러 면에서(법적으로 규정되지 않은 방면의 것까지도) 사회가 그것을 선으로 인정하느냐 않느냐에 따라서 견제된다는 것을 알고 있다──물론 그 중에는 이런 종류의 조정(선으로 인정하느냐 않느냐)이나 법률에 대하여 아예 그 자체를 무시하거나 반항하는 사람도 있기는 하지만, 한편으로는 사소한 교통법규 위반처럼 법률상의 죄를 범하고 있으면서도, 그 위법자에게 도덕적으로는 아무런 거리낌도 남기지 않는 것이 있다. 특정한 처벌이 크건 적건간에 독립된 견제력을 가지는 것은, 사실 이와 같이 차라리 별로 큰 문제가 되지 않는, 일반적으로 범죄의 논의 대상에도 오르지 않는 경우뿐이다.

그러므로 현행의 형벌은 그 원래의 목적에서 최소한의 성과도 거두지 못하고 있다. 어떤 다른 제도에서라면 이루었을지도 모를 정도의 효과적인 구실도 못했다고 생각할 수가 있다. 처벌의 필요성을 정당화시키기 위하여 제공되는 여러 가지 이유는, 대부분의 경우 처벌에 대한 설득력있는 이유를 설명치 않고 있다. 그런 이유들이란 다만 사실을 덮어 버리는 구실 정도밖에 하지 못한다. 그리고 이 사실이란 것은, 처벌의 집단은 원수를 갚는다는 야만적인 태도로서, 그것에 의하여 사회가 범죄자에게 복수를 하려는 것이다.

과학은 복수에 대해서는 관심을 가지지 않는다. 그리고 과학이 전통적인 분류를 허용치 않는 점에서는(평판이 좋지 않다는 뜻에서) 유명하다. 정신의학은 인간의 정도를 벗어난 행동(행위)에 관심을 가지는 과학의 일부분이지만, 이것도 역시 인간의 행동을 선과 악 또는 범죄자와 '광인'으로 구분하여 분류를 하는 방법에는 역시 찬의를 표하지 않는다.

옛날에는 병을 진단하는 과정에서 "이 사람은 열이 좀 있군요"라고 말하면, 그것으로 통하는 시대였다. 그러나 오늘날의 의학에서는, 그것은 통하지 않는다. 원인·경과·병발에 따라 모든 병이 각기 다른 '열'을 가지고 있다는 것을 알고 있다. 마찬가지로 정신과 의사로서도 물건을 훔쳤다, 살인을 했다라는 행위만으로는 정확한 진단이 불가능하다. 그런 행위는 하나의 증상으로서, 여러 가지 다른 증후군 가운데서 각각 다른 여러 증상들과 함께 나타나 있을 뿐이다.

사실 과거에는 정신과 의사들은 법률을 만드는 사람들이 '광인'이라는 낙인을 찍어 놓은, 그릇된 일을 하는 형의 사람들에 대하여 주로 관심을 가지고, 특수한 조직 가운데로 모여들었던 것이다. 그러나 그들이 이 자료를 과학적인 방법으로 연구해 본즉, 지금까지 광기라든가 범죄자라는 구분을 지어 왔던 것이 실제로는 그런 구분은 전혀 없다는 사실을 발견했다. 즉, 이상심리의 경향은 '정신병원'을 빠져 나와, 멀리 재판소나 학교는 물론이고 가정에까지 미치고 있다는 사실을 발견했다. 정신과 의사들은 또 자신들의 일이 정신이상의 청년을 돌보아 주는 것과 마찬가지로 공포에 떠는 아동들에게도 미치고, 자살이나 살인을 할 것 같은 아버지와 마찬가지로 우울하고 안정을 잃은 어머니도 돌보아 주는 것도 포함된다고, 자기의 일의 범위가 명백히 정의되어 있음을 발견했다. 그들은 또 자기들의 경험과 기술이 신경질을 잘내는 고용주나 학교 성적이 좋지 않은 아동이나 지나친 의심으로 불행한 남편이나 허깨비가 보인다든지 헛소리를 하는 아내에게도 훌륭하게 응용될 수 있다는 것을 발견했다. 정신과 의사들은 부도덕한 행위를 한 사람이라는 법률적인 분류에 대하여 기술적인 흥미를 조금도 가지지 않으며, 또 일반적으로 그것에 동의할 수도 없다는 사실을 발견했다. 과학자로서의 정신과 의사는 인간이 하는 가운데 하늘의 복을 받을 수 없는 '모든' 경향의 성격·행위·사상·정서·본능 및 사회적·개인적으로 불행한 순응에 관심을 가지고 있다. 정신과 의사에게는, 이 세상에는 '광인'도 없고 '범죄자'도 없는 것이다.

정신의학에서 보는 바와 같은 과학적 태도가 조만간에 오늘날 실제로 행해지고 있는 법률상의 분류법(legal method)을 바꾸어 놓아야 한다. 옛날의 의사는 자기의 지식을 응용하여 환자를 치료하는 일이 없었다. 그들은 히포크라테스나 파라셀수스나 칼렌 등이 창시한 전례에 따라 치료를 했던 것이다. 그러나 그러한 치료방법은 이미 백 년도 훨씬 전에 내버렸다.

그런데 법률가들에게는 '확립된 판례'라든가, '공적인 방침', 기타 과장된 고풍의 표현을 간판으로 삼으며, 중세기의 어리석은 일을 엄숙하게 지켜 나가야 할 의리가 필요한 것일까? 우수한 많은 법률가들은 이런 현상을 개선해 보려는 노력을 열심히 하고 있다. 그렇지만 불행히도 그들의 대부분은 형법상의 절차에 관한 문제에는 무관심하다. 왜냐하면 그들은 형법관계의 일은 결코 하지 않으며, 범죄자를 하나의 인간으로 생각하는 일도 없기 때문이다.

(ⅲ) 정의와 책임

그런데 한편으로는 정신의학적인 방법을 법정에 끌어들이는 것은 '정의'를 희롱하는 것이라는 설이 여전히 계속되고 있다. 그러나 어느 과학에 또는 어떤 과학자가 이 '정의'에 관심을 가지고 있는가? 폐렴은 바른 것일까? 암은? 지구의 인력은? 증기의 팽창은? 부러진 팔이나 머리의 지능에 대하여 대체 어떠한 정의의 기준이 적용될 수 있다는 말인가? 그리고 그렇게 한다고 해서 무슨 이득이나 소용이 있는가? 과학자는 불행한 상황을 개선하기 위한 노력을 하고 있다. 이 일은 그 상황을 지배하는 과학적 여러 법칙들을 발견할 수 있고, 또 그 법칙을 응용할 수만 있으면 달성된다. 그렇지만 말로만 '정의'를 부르짖어도 안 되고, 또 원시적인 신학에 의하여 공정이라는 것의 철학적인 개념을 논의해서도 안 된다.

이 일은 또 '책임'의 개념을 상기시킨다. 정신과 의사는 종종 이 책임이라는 것에 당면하지만 이것에도 역시 무관심하다. 그는 책임이라는 것에 대하여 종종 증언을 요구당하는 일이 있는데, 대체로 이 책임이란 것의 의미를 모르고 있다. 정신과 의사는 "저 사람은 책임을 질 수 있는가?"라고는 묻지 않고, "그는 무엇을 할 수 있고, 무엇을 할 수 없는가?"라고 묻는다.

책임이라는 말을 법률적으로 해석하면, 그 사람을 처벌할 수 있느냐 없느냐의 의미가 된다. 책임이라는 말이 사용되는 의미는 '보복적 법률'로서 알려져 있는 원시적·유아적인 반응을 시대에 뒤떨어진 방법으로 공인하고 있음을 반영하는 것이다. 다른 말로 하면 '그가 때리므로 나도 때린다'——성경에는 복수는 오직 신의 것이라고 엄명되어 있음에도 불구하고——는 것이다. 과학자로서는 감정적으로 결정된 그러한 방침(정책) 등을 생각할 틈이 없다. 또한 그러한 방침이나 정책이 아무 소용 없다는 것을 장황하게 늘어놓을 필요도 없다.

책임의 관념은 원시적인 종교제도에 그 근원을 두는 것이며, 속죄에 관한 신비적인 개념에 그 근거가 있다. 사람이 종교상 또는 도덕상의 죄를 범하면, 그때마다 어떤 구체적인 희생물을 바쳐 그 죄를 속죄할 필요가 있었다——비록 그 죄를 범한 본인을 희생물로 바치지는 않더라도, 그를 대신할 어떤 것을 바쳐 속죄하지 않으면 안 되었다. 어떤 하나의 죄가 범해질 때마다, 아무라도 한 사람이 반드시 그에 대한 속죄를 하지 않으면 안 되었다.

옛날에는 무생물까지도 이와 같은 책임이 있다고 인정했던 시대가 있었다. 혹 누구라도 의자에 걸려 넘어져서 다치기라도 한다면, 이 의자에게 책임이 있다 하여 처벌해야 했다. 즉, 부수어 버리거나 태워 버렸던 것이다. 비교적 근대에 이르러서까지 동물이라도 사람에게 피해를 주거나 하면 그 책임을 져야 했다. 그 동물은 재판에 붙여져 정식으로 유죄판결이 언도되었다. 그러나 그런 시절이 지나고 무생물과 동물은 책임이라는 의식으로부터 제외되게 되었다. 그 후 점차적이기는 하지만, 아동들이나 백치 그리고 근래에는 모든 '광인'들까지도 이 책임으로부터 해방되게 되었다. 그리하여 '정신 이상'이라는 의심이 드는 사람의 책임을 정하기 위해 여러 가지 이상한 시험을 하는 방법이 결정되어야만 했다. 어떤 때는, 그들은 그 외모와 행위를 야수와 비교했다. 그 후의 시험에서는 14세 아동의 정신능력과 비교되었다. 이것이 실로 책임이라는 것의 실제적 표준이었던 것이다. 아직도 미국의 몇몇 주에서는 '정사(正邪)'의 검사를 행하고 있다. 이것은 개인이 '정'과 '사'의 분간을 할 줄 아는지, 그리고 그의 행위가 세상에서는 그릇된 것으로 인정하고 있다는 사실을 알고 있는지를 판단하는 것이다. 이 방법은 아직도 사용되고 있다──인간은 여러 가지의 강박충동에 의해 가장 부끄러운 짓이라는 의미에서 그릇된 것임을 알면서도 그런 그릇된 행위를 한다는 사실이 일반적으로 알려져 있음에도 불구하고.

양심의 가책을 느낄 수 있다는 것은, 그 사람이 자기의 행위를 조절할 힘이 있다는 의미는 아니다.

책임이라는 것의 법률상의 문제에는 '자유의지'라는 철학상의 문제가 관련되어 있음은 명백하다. 철학은 오늘날도 역시 이 문제의 여러 가지 곤란한 점에 대해 다각적으로 논의하고 있으나, 과학은 현재로서는 이것에 대하여 완전한 해답을 줄 수가 없다. 그러나 법률은 이 문제의 해결이 되었다고 완강히 주장하고 있다. 법률이 해석하는 바에 의하면, 어떤 일정한 범주에 속하는 모든 사람들은 의지의 절대적인 자유를 가지고 있고, 이 범주 이외의 부류에 속하는 모든 사람들은 전혀 의지의 자유를 가지지 않는다는 것이다. 과학도 철학도 이런 결론을 받아들일 수는 없다.

과학자는 처벌의 의식에 참여하려는 생각을 가지지 않는다. 그러나 그러한 의식에서 희생양이 된 자가 고통스러워하는 모습을 통하여 속죄하려는 군중의 소망을 어떻게 만족시키는가 하는 상태를 관찰하고 싶은 직업적인 흥미는 가지고 있다. 정신과 의사는 환자에 대하여 처벌을 바라지 않는다. 대신에 치료하여 주기를 바란다. 이 일은 보기에 따라서는 비인간적인 태도다. 왜냐하면 인류의 태반을 지배하는 본능적인 메커니즘에서 벗어나는 것이기 때문이다. 복수를 하려고 야단법석을 떠는 편이 훨씬 인간적이다. 그렇지만 치료는 법적인 의식에 의하여 정해진 희생과 마찬가지로, 고통스러운 경우도 있다. 종기를 짜거나 부러진 뼈를 맞출 때는 물론 아플 것이다. 그리고 정신과 의사도 아픈 치료를 하도록 처방할지도 모른다. 그러나 그것은 결코 처벌은 아니다.

iv) 실제적인 결과

죄를 범한 사람들이 태도를 고치는 일이 유리하다는 것은 너무나 명백한 일이므로, 재론할 필요조차 없는 것 같다. 국내 어느 감옥의 반이나 거의 재범자로 차 있는 현상을 볼 때, 신문들이 '범죄의 물결'이란 말을 내놓고 떠들어대는 것도 무리는 아니라고 생각된다. 범죄자가 여러 원리에 따라서 연구되는 일이 없이 문자화된 법률대로 판결되는 한, 그 결과는 언제까지나 시원치 않을 것이다. 그것은 마치 의사가 폐렴에 걸린 사람은 20일간 아스피린을 복용할 것, 암에 걸린 사람은 누구든지 6개월간 피마자 기름을 먹을 것 또 저능자는 5년간 체조를 하라는 따위의 처방전을 썼다면, 그것은 온당치 못한 것이 된다.

법률적으로도 정신적으로도 해야 할 실제적인 일이 많이 남아 있다. 그러나 형사상의 절차만을 궁리하는(그런 일이 더러 제창되기는 하지만) 것이 아니라, 태도를 전면적으로 변경할 필요가 있다. 입법상 및 행정상의 재조정을 최소한도로 멈춘 상태에서 바른 방향으로 돌려, 실제적인 하나의 수단을 즉시 실시할 수가 있다. 그것은 선서에 의한 석방이 허가되기 전에, 그 죄수를 정신과 의사에게 진찰시키는 일이다. 만약 정신이 혼란상태에 있거나 결함이 있어서 재범의 우려가 있다고 생각되는 경우에는, 선서에 의한 석방은 취소되어야 할 것이다. 이 과학적인 견해를 동정심과 혼동하는 사람은, 그런 방법이 실시된다면 많은 범죄자에게는 법률에 의하여 결정된 '처벌'의 기간보다도 치료를 받는 기간이 훨씬 더 길게 된다는 것을 알 것이다.

나중에는 '정신병원'과 '감옥' 사이의 중요한 행정상의 구분이 없게 되고, 둘다 지금의 기분나쁜 명칭을 버리게 될 것이다. 쌍방이 다 국가의 지배 아래서 전문적인 의학상의 지도를 받는 시설(제도·공공기관)이 되어, 그곳은 비정상적인 행동을 하거나 인생의 낙오자 또는 무능력자라는 이유로 국가로부터 위탁된 사람들을 돌보아 주는 장소가 될 것이다.

사람이 우울증에 걸렸다 해서 그에게 판결을 내리는 일이 없는 것처럼, 살인을 한 사람에 대해서도 앞으로는 판결을 내리는 일은 생각하지 않게 될 것이다. 섬망상태에 있는 부인에게 불친절하게 대하는 것이 금기로 되어 있듯이, 앞으로는 중범자에 대해서도 그런 대우는 하지 않게 될 것이다. 부전마비환자와 나병환자를 완치되기 전에 석방하는 것이 규칙에 위배되고 온당치 못한 처치인 것처럼, 강도와 강간자를 완전히 치료하기 전에는 석방하지 못하게 될 것이다.

외과수술용인 근대의 원형 임상강당은 본래 누추한 대중 이발소에서부터 발달된 것이다. 1세기 전에 의사는 외과수술을 이발업자들로부터 빼앗아 버렸다. 오늘날에는 의사들이 범죄학을 옥리와 정치가들의 손으로부터 빼앗고 있다.

지난 1917년에 조지 W. 위크샘이 주관하는 뉴욕 주립감옥 조사위원회는 다음과 같은 권고를 했다.

"형벌을 실시하는 장소로서의 지방감옥은 폐지되어야 한다. 모든 죄수는 교화소(clearing house)로 보내서 그들의 부정행위를 진단 분류하여, 수용시설이나 직업훈련학교 등을 포함한 각종 시설 중에서 해당 전문부문에 수용해야 한다. 판결은 아예 막연하게 해두어야 한다. 죄수들 각자의 문제가 충분히 해결되어, 그들 자신이 다시 사회에 나와 처세할 수 있으리라는 확신이 생기기까지는 선서에 의한 석방이라도 해서는 안 된다. 만일 선서 석방이 되었을 경우, 그의 사회생활은 정신의학적인 사회사업 종사자의 감독하에 두어야 한다."

수년 전, 매사추세츠 주에서는 사형의 형벌에 해당할 정도의 중죄를 범한 자나 그보다 조금 낮은 형벌에 해당하는 자는 정신의학적인 검사를 받게 할 것을 강제적인 필수과정으로 한다는 법률을 제정했다.

그런 후에 다른 주에서도 여러 가지로 형법상의 절차를 변경해 보았으나, 대체로 뜻대로 일이 잘되지 않았다. 이에 비해 훨씬 진보적인 제안이 1927년 12월 7일에 알프레드 스미스 주지사에 의하여 뉴욕 범죄 연구위원회에 제시되었는데, 이 제안이란 것은 중범자에게 내리는 형의 선고 권한을 판사들 대신에 법률·정신의학 및 형사학의 전문가들로 구성된 주립특별심의회에 부여하고, 유죄판결이 내려진 범죄자의 처분을 이 심의회에 위임하자는 것이었다.

이처럼 영향력의 범위가 넓고, 또 미국의 형법을 이 이상 철저하게 변경하려는 것이 없다고까지 할 이 제안의 요점을 《뉴욕 타임스》지는 다음과 같이 요약하고 있다.

배심원은 다만 피의자의 죄의 유무만을 결정할 것.

배심원이 유죄라고 상신했으면, 형 선고의 권한을 그 재판을 주관해 온 재판관으로부터 거두어 그것을 주립특별심의회에 부여할 것(이 심의회는 헌법의 개정을 기다려 창립할 것).

이 심의회의 구성위원은 법률전문가·정신과 의사 및 형사 전문가를 포함할 것이며, 이 사람들은 그들의 업무시간을 전적으로 이 일

에 바치며, 대신에 그들에게는 주 정부 직원의 누구에게도 뒤지지
않는 급료를 지급할 것.

유죄판결을 받은 중범자를 주립감옥으로 보내느냐, 정신병원에
입원시키느냐 하는 것은 이 심의회가 결정할 것. 그리고 심의회는
형기 및 선서석방의 제한선을 결정할 것.

정신과 의사들은 전부터 현상태에 불만을 느껴왔고, 또 특히 그
들이 참가하는 점에 관하여 불만을 가지고 지내왔는데, 1924년에
미국 정신의학협회에 의해 발족된, 이 특별위원회*의 보고가 마침
내 1927년에 이 협회에 의하여 만장일치로 채택되었다. 이 보고는
실로 매우 신중한 조사와 수차례의 회합으로 의견을 취합하여 초안
이 작성된 것이었다. 그 일반 취지서는 지금까지 말한 그 내용들
이다.

그 후 1926년과 1927년에 미국 변호사회의 형법부가 미국정신의학
협회의 특별위원회로부터 강사를 초빙하여 그 자리에서 여러모로
논의한 결과, 미국 변호사회에서도 현상태에 관한 같은 내용의 보
고서를 작성하기 위하여 위원회를 운영하기로 결정했다. 이 위원회
는 1929년 8월에 멤피스에서 다음과 같이 개정된 보고서를 발표하
였다.

미국 변호사회의 형법위원회는 미국 정신의학협회의 특별위원회
와 협의한 결과, 미국 변호사회가 다음과 같은 제안을 하도록 동회

---

*이 위원회는 다음의 정신과 의사들로 구성되어 있었다. 즉, 허만 M.
아들러 · 보스턴의 L. 버논 부릭스 · 윌리엄 힐리 · 토마스 W. 살몬 · 그의
후임자 윈프레드 오버홀서 · 뉴욕의 버나드 그루에그 · 스미스 엘리 젤
리페 · 레이몬드 F.C. 키브 · 로슨 G. 로레이 · 워싱턴 DC의 프랑크우드
E. 윌리엄스 · 윌리엄 화이트 및 토피카의 K.A. 메닝거(1924~1929까지
의 위원장).

에 진언한다.

① 전국 각처의 형사법정 및 소년법정은 위법자의 처분에 관련하여 정신의학상의 협력을 받는 편의를 가질 수 있게 할 것.

② 재판관의 자유재량에 의해 형이 선고될 경우에는, 정신의학상의 보고서가 그 기록의 일부로 삽입되기 전에는 여하한 중죄의 경우라도, 그 범죄자는 형의 선고를 받지 않아도 될 것.

③ 각 형벌과 죄 및 교정시설은 정신의학상의 협력을 얻을 편의를 가질 것.

④ 중죄로 유죄판정을 받은 범죄자가 석방되는 경우에는, 그보다 먼저 그 범죄자에 대하여 정신의학상의 보고가 있어야 할 것.

⑤ 각주에 행정적 이동 및 선서석방에 관한 완전한 조직을 설립하고, 선서석방 또는 이동의 허가 여부를 정신의학상의 보고 없이는 결정하지 못하도록 할 것.

1928년 6월 9일에 전국범죄심의회는 범죄를 의학적으로 연구하는 소위원회의 보고를 발표했는데, 이 보고서는 매사추세츠 주의 법률과 정신의학의 목적에 대해 논급한 후에 다음과 같이 말하고 있다.

우리가 확신하는 바는, 만약 우리가 오늘날 미국의 범죄상태를 정신의학자가 진단하는 그 논리에 준해서 현행 형법 및 법정 기술을 개혁한다면 지금까지의 오해처럼 범죄자를 돕는 정도가 아니라, 실은 우리가 지난 1세대에 걸쳐 받아 온 것보다는 훨씬 더 큰 보호를 사회에 주는 셈이 될 것이라는 것이다.

이런 일들이 있은 후, 미국 의사회는 미국 정신의학협회 및 변호사회에 합류하여 앞서 말한 원칙을 이의없이 승인했다. 그러나 이 원칙은 누구나 알 수 있는 바와 같이, 다만 미국 정신의학협회의 최초의 특별위원회에 의하여 권고되고, 또 뉴욕 주립 감옥조사위원회의 보고 가운데서 제창된 방향으로 향하는 단서에 불과한 것이다.
그리고 이 기본적인 원칙에 관해서는 미국에서 조직된 정신의학계·
법조계 및 의학계는 의견의 일치를 보았으나, 그 결과는 어떻게 되
었을까?

안타깝게도 실제로는 아무 일도 없었다. 나는 이 자료를 상당히
장황하게 써서 이 원칙들이 어떠한 경로를 따라서 이의없이 수락되
었는가를 보인 것이지만, 그것은 얼른 보기에 아무런 효과도 없
었다는 점을 강조하기 위해서였다. 그리고 나는 윈프레드 오버홀서
박사가 정신위생 전국위원회 및 전국범죄심의회를 위하여 행한 조
사를 인용했는데, 이 조사는 미국 전체 법정의 약 10퍼센트 정도가
항상 정신과 의사의 협조를 받고 있다는 상태를 폭로한 것이다. 이
비율 자체가 이미 아주 미약한 것이지만, 그 협조의 내용을 좀더 깊
숙이 검토해 보면 그 결과에 더욱 환멸을 느낄 것이다. 내가 잘 알
고 있는 한 가지 예는 정신과 의사의 협조를 받고 있다는 법정이,
실제는 지난 10년 동안에 단 한 번도 정신과 의사의 협조를 요구한
적이 없다는 것이다. 법률의 개정도 몇몇 주에서 있기는 했지만, 매
사추세츠 주 이외의 주에서는 어느 곳에서나 그러한 법률의 개정이
광범한 과학적인 개정의 입장에서 행해진 일은 한번도 없었다. 현
재 나의 앞에 전 미국에서 생긴 발전의 상세한 보고서가 놓여 있다.
이것은 윈프레드 오버홀서 박사가 친절하게도 특별히 나를 위하여 자
료를 수집 편찬해 주신 것이다. 이 자료들을 보면, 강연회가 개최되
고 위원회가 지속적으로 일을 하고 각종 결의안이 의결되고, 연구
비의 조달방법——하사·기부 등——에 대해서도 온갖 수단을 다
해 놓았다. 그러나 각주의 형법상의 수속에 대하여 어떠한 중요개
정을 했다는 말은 단 한 줄도 언급되어 있지 않다. 미국의 교도행정
부의 고위층인 샌포드 베이스 씨는 총명하고 고결한 분인데, 여러
차례 형벌학상의 의견을 공개하고 정신의학의 협력을 요하는 점에
도 언급하고 있다. 그리고 연방정부 관할하의 감옥에서는 어느 정

도 이 방면의 노력을 한 때도 있었다. 그러나 미국의 행형학상에서 본 진보는, 주로 정신의학의 원조를 받음이 없이(정신의학과는 관계없이) 되어 왔다.

이러한 완강한 저항이 진보를 저지하고 있음에 대하여 우리는 비관적일 수밖에 없다. 그리고 이러한 비관론에 대해서는 고 윌리엄 A. 화이트 박사도 나에게 동의한 바 있다. 그리고 화이트 박사가 이 문제에 대해 이바지한 바는 상당히 중대한 것이며, 의의 깊은 것이 있었다. 왜 이런 상태가 있을까? 그 이유 중의 하나는, 법률가와 의학자들은 그들이 소속하는 단체가 여러 가지 공식적 행동을 해도 개인으로서의 그들이 범죄 자체를 대상으로 삼지 않고 범죄자에 대처한다는 견해나, 상황을 전통적인 기초에 서서 처리하지 않고 과학적으로 대응한다는 견해를 이해하지 않거나, 지지하지 않기 때문이라고 나는 내 자신의 경험으로 미루어 확신한다. 이와 같은 말을 신문들의 공식적인 태도에 대해서도 말할 수 있다. 개인으로서의 기자들 중에는 사회인으로서는 가장 영리하고 총명한 사람들이 매우 많지만, 현재의 신문들의 태도는 다만 사물을 재미있게 말하며, 특히 위선적으로 도덕화시키고 있으므로 뉴스와 정보 제공이나 지적 전달 매체로서의 기능보다는 독자들을 즐겁게 해주려는 방면에 힘을 기울이고 있다. 그 때문에 일반 독자들이 구식의 편견을 버리고 새로운 사상으로 바꾸는 일에 상당한 지장을 초래하고 있다. 우리 인간은 누구나 할 것 없이 마음 속에 범죄욕구와 의지를 가지고 있으므로, 우리는 범죄자에 대해서는 무의식중에 우리가 두려워하는 일 또는 예기하고 있는 일을 그들로부터 끌어내려는 충동이 강력하다. 또 이 충동은 과학적인 위원회의 기사를 신문들이 조금 써보아도, 또 질적·양적으로 수준급의 잡지에 자기관찰적인 논문을 두셋 실어 보아도, 그것은 아무런 효과가 없다(이 충동이 변화되지 않는다).

보통 사람들은 범죄자의 처리를 정신과 의사에게 맡기기를 싫어한다. 그 이유는 범죄자에 대하여 그들이 가지는 복수의 만족감을 맛볼 기회를 잃게 되기 때문이다. 사람들은 범죄자들에게 과학적인 방법이 적용된다는 것이 싫은 것이다── 비록 그렇게 하는 것이 결국 모든 사람에게 '선'이 될지라도, 인간의 감정은 지성보다도 강하다. 그 뿐만 아니라, 일반 사람들은 정신과 의사들 자체를 신뢰하지 않는다. 그들에게는 정신과 의사에게 관련된 어떤 금기 같은 것이 있어서, 그것이 그들의 조소·비판·중상적인 욕설·어리석은 상상 등에 반영되며, 또한 이러한 생각이 지식계급에 가까운 사람들 간에도 있다. 세상 사람들은 범죄자를 이런 기묘한 정신의학자들에게 내주는 일을 싫어한다. 왜냐하면 세상 사람들은 심리학이나 정신의학에 밝은 사람들은 초자연적인, 악의에 찬 어떤 힘을 가지고 있다는 대단한 공포심을 마음 속에 가지고 있기 때문이다.

정신의학적인 제안이 도무지 진척되지 않는 마지막 이유로 들 수 있는 것은, 이러한 과학적인 이념을 응용하는 것이 현재의 사회적 및 경제적인 제도와 서로 용납되지 않는 점이 있기 때문이다. 정신의학을 사회 또는 국가의 모든 문제에 응용하는 것은 정부 의료기관을 더욱 발전시키는 일이 된다. 그러나 우리가 그 기관의 조직·운영의 현상태에 대하여 아무리 불만을 가지고 있더라도, 우리들 중의 대부분의 사람(의사)은 현재의 경제제도 아래서는 그 기관을 옳다고 찬성치 않는다. 우리가 제안하는 그런 사업을 수행하기 위하여 정부가 의사의 협조를 대규모로 수용한다는 것의 논리와 이론상의 이익 및 관념론은 이해할 수 있다. 그렇지만 우리는 또 거기에 불리한 점이 있음을 본다. 우리가 그것을 '느낀다'고 말하는 편이 정확에 가까울지 모른다. 왜냐하면 우리가 반대하는 모든 이유를 간단한 말로 표현하기가 곤란하기 때문이다. 이 문제에 대해서 의견을 피력한 사람들 중 몇몇은 우리들을 오히려 불리한 입장으로 이끌었다. 그들 중의 어떤 이들의 말은 우둔하고 이기적인 것으로 들린다. 그러므로 정부 의료기관 및 사회주의적인 일반원칙에 대하여, 그런 것들이 우리들 중의 소수 사람의 개인적인 이익에 지장을 가져온다는 이유로, 우리 의사들이 공포를 가지고 있다고 비난하는 사람이 많다는 것도 이해할 수 있다. 여기에서 나는 '이해할 수 있다'고 사적인 의견을 말하지만, 이 의견은 대부분이 그리 정확한 것이 못된다. 우리들 중에서 반대하는 사람이 많은 것은, 현재의 사회·경제조직의 다른 요소도 그와 동시에 변경되지 않고서는 환자와 의사의 바른 관계를 효과적으로 만들 수 없다고 확신하고 있기 때문이다.

현재의 사회적·경제적 제도(조직)와 범죄학상의 진보적인 생각은 서로 용납되지 않는 관계에 있는데, 어째서 그럴까? 그 바른 이유는, 이 제도가 사람들의 사고태도를 형성하며, 또 그로 인하여 사람들이 새로운 개념을 받아들이기에 거부감을 갖게 하고 있다는 점에서 그 전모를 발견할 수 있다. 현재의 제도에서는——비록 노골적인 표현은 안 쓴다 해도——용서를 모르는 개인적인 공격성에 덤까지 붙어 있는데, 이 덧붙은 덤이란 정신과 의사는 어디까지나 대중에게 유익한 존재라는 점이다. 범죄자라는 것은 처벌해서는 안되는 인간이라는 점을 대중으로서는 납득하기 어렵다. 사회에 대하여 새로운 개념을 넣어주려는 교육적인 조치는 상호교류가 없는(고립된), 그리고 제약된 것이므로, 그것은 내가 이 책을 쓰고 있는 지금 전 세계를 휩쓸며 점점 늘어가는 파괴와 원한의 홍수 앞에 쌓아놓은 약한 제방이라고나 할 것이다. 그러므로 우리가 지금 소유하고 있는 지식의 응용을 방해하고 있는 현재의 이데올로기에 내재하는 야만주의를 일소할 만한 근본적인 변화가 일어나지 않으면 안된다는 것이 당연한 일로 생각된다.

정신의학을 범죄예방에 실제로 응용하는 면에서는 이러한 비관론이 대두되어 있지만, 이와는 반대로 심리적 요소의 이론적인 연구에 관한 노력은 상당한 결실을 보았다. 그런데 이 연구의 대상이 된 소수의 범죄자 및 그들이 살고 있는 사회는 우연하게도 생활이 윤택

하였으나 수적으로 보아 극소수에 불과했으므로, 이 연구는 이론상
으로는 대단한 중요성을 가졌지만, 현실로는 별로 효과를 거둘 수
없었다.

훨씬 이전에 윌리엄 헨리가 그의 명저 《개인 범죄자 : Individual
Delinquent》를 출간했는데, 그것이 계기가 되어 사회가 용납할 수 있
는 순응의 표준으로부터 빠져나오지 않고는 견디지 못하는 인간의
내면적인 힘에 과학적인 연구가 집중되게 되었다. 그 책이 출간된
이래, 퍼스낼리티의 발달이나 사회적인 순응의 메커니즘이 어떠한
것이라는 이해가, 내가 지금까지 설명해 온 노선에 따라 크게 확대
되었던 것이다. 동시에 사회의 영역으로서의 환경이라는 개념의 전
모가 계시되었다. 이 계시의 대표적인 것으로 J. F.브라운의 《심리
학과 사회질서 : Psychology and the Social Order》를 들 수가 있다.
이와는 다른 형의 사회학적인 연구의 대표적인 것으로, 셀던 그루
에크 및 엘리너 그루에크의 통계적인 조사가 있다. 이 조사는 이른
바 치료를 받은 범죄자의 대표적인 표본이 되는 사람들에 대하여,
그들이 실제로는 어떤 상태로 있는가를 확인하려는 노력이었다. 그
리고 이 '치료'라는 것은 먼저 과거에 감화원에서 해오던 방법이 적
용되고, 다음에 정신의학적인 요양소에 입소시켜 치료를 받거나,
적어도 정신과 의사와 교제를 가지도록 하는 경우를 가리킨다.

최초 조사의 결론은, 대부분의 감화원 원장들이 자기 밑에 있는
'아이들'은 항상 고도의 좋은 성적을 올리는 것처럼 낙관적인 정치
적 선전을 하는 것과는 반대로, 감화원에서 석방된 청년의 80퍼센트
는 범죄행위를 계속하고 있으며, 이 발견은 그 두 저자가 말하는 바
와 같이 "각종의 연구·연차보고 및 범죄학 교과서 등에서 보통 감
화원이나 선서 석방관들의 공적이라고 일컫고 있는 '성공'과 '실패'
의 수치를 완전히 반비례로 만들어 버린다"는 것이다. 그러나 여기
덧붙여 쓰지 않으면 안 될 점은, 하버드 대학 법학부가 보스턴 시에
서 범죄 및 형법상의 처분에 관련하여 똑같은 조사를 했는데 '요양

소(정신의학적)·소년재판소 및 이런 것에 연관성이 있는 사회시설로 실시된 치료는 상습적 범죄의 예방에 대하여 거의 아무런 효과도 없었다'라는 결과를 낸 일이다.

물론 이것이 무엇을 의미하느냐 하면, 현재로서는 범죄를 방지하는 증거가 될 만한 통계적인 조사가 될 수 있는 적당한 수단이 강구되어 있지도 않으며, 또 조사자료도 불충분하다는 것이다.

이에 반하여, 헨리와 그의 연구파 및 알렉산더와 그 외 다른 사람들에 의하여 실시된 프로이트의 기법 등을 포함한 정신의학적인 연구는 크게 진보했다. *

정신분석을 범죄자에게 실제로 응용하는 일은 다음에 나열한 것처럼 상당히 구체적으로 말할 수 있을 만큼 전진하고 있다. 즉, 심리적으로 보아 범죄의 성질은

① 어떤 범죄자의 부류에 속하는 성격은 가지고 있지만, 이론적으로는 정상인으로서 통하는 사람들의 도덕적인 표준에 대한 반응.

② 이론적으로는 정상인인 사람들이 돌발적으로 참기 어려운 중압을 가하는 특수한 상황으로 단독으로 돌입한 때의 반응.

③ 제2장(제Ⅰ권)에서 기술한 바와 같은 7가지 유형의 어느 하나에 해당되는 부담을 받고 있는 사람들이 공격적으로 되어 그 순응에 실패한 반응이다.

이와 같은 세 가지 경우의 결과에 의하여 분류할 수 있다. 뇌매독 때문에 판단력이 침해되어 감정을 억제하는 힘이 감퇴된 남자는, 그의 부전마비가 발달하기 이전이라면 범하지 않았을지도 모르는

---

*정신의학자·심리학자 및 그들을 돕는 사회사업 종사자들 중에 행동의 혼란을 교정하는 일에 특별한 관심을 가진 사람들은, 미국 정통 정신의학협회를 조직하여 크게 활약하고 있다. 이 협회는 해마다 대회를 열며 그 대회에는 많은 회원이 참석하는데, 그때 반사회적 행위의 과학적 연구에 관한 테마가 상정되어, 의학·심리학 및 사회학의 견지에서 토의되고 있다.

살인을 감행할지도 모른다. 마찬가지로 저능자나 분열증환자 혹은
까다로운 사람은 어느 정세에 대응할 수 없다는 그의 능력 부족에
직접적인 관계가 있을 법한 죄를 범할지도 모른다. 또 이런 사람들
보다는 상태가 조금 나은 사람들이라면, 좀더 실제의 피해가 적게
해결을 했을지도 모른다. 이런 사람들 중에서도 신경증의 범죄자들
은 가장 우리들의 관심을 끌며, 또 수감된 사람들 중에 그 수효가
가장 많을지도 모른다. 왜냐하면 죄를 범한 사람이 체포된다는 사
실을 결정하는 데 있어서, 신경증의 모든 경향은 유력한 것이기 때
문이다. 다시 말하면 범죄 조사가 지금까지 무수히 많이 시행되었
는데, 그 결과로 밝혀진 것은 범죄자의 대부분이 입건되지 않아 그
만큼 처벌이 없었다는 사실이다. 이 사실을 우리가 알고 있는 관계,
체포되어 유죄판결을 받아 처벌되는 사람들은 어떤 이유에선지 다
른 사람들에 비해서 약점이 있는 모양이라고 생각지 않을 수 없다.
그리고 우리의 심리적인 경험의 결과에 비추어 볼 때, 어떤 경우에
는 적어도 이 약점은 보통의 범죄자라면 가지지 않는 죄악감에서 나
온다는 것을 우리에게 깨닫게 해준다. 만일 어떤 사람이 범죄를 생
업으로 삼는다면——그것이 비록 별로 장래성이 없는 공공 사업의
주식을 팔아먹는 일이나 자동차를 훔치는 일일지라도——그는 양
심의 가책 없이 그 행위로부터 어떤 이익을 얻으려는 생각을 하고
있기 때문에 행동하는 것이고, 남에게 들키거나 처벌을 받게 되지
않도록 약삭빠르게 하는 것이 그가 할 일이다. 그러나 신경증의 범
죄자——자신의 반사회적인 행위에 대하여 마음 속에 알력이 있는
자——는 자신이 의식하지 못하는 가운데 사회가 자기 자신을 체
포해서 처벌하도록 스스로 돕고 있는 것이다.
　이 점은 앞에서 언급한 알렉산더의 연구에 의하여 확실하게 되
었다. 이 연구의 다른 면에는 범죄행위라는 경직된 껍질 속에는, 남
에게 사랑을 받고 싶은 범죄자의 강렬한 동경이 숨어 있는 것인지도
모른다는 점을 보이고 있다. 이 요인은 미국에서는 S. W. 하트웰에

의하여, 또 빈에서는 아우구스타 아이히호른에 의하여 어떻게 보면 개인적이기는 하지만, 효과적인 방법으로 치료에 이용되어 왔다.

결론으로서는, 범죄자를 심리적으로 연구해 보면 거기에 나오는 정서적인 장애의 범주에 관한 헨리와 브루너, 두 사람의 업적으로부터 인용해 오는 것이 적절하다고 생각된다. 이 결론은 사사로운 나 자신의 한정된 경험으로 얻어낸 것과 극히 정확하게 일치되며, 또 그보다도 훨씬 권위가 있고 조리있게 잘 씌어 있으므로, 나는 그것을 축어(逐語)로 인용한다.

① 불쾌한 입장에 서면 비록 일시적인 도피수단에 지나지 않더라도, 빠뜨림 또는 도피의 형식으로 그것을 피하려고 한다.

② 범죄적인 행위(활약)를 통해서 대체적인 '보상적 만족'을 얻으려고 한다. 이 '만족'들 가운데는 범죄적인 모험을 하는 전율(기쁨 또는 공포로 인한)을 느끼는 일, 범죄자로서 세상으로부터 어떤 특별한 인식과 주의를 끌고 싶은 일 —— 비록 그것이 악평일지라도 —— 같은 것이 들어 있다. 어떤 경우에는 물질적인 이득이 손실에 대한 보상으로서 중요성을 가진다.

③ 사물에 대한 적응력이 없다거나 자신이 열등하다는 생각으로 상처받은 '자아에게 지주(支柱)를 주어' 자아를 강화하려는 생각으로 어떤 일을 한다. 이런 경우의 목적은 범죄자의 무리 사이에 인식되어 '자기의 지위를 구축하는 데' 있다. 만일 이 범죄자가 고독한 성격의 소유자라면 사람들과의 교제를 싫어하여, 자기 자신에게 자신은 용기있고 경우에 따라서는 대담한 일도 할 수 있다고 스스로 증명하며 자아를 강화한다.

④ 직접적인 방법으로 '보복적인 태도'를 의식적(때로는 무의식적)으로 표명하여, 그것으로서 자아를 만족시키려고 한다. 혹은 자기가 일을 저지르면 부모나 다른 사람들이 곤란을 겪게 되므로, 일부러 일을 저질러서 이 사람들을 처벌(곤란을 줌)하려는 숨은 소망이 있어서 그렇게 하는 것인지도 모른다.

⑤ '최대의 만족을 얻는', 즉 자아를 팽창시키기 위하여 무슨 일에 대해서나 공격적이고 반사회적인 태도를 취하려고 한다. 이 경우에, 그는 권력자에 대하여 구체적인 적대행위를 하거나 반항을 보이거나 한다.

⑥ 여러 가지 본능적인 자극(충동)들 —— 반드시 방해를 받아서 깨어져 버릴 것으로 생각되는 것 —— 에의 반응. 이런 반응은 성적인 비도덕 행위로 나타나는 경우도 있지만, 우리가 연구한 범죄자의 경우에서는 독립하고 싶다든지, 해방되고 싶다는 자극(흔히 사춘기에 있는 사람들에게 타오르는 현상)을 만족시키려는 것임이 현저했다.

⑦ 처벌받고 싶다는 소망 —— 이것은 의식적 또는 무의식적인 죄악감에의 반응이다. *

④ 종교에의 응용

정신의학의 종교에의 응용이라는 단원을 실으려고 생각하니, 종교를 정의하며 그 기능과 가치를 독자의 대부분이 받아들일 수 있게 쓰기가 대단히 힘든 일이므로 포기하려고 했다. 그러나 독자들 중에는 이 책에 씌어 있는 것으로 판단하여, 정신의학의 태도는 반종교적이라고 해석하는 사람이 있을 것이다. "한 사람의 현실주의자로서의 당신은 종교를 퍽 중요하게 생각하는 사람의 수가 실로 막대하다는 사실을 인식하지 않으면 안 된다. 이 사람들에게 만일 종교가 없었던들 인생이 얼마나 삭막했을까? 종교는 위안과 희망과 행

---

*William Healy and Augusta F. Bronner 공저 《New Light on Delinquency and Its Treatment》(New Haven, Yale University Press, 1936)에서 인용.

복을 준다. 이 사람들에게는, 종교는 현실이다. 이 사람들이 실사회에 나가서 외계의 변화에 자신을 조절하여 순응해가는 데 있어서, 종교는 실로 큰 힘이 되고 있다. 당신의 '인간의 마음'에 관한 개념이 만약 바른 것이라면, 어떻게 당신은 종교적인 요인을 무시할 수가 있는가?"라고 그들은 말한다.

이런 항의는 모두 옳다. 정신의학자가 불행한 사람들의 상담에 응하며, 길을 잃은 사람을 올바르게 지도하는 기술과 과학 가운데 그들 전용의 '어떤 것'이 있다고 혹시 생각한다면, 그러한 정신의학자는 자기중심주의자라고 할 수 있다. 자신들은 문화 위에 군림하는 고승이라 생각하고 높다랗게 앉았다면 별문제이지만(물론 그런 짓은 않겠지만), 세상 사람들에게 사람들의 생활방법을 말해 주는 최고 권위자인 체하는 것은 안 될 말이다.

그러나 반대로 정신의학자들이 실제로 경험하거나 과학적으로 연구하여 어떤 지식을 터득하여, 그 지식이 누구든지 배울 수 있고 그것을 응용하면 정신적으로 어려움을 당하는 사람들을 도와주는 기술을 진보시킬 수가 있다면, 과학의 윤리에 따라서 이 지식을 이용하고 싶은 사람이 있을 경우 그들은 누구에게든지 그것을 나누어 주어야 할 것은 두말할 나위도 없다.

정신의학자들은 전적으로 그렇게 할 생각을 실제로 가지고 있다. 그러나 사실을 기탄없이 말한다면 사람들을 지도한다든가 그들의 상담에 응한다든가 그들을 교정해 준다든가 설교를 한다든가 충고를 주는 일을 자기의 직업으로 삼는 이들은, 정신의학 그 자체를 시기의 눈초리로 대해 왔던 것이다. 그들은 우리(정신과 의사)들을 지나치게 건방진 자라고 생각할지도 모르겠다. 아니면 우리가 너무나 열심인 관계로 그것이 도리어 그들의 불신을 불러들인 것인지도 모르겠다. 또는 그것은 예술이 지식에 대하여, 종교가 과학에 대하여 옛날부터 품어 온 시기심에 지나지 않는 것인지도 모른다. 이유야 어찌되었든, 종교가들은 법률가들과 마찬가지로 정신의학자가 제공하는 어떠한 제안도 끝내 이것을 사용하는 일이 거의 없었다. 그들은 '파괴된' 인간으로서, 이미 그들의 감화력과 설득력이 통하지 않는 사람들만 정신과 의사의 보호에 맡겨 두어도 좋다는 태도를 고수해 왔던 것이다.

모든 일에 공정하기 위하여 다음과 같은 사항을 추가하지 않으면 안 된다. 그것은 과학이 특히 근래에 이르러 실용적인 것을 개발하고 현실적으로 성공하게 되면, 과학자는 걸핏하면 콧대를 세우며 뽐내기 쉽다. 많은 과학자들이 그것으로 스스로 만족은 하고 있지만, 그들이 종교가 과학의 원리보다도 오래되고 보다 널리 세상에 퍼져서 절대 다수의 사람들의 생활 가운데 뿌리를 깊이 내리고 있다는 사실을 잊어버리고 있다는 것을 의심할 여지가 없다.

그러나 시대도 그만큼 변천했다. 과학자도 종교가도 별로 거만을 부리지 않게 되었다. 적어도 화목의 기미가 보인다. 정신의학자들은 목사들에게 읽히기 위하여 책을 저술하기 시작했다. 목사들은 또 정신의학자들이 쓴 책을 읽고, 그 내용 중에 있는 것을 인용하는 데 인색하지 않았다.

그러므로 목사들이 정신의학자들에게 충언을 구하게 된 것은 극히 자연스러운 일이라고 생각된다. "무슨 도움이 될 만한 말을 들려주십시오. 우리들은 영혼구원을 위하여 이 사람들의 상담에 응하지 않으면 안 됩니다. 인간이 신에게 대하여 가지고 있는 신앙심이 그들에게는 큰 도움이 된다고 나는 믿고 있으며, 이 생각을 결코 버릴 수는 없습니다. 당신은 아마 좀더 세속적이고 실용적인 원조를 우리들에게 줄 수 있는 것이 아닙니까?"라고 목사들은 정신과 의사들에게 말한다.

목사들 가운데는, 그들이 지금까지 받아 온 훈련의 방향에 따라 더욱 조직적으로 이 문제를 탐구하는 사람들도 나왔다. 그리고 전통적인 종교와 '정신위생'이라는 말로 표현되어 있는 과학적인 태도와의 사이에 연결되는 갖가지 관계의 여러 면을 논의하는 서적과 논문 등이 출간되는 일이 더욱 많아지게 되었다. 이런 종류의 책 중에는 정신과 의사나 목사가 쓴 것들도 있다. 또 정신과 의사와 목사가 합작으로 쓴 것도 있다. 이런 종류의 도서목록이 권말의 부록에 실려 있으나, 올리버 씨는 이 문제에 관하여 더욱 많은 도서목록을 제시하고 있다(John Rathbone Olive, 《정신의학과 정신건강 : *Psychiatry and Mental Health*》, 웨스턴 신학교에서 본 건전 도서목록, New York, Charles Scribrer's Sons, 1932). 그는 이 목록을 "목사의 정신의학"이라고 부르고 있다. 또 이 문제에 관련하여, 홀맨 씨의 저서 및 교회연맹회의의 출판물들도 참조해야 할 것이다(Charles T. Holman, 《영혼의 치료: 사회심리학적 접근 : *The Cure of Souls : A Socio-Psychological Approach*》, 시카고 대학 출판부, 1932).

이들 서적 가운데는 목사들에게 치료행위를 장려하고 있는 것을 상당히 많이 볼 수 있는데, 그것은 좀 지나친 일이라고 나는 믿고 있다. 또한 뇌의 병으로 고생하는 사람들에 대한 종교적인 기적에 대하여 연구된 것이 많이 있다. 그러나 나는 다만 우수한 몇 권의 저서에 대한 언급에서 그치기 보다는 좀더 구체적인 어떤 일을 하지 않으면 안 되겠다는 생각을 하고 있다. 그리하여 만일 나의 친구 중에 목사직에 있는 어느 친구가, 내가 앞에서 인용한 바와 같은 질문을 나에게 한다면, 나는 어떤 대답을 해야 좋을까 하는 것을 생각해 본 적이 있었다.

나는 그에게 이렇게 말해 주어야 한다고 생각한다.

'만일 내가 목사라면, 나는 먼저 과학세계에서 인간의 퍼스낼리티로서 알려져 있는 것에 대하여 연구할 것이다. 당신은 인간의 퍼스낼리티에는, 우리가 이미 알고 있는 것 이외에 아직도 여러 가지가 있다고 확신하고서 이 문제에 관한 서적을 찾아 읽는 편이 좋을 것이다. 당신은 인간에게는 어떤 신성한 면이 있으며, 인간이 신을 믿는다는 것은 본질적인 것이라는 당신의 믿음을 그대로 굳게 지켜가도 좋을 것이다. 과학자들 가운데는 당신에게 동의하지 않는 자들이 많이 있을지도 모르지만, 그것은 문제가 안 된다. 그럼에도 불구하고 당신은 과학자가 인간에 대하여 어떠한 생각을 가지고 있는가를 바르게 배울 수 있고, 또 당신은 그 전부를 수락할 수 있는 가능성이 충분히 있다. 예를 들면 당신은 지금까지 이 책에서 말해 온 퍼스낼리티의 구조·순응의 개념·순응부조의 상태 및 정신과 의사가 사용하는 순응부조의 교정수단 등을 읽을 수 있을 것이다. 그리고 당신은 비록 정신과 의사는 아닐지라도, 자신은 의사가 아니라 목사라는 자기의 임무를 혼동하지만 않는다면, 이런 치료수단을 사용한다 하더라도 조금도 이상하지 않을 것이다. 아마 당신은 건강한——비교적 순응이 순조로운——사람들을 상대로 삼고 있을 것으로 안다. 순응부조가 심한 사람을 치료하는 것은 당신의 임무가 아니다. 당신이 그런 일을 한다면, 그것은 법률적인 개념에도 위배되며, 종교적인 개념과도 일치되지 않는다. 뿐만 아니라, 그런 사람들의 곤란(병)의 성질을 바르고 정확한 진단도 해보지 않은 채 치료를 한다는 일은 위험한 노릇이기도 하다.'

여기서 중요한 문제는 육체적인, 또는 정신적인 순응부조에 대하여 성직에 있는 사람들이 어느 정도까지 의식적으로 치료자가 되려고 노력해야 할 것인가 하는 것이다. 이론적으로는 물론 그것은 그의 자유이자 특권이다. 비록 그의 임무는 아닐지라도, 실제문제로서는 몇몇 중대한 반대에 부딪침에도 불구하고 그런 일을 하려는 생각을 그만두지 않는 사람들도 있다. 한때는 여러 종파의 교회에서 정신의학적인 경험을 중요하게 보고, 그것을 교회 기능의 일부로 삼으려고 생각한 적이 있었다. 교회 정신위생 요양소가 생기고, 정신과 의사가 그 관리를 맡아 한 적도 있었으나 때로는 목사들만으로 그것을 운영한 적도 있었다.

이미 과학자들이 말하고 있는 바와 같이, 만약 사람이 어떤 종류의 증오감이나 여러 가지의 좋지 못한 정신적 태도를 청산해 버리는 것이 그 사람을 우울로부터 구해 내며, 더구나 육체의 병까지 고치는 것이라면, 본래 인간의 증오감을 순화시키는 것을 목적으로 삼는 목사들이 이 복음을 치료적 수단에 응용해서는 안 될 이유는 조금도 없을 것이다. 달리 말하면 목사는 왜 대담하게, 적어도 옛날에는 '죄의 심한 태도(죄의식)'라고 불리우던 그런 따위에 해당하는 인간의 고통을 구하고 치료하는 일을 하지 않느냐 말이다.

의사라면 누구든지 반대할 것이 뻔한 그 이유의 첫째로 생각되는 바는, 과학적인 치료를 할 때에는 그 전제조건으로 진단이 선행되어야 한다는 것이다. 물론 목사로서도 어떤 진단의 단서를 얻을 수가 있다. 그러나 특별한 훈련을 받지 않은 그로서는 증상을 바르게 판별하여 진단할 수 없으며, 이 판별이 서지 못하면 중한 과실을 초래할지도 모른다. 사실 그와 같은 과실이 신앙요법을 행하는 사람들 사이에 여러 번 발생했다. 목사의 영감에서 나오는 말을 들은 어떤 사람이 자기 누이에 대한 질투심을 청산해 버리면——이 경우 비단 목사에 국한되지 않고, 치료의나 정신과 의사라도 같지만——신경성 두통 같은 정도는 그것으로서 나을지도 모른다. 그러나 초기의 요독증(尿毒症)이나 뇌종에서 오는 두통은, 그렇게 해서는 조금도 낫지 않는다. 그리고 올바른 치료를 받을 기회가 늦어져서 중대한 결과를 가져올지도 모른다. 그러나 만일에 그 사람이 극단적인 신앙가이어서 내세의 생활이 현세의 생활보다는 비교될 수 없을 만큼 행복한 것이라고 글자 그대로 믿고 있다면, 이런 그릇된 처치(치료)도 전혀 문제가 되지 않을지도 모른다. 그렇지만 그런 사고방식을 가지고 나간다면, 우리 모든 인간은 당장에 자살해 버리는 편이 더욱 논리에 맞을지도 모른다.

또 한 가지 실제면에서 오는 반대론이 있다. 그것은 법률적으로도 전통적으로도, 치료는 의사의 소관이라는 점이다. 특히 의사는 법적으로 책임을 질 수 있도록 여러 가지 시험·면허·등록 등으로 유자격자라는 증거를 제시하고 있다. 의사로서는(나도 그 한 사람인데), 이 제도는 공공(사회) 정책의 견지에서 반드시 그래야만 할 것이라고 굳게 믿고 있다.

그런데 세상 사람들은 이상야릇한 의견을 가지는 이들이 간혹 있다. 그래서 의료업을 하는 사람들의 사회에서는 누구에게든지 시험을 통과하고 등록을 해야 한다는 제도가 지지되고 있지만, 그것은 의사들이 자기들만큼 정규의 자격을 얻지 못한 의사 또는 의사 이외의 사람들이 '경쟁'을 걸어올 것을 두려워하기 때문이라는 설이다. 그러나 이런 제도를 창시한 것은 법률을 제정한 사람들과 일반사회이지, 의사들이 만들어 낸 것은 결코 아니라는 점을 생각지 않으면 안 된다. 이 제도는 현명한 것이다. 의사가 경쟁을 두려워한다고 말하는 것은 무지의 소치로 볼 수밖에 없다. 의사라는 사람들은 자기의 '영업'에 반대(방해)되는 일에 항상 노력하고 있다. 즉, 그들은 세상 사람들의 건강을 증진시키고, 병과 고통을 경감시키기 위해서 온갖 노력을 기울이고 있는 것이다. 그러나 의사들로서는 무지하고 언행을 함부로 하고 정신적으로 불건강한 사람들이 불가능한 일(될 것 같지도 않은 일이라고 말하는 편이 나을지 모른다)을 될 수 있는 듯이 떠들어서 여러 사람들에게 엉뚱한 희망을 가지게 하거나, 모든 치료에 대해 불신감을 갖게 하는 쪽으로 이끄는 방해(참견)에 대해서는 참으로 분개한다.*

마지막으로 생각한 반대 이유로는, 목사들도 그것을 매우 좋은 착상으로 생각할 줄로 보는 것은, 목사들은 그 밖에도 할 일이 많다는 점이다. 사실 할 일이 너무 많기 때문에 진료소에 나와서 신도의 한사람 한사람을 상대로 시간을 보낼 틈이 전혀 없으므로, 도저히

---

*나는 원래 이런 내용은 20세기에 있어서는 불필요하다고 생각해야겠지만, 주의회의 상원의원들을 만나서 이야기하는 중에, 이 사람들이 어떤 치료든 치료를 행하는 사람들은 어떤 종류의 기초적인 교육을 받을 것을 필수조건으로 하자는 법안을 통과시키기를 거부했으므로, 이런 내용을 삽입하게 된 것이다.

그렇게는 못한다는 뜻이다.

여기서 우리는 종교 및 종교가의 기능은 치료하는 일보다는 예방법을 강구하는 면에 한층 적합하다는 결론으로 되돌아오는 것이다. 즉, 종교가로서는 그가 설교하는 인생의 이상이나 그가 주관하는 모든 의식──그것은 음악과 장엄한 정숙 가운데 행한다──이 구원의 길을 찾으러 그에게로 오는 많은 사람들에게는 그들의 문제를 해결하는 데 있어서 한층 좋은 협력을 줄 수가 있는 것으로서, 이런 협력을 받고서도 행복과 건강을 얻을 수 없는 고통을 가지는 소수의 사람들을 돕는 편이 더 중요하다고 생각해서는 안 될 것이다. 그렇다고 해서, 그가 개인적으로 친구가 되거나 고문이 되는 것을 막는 것은 아니다. 그러나 그는 다만 종교상의 원조만으로 충분한 이익을 받을 수 있는 사람들과, 병에 걸려서 반드시 의사의 손을 거쳐야 할 사람들을 명확히 구별하는 선을 그어야 할 것이라고 생각한다. 세상 어디를 가나 그러한 구분이 반드시 있어야 하는 법이다.

이상 말한 일반원칙 이외에, 만일 내가 목사라면 어떤 종류의 사람들(어떤 순응부조로 고민하고 있으나, 그 고민의 정체가 뚜렷하지 않은 사람들)이 종교 또는 종교로서 통하는 '무엇'에 대하여 불합리한 어떤 것에 몰리듯이 빠져들어가는, 그 특수한 태도를 연구해야 할 것이라고 생각한다. 사람이 종교를 찾는 까닭은 당연히 그 필요성이 있기 때문이겠지만, 이 '필요'라는 것은 채울 수 없는 것일지도 모른다. 그것은 극히 혼란한 무의식적인 심적 메커니즘에서 생기는 것인지도 모르기 때문이다. 여기에서 종교의 악용(남용) 또는 적어도 기묘하다거나 지나친 귀의(歸依)라고 인정되는 경우를 생각할 수가 있다. 이렇게 되면, 이 열광적인 신앙심은 해결이 아니라 증상이라고 생각해야 될 것이다. 그리고 이것은 극히 중대한 문제로 발전하는 경우도 있다.

한 예로서, 헨더슨 부인의 종교적인 경력을 잠시 고찰해 보기로 하자.

그녀는 귀족적인 가정에서 태어났다. 아버지는 정부의 고관이었던 관계로 딸의 양육을 보살필 겨를이 별로 없었다. 이것은 그 후에 생기는 일에 대하여 심리적으로 매우 중요한 점이다. 그녀는 이러한 사정 아래서, 기숙사 생활을 하며 어느 사립 여학교에서 교육을 받았다. 그것은 언제나 신경질로 흥분해 있는 어머니와 함께 생활하게 해서는 그녀에게 결코 좋은 영향을 줄 수 없으리라는 판단을 그녀의 아버지가 내렸기 때문이었다.

그녀는 방년 18세에 결혼했다. 배우자는 법과대학을 졸업한 청년이었다. 그녀는 성대한 결혼식을 올렸고, 그 후 출생한 두 아이들과 함께 오하이오 주의 어느 소도시에 살고 있었다. 그리고 그녀 남편의 법률관계의 일도 순조롭게 발전되었다.

그녀는 감리교회의 신자로서 자라났으므로, 결혼 후에도 얼마동안 열심이었다. 그런데 어느 날 갑자기 그녀 이외에는 누구도 이해할 수 없는 이유를 들어서, 즉 프로테스탄트 에피스코팔파의 교리가 종교에 대한 자기의 생각에 가깝다 하여 그쪽으로 이적해 버렸다. 이 교파로 이적한 후로부터 그녀는 매우 활동적이었고 각종 의식은 물론 종교상의 모임이라면 가리지 않았으며, 성찬식에는 으레 공식적으로 참석했다. 그녀는 장기간 종교에 관한 책을 읽기도 하고, 다른 사람들과 종교상의 이야기를 토론하기도 했다. 7,8년 동안 그녀는 교회 지도자들 중에서도 상당한 위치에 있었으면서도, 다시 신앙의 노선을 변경하여 이번에는 꼭 카톨릭에 들어야겠다고 주장하는 것이었다.

이처럼 한 종파로부터 다른 종파로 옮긴다는 것은 대체 무엇을 뜻하는 것일까? 그녀의 친구들의 눈에는 다소 이상하게 보였을 것이지만, 어떻게 보면 상당한 양심적인 종교심의 발로로 반영되었을 것이 틀림없다. 교인을 잃은 교회 목사로서는 도무지 그 이유를 알 수 없을 것이며, 또 새 교인을 맞아들인 교회의 목사로서는 그녀가 한 걸음 바른 신앙에 가까이 나온 것이라고 생각하였을 것이 틀림 없다.

정신과 의사의 의견으로서는, 이것은 진행성의 '붕괴'(지금까지 하나이던 것이 여러 개로 되고, 완전하던 것이 깨어지는 것) 및 종교상의 절대주의를 찾는 내면적 욕구의 증진을 가리킨다. 이런 절대주의는 어떤 교파에서도 줄 수는 없다. 2년 후에는 이 환자가 과연 어떤 짓을 했는가를 보기로 하자.

이 당시의 그녀는 자기는 '눈에 보이지 않는' 교회의 신자라고 선언하고, 모든 카톨릭 신자들을 파멸시켜 버리는 것이 자기의 사명이라고 공언했다. 그녀 자신은 '영원의 삼각형'의 우두머리라고 생각했다. 이 '영원의 삼각형'이란 것은 성부·성자·성령이라고 그녀는 설명하였다. 그녀는 또, 자기는 초자연적인 교사 혹은 수녀이지만, 인간으로 변장하고 있는 것이라고 생각하고 있었다. 그녀는 교회에 가서 그러한 자기의 확신을 이야기하며, 제단 앞에 엎드려 자기의 머리털을 어깨까지 늘어뜨리고서 그 상태로 몇 시간이고 훌쩍거리면서 기도를 했다. 그리고 나서, 그녀는 집으로 돌아와서 남편 앞에 무릎을 꿇고 앉아서 "우리들에게는 신의 아들이 생겼어요. 우리들에게 신의 아들을 주셨어요"라고 말했다. 그리고 이 말을 설명하기를, 자기는 처녀 마리아이므로 성모 마리아의 불염임신처럼 자기도 깨끗한 수태로 미구에 어린아이를 낳을 것이라고 말했다.

이 일을 중병에 걸려 있는 부인의 불합리하고 터무니없는 소리라고 그냥 흘려 버릴 수는 없다. 실제도 그렇겠지만, 우리는 거기에 일관된 한 경향을 잊어서는 안 된다. 이 경향이 계속 진행하여 결국이 극단의 광신상태 및 신비주의에까지 발전한 것이다. 프로테스탄트 에피스코팔파가 감리교보다도 많은 상징주의를 사용하고, 또 신비적인 것을 설교하는 점은 아무도 부정하지 않을 것이다. 그리고 카톨릭교에 가면 이 경향이 더욱 강화되어 있으며, 앞서 말한 부인의 주장과 같이 카톨릭교보다도 훨씬 더 많은 상징주의를 포함하고 있다는 점도 부정할 수 없다. 그리하여 우리는 이 부인이 소수 교회의 종파를 차례로 변경한 것은, 바로 그녀가 차차 현실을 멀리하고 상징적이고 신비적인 방면으로 나아갔다는 사실을 알 수 있다.

잊어서는 안 될 점은, 카톨릭교의 신학자들은 그들의 신앙 속의 어떤 면이 신비적이라고 솔직히 말하고 있다는 점이다. 이 신비적인 생각은, 일부의 사람들에게 있어서는 큰 심리적인 가치를 가지는 것임은 의심할 여지가 없다. 요컨대 이러한 신비적인 것은, 한편으로는 앞서 말한 부인과 같은 현실로부터의 도피를 충분히 만족시켜 줄 만한 신비성이 없다(부족하다)는 사람들도 있다. 내가 만일 목사라면, 정신의학자와 협력하여 개인에게 이익을 주기는커녕 도리어 해를 끼치는 종교의 그와 같은 경우의 연구를 하겠다. 나는 아무런 편견 없이 이런 경우들을 연구할 것이다. 정신이상을 일으킨 사람들 중에는 정밀하고 복잡한 종교상의 체계를 쌓아올린 사람이 많다는 사실은 일반적으로 널리 알려져 있다. 사실 윌리엄 제임스가 《종교상의 여러 가지 경험 : Variety of Religious Experience》이라는 저서 가운데 지적한 바와 같이, 한 종교의 교조가 될 만한 사람은 일반적인 보통 사람들의 표준에서 보면 정신적으로 다소 묘한 점이 있을지도 모르지만, 비록 묘한 점이 있다 하더라도 그것은 그가 쌓아올린 종교가 유익하다는 점을 반드시 그르치지는 않는다. 그러나 이런 종류의 인위적인 종교가 반드시 유익하다고는 말할 수 없다. 그 중에는 정신의학의 입장에서 보면 절대적으로 해롭다고 인정되는 것조차도 있다. 정신적으로 병든 사람들은, 때로는 우리 인류가 품는 일종의 뿌리깊은 희망과 소원을 상징적인 말로 표현하는 수가 있다. 이 소원이라는 것은 우리가 어렸을 때에 생각했던 것으로, 그것을 후일의 경험과 현실세계의 실태로 인해 우리가 버릴 수밖에 없었던 것을 가리킨다. 어떤 이들은 이런 소원이 종교에 의해 공인받으면, 그것이 대단한 위안이 될 뿐만 아니라, 그것으로 고무된다. 또 어떤 사람들에게 있어서는, 그것은 환상적인 희망이나 제멋대로인 선입견으로 되어 있는 편견이나 불합리한 사고방식을 선동시킬 뿐이다.

자기로서는 의식하지는 못하지만 자기 자신을 처벌하고 싶은 격렬한 소망을 가지고 있는 사람, 죄악감에서 벗어나고 싶은 사람, 세상의 현실에 불만을 느끼므로 그것을 버리고 싶은 사람 혹은 눈에 보이지 않는 어떤 힘에 대해 속죄해야겠다는 생각을 가지는 사람──이런 사람들에 대해 다만 경문(經文)을 되풀이해 읽거나 종교적인 모든 의식을 하는 것만으로 봉사하는 종교는, 정신의학의 견지에서 보면 신경증적 또는 정신병적인 계통에 지나지 않는다. 어떤 종교의 교리에 의하면, 인간은 현실을 전면적으로 부정하여도 좋으며, 자기가 싫어하는 인간은 누구든 마음대로 살해하고서 "내가 사람을 죽인 것은 현실로서가 아니라, 다만 영을 죽였을 뿐이다. 그리고 인간은 결코 영을 죽일 수는 없다. 따라서 나는 아무런 죄도 범하지 않았다"라는 뜻의 엄숙한 주문을 외우기만 하면 된다는 식이다. 혹은 "모든 죄인을 용서하신 예수 그리스도는 나의 죄도 용서해야 할 것이다. 나의 회개를 표시하기 위하여 나는 맨발로 눈 속으로 뛰어나간다. 그러면 만사가 해결될 것이다"라는 주문을 외워도 좋다는 이론이 된다.

이런 말을 하는 까닭은, 특정인의 종교를 비난하려거나 조소하려고 하는 뜻은 아니다. 그보다는, 종교라는 것은 믿는 사람에 따라 여러 가지로 다른 의미를 가지게 마련이며, 또 심리적 메커니즘이 각각의 사람들에게 있어서 어떠한 형태의 종교가 맞는가를 결정하는 것이라는 점을 지적하려는 생각에서였다. 인간이 자기의 종교를 이용하는 태도──비록 그것이 그의 인생을 윤택하게 하고 고상하게 하기 위해서라도 혹은 자기의 이기심이나 잔인성의 핑계를 삼기 위해서라도 또는 자기의 망상이나 환각을 합리화시키기 위해서라도 혹은 자기는 전능하다는 환상을 가져 보기 위해서라도──가 그 사람의 정신건강의 상태를 표시하는 것이다. 실제로 우리는 자신만이 이 세상에서 사는 것이 아니다. 우리의 주위에는 수많은 다른 사람들이 살고 있으며, 우리 이외의 사람들에게 대해서도 우리는 여러 가지 책임이 있다——그렇다고 자기가 믿고 있는 종교에 다른 사람들도 모두 자기처럼 열중하도록 개종시키려고 노력하는 따위의 것은 아니지만.

그런데 이런 사실과 책임을 인정하지 않는 종교는 참된 종교가 아니다. 그것은 신경병 증상이다.

정신병원에 입원하고 있는 많은 환자들이 너도나도 만들어 내고 있는 종교의 공식이 바로 여기서 말하는 바와 같은 것이다. 한 예로, 나는 한 매력적인, 그러나 너무 무능하고 자기중심적인 환자가 애써서 쓴 원고의 하나를 인용하려고 한다. 이 사람은 여러 페이지의 노작을 썼는데, 다음의 것은 그 대표적인 것이다.

사람이 에덴 동산에서 타락하기 전과 후가 어떻게 다르냐 하면, 나는 다음과 같은 사실을 알았다. 즉, 신은 자신이——그야 실상은 다소 변장이 사용되어 모르도록 되어 있지만——남자에게 수태시켜 여자를 만드셨다. 악마의 방식은 신의 방식과는 다르다 하더라도, 아담과 이브가 악마의 유혹을 물리치지 못한 까닭에 죄에 빠져 버린 후로는 불순종의 죄가 그들에게 선과 악의 분간을 알게 하였다. 그리고 그때로부터 현대에 이르기까지, 여자가 수태하는 것은 악마의 방식이다. 그런데 만일 이것이 사실이라면, 신이 아브라함에게 자식을 주겠다고 약속한 것은 어찌된 일인가고 나는 생각했다. 신이 아브라함에게 한 약속을 이행한 것에 관한 이야기를 읽고 나는 신이 아브라함의 아내에게 수태시키어 그들 사이에 한 아들이 출생된 것임을 깨달았다. 기록되어 있는 것으로서는, 신이 여자에게 수태시킨 것은 예수의 어머니인 마리아의 수태가 마지막이며, 그 후에는 없다.

나는 다음에 환자가 쓴 것이 아니고, 어떤 종교단체가 출간하여 수천부를 배부한 소책자에서 인용한다. 이 소책자라는 것은, 내 환자 중의 한 여인에게 그녀의 절친한 친구가 우정 어린 마음에서 보내온 것으로서, 그 친구로서는 이 소책자가 확실히 상당한 의의를 가진 것이고 그녀는 자기가 믿는 그 믿음을 함께 나누고자 하였던 것이다.

우주에 편재하며 우주를 주관하는 마음은 신의 무한한 마음의 단면이다. 우주에 편재하는 주관성의 일부가 인간에게 분배되어, 인간이 그것을 사용하고 있다……

가령 어느 사람이 빚을 졌다 하자. 이 사람의 집은 저당잡혀 있다. 그는 이 저당한 돈을 변제할 만한 능력은 전혀 없다. 이런 경우 어떻게 해야 하느냐 하면, 그런 걱정을 안 하는 것이다……(그러면 채권자는 어떻게 될까?)

개인의 마음의 '흔들림'이 일단 충분한 적극성을 가지고 성립했으면, 그 흔들림은 그의 잠재의식으로부터 '일반관념'으로 향하여 끊임없이 흐르도록 할 것이다. 그러면 효과가 나타나서 그가 바라는 바가 그에게로 끌려온다…… 사실 인간은 자기가 자진해서 어떤 자의 종속자 노릇을 하지만 않는다면, 그는 결코 아무에게도 지배받는 일은 없다……(이 사람은 역질이나 지진이나 빈궁 등이 세상에 있다는 말을 아직 못 들은 모양이다.)

위에 인용한 것에 대해 내가 반대하는 것은 다만 그들이 병이라든가 현실을 전연 무시하고 있는 점에만 있는 것이 아니라, 그들이 완전히 본질적으로 자기중심적인 점에 대해서이다. 나는 또 그들이 어디까지나 부정직하다고 생각되는 점에 대해서도 반대한다. 어떤 사람들(의사들 중에도)은 확실한 원인을 파악할 수 없는 병 때문에 곤란을 당하는 사람들을 다룰 때는, 적당하게 말하여 그들을 '속여도 좋다'고 생각하는 것을 나는 알고 있다.

"그렇게 하더라도 당사자들이 안심을 한다면 그 방법도 좋지 않을까?"라고 그들은 말한다. 이런 의사들은 종교라는 것은 모두 '착각'이라고 생각하는 경우가 많다. 그러나 많은——그리고 대부분의——종교가들은 공허하고 기만적인 약속과, 자기중심적이 아닌 이상주의를 아주 명확히 구별하고 있으며, 그 구별은 종교에 기초를 두고 있다. 이 사람들은 병과 모든 개별적인 치료에 내재하는 이기심에 반대한다. 그리고 그것은 아마 그래야할는지도 모른다.

종교에서는 공허한 약속(천당과 지옥에 관한 것)이나 이런 약속들이 실현되기 위한 조건이 되는 것들에, 종교의 이상주의가 종종 바뀌 놓여 있음을 강조하는 점은 의심할 여지가 없다. 그리고 이렇게 강조하는 것이 순응부조의 해결이 되는 것이 아니라, 오히려 그 원인으로 되는 경우가 많을 것 같은 생각이 든다. 예를 들어 보자.

버트 보니건은 소도시의 자동차 정비업자로서 상당히 성공했다. 그는 열심이고 정직한 아버지로서 돈은 별로 모으지 못했으나 이웃에게 존경과 신뢰를 받고 있었다. 그는 43세 되던 여름까지 평범한 생활을 해왔는데, 이즈음에 그의 아내와 두 아이들이 어느 사이비 종교의 신앙부흥회에 참석했다. 그 자리에서 나쁜 사람에게 내세의 생활에 대단한 곤란이 닥쳐온다는 뜻의 예언이 있었으며, 아내는 두 아이들과 함께 '앞자리로 나섰고' 그 후로는 '개종'한 것으로 인정되었다. 한편 아버지는 지극히 양심적인 사람인만큼 처자들을 따라서 역시 개종하는 것이 그의 의무라고 여기면서도, 자기가 완전히 확신을 가지지 못하는 문제에 대하여 태도를 분명히 결정할 수는 없다고 생각했다. 가족들은 이 새로운 종교의 기쁨을 서로 말하며, 집에서 예배를 드리며, 식사 때마다 기도를 올리고 오락이라는 것은 아예 없애 버렸다. 그는 영화를 무척 좋아했지만 그것도 못보게 되었다. 집안에서는 신앙이 없는, 이 종교에 귀의·동조하지 않는 인간에게는 영원한 형벌이 기다린다는 압력적인 회유가 끊임없이 있었다. 그의 처자들은 주일마다 3~5시간이나 교회의 여러 가지 행사에 참석했다.

그는 이 문제에 대하여 매우 고민하였다. 그의 소원과 쾌락을 가족들의 종교상의 의견에 합치시키려고 여러모로 노력하였다. 그러자 여러 가지 육체적인 병이 발병되었다──배·손·발·머리가 아프고, 심한 피로감과 불면증이 생기는 등. 그리하여 그는 이 의사 저 병원으로 치료를 받으면서 돌아다니게 되었는데, 일시적으로는 조금 차도가 있었으나 결코 오래 가지는 못했다. 그렇게 하기를 4년을 허비했다. 그 동안에 가족들의 신앙심은 들쭉날쭉 기복이 있었지만, 이 사람의 마음의 번민──그 종파를 믿어볼까말까, 어느 편이 옳을까──은 조금도 경감되지 않았다. 얼마 후에 그의 고통은 차츰 가라앉게 되었으나, 그의 번민은 더한 것 같았고, 차차 그는 우울해지고 건망증이 생기고 헛된 생각에 골몰하며, 밤에는 불면증이 점점더 심해졌다. 이와 같은 상태에서, 이 남자는 정신의학적인 치료를 받기 위하여 입원하게 되었다.

여기 말한 그 가정이 모두 무식한 사람들이라든지, 유난히 별나다고 생각해서는 안 된다. 그 아내도 환자도 모두 지식인이었다──그야 그들의 시야는 몹시 제한된 것이기는 하였지만.

의사는 그의 마음의 알력이 처음에는 육체적인 병으로 나타났고, 다음에는 우울증이라는 형태로 나타난 사실을 그에게 상세히 이야기해 주고, 또 그의 아내에 대해서는 인간은 누구든지 자기의 마음에 맞는 종교상의 표현이 필요하다는 점에 대하여 이해를 시켰다. 그랬더니 이 환자는 마음이 매우 편안해지고 2,3개월이 지나자 상당히 호전되었으므로 퇴원을 허락했다.

그런데 내가 만일 목사라면, 끝으로──또는 무엇보다도 먼저──내가 나의 직업을 택한 동기는 무엇인가? 나의 깊은 목적은 무엇인가를 끊임없이 자문해야 옳을 것이라고 생각한다. 또한 그런 것은 새삼스럽게 물을 필요도 없이 명백하다는 태도를 취하거나 합리화시키려는 자기기만도 피해야 할 것이라고 생각한다.

목사 스스로가 연구한다면, 인간이 인생에 순응해 가는 것을 돕는 데 있어서 종교가 발휘하는 기능이 과연 어떤 것인가 하는 문제는 충분히 이해될 것이라고 누구든지 생각할지도 모른다. 그러나 잘 생각해 보면 그것은 반드시 그렇지는 못하다는 것을 곧 알 수 있다. 목사·승려 또는 유대교의 랍비(rabbi : 율법사)라 할지라도, 그들이 종교는 깊은 의미를 가진 것이라고 생각한다고 단정지을 수는 없다. 만약 그런 사람이 있다면, 그는 종교를 포교하고 관리하는 것이 깊은 의미를 가진다고 생각하는 인간이다. 어떤 사람이 참으로 훌륭한 목사이면서도 자기로서는 개인적인 종교상의 만족이 없다는 경우가 이론적으로는 가능하며, 또 그런 경우가 실제로 우리가 알고 있는 편보다 많을 것이라고 나는 감히 말한다. 우리는 이러한 경우를 위선이라고 욕하기 쉽다. 그러나 그렇게 욕하는 것은 잘못이다(정당한 이유가 없다). 의사이면서도 약을 먹기를 싫어하는 사람이 얼마든지 있다. 법률가이면서도 자기의 사생활에서는 자기의 직업적 확신을 이행하지 않는 사람이 많다(이것은 어떤 특정한 사람을 욕하는 것이 아니다). 나는 다만 남을 도우려는 충동은 자기 자신에게 대하여 원조를 주는 데서 생기는 확신과는 전혀 관계가 없다는 점을 보일 뿐이다.

그렇기는 하지만 성직에 있는 사람들로서 직업적으로도 성공하고 종교상의 신앙도 확고히 가지면서도, 일시적으로 심한 순응부조에 빠졌다는 사람들의 생활에 대한 종교의 기능을 연구하는 것은 유익한 일임이 틀림없다. 정신의학자들은 누구나 여러 종파의 목사들의 그런한 경우(증상)를 다룬 경험을 가지고 있다. 신앙에 의하여 치료를 행하는 시술자들도 예외가 아니다. 물론 이 괴로움을 당하는 환자(목사)들이 정신과 의사로부터 원조를 받는 일은 결코 그들의 신앙에 대한 모순이 아니다.

어느 상당히 지성이 높은 카톨릭의 신부가 선교사로 외국에 가서 온갖 고행을 쌓았는데, 그 중에는 안 해도 될 고생을 자진해서 함으로써 자기를 괴롭히는 일도 있었다. 그렇게까지 노력했지만 결과는 별로 좋지 못했으므로 그는 실망했다. 귀국 후 그는 어느 교구를 담당했는데, 그곳의 일이 너무 쉽다는 생각을 갖고서 늘 자기는 좀더 열심히 몸을 움직여 일을 해야겠다고 생각했다. 그리하여 그는 참으로 부지런히 일했다. 그의 교구의 사람들과는 끊임없이 접촉을 했고 성당의 각종 일들은 모두 훌륭히 처리해 나갔다. 그래도 그는 '나는 실패했다. 나는 가치없는 인간이다'라는 느낌을 없앨 수가 없었다. 그의 상부의 신부들 중에는 그런 생각은 훌륭한 크리스천의 정신과 일치되는 것이기는 하지만, 예수 그리스도가 우리들을 위해서 한 희생에 비하면 우리는 어느 누구도 이 희생을 받을 만한 가치가 없는 인간이라고 그에게 말해 주는 사람도 있었다. 그 중의 한 현명한 사람이 인생의 실상 및 종교에 대한 그의 태도에는 과장이 있고, 또 그것은 반드시 사려있는 행동은 아니라고 말했다. 이런 충고와 조언을 들어도 그의 마음은 조금도 안정되지 않았다. 그 후 그의 마음은 더욱 우울해져서, 결국 당분간 직무에서 물러나 있지 않으면 안 될 지경에 이르렀다.

이 사람은 자기로서는 의식하지는 못했지만, 어떤 깊이 뿌리박힌 죄악감으로 고민하고 있음이 확실했다. 그의 이 죄악감은 자기가 속죄하기 위하여 아무리 고행을 해보고, 또 자기가 자진해서 괴로운 생활을 해보아도 구원의 확신이 서지 않았던 것이다. 그리고 이 죄악감의 정체는 아마 그가 어렸을 때에 나타났던 무의식적인 증오와 관계가 있는 것으로서, 이 증오감이 그의 종교와는 아무런 관계도 없는 별개의 사정 아래 지금까지 불타 왔던 것이라는 점은 그 자신은 물론이고 그의 주위의 사람들도 전혀 몰랐을 것이 틀림없다.
한편, 그와는 반대로 이와 같이 자기가 압도될 만한 강한 죄악감을
가지는 사람은 투영에 의하여 다른 사람의 무의식적인 죄악감을 환
기하고 탐구하지 않고서는 견딜 수 없다고 느낄지도 모른다. 이런
것을 생각하면 전율을 느낀다. 이 메커니즘이 어느 시대에 있어서
도, 어느 종교에 있어서도 신앙의 복음전도를 행하는 지도자들에게
사용되었던 것은 의심할 여지가 없다. 세례 요한이 세상 사람들은
모두 회개해야 한다고 광야에서 외쳤으나, 당시의 유대인들에게는
이런 훈계를 주는 일이 아무리 옳은 행위였다 하더라도 현재의 심리
학의 개념에서 보면, 앞서 말한 메커니즘이 먼저 세례 요한에게 적
용되었던 것으로 추측할 수 있다.

또 다른 한 사람의 목사——에피스코팔파의 사람——는 미국
서부의 어느 큰 교구에서 크게 성공했다. 그런데 이 사람이 갑자기
신경쇠약에 걸려 버렸다. 그리고 밤이면 불면증에 시달렸으며, 불
안이 그칠 사이가 없었고 아무것도 결정을 내릴 수가 없었다. 게다
가 자기의 사명과 안정에 대하여 자신을 잃게 된 사정 아래서, 그는
정신의학적인 치료를 받기 위하여 자기의 교구로부터 휴가를 얻었
던 것이다. 이 사람의 경우는 그가 종교에 열중하게 된 동기가 죄악
감에서 출발했다기보다 세계 제1의 설교자가 되어 가장 큰 교구를
맡아서 가장 능률적인 교구성적을 올려 보자는 굉장한 야심에서 나
온 것이었다. 그는 인기가 대단한 사람이었으며, 그렇다고 인기를
얻기 위하여 자기의 주장을 희생하는 짓은 결코 하지 않는 사람이
었다. 그 반면에, 그에게는 자기의 의견을 주장하는 고집이 있었고,
공격적이었다. 그로서는 자기가 살고 있는 도시에서 제일 큰 교회
를 세우는 것이 예수 그리스도의 교리와 모범을 가장 효과적으로 본
받는 길이라는 것에 대한 반박은 이해할 수 없었던 것이다.

그는 왜 이와 같이 굉장한 대망을 가졌던가? 그리고 왜 세계 제

일이 되지 않으면 그것은 아무것도 아니라는 강박관념적인 감정을 가지게 되었던가? 정신분석을 해보았더니, 거기에는 놀라운 이유가 있음을 알았다. 그의 부친은 몸집이 크며 엄한 사람이었다. 그래서 이 환자의 유아시절의 열등감은 그것에 비례하여 보통 이상으로 강했다. 그는 어렸을 때 자기의 아버지는 무한한 힘을 가진 줄로 생각하고 자기도 그런 전능의 힘을 가져보려고 생각했지만, 그런 생각은 억압되어 버렸다. 그렇지만 어렸을 때에 억압된 그의 열렬한 소망을 실현시키려는 야심이, 그가 택한 이 직업——전통적으로는 극히 부드럽고 온순한 것으로 인정되었던——의 온순성 속에 변장하고서 숨어 있었던 것이다. 그가 모든 것을 '하늘에 계신' 아버지의 덕택이라고 믿은 확신은 실은 또 하나의 변장에 불과한 것이었다. 즉, 그의 부친은 상당히 몸집도 크고 힘도 세었지만, 역시 그의 부친도 신만큼은 못했다(신처럼 위대하다고 생각한 것은 그가 어렸을 때뿐이었다).

어느 대단히 유명한 한 랍비가 미국의 동부에 있는 어떤 도시의 집회장에 초빙되었다. 그는 얼마 동안 그 유대 교회에서 근무했는데, 거기서 실력을 쌓고 성공하여 널리 일반의 주의를 끌게 되었다. 얼마 후에 그는 병이 나서 순응부조의 이유로 정신과 의사의 치료를 받게 되었는데, 여러 가지로 조사해 본즉 이 병의 원인은 그가 랍비로 성공하여 그의 가문의 명예가 되도록 부모로부터 기대를 한몸에 받았는데, 단지 평범한 랍비가 된다는 정도가 아니라 모든 랍비들 중에서 가장 우수하고 뛰어난 랍비가 되기를 기대하였다는 점에서 기인된 것이었음이 밝혀졌다. 그가 어렸을 때 이해한 것은, 자기가 세계 제일의 랍비가 되면 그 덕택에 자기 부모의 사회적 지위가 높아지고 그들의 비중이 커지며, 어느 정도 다른 유대인들에게 대하여 세도도 부릴 수 있다는 식으로, 자기가 위대한 랍비가 된다는 것은 어떤 의미에서는 부모가 계획한 대로 일이 되는 것이라고 생각했던 것이다. 그러나 그 후에 그를 괴롭힌 것은, 이러한 부모의 동기보다는 그가 부모로부터 어떤 부당한 다룸을 받은 것같이 느낀 점이었다. 왜냐하면 그가 자기의 자유의사대로 해보려는 생각을 가진 일도 아닌데, 개인적으로 막대한 희생과 정열을 쏟아 공부를 해야 하는 일을 부모가 자기들의 야심을 채우기 위하여 아들인 자기에게 무리하게 시켰다는 감정이었다. 그리하여 그는 이 문제에 관련된 자기의 마음의 불균형(정신적인 두 힘의 다툼)을 해결하기 위하여 먼저 자기의 일을 훌륭히 해냄으로써 부모에게 더욱 큰 기대를 가지게 한 다음에 모든 사람을 실망케 했던 것이다. 그것으로 그가 어렸을 때 실망을 느꼈던 부모의 태도에 대한 보복을 보기좋게 했던 것이다. 그가 실망했다는 것은 앞에서 말한 문제 이외에도 더 있었지만, 그것을 여기서 모두 기술할 필요는 없을 것이다.

신앙의 힘으로 병을 치유시키던 어느 중년의 남자는 작은 도시에서 많은 친구를 사귀고 있었는데, 어느 날 밤에 자기의 종교에 관한 강연이 있은 후부터 불면증에 시달리게 되었다. 그의 불면증은 아주 지독한 것이어서, 24시간 동안에 눈을 감고 쉬는 것은 불과 수분 간밖에 없는 날이 계속되었다. 그는 근심·초조·불안으로 체중은 날로 줄어들었다.

마침내 그는 자기의 신조를 깨뜨리고 수면제를 복용했다. 얼마 동안은 약효를 잘 받아 몸이 편안했다. 그러나 그러는 동안에 점점 많은 양의 수면제를 복용해도 잠들지 못하는 밤이 다시 왔다. 그리하여 그는 소위 '약물중독자'가 되지나 않을까 하는 두려운 생각이 들게 되었다.

마침내 그는 병원의 신세를 지게 되었고, 거기서 의사는 수면제의 양을 차츰 조절했으며, 결국 약을 먹지 않아도 될 때까지 치료를 했다. 그리고 의사는 그의 불안·걱정을 더욱 조장하는 정서적인 요소에 대하여 그와 이야기했다. 그 증상의 주요 요인은 그의 '성'생활의 장해에 관련된 것이었으므로, 그것은 간단히 교정할 수 있었다. 그리하여 마침내 그의 불면증은 씻은 듯이 사라져 버렸다.

이상으로 나는 종교 지도자들이 신앙생활을 하고 있음에도 불구하고 순응부조로 고민하는 실례를 들었다. 그것은 이런 사례가 종종 일어나기 때문이 아니라, 그들의 관심사가 원래 종교적인 것이라는 점에서 종교적인 표현이 얼마나 개인적인 욕구와 목적에 의하여 결정되는가를 더욱 분명히 우리에게 보여주기 때문이다. 목사로서 신경쇠약에 걸리는 사람이 비교적 적다는 것은 사실이다. 적어도 목사들로서 정신과 의사의 치료를 받으러 오는 사람은 매우 적은 편이다. 나는 그 이유를 모르겠다. 그런데 앞에서 언급된 바 있는 존 라스본 올리버 씨*는 이 현상에 대하여 다음과 같이 말하고 있다.

"일반원칙론적으로 나의 진료실에 오는 일이 거의 없는 형의 사람들은 어떤 종류의 사람인가를 말하기로 한다. 나의 경험에 의해서 말하면, 공포를 느끼거나 공포로 해를 입지 않는 것같이 보이는 사람들이란 그리스도교 신자 및 그 전도자들이다. 그리스도교라고 하지만, 나는 사람이 생각하고 사람이 만든 그리스도교를 말하는 것이 아니라, 그것은 신인 동시에 인간이신 예수 그리스도께서 세워서 12명의 제자들에게 내어 주신 그대로의 것을 말한다. 이분을 중심으로 한 종교에 귀의하고 있는 신자와 그 전도자들은 공포에 대한 해독제라고도 할 만한 무엇을 가지고 있는 듯하다. 어찌되었든 이 사람들은 나를 찾아오는 일이 거의없다. 이렇게 말한다고 해서 혹시 나를 오해할지도 모르겠다. 그렇다고 이런 신앙이 객관적으로 보아서 진리라고 주장하는 것은 아니다. 나는 또 내가 그것을 수락했다는 말도 아니다. 나는 다만 여러분 앞에 하나의 사실——이 사

---

*John Rathbone Oliver : 정신분석자.

실은 나의 오랫동안의 직업적 경험의 결과로 입증된 다른 어떠한 사
실과 마찬가지로 입증된 것이다——을 제출하고 있을 뿐이다."

혹자들은 그것이, 종교에는 사람을 구원하는 힘이 있다는 증거가
되는 것이라고 해석할지도 모른다. 그러나 나는 목사들 가운데는
그런 해석을 내리는 것에 관한 감정이, 실상은 정신과 의사의 협조
를 받아야 할 경우에도 치료를 받을 것을 방해하고 있다고 생각하는
이가 있지 않을까라는 의심을 가진다. 이 사람들은 치료를 받는 대
신에 침묵 속에서 자기 혼자서 고민하며 자기의 믿음이 부족한 것으
로 생각하고 자책하는 것이다. 어쨌든 정신과 의사를 찾아오는 사
람들 중에는 뛰어난 지성과 용기를 가진 사람이 많다는 것을 나 자
신의 관찰에 비추어 말할 수 있다.

성직에 있는 이들이 하는 일에 정신의학을 실제로 응용하게 한다
면 어떤 결과가 나타날까에 대해 언급하는 것은 시기상조이고, 종
교와 정신의학의 관련성의 이론적인 면을 지금 여기서 검토할 수도
없다. 세상에는 구원을 바라는 사람들이 많다. 인간에게 영혼이 있
느냐 없느냐 하는, 그 실재성을 논증할 수 없다는 불가지론적인 과
학자들일지라도, 현실적으로 사람들을 구원하는 길이 있어서 그것
을 그들에게 주기를 거부하지 못한다는 점에서는 양보해야 할 것
이다. 그들이 종교에 대해 생각하고 있는 것은 확실히 사람들에게
해를 끼치고 있다는 것이다. 그렇지만 다른 사람들이 종교에 대해
생각하는 것은 말할 것도 없이 정신의학이 지금까지 구제한 것보다
도 더 많은 사람들을 구제하고 있다는 것이다. 물론 그것은 그리 공
정한 비교는 아니다. 왜냐하면 '상식'과 마찬가지로, 종교는 과거에
는 배타적으로 많은 사람들에게 봉사해야 했던 것이기 때문이다.
그 밖에는 아무것도 없었다. 종교가 사회의 복지를 증진하며 중생
을 구제하는 기능을 가지고, 또 그렇게 움직였다는 사실은 우리 문
명의 많은 특징에 의해 증명되고 있다. 예를 들면 학교와 병원 등이
있다. 이런 것들은 실로 종교가 우리에게 준 선물이다. 과학자들은

더러 이 사실을 너무 무시해 왔다. 종교가 때로는 교육과 과학의 진보를 방해한 적이 있었는데 그 방법에 대해서는 우리는 모른 체할 필요가 없다. 그러나 종교가 그런 과오를 범했다 하더라도, 종교의 장점·미덕에 대하여 우리가 장님이 될(전혀 무시할) 이유는 없다. 사람은 혼자서만 살아갈 수는 없다. 사람은 이웃을 사랑해야 한다는 것이 현재 지구상에 있는 모든 종교의 본질적인 정신이다. 그리고 이것이 바로 우리 정신의학이 도달한 결론과 전부 똑같은 것이다. 다만 사람이 이웃 사람에 대한 사랑을 어떻게 키우고, 어떻게 표현하느냐에 대해서는 여러 가지로 의견이 다르다.

정신의학과 종교는 서로 반목할 것이 아니라, 서로 협력해야 할 것이라고 생각해야 할 것이다. 정신과 의사들 중에는 종교란 모두 망상이므로, 건전한 정신을 가졌다면 대부분 그런 것은 없어도 좋다고 생각하는 사람이 있음은 사실이다. 그렇지만 이것은 정신의 건강 및 현실세계라는 것에 대하여 인위적인 정의를 내린 것이다. 왜냐하면 소위 종교가 인생에 필요하다는 것을 우리는 잘 알고 있기 때문이다. 정신분석은 종교와는 상극인 것처럼 비난되고 있다. 그것은 강박관념에 몰리어 행하는 의식에 의존하는 사람들의, 그 의존하는 정도를 감소시키기 때문일 것이다. 그러나 정신분석은 또 어떤 사람들에게는, 때로는 그것을 비난하는 사람들에게도, 그들이 지금까지 무시하거나 최소한으로 평가하고 있던 신앙의 여러 면에 있어서 그것은 참으로 고마운 것이라는 신념을 굳게 해주는 효과를 주는 경우도 있다.

영국의 저명한 정신분석자들이 최근에 다음과 같이 썼다.

정신분석자가 사람의 마음을 한없이 깊이 연구해 나가면, 세계의 유수한 종교적 사상가들이 지금까지 추찰해 오던 것이 옳다는 것을 확인하는 경우가 종종 있으며, 이것은 참으로 경탄할 일이다. 정신분석자는 양심문제를 의식세계의 경계선으로부터 더 깊숙이 추구해 갔다. 그리고 깊이 들어가면 갈수록 그들은 원죄 뿐만이 아니라, 신과 같은 완전성에 관한 개념에 가까워지는 것이다. 잉게 박사는 그의 서론에서, 프로이트가 종교를 망상이라고 공언한 것을 유감으로 생각한다고 썼다. 그러나 사실 잉게 박사가 자연과학의 태도와 정신분석적인 과학의 태도를 혼동한 것은 유감이다. 정신분석은 종교에 대하여 적의를 가지기는커녕, 종교적 원리를 강화하고 있다. 그것은 구세군을 제외한 세계의 여하한 공적 단체보다도 이 점에 이바지하고 있다. 실로 정신분석자는 어느 목사나 종교개혁가보다도 종교의 원리를 응용하는 점에 있어서 '합리적'이다. 보통 종교적인 사상을 가지고 있는 사람들은 자기가 지켜야 할 계율을 자기와 동등한 사람들, 즉 다른 성인들에게 대하여 실행하면, 그것만으로 만족해 버리는 경향이 있다.

정신분석자는 인간의 무의식적인 마음의 세계에서 사랑의 힘이 얼마나 강한가, 사람에게 얼마나 안심을 주는가 또 질병의 회복에 얼마나 필요한가를 조사해 본 결과 새로운 확신을 가지고 일상생활로 돌아왔던 것이다. 그들(정신분석자)은 여러 가지 종교단체가 그들의 확신을 실행할 용기가 없음을 발견했다. 그들(종교단체)은 사랑의 에너지의 배출구 중에서 누구에게나 가장 알기 쉬운 것, 즉 젊은 세대 사람들의 공포를 감소시켜 준다는 일을 등한히 하고 있다. 간단히 말하면 "네 이웃을 사랑하라"는 훈계에, 정신분석자는 '너의 어린 것들을 너 자신보다도 더 사랑하라'고 덧붙이려는 것이다. *

이 책의 서평을 쓴 사람──그는 정신의학자인 동시에 정신분석자인데, 이런 종류의 책의 서평을 쓸 자격을 충분히 가지고 있는 사람──이 앞에 게재한 글에 반박하여 다음과 같이 말한 것을 첨부하는 것은 공평하고 타당한 일로 생각한다.

---

*Edward Glover, 《The Dangers of Being Human》, London George Aiien L. Union, 1936년.

"정신분석을 구세군에 연결시켜서, 이것이 종교적인 원칙을 강화한 두 힘이라고 한 것은, 그것을 듣는 사람이나 이 책을 읽는 사람에게(만약 이 사람들이 정신분석적인 기법에 대해서도 아무것도 모르는 사람들이라면) 우리들은 어떤 정력적인 힘을 강력화하는 방법을 쓰고 있으며, 그 방법이라는 것은 죄악감의 긴장을 풀기 위하여 구세군에서 쓰는 것과 비슷한 것이라는 인상을 준다. 그리고 그 독자가 건설적인 회의론(懷疑論)을 믿을 수 있는 사람이라면, 보통 사람들이 필요로 하는 것에 대처함에 있어서 구세군 이상으로 정신분석이 효과가 있는 것인지 아닌지를 의문으로 생각할지도 모른다.

우리 과학이 보이려는 것은, 인간이 필요로 하는 것이 공격성을 제거시키거나 개인적 희생과 대속(그리스도가 죄인의 대신으로 희생된 것과 같은)에 의해 일단 죄악감으로부터 해방되면, 또다시 번민할 필요가 없다는 것이 아니라 관대한 마음을 크게 하는 것으로서, 그렇게 되면 죄악감——우리가 그것을 경험하는 것을 피할 수 없는 운명에 있고, 특히 유년시절의 대상관계에 있어서 더욱 그렇다——에 대처함에 있어서 유리한 입장에 설 수 있다는 점이다."[1]

어떤 환자는 다음과 같이 말했다. "나는 정신분석에 의한 치료를 받기 전까지는 어떻게 하라는 지시대로 종교상의 의식을 형식적으로 취해 왔다. 나로서는 그것을 충실하게 했지만, 싫증이 나서 때로는 원망스럽게 생각한 적도 있었다. 정신분석을 받고 난 후로는 나의 종교의 아름다움과 사회적인 목적에 대하여 진심으로 기쁨을 느꼈다. 그전에는 강박관념적·인습적 의무였던 것이, 지금은 마음에 유쾌한 만족과 격려가 되었다."[2]

---

[1] Johm Rickman, 《정신분석학의 국제 잡지》제17권(1936년)에서 인용.
[2] 나의 저서 《Love against Hate》 중에 〈신앙〉이라는 제목의 장에서 나는 정신과 의사의 입장에서 종교의 기능에 대하여 기술하였다.

⑤ 의술에의 응용

정신의학의 역사적 발달

정신의학자는 의사일까?

그렇다. 누가 무슨 말을 하더라도 그는 분명히 의사다. 그런데 정신의학은 옛날부터 언제나 의술의 일부이기는 했지만, 여러 가지 전문부문 중의 신데렐라였다. 오랜 세월을 그녀는 부엌 아궁이 옆에 홀로 앉아 있었다. 그녀의 언니들(안과·소아과)은 의기양양하게 방 안에서 뽐내고 있다. 그리고 다른 한 언니(외과)도 역시 그들 가운데 앉아서, 여왕 노릇을 하고 있다. 그녀(외과)는 이발소에서 태어난 비천한 신분은 벌써 잊고 있었다. 한편 어머니(산부인과)는 자기의 가난뱅이 친척들(산파)에 대해서는 까맣게 잊어버리고 있었다.

그렇지만 마술사인 할머니의 힘을 빌려 신데렐라가 대무도회(제1차 세계대전)에 나서게 되자, 그녀(정신의학)는 당장에 언니들보다도 빛나는 존재가 되어 버렸다. 신데렐라가 왕자의 눈에 띄었던(일반사회의 존경을 받았다) 것은 바로 이때였다. 그 후로 그녀는 부엌에서 나와 그녀에게 일보 양보는 하였지만 아직도 사교계의 인기를 누리고 있는 언니들과 어깨를 견주게 되어, 결국 왕자와 결혼하게 되었다.

토마스 사몬 박사의 구상에 의한 이 비유담은 실로 놀랍도록 근사하게 실정에 맞도록, 정신의학이 조금도 결실을 보지 못하고 정체하고 있던 '정신병원' 시대로부터 오늘날의 다른 것에 비할 데가 없을 만큼 인기를 얻은 전문과로 발돋움하기까지의 경과를 대변하고 있다. 오늘날에는 정신의학이 의학의 모든 분야들을 포함하고 있으며, 또한 어느 분야와도 밀접한 관계가 있으므로, 전체의 의학에 있어서 약방의 감초라고까지 생각하게 된 것이다.

이 굉장한 변천을 가져온 마술사 할머니는 다름아닌 사회 개선론적 철학으로서, 이 개념이 초창기의 정신과 의사들에게 자신들이 하고 있는 일이 정말 보기도 싫은, 절망적인 것이라는 단정을 일반인들로부터 받으면서도 한가닥 남은 희망의 불씨를 꺼뜨리지 않고 소중히 살려 왔던 것이다. 그들(초창기의 정신과 의사)에게 맡겨진 환자들이란 미치광이 · 발광자(옛날 점성학에서는 달빛의 작용 때문에 미치는 것으로 생각되었음) · 정신착란자(달의 여신 루나와 관계있는 사람) · 이방인(어울리지 못하여 따돌림을 받는 사람) · 마귀가 들린 사람 · 백치 및 정신이 나간 사람 등이었다. 이러한 말들은 그 자체가 소름이 끼친다. 그리고 그 말들의 어원과 의미가 세상 사람들이 이런 종류의 병을 어떠한 생각을 가지고 싫어했는가를 보여주는 것이다.

이런 혐오감이 어디서 나왔는지 살펴보면

① 무지에서 나온 절망감(이런 병은 고칠 수 없다고 생각했다).

② 초창기의 의술의 신빙성이 없음(이런 병을 이해하지도 치료하지도 못했다).

③ 이런 병의 기원과 죄악과의 관계(악마 · 악령 · 기타 유사의 것들에 대하여 뿌리깊은 미신적인 의견과 종교적인 가설이 있었다).

등에서 유래하고 있다. 이와 같은 여러 가지 원인 중에서도 역시 세 번째 이유가 가장 유력하였다. 미친다는 것은 옛부터 수세기에 걸쳐 신성불가침으로 되어 있었다. 즉, 그것은 신성하며, 동시에 저주받은 것으로 알고 있었던 것이다. 미개지의 사람들이 지금도 정신착란을 신성불가침으로 삼고 있는 것은 법률상의 고전어 중에 나타나 있다. 다만 의학의 진보에 따라 지식이 널리 퍼지게 된 결과, 지식인들 사이에는 그러한 생각들이 없어졌다. 다시 말하자면 그러한 사상의 희생자인 '광인'들은 초기에는 절대적으로 회복될 가능성이 없는 것으로 생각되었던 것이지만, 점차적으로 별로 절망할 것은 없다고 생각되었다. 한편 문명이 발달함에 따라 가엾은 인간들은 점점 처세하기가 어렵게 되었다. 따라서 정신이상을 일으키게 되는 사람들도 늘어 갔다. 이러한 사람들이 곳곳에서 발생하자, 세상 사람들은 그 존재에 그리 놀라지 않게 되었고 금기사항이었던 것이 관용으로 바뀌어지는가 하면, 근대 예방의술의 십자군 정신으로 바뀌어 놓이게도 되었던 것이다.

정신병환자를 관찰·진찰·간호 그리고 보호한 초기의 무명의들의 세속을 초월한 높은 견식의 희망과 불요불굴의 정신이야말로 명실공히 근대 정신의학이 권위를 가지게 된 터전을 마련하게 해준 요인이다. 거머리를 이용하여 피를 빨아내게 하거나 상처를 내서 피를 뽑거나 관장제를 쓰는 것 등이 정신병 치료로 사용되던 당시에 프랑스에서는 피넬, 영국에서는 듀크, 미국에서는 도로디아 딕스 등이 정신병을 가진 사람들은 겉으로 보기에도 그리고 그들의 행동으로 보통 다른 사람과는 어딘가 다른 점이 있긴 하지만, 본성이 인간임은 틀림없는 사실이므로 불쌍히 여기는 마음으로 그대로 받아들일 것이며, 그들의 병 치료에도 특별한 고려가 있어야 할 것을 주장했다. 그것이 1800년경의 일이었다. 그 결과, 짚단 위에 눕게 하던 병자에게 침대를 주며, 매질을 하며 발가벗겨 놓았던 것을 원시적인 수준 정도이지만 그래도 보기 싫지 않게는 해주고, 심신을 어느 정도 편안하게 해주는 정도의 단계까지 진보했던 것이다. 그 후 1850년부터 1900년에 걸쳐 진정제를 주고 식사에 신경을 쓰고 간호에 정성을 기울이며, 구매요법(驅梅療法 : 매독을 구제함) 등 기타의 치료방법이 차차로 추가되었다.

동시에 병자로 생각되는 사람들에 관하여 각종의 자료가 수집되었다. 즉, 심리학적인 것·역사적인 것·화학적인 것 등. 미국에서는 이런 종류의 현상에 관심을 가지는 의사들이 모여서 1844년에 한 협회를 조직했다. 회원들은 서로의 연구결과를 비교논의하며, 여러 가지 병례를 보고하며, 사람의 뇌를 검사했다. 그 후로부터 차츰 질병분류학, 즉 질병을 유형별로 구분하여 분류하는 방법이 발달되었다. 그 이전에는 정신병의 개념은 하나밖에 없었는데, 그 옛날 그리스 시대에 히포크라테스가 구분하였던 것과 같이 조광증·조발성 치매증·우울증으로 분류하는 것이 부활되었다. 이렇게 분류된 여러 가지 증상이 다음에 상세히 해설되어 있다. 절도광·방화광·편집 광·열성광·출산욕광·섬망광 등의 분류명이 생기고, 조발성치매증·우울증에도 여러 가지 다른 형으로 분류가 이루어졌다. 그리하여 정신의학의 학술용어도 상당히 복잡다단하게 되었다. 정신의학을 제외한 다른 의술의 각 분야에서는 지금까지 상좌에 앉아서 거만한 자세로 있다가 뒤통수를 맞은 듯 당황했다. 그래도 그들은 앞에서 말한 것처럼, 정신의학이 발군의 실력을 보였음에도 불구하고 정신의학을 의술의 '적자(嫡子)로 인정치 않고 부엌일에나 걸맞을' 것이라고 생각했던 것이다.

정신의학이 이러한 혼란으로부터 빠져나와 질서있는 체계를 가져오게 된 것은, 뮌헨의 에밀 크레펠린 박사의 천재적이고 헌신적인 노력의 덕택이었다. 그는 모든 것을 포함하는 방대한 논문을 연달아 출간하며, 임상적으로 같은 여러 증상을 하나로 결합하여 그런 종류의 병의 실체라고 생각되는 것을 정리해 갔다. 거기에서 하나의 병의 기원·증상·경과·종말 및 병리에 관한 일반적인 유사점을 보였던 것이다. 이렇게 해서 그는 수천이 넘는 증상군 및 명목에 따라 최종적으로 약 1백여 가지로 정신병의 실체를 분류했는데, 그 중에서도 세상에 잘 알려진 것에 조발성치매(분열증)·조광증·조울증 등이 있다.

크레펠린 박사는 또 이런 끔찍한 이름의 창조자로서도 알려져 있다. 그것은 1900년경의 일이었다. 금세기에 들어와서 처음 20년 동안은 크레펠린 박사가 이처럼 새로 만들어 낸 조직이 전 세계 정신의학자의 주의를 끌고, 오래지 않아 그 개념이 지배적으로 자리잡았던 것이다. 국립병원의 의사들에게는 증상을 크레펠린 분류법에 의한 여러 가지 형으로 구분하기 위해 병자를 관찰하고 그 병상을 기술하는 일이 중요한 업무가 되었다.

서술적 정신의학은 사실 비로소 이 시대에 성숙하여, 황금시대를
이루었던 것이다. 그 특징은 관찰자의 해설적인, 그리고 진단적인
태도에 있었다. 지각작용·지적작용·정서 및 의지작용은 그 개별적
인 병리학적 변화에 따라 정밀히 조사되었다. 여러 가지 다른 그룹
의 증상과 병례가 분석되었다. 뇌수가 구분되어 색출되며, 증상과
구조 사이에 여러 가지 상관관계를 발견하려는 노력이 있었다. 마
침 이때에 '신경병리학'이라는 과학분야에도 그 전성기가 일어나
서, 정신의학자와 '신경학자'의 교섭을 연결시켜 주는 교량의 구실
을 했다. 이 신경학자란 개업의들로서, 이들은 이미 세상 사람들의
신용을 얻고 있었으므로, 그들이 이제 새로 나온 정신의학 분야에
어느 정도 위신을 세워 주게 되었다. 알스하이머·니슬·팔 판·기
슨 바이겔트·칼 같은 이들이 실행해 온 복잡하고도 정밀한 뇌조직
염색법은 이전에 외상성·전염성 및 퇴화상태에 있는 척수 및 뇌수
의 조직장애에 응용된 적이 있었는데, 지금와서 더욱 일반의 관심
을 끌게 된 정신이상의 연구에도 응용되게 되었다. 그 결과는 매우
보잘것없는 업적을 보였으나 아무도 실망하지 않았다.

한편 정신장애자에 대한 행정상(병원 경영상의) 태도도 점차적으로
개선되어 갔다. 정신병원의 시설은 차츰 좋은 분위기로 개량되고,
그리하여 보호소라기보다는 병원 이상으로 생각할 정도로 되었다.
병리학자와 임상지도자가 직원 속에 추가되었다. 수많은 치료법,
예를 들면 약제에 의한 것·수치요법·전기요법 등이 추가되었다.
여러 주에 소규모의 진료소 또는 정신병원을 경영하는 것이 새로운
유행이 되었다. 어떤 특수형의 정신장애를 전문으로 치료하는 병원
및 특수시설이 설립되었다. 예를 들면 간질병원이라든가 저능자를
위한 특수학교, 집단생활을 위한 특수시설 등이다. 이 시기에 주립
병원도 굉장히 많이 세워졌다. 그리고 '진단'이 이 시대의 발전의
기초가 되었다.

제1차 세계대전의 발발은 모든 정세를 일변시켰다. 정신과 의사

들은 처음에는 뒷문으로 들어가듯 하였으나, 상당히 많은 경험을 쌓고 대단한 실적을 올려, 굉장한 영예를 얻고 나오게 되었다. 정신과 의사들은 병원 안이 아니라, 밖에서도 훌륭한 일감들이 얼마든지 산재해 있음을 알게 되었다. 전장에서의 외과의의 활동영역은 참으로 광활하지만, 정신과 의사도 그에 못지않을 만큼 광범위한 분야를 담당하며 눈부신 활약을 한다는 것을 실제로 보여주었다. 막대한 수에 이르는 정신장애 환자들이 임시로 세운 정신의학 치료소로 이송되어 왔는데, 그것은 다만 진단을 받고 분류시키기 위해서만이 아니라 속히 회복시키기 위해서였다. 그 결과, 실제로 수천 명에 달하는 병사들이 다시 군무에 복귀하기 위하여 서둘러 전선으로 돌아갔다. 정신과 의사들은 그들이 오랜 열등감을 극복하고, 자기 자신이나 사회에 대하여 정신적으로 '상처입은 사람'이 되어 입원해 온 환자들을 여러 유형별로 분류하는 일 뿐 아니라, 그보다 훨씬 중대한 일을 할 수 있다는 것을 실증했던 것이다.

실제로 효과가 있다는 것을 몸소 보여준 정신의학은, 그 후부터는 의학상의 전문적인 부문 중에서 주체를 이루게 되었다. 여기서 정신의학은 병을 진단하는 것만을 목적으로 삼는 것이 아니라 치료도 한다는 목적을 뚜렷이 확립했던 것이다. 이렇게 하여 정신의학계에는 현대사상이 도입되어서 구래의 개념이라든가, 정신이상 또는 광기 따위의 용어를 없애 버렸던 것이다. 정신과 의사는 광인을 다루는 사람으로서가 아니라, 한 사람의 의사로서 정신병에 걸린 사람들의 치료자가 된 것이었다. 또 그들은 법률상의 핑계를 대거나 애매모호한 말을 하는 사람이라는 인상에서 탈피하게 되었다. 전에는 정신병 환자들의 간수 노릇이나 하던 사람이, 이제는 불행한 사람들의 고문이 되었다.

정신병원에 입원해야 할 필요가 있는 사람들은 전에는 마치 죄인처럼 반드시 주정부의 감독을 받도록 되어 있었다. 또 그러한 결정(입원)의 절차를 재판소에서 처리하는 지방이 많았다. 그러나 이런 제도는 급속히 변천했다. 어떤 시대에는 정신의학적인 치료는 모조리 주립병원에서 실시되었지만, 오늘날에는 대개 주립병원 이외의 장소에서 행하고 있다.

미국의 정신의학은 이런 변천을 거쳐서(유럽의 정신의학계는 훨씬 늦어 있다) 오늘날의 대성을 본 것인데, 이 시점에서 그 장한 마음과 에너지와 뛰어난 지성을 가지고서 지도를 담당해 온 사람들 중에 한두 사람의 이름이 특히 떠오른다. 이 고명한 사람들 중에서도 토마스 W. 살몬은 위엄과 매력을 가지고 과학과 여론의 나라에 정신의학을 가져온 위대한 대사(大使)였다. 아돌프 메이어는 1천여 명의 학생들에게 참을성을 가지고 정신의학이라는 과학의 원리를 상세히 설명했다. 스미스 엘리 젤리페 및 윌리엄 A. 화이트는 용감히 정신의학의 신이념을 기존의 제도 속에 채택하고, 동시에 신경학 및 의술 외의 다른 부문에도 응용했다.

그렇지만 이런 이들 중에서도 가장 위대한 천재이며, 나의 생각으로는 정신의학을 연구소와 정신병원으로부터 외부로 유도하여 각 가정과 시장의 상가에까지 보급시킨 사람은 바로 엘머 어니스트 사우다드였다. 그는 겨우 43세에 요절했으므로 그가 소개한 여러 원칙들만큼 그의 이름은 세상에 널리 알려지지는 않았지만, 다행히 그의 놀라운 지성과 불타는 듯한 열정을 실제로 본 사람들의 가슴 속에 그가 준 영감은 오늘날도 살아 있다.*

정신의학은 처음에는 누가 보더라도 정신병리학적으로 극단적인 환자로 여겨지는 사람에게만 적용했던 것이지만, 차츰 다른 분야, 즉 범죄학·사회학·교육학 등에도 응용하게 되어, 오늘날에는 그 본향이라고 할 수 있는 분야, 즉 일반의술에도 응용되는 경우가 더욱 많아졌다. 정신의학은 환자에게 접근하는 기술, 그 사람의 퍼스

---

*F.P. 게이 교수, 사우다드의 전기 《The Open Mind》(New York : Normandie House, 1938년) 참조.

낼리티를 평가하는 방법 및 치료와 관리의 기법을 일반의술의 세계에 전했던 것이다. 일반의술의 세계에서는 연구실에서의 일과 임상적인 측정의 면은 이미 완성되어 있었는데도, 이 종류의 기법은 별로 알려지지는 않았던 것이다. 직관력이 있는 노련한 일반개업의들 중에는 의술에 있어서 환자의 감정에 대처하는 일이 중요하며, 이러한 구체적으로 파악하기 곤란한 요소를 적절히 고려하여 환자의 회복을 촉진시키는 수단이 있다는 것을 체득한 사람들이 많이 나타났다. 그러나 정신의학은 정신분석의 힘을 빌려 이 직관적인 기술을 조직적인 과학적 원칙들로 환원시켜, 그 응용을 다만 재주가 뛰어난 소수의 사람들 뿐만이 아니라 누구나 할 수 있도록 진보시켰다.

일반의학의 치료상에 있어서의 정신의학

그 결과로서, 오늘날에는 사람에게 병이 발병했을 경우의 '심리적' 요인——몸이 건강을 유지할 때도 동일하지만——에 중점을 두고 생각하는 일이 의술전반에 걸쳐 서서히 침투 보급되고 있다. 중세기나 그보다 이전에는 화학적인 개념만이 의술의 이론과 실제를 지배했다. 19세기에 와서는 물리도 참가했다. 그렇지만 오늘날에 와서는 그런 생각은 사라지고, 물리·화학 및 심리적 요인이 현대의 술의 특징을 이루고 있다. 환자의 체온을 측정하는 것은 어리석은 일로 생각되던 시대도 있었다. 또 시대를 조금 더 내려와서는 환자의 소변검사가 어리석은 일로 생각되던 시대도 있었다. 그러한 처치가 일반에게 받아들여지게 된 후에도 환자의 꿈에 대한 관심을 가지고 상세히 검토한다는 것은 어리석기 짝이 없는 일로 생각되었었다. 오늘날에는 환자를 정말로 이해하려면, 그 사람의 꿈이나 소변·체온을 조사해야 한다는 것은 필요불가결한 과정이라는 것을 우리는 알고 있다. 지성이 있고 견문이 넓은 의사라면 비록 실제로는

그 중의 한두 과정을 생략하는 경우가 있을지는 모르나, 이 과정의
어느 것 하나라도 그것을 어리석은 일로 생각하는 이는 아무도
없다. 왜냐하면 사려깊은 의사라면, 심리적인 요소는 물리적인 요
소나 화학적인 요소와 마찬가지로 실재하는 것이며, 또 같은 영향
력을 가지는 것이라는 사실을 알고 있기 때문이다. 그러나 의사는
자기가 받은 훈련이 있기 때문에, 그는 구식의 물리와 화학의 전통
적인 형식을 잘 알고 있고 또 자신을 가질 수 있으므로, 심리학적
검토를 행하는 것이 비록 환자에게는 좋고 필요하다고 생각되더라
도, 그것을 감히 실행하기를 두려워하는 경우가 많다.

그 결과로, 일반의사들과 정신과 의사들 사이에 뚜렷한 일종의
의견과 기술 대립이 언제까지나 계속되고 있는 것이다. 정신과 의
사의 측에서는 때로 자신들만이 인간의 전체를 본다——어떤 외래
의 부착물 침입자를 가진 동물이라고 보지 않고——고 생각할 때
가 있다. 그런데 일반의사들은 정신과 의사에 대해 물리적 또는 화
학적인 통계자료를 무시하거나 이해 못하거나 정신적인 요인을 실
제의 중요성 이상으로 과장하고 있는 게 아닌가라는 의심을 가
진다. 또한 정신과 의사의 눈에는, 세상 사람은 누구나 할 것 없이
'조금은 미쳐서' 세상 전체를 왜곡하며 곁눈질을 한다고 생각하며,
일반의사들의 견해에는 아무 근거도 없고 사실을 왜곡하는 것이라
고 생각하는 것이다.

그 밖에 또 '시간'에 관한 관념의 차이가 있다. 정신과 의사의 생
각은 다른 분야의 대부분의 전문의——폐병이나 정형외과를 제외
하고——와는 매우 다르다. 정신의학에서는, 폐병이나 정형외과의
두 분야와 함께 긴 시간을 단위로 생각한다. 치료나 예후도 역시 장
기간의 시일을 고려하고 있다. 다시 말하면 환자의 급작스런(돌발적
인) 일이나 비교적 단기간의 병으로 보지 않고, 그 사람의 전 생애
를 바라보고 생각하는 것이다.

그리고 불행하게도 오늘날에 와서도 정신과 의사의 치료를 받는

환자는 사회로부터의 질시에 어느 정도 지배되고 있다. 다른 분야의 전문의들의 환자에게는 그런 일은 없다—— 비뇨과의 환자는 간혹 그런 일이 있을지도 모르지만.

끝으로 정신의학적인 방식들은 입을 통하는 경우보다는 귀를 통해서 하는 경우가 많다. 약물이 아니라, 말(사상)이 환자에게 '주입'된다. 그리고 이 말이 약물과 마찬가지로 눈에 띄게 효과가 나타난다. 많은 경우에도 그 효과는 모두 같다. 이 방식의 차이에 대하여, 일반의사는 심각한 오해를 한다. 왜냐하면 일반의는 엉터리 의사나 신앙요법의 시술사가 행하는, 별로 신통치 않은 방법과 조금이라도 비슷한 데가 있으면 무엇이든 모두 신용할 수 없다고 생각하고 있기 때문이다. 종교적인 지도자들 중에는 뛰어난 능력자가 있어서 때때로 훌륭히 병을 고친다. 그런데 일반의는 심리적인 반응의 심층 메커니즘을 그다지 자세히 모르므로, 이런 종류의 사람들이 다만 비과학적인 방법을 쓰며, 때로는 확실히 정직하지 못한 수단을 부린다 하여 이러한 치료법을 비난하는 감정이 강력하다. 그런데 정신과 의사도 그들과 동일한 수단을 사용하고, 경우에 따라서는 엉터리 짓을 천연덕스럽게 하는, 쉽게 믿어지지 않는 패들이 쓰는 도구도 불가피 사용해야 하는 경우도 있으므로, 일반의는 그들이 신앙요법을 행하는 사람에게 하던 비난을 부당하게도 정신과 의사에게로 돌리는 일이 과거에는 가끔 있었다.

그렇지만 정신의학을 오늘날까지도 일반의술로부터 분리시키고 있는 근본적인 차이점은 지금 말한 것보다는 뿌리가 더 깊다. 다시 말하자면 정신과 의사로서는, 환자가 어떻게 행동하고 어떻게 반응을 보이나(즉, 어떠한 행위를 가지고, 어떠한 느낌을 가지는가) 하는 점이 중요한 통계자료였다. 일반의사에게 있어서는 이런 것은 문제가 아니다.

예를 들면 심장병환자가 영화구경을 할 때나 백부를 방문할 때, 그가 어떠한 감정을 가지는가 하는 자기의 주관적인 반응을 자세히 이야기할지도 모른다. 그 어느 경우에도 일반의사들은 그의 말을 듣는다 하더라도 다만 예의로서 들을 뿐이고, 그런 말에는 전혀 귀를 기울이지 않을지도 모른다. 그러나 정신과 의사는 그런 세세한 부분까지도 매우 중히 여긴다. 정신과 의사는 이 환자가 진단을 받을 때의 반응에 대하여, 그것을 진찰의 결과로 판명되는 다른 모든 사실과 같은 비중으로 관심을 가진다. 그는 또 이 환자가 간호사·병원의 사무원 또는 의사 자신에게 대하여 어떤 정서적인 반응을 보이는가라는 점에도, 그 환자의 혈압이 얼마이고, 백혈구가 얼마나 되고, 폐활량이 어느 정도인가를 조사하는 것과 다를 바 없이 관심을 가진다.

이처럼 일반적으로 무시되는 통계자료를 관찰·확인하여, 그것들이 가지고 있는 뜻을 평가하고 탐구하여 그 가치를 결정하려는 것이 의사로서 첫째로 해야 할 일일 뿐만 아니라, 이것을 먼저 선행하여 완성시키지 않고서는 결코 과학적인 정확성을 가지고서 다음일로 옮겨갈 수는 없다고 정신과 의사는 생각한다. 그리고 이 '다음 일'이란 것은 화학적인 조작일지도 모르고, 기계적인 조절 내지 심리적인 치료일지도 모른다.

여기서 당연히 일어날 문제는, 일반의사와 정신과 의사의 견해를 접근시키는 노력을 하는 것이 옳으냐 옳지 않으냐 하는 것이다.

일반의학의 입장에서 보아, 본능적인 목적이 있는(고의의) 정서적인 요인을 고려하는 것이 필요할까? 일반의사는 이런 요인을 고려하는 것은 쓸데없이 복잡하고 방해되는 것으로 생각할지도 모른다. 반면에 정신과 의사는 과학적인 타당성이 있는 일을 하려면, 이와 같은 요인들을 무시할 수는 없을 것으로 생각한다. 그러나 일반의사도 정신과 의사도, 쌍방이 서로 다른 유형의 환자를 다루고 있다는 설명을 하려 들기가 쉽다. 그렇지만 과연 그러한 주장은 옳은가?

정신과 의사의 치료를 받으러 오는 환자들과 일반의사의 치료를 받는 환자들 사이에 구별을 짓는 것은, 아무런 실용가치가 없다고 까지는 하지 않더라도, 나는 이 두 경우의 환자들 사이에는 일반적 으로 생각하는 바와 같은 그리 먼 거리가 있는 것 같지는 않다고 생 각한다. 실제로는 과연 어떤 형편일까?

정신의학적인 기법이 일반의사가 당면하는 일반적인 병례에 조직 적으로, 그리고 광범위하게 적용된 적은 지금까지 한번도 없었다. 그러나 이 방면에도 본서의 제 I 권 제 1 장에서도 말한 바와 같이 급 속한 진전이 진행중이며, 많은 인턴들이 '정신신체의학(Psychoso- matic medicine)'이라는 알아듣기 쉬운 말을 통하여 일으키는 정신 의학에 크나큰 관심을 가지게 되었던 것이다. 관절염을 일으키는 정서적인 요인·대장염의 심리·위궤양의 정신요법의 적용 등은 수 십년 전 같으면 완전히 미친 사람 취급을 하거나 궤변이라고 생각했 을 것이다. 그러나 이런 것은 지난 수년간에 탁월한 대의학자들이 과학적인 깊은 고려를 했던 문제다.

불과 얼마 전까지만 해도 정신의학을 가르치는 의과대학은 드물 었다. 미국 정신의학자 협회 및 연방 기금(Common-Wealth Fund)을 대표하는 위원회가 1931년부터 32년까지에 걸쳐 정신의학을 가르치 는 대표적인 의과대학을 조사한 적이 있었다. 이 일의 대부분은 나 의 동료인 프랭클린 G.에바우 박사에 의하여 행해졌다. 나의 의견 으로서는 미국의 의학 교육계는 에바우 박사로부터 대단한 은혜를 받고 있다. 에바우 박사는, 특히 나를 위하여 친절하게도 의과대학 에서의 정신의학의 교수 현상을 다음과 같이 요약했다.

우리가 1931년부터 32년에 걸쳐 행한 조사에 의하면, 방문한 의과 대학 68개교 중에서 불과 14개교가 이해할 만한 적당한 방법으로 정 신의학을 가르치고 있었다. 여러 관점에서 볼 때, 한 마디로 이러한 우리의 조사결과에 매우 실망했던 것이다. 특히 일반 의학교육의 대방침은 의술상의 임무 및 책임에 대하여 건전한 태도를 습득한 개업의를 세상에 보내는 것이며, 또 그렇게 배출된 개업의가 그의 개업 초기에도 그에게 치료를 받으러 오는 환자——그 중에는 정신적인 증상을 보이고 있는 사람도 있을 것이고, 또 신체적인 현상을 가지고 있는 사람도 있을 것이다——에게 일단 수긍할 수 있는 정도의 처치를 베풀 수 있을 만한 능력을 갖추는 것이라는 점을 생각할 때 더욱 실망을 느끼게 된다.

우리가 이 의과대학들을 차례로 찾아다닐 때, 어느 의대의 학장·내과 교수·소아과 교수는 물론 정신의학을 교수하는 직원들도 의학교육에 있어서 정신의학이 실제로 필요하다는 점에 그들의 의견이 일치되어 있었다. 이 사실이 일반 기초훈련의 한 근본적인 형태로서 정신의학을 가르치도록, 발전적 변화를 일으키는 길을 개척한 것이었다. 같은 기간에, 우리가 방문한 68개교 중 20개교가 정신의학 교수상 기록할 만한 새로운 진보를 보였다. 이러한 개선은 교직원의 편성에도 교수과목의 내용 및 방침에도, 또 이용할 수 있는 임상시설에서도 볼 수 있었다. '섭외부서'를 두어 외래환자를 다루는 요양소와 의학적 보호소 같은 곳의 병자 중에도 정신장애자가 있으면 정신의학상의 교재로서 자유로 이용하는 대학이 몇 곳 있었는데, 다른 여러 대학에서는 주립병원을 계속적으로 수업에 이용하고 있다. 그 중에는 불행히도 이 중요한 임상의학의 준비의 기초를 세우지 않고, 저급의 임상교수를 계속 두고 있는 대학도 두셋 있었다.

정신의학은, 의사가 되려는 사람은 우선 누구나 받지 않으면 안되는 기초훈련의 하나로서 전문분야의 입장에서만 가르칠 성질의 것은 아니다. 이것은 내과·외과·산부인과·소아과와 함께 일반의학 과목 중의 중요한 한 분야로서, 그 속에 포함되어야 할 성질의 것이다. 그런 분야의 수업시에 퍼스낼리티 연구 속에 포함되는 심리학상의 원칙으로서, 육체적·심리적 중독성 및 장기(臟器)의 각종의 힘이 상호 작용하는 데 따라, 여러 가지 반응군이나 경제적·사회적 특징 등을 평가할 수 있다.

일반의사로서는 편집병의 여러 가지 다른 형과 정신분열반응의
변형에 관한 지식은 그다지 중요한 것은 아니다. 조발성치매와 조
울증과는 어디가 어떻게 다른가? 그런 것은 그로서는 분간할 줄 알
아도 좋고 몰라도 좋다. 그렇지만 그에게로 치료를 받으러 오는 환
자 한사람 한사람에 대하여, 그가 갑자기 마음이 이상해지며 화를
내는 버릇을 가지고 있는지, 불안·공포 혹은 보통의 정서적 반응을
가지고 있는지 등에 조금이라도 지식이 있느냐 없느냐의 여부에 따
라 상당히 달라진다. 우리가 일반적인 수업상의 시간표를 만드는
데 근본적인 것으로 생각하는 바는, 정신이상이 일어날 때의 초기
증상으로 나타나는 이 종류의 소재(material)에 관한 것이다. 조기의
수업 중에 소위 정상반응형 및 이것들과 그 사회적 정세와의 관계에
중점을 둔다면, 학생(연구자)은 손쉽게 정신신경증 및 기능적 정신
병의 연구로 들어갈 수가 있다.

현재로서는 재학중의 수업목적은 중요한 정신병에 대하여 간단하
고 확실한 오리엔테이션(병을 판정하는 기초가 될 것의 지침)을 주는
데 있으나, 의사가 일상의 일을 하는 데 있어서 대처해야 할 임상상
의 문제에 더한층 큰 중점을 두어야 할 것이다. 이 점을 경과해서
계속 나가면 졸업까지의 수업으로서는 전문화하는 일이고, 훈련은
졸업 후의 학업으로 계속된다. 임상교수의 기초가 충분히 확립되
었다고 가정하고, 임상에 대한 수업기간에 가르칠 것은 다음에 열
거하는, 그 중요성의 순서에 따른 항목을 중심으로 삼는 것이라야
할 것이다.

① 정신신경증(불안상태·히스테리·의타적인 상태).
② 중독성 및 장기(臟器) 반응형——이것은 일반의사가 실제의
일에서 가끔 부딪치는 것이다.
③ 만성의 장기장애 가운데 들어 있는 정신병리학상의 증상.
④ 회복기의 정신의학적인 면.

⑤ 소아에 관한 정신병리학적인 여러 가지 문제.

⑥ 중요한 정신병에 관한 특히 중요한 분류의 형.

현재로서는 어느 의과대학에서도 정신의학상의 필수과정을 교수하고 있다. 그 중에는 중요한 정신병의 명제를 가르치는 정도를 겨우 조금 넘는 대학도 있다. 일부의 대학에서는 퍼스낼리티의 결함·순응부조의 성질·아동 지도상의 여러 가지 문제 및 퍼스낼리티가 '파괴되어' 생겨난 메커니즘 등도 가르치고 있다. 이것은 매우 현명한 일이다. 왜냐하면 사실 거의 대부분의 정신의학상의 일은 주립병원이나 개인적으로 개업하고 있는 정신과 의사나 각종의 자유로운, 비용만 치르면 언제든지 필요한 치료를 받을 수 있는 요양소 등에서 행해지는 것이 아니라, 그것은 실제로 일반개업의나 가정의들에 의하여 실시되고 있기 때문이다. 날마다 별별 환자들을 상대하는 것은 사실 이 사람들인 것이다.

그리고 환자들은 대부분 별로 대단치 않은 신경적인 병이라든가 운이 나쁘다든가 능률이 안 오른다든가 심리적인 고통 또는 심리적으로 생긴 병 때문에 의사를 찾아오는 것이다. 의사는 이런 환자들의 대부분을 치료할 수 있고, 또 실제로 치료하고 있다. 그러나 그 중에는 중증의 환자나 너무 복잡한 병이나 의사가 정규의 치료를 실시하려고 하여도 저항이 너무 강한 환자가 몇 명 나올 것이다. 이런 사람들은 전문의에게 인계되어야 할 것이다. 그것은 바로 대수술이 필요한 경우에는 외과의에게 의뢰해야 하는 것과 마찬가지다. 대단치 않은 정신의학적인 증상은 소수술과 마찬가지로 일반개업의가 처치할 수 있고, 또 그렇게 하는 것이 마땅하다. 그렇지만 만약 가정의가 우울증의 병자를 아무렇게나 처치하거나 하면, 마치 급성 맹장염을 무시하면 큰 일이 되는 것과 마찬가지로 언젠가는 엉터리 처치라는 비난을 받을 날이 올 것이다.

자기파괴를 막으려는 싸움

나는 정신과 의사와 일반의사와의 사이에 있는 이러한 의견의 차이를 조절하여 서로 화목을 도모하기에 필요한 이론적인 의견을 하나 제출하려 한다. 그러나 이것에는 병이란 무엇인가, 의사로서의 우리는 무엇을 하려고 애쓰고 있는가에 대하여 보통의 기존개념에 상당히 혁신적인 수정을 가할 필요가 있다. 그것은 하나의 가설이다. 이 가설은 원래 경험적인 관찰에 의하여 근래에 와서 서서히 발전된 것이다. 여기서는, 나는 간단히 소묘적으로 말할 수 있을 뿐이다. 나는 《자기에게 배반하는 자 : Man against Himself》 가운데 그것을 상세히 논의했다.

병든 사람이 의사에게 치료를 받으러 온다는 것은, 그 사람이 불행한 운명에 쫓기고 박테리아 또는 다른 침입자에게 침범당한 때문이며, 또 병이라는 것은 환자가 미워하고 싸우고 없애 버리려고 애쓰는 것으로 생각되고 있다. 이것이 세상의 일반적인 견해라고 나는 믿는다. 환자는 의사에게 치료를 신청한다. 의사는 그 책임을 인계받아 이 적과 싸우는 일에 자기의 정력을 기울인다. 그러나 그런 견해는 정확치 못한 억설이며, 어떤 중요한 원칙을 무시하는 것이라는 증거가 얼마든지 있다. 많은 환자들이 투쟁을 전개하는 대상인 적은 그들의 외부에 있는 것이 아니라, 실은 그들의 내부요소들——그들 자신의 일부를 이루는 것——임을 검출하기에 그다지 뛰어난 관찰력이 필요하지 않다. 이 싸움을 전적으로 의사에게 맡기려는 환자들이 종종 있다. 그 뿐만 아니라, 그 중에는 의사가 애쓰는 것을 기를 쓰고 방해하는 사람도 있다. 박테리아·상한 음식·위험한 길목 등이 실제로 있고, 또 그런 것들이 사람에게 피해를 주는 것은 사실이라 하더라도, 어떤 때는 그런 피해가 다분히 고의적인(당사자가 자진해서 부상을 입는다) 경우가 종종 있다.

이러한 사실들에 추가하여 환자들 중에는 자기의 병을 꼭 붙들고 있는 사람이 있고, 또 외과의에게 졸라서 어디에든 무리하게 수술을 하게 하거나 몇 번이라도 다시 수술을 하게 하는 사람도 있고, 또 일반적으로는 도무지 이해되지 않을 정도로 병을 수차례 되풀이해서 앓는 사람이 있다는 점을 생각한다면, 그리고 또 이런 사실에 관련하여 알코올 중독이나 모르핀 중독·신경성 신체장애(허약), 종교적인 이유 이외의 고의적인 금욕이나 자기로서는 자각하고 있지 않은 허약 그리고 마지막으로 인간이 연출하는 연극 중에서 가장 극적인 것, 즉 자살 등의 임상적 병발 증상 등을 생각해 보면, 우리는 프로이트와 마찬가지로 자기보전만이 인간을 지배하는 유일한 본능은 아니라는 의심스러운 생각을 가지게 되는 것이다. 뿐만 아니라, 자기파괴의 충동이 살려는 의지에 대하여 끊임없이 도전을 하며, 그 의지의 소유자에게 그 목적을 파멸시키게 하려고 온갖 기회를 이용하는 것같이 생각된다.

사람은 누구든지 자기파괴를 하려는 충동은 보통 억제된다고 생각한다. 그러나 발병한 사람은 마치 그 사람의 몸에서 전쟁이 일어난 것 같아서, 한쪽에서는 자기를 멸망시켜 버리려 하고 있고 다른 한쪽에서는 그것을 막으려고 필사적으로 싸우고 있는데, 이 전쟁에 후자가 의사의 응원을 청하는 것이라고 생각할 수도 있다. 이러한 가설은 자살과 같은 직접적이고 도발적인 자기파괴에도, 또 신경증적 신체허약처럼 장기전으로 서서히 자기파멸로 이끌어 가는 경우도 생각할 수 있다. 결핵 같은 병의 경우를 생각해 보면, 당사자는 침입해 오는 공격자가 있으면 그저 항복하고 마는 것 같기도 하고, 때로는 당사자가 그 병에 걸리고 싶어하는 것같이 보이는 경우까지도 있다. 그리고 국소적이고 집약적인 육체의 병도 같은 예증으로 볼 수 있을지도 모른다. 정신과 의사의 이론을 이러한 장기적인 병에까지 채용하는 데 대해서는, 프로이트도 아무런 구체적인 언급이 없었다. 우리도 또한 확신을 가지고 단언할 만한 증거를 갖고 있지 않으므로, 그것을 지지할 입장은 못된다. 그렇기는 하지만 프로이트가 가정하는 바와 같은, 또 많은 임상적인 증거가 지시하는 바와 같은 그런 힘을 가진 자기파괴충동이 존재한다면, 그런 힘이 적극적으로 작용하여 육체적인 병 및 심리적인 병을 발병케 한다는 것을 발견하더라도 놀랄 게 못 된다고 결론내리는 것은 합리적이다. 이와 같은 힘이 작용하여 후자를 만들어 낸다는 점에 대해서는 우리 정신과 의사는 조금도 의심을 가지지 않는다. 전자의 경우에 관해서는, 연구결과가 계속 발표될 것이다.

이 가설에서 보면, 정신의학적인 치료나 정형의학·범죄학·심장병학 등의 치료의 방향은 일정하다. 즉, 의사는 자기의 모든 지식·숙련·경험 그리고 화학적·기계적·심리적인 보조물을 총동원하여 '살려고 하는' 본능의 진영에 참가하여 파괴적인 경향에 대항하지 않으면 안 된다. 현재 이것이 실제로 행해지고 있는데, 일반의학에서나 정신학에서 이 노력이 때로는 환자를 구출하는 것을 우리는 알고 있다. 이 성공이 한편으로는 글자 그대로 의사의 생명을 구한다. 즉, 의사는 다른 사람의 파괴적인 경향을 열심히 공격하는 동안에 자기의 파괴적인 경향으로부터 벗어나서, 그것을 잊어버리는 것이다.

이러한 사실 때문에, 의사는 종종 참으로 암담한 경험을 가지고 있으면서도 매우 낙관주의를 간직하고 있을 수 있는지도 모르고, 또 그래서 이 책임과 이 힘을 가지고 있다는 확신을 가졌는지도 모른다. 이유야 어떻든간에 하여튼 우리들 의사들은 죽느냐 사느냐의 고투에 직면하면, 우리의 심각한 감정이나 직업적인 이념 때문에 그 싸움을 수수방관할 수는 없다는 것을 알고 있다. 우리의 일상생활은 삶과 죽음의 사이에서 생겨나는 무수히 많은 조그마한 전쟁에 참가하는 것으로 성립되어 있다. 그리고 우리가 끊임없이 노력하는 것은 우리의 통찰력을 더욱 예리하게 하며, 숙련을 쌓고 사물을 한층 쓸모있는 것으로 만들려고 하는 의지이다.

이것이 정신의학 및 일반의학에 대한 나의 견해이다. 나로서는 이 견지에서 보면, 일반의학 및 정신의학의 동료들은 서로가 대립되기보다는 오히려 서로 공통된 점이 많다는 점을 누구나 부인하지 못하리라고 생각한다. 다만 이 '자기파괴'를 발견하여 패배시키거나, 그 대책을 생각해 내기 위해서 어떠한 기법을 발전시키느냐에 대해서는 커다란 차이가 있을지도 모른다. 그것은 우리의 재능 및 훈련에 의하여 달라질 수가 있기 때문이다. 그렇지만 병 및 의학에 관한 이 개념에 대해서는, 우리는 어리석은 가설이나 그릇된 낙관주의나 안이한 방해 등에 잘못 인도되는 일은 아마 없을 줄로 생각한다——인간 대 환경에 관한 낡은 견해는 이러한 오류를 필연적으로 가져오게 할 것이지만.

물론 길르앗(성경에 인용되는 요단강 동쪽의 산악지대)에는 사람의 마음을 부드럽게 하는 향유가 있다. 그리고 정신의 병은 대개가 회복될 가능성이 적고, 적어도 전망은 아주 어둡다고 생각하는 따위의 큰 착각은 없을 것이다. 사실은 그와는 아주 정반대이다. 이 병에 걸린 사람들은 대개가 회복된다. 순응부조도 대부분 모두 교정된다. 환자들 중에는 자기 손으로 병을 고치는 사람도 있고, 또 그들 나름대로의 부적을 사용하는 사람, 지압요법을 받는 사람, 꼭 수술을 받아야겠다고 고집하는 사람 혹은 예언에 의존하려는 사람들도 있다. 그렇지만 거기에는 합리적·논리적·과학적인 방법이 얼마든지 있다. 그리고 이런 방법들은 지성적인 사람이나 이지적으로 지도된 사회인으로부터 시작되어, 일반적으로 널리 퍼지게 될 것이다. 그리고 성경의 말처럼 "그의 열매를 보고 그들을 알리라."(마태복은 제7장 20절)

정신과 의사는 누구든지 진단과 치료에 대하여 상세한 점에까지 서로 의견의 일치를 보는 일은 없으며, 또 그러한 일은 앞으로도 역시 마찬가지일 것이다. 그 자체의 성질이 그렇게 되어 있다. 왜냐하면 정신과 의사는 과학자이지, 종교상의 교리를 중히 여기는 사람들이 아니기 때문이다. 그러나 우리는 인간의 불행과 행위를 다만

해설하거나 부정하기보다는, 그것을 과학적으로 이해하고 교정하여
가는 방면으로 힘을 기울인다는 점에는 누구나 한마음으로 되어
있다. 이것이 근대 정신의학의 정신이다.

부록

참고문헌

IMMEDIATELY after the appearance of the first edition of this book I received numerous letters asking for further recommendations in regard to pertinent reading-matter. Since I could find no fault with my publisher's arrangement or presentation of the bibliography I had carefully selected and included, I decided that this must represent a certain popular distrust of appended bibliographies.

Because of the increasing use of this book by physicians, medical students, psychologists, and others for whom a more complete and more technical bibliography seemed desirable, I have constructed the following book list upon a very different basis from that of the first edition. I have selected topics which represent the general categories of interest corresponding to the subject-matter of the text. Under each I have listed books I and a dozen colleagues whom I consulted regard as most valuable. These lists have had practical use from myself, my colleagues and students, and our resident psychiatric physicians. Some are much more technical than others, but I have found it impractical to attempt to subdivide them on this basis. Those starred are the ones to read first.

It is more than likely that I have unintentionally omitted a few titles which certainly should be included, perhaps even some books by my friends. Such errors I shall hope to correct shortly after the first printing as the result of suggestions received from kindly critical readers.

I. 신경학

*BAILEY, PERCIVAL. *Intracranial Tumors*. Springfield, Charles C. Thomas, 1933.

*BING, ROBERT, and HAYMAKER, WEBB. *Textbook of Nervous Diseases*. St. Louis, C. V. Mosby Co., 1939.

BROCK, SAMUEL. *The Basis of Clinical Neurology*. Baltimore, William Wood & Co., 1937.

BROCK, SAMUEL. *Injuries of the Skull, Brain and Spinal Cord.* Baltimore, Williams & Wilkins, 1940.

COBB, STANLEY. *A Preface to Nervous Disease.* Baltimore, Williams & Wilkins, 1936.

*FORD, FRANK R. *Diseases of the Nervous System in Infancy, Childhood and Adolescence.* Springfield, Charles C. Thomas, 1937.

FULTON, JOHN F. *Physiology of the Nervous System.* New York, Oxford University Press, second edition, 1943.

GIBBS, F. A., and GIBBS, E. L. *Atlas of Electroencephalography.* Boston, privately printed, 1941.

GLOBUS, J. H. *Practical Neuroanatomy.* Baltimore, William Wood & Co., 1937.

*GRINKER, ROY R. *Neurology.* Springfield, Charles C. Thomas, third edition, 1943.

HEAD, HENRY. *Aphasia and Kindred Disorders of Speech.* 2 vols. London, Cambridge University Press, 1926.

HERRICK, C. J. *Introduction to Neurology.* Philadelphia, W. B. Saunders, fifth edition, 1931.

*MERRITT, H. H., and FREMONT-SMITH, FRANK. *The Cerebrospinal Fluid.* Philadelphia, W. B. Saunders, 1937.

MONRAD-KROHN, G. H. *Clinical Examination of the Nervous System.* New York, Paul B. Hoeber, fifth edition, 1930.

NIELSEN, J. M. *Agnosia, Apraxia, Aphasia.* Los Angeles, Los Angeles Neurological Society, 1936.

*OPPENHEIM, H. *Textbook of Nervous Diseases for Physicians and Students.* 2 vols. Edinburgh, T. N. Foulis, 1911.

PURVES-STEWART, JAMES. *The Diagnosis of Nervous Diseases.* Baltimore, William Wood & Co., eighth edition, 1937.

REA, R. L. *Neuro-ophthalmology.* St. Louis, C. V. Mosby Co., 1938.

SPURLING, R. G. *Practical Neurological Diagnosis.* Springfield, Charles C. Thomas, 1935.

TILNEY, F., and RILEY, H. A. *Form and Functions of the Central Nervous System.* New York, Paul B. Hoeber, second edition, 1923.

WECHSLER, I. S. *A Textbook of Clinical Neurology.* Philadelphia, W. B. Saunders, fifth edition, 1943.

*WILSON, S. A. K. *Neurology.* 2 vols. Baltimore, Williams & Wilkins, 1940.

II. 심리학

a. Fields and schools

BORING, E. G. *A History of Experimental Psychology.* New York, D. Appleton-Century Co., 1929.

*——, LANGFELD, H. S., and WELD, H. P. *Introduction to Psychology.* New York, John Wiley & Sons, 1939.

FROLOV, Y. P. *Pavlov and His School.* London, Kegan Paul, Trench, Trubner & Co., 1938.

GOLDSTEIN, KURT. *The Organism.* New York, American Book Co., 1939.

HEIDBREDER, EDNA. *Seven Psychologies.* New York, The Century Co., 1933.

KOEHLER, W. *Gestalt Psychology.* New York, Horace Liveright, 1929.

KOFFKA, KURT. *Principles of Gestalt Psychology.* New York, Harcourt, Brace & Co., 1935.

LEWIN, KURT. *Principles of Topological Psychology.* New York, McGraw-Hill Book Co., 1936.

MARQUIS, D. G., and HILGARD, E. *Conditioning and Learning.* New York, D. Appleton-Century Co., 1940.

PAVLOV, I. *Conditioned Reflexes and Psychiatry.* New York, International Publishers, 1941.

*WERNER, HEINZ. *Comparative Developmental Psychology.* New York, Harper & Bros., 1940.

*WOODWORTH, R. S. *Contemporary Schools of Psychology.* New York, The Ronald Press Co., 1931.

b. Personology

*ALEXANDER, FRANZ., *Psychoanalysis of the Total Personality.* New York, Nervous & Mental Disease Publ. Co., 1930.

*ALLPORT, G. W. *Personality: a Psychological Interpretation.* New York, Henry Holt & Co., 1937.

ANGYAL, ANDRAS. *Foundations for a Science of Personality.* New York, Oxford University Press, 1941.

BOWLBY, JOHN. *Personality and Mental Illness.* New York, Emerson Books, 1942.

*BROWN, J. F. *Psychodynamics of Abnormal Behavior.* New York, McGraw-Hill Book Co., 1940.

CAMPBELL, C. MACFIE. *Human Personality and the Environment.* New York, The Macmillan Co., 1934.

DOLLARD, JOHN. *Criteria for the Life History.* New Haven, Yale University Press, 1935.

HEALY, WILLIAM. *Personality in Formation and Action.* New York, W. W. Norton & Co., 1938.

*HUNT, J. McV. (editor). *Personality and the Behavior Disorders.* 2 vols. New York, The Ronald Press Co., 1944.

JUNG, CARL G. *Psychological Types.* New York, Harcourt, Brace & Co., 1923.

KRETSCHMER, E. *Physique and Character.* New York, Harcourt, Brace & Co., 1925.

LEWIN, KURT. *A Dynamic Theory of Personality.* New York, McGraw-Hill Book Co., 1935.

MALAMUD, WILLIAM. *Outlines of General Psychopathology.* New York, W. W. Norton & Co., 1935.

*MASLOW, A. H., and MITTELMAN, BELA. *Principles of Abnormal Psychology.* New York, Harper & Bros., 1941.

McDOUGALL, WILLIAM. *Outline of Abnormal Psychology.* New York, Charles Scribner's Sons, 1926.

*MURRAY, HENRY A., et al. *Explorations in Personality.* New York, Oxford University Press, 1938.

SHELDON, W. H. *The Varieties of Temperament.* New York, Harper & Bros., 1942.

STAGNER, ROSS. *Psychology of Personality.* New York, McGraw-Hill Book Co., 1937.

*WHITE, WILLIAM A. *Mechanisms of Character Formation.* New York, The Macmillan Co., 1920.

WOLFF, WERNER. *The Expression of Personality.* New York, Harper & Bros., 1943.

c. Psychopathology, experimental

ANDERSON, O. D., and PARMENTER, RICHARD. *A Long-Term Study of the Experimental Neurosis in the Sheep and Dog.* Psychosomatic Medicine Monographs. Washington, D. C., National Research Council, 1941.

DOLLARD, JOHN, et al. *Frustration and Aggression.* New Haven, Yale University Press, 1939.

KOEHLER, W. *The Mentality of Apes.* London, Kegan Paul, Trench, Trubner & Co., 1927.

LEWIN, KURT. *A Dynamic Theory of Personality.* New York, McGraw-Hill Book Co., 1935.

——, et al. *Frustration and Regression.* Iowa City, University of Iowa Press, 1941.

LURIA, A. R. *The Nature of Human Conflicts.* New York, Horace Liveright, 1932.

MASSERMANN, JULES. *Behavior and Neurosis.* Chicago, University of Chicago Press, 1943.

*MILLER, J. G. *Unconsciousness.* New York, John Wiley & Sons, 1942.

*RAPAPORT, DAVID. *Emotions and Memory.* Baltimore, Williams & Wilkins, 1942.

SEARS, RICHARD R. *Survey of Objective Studies of Psychoanalytic Concepts.* New York, Social Science Research Council, 1943.

SEMON, R. *The Mneme.* London, George Allen & Unwin, 1921.

*TOMKINS, SILVAN (editor). *Contemporary Psychopathology.* Cambridge, Harvard University Press, 1943.

d. Psychopathology, clinical

BABCOCK, HELEN. *A Short Form of the Babcock Examination for the Measurement of Mental Deterioration.* Chicago, Stoelting, 1933.

BENDER, LAURETTA. *The Visual Motor Gestalt Test and Its Clinical Use.* New York, American Orthopsychiatric Association, 1938.

BRONNER, A. F., et al. *A Manual of Individual Mental Tests and Testing.* Boston, Little, Brown & Co., 1929.

*BROWN, J. F. *Psychodynamics of Abnormal Behavior.* New York, McGraw-Hill Book Co., 1940.

GOLDSTEIN, KURT, and SCHEERER, MARTIN. *Concept Formation.* Evanston, Ill., American Psychological Association, 1941.

HANFMANN, EUGENIA, and KASANIN, J. S. *Conceptual Thinking in Schizophrenia.* New York, Nervous & Mental Disease Publ. Co., 1942.

*HART, BERNARD. *The Psychology of Insanity.* London, Cambridge University Press, 1922.

———. *Psychopathology; Its Development and Its Place in Medicine.* New York, The Macmillan Co., 1927.

*KEMPF, EDWARD J. *Psychopathology.* St. Louis, C. V. Mosby Co., 1921.

MERRILL, MAUD A., and TERMAN, LEWIS. *Measuring Intelligence.* Boston, Houghton Mifflin Co., 1937.

*RAPAPORT, DAVID, et al. *Diagnostic Psychological Testing; the Theory, Statistical Evaluation, and Diagnostic Application of a Battery of Tests.* In press.

*RORSCHACH, H. H. *Psychodiagnostics.* New York, Grune &
Stratton, 1943.

*WECHSLER, DAVID. *Measurement of Adult Intelligence.* Balti-
more, Williams & Wilkins, 1941.

WELLS, F. L *Tests in Clinical Practice.* Yonkers-on-Hudson,
World Book Co., 1927.

——, and RUESCH, JURGEN. *Mental Examiners' Handbook.*
New York, Psychological Corporation, 1942.

III. 정신의학

a. The field

BENTLEY, M., and COWDREY, E. V. *The Problem of Mental Dis-
order.* New York, McGraw-Hill Book Co., 1934.

*CAMPBELL, C. MACFIE. *Destiny and Disease in Mental Dis-
orders.* New York, W. W. Norton & Co., 1935.

*——. *A Present Day Conception of Mental Disorders.* Cam-
bridge, Harvard University Press, 1929.

*COBB, STANLEY. *Borderlines of Psychiatry.* Cambridge, Har-
vard University Press, 1943.

EBAUGH, FRANKLIN, and RYMER, C. A. *Psychiatry in Medical
Education.* New York, The Commonwealth Fund, 1942.

HINSIE, LELAND, and SHATZKY, JACOB. *Psychiatric Dictionary.*
New York, Oxford University Press, 1940.

HUTCHINGS, RICHARD H. *A Psychiatric Wordbook.* Utica, State
Hospitals Press, fourth edition, 1935.

WHITE, WILLIAM A. *Twentieth Century Psychiatry.* New York,
W. W. Norton & Co., 1936.

*ZILBOORG, GREGORY. *Mind, Medicine and Man.* New York,
Harcourt, Brace & Co., 1943.

b. Textbooks and manuals

APPEL, K. E., and STRECKER, E. A. *Practical Examination of Per-
sonality and Behavior Disorders in Adults and Children.*
New York, The Macmillan Co., 1936.

*BLEULER, EUGEN. *Textbook of Psychiatry.* New York, The
Macmillan Co., 1924.

*CHENEY, C. O. *Outlines for Psychiatric Examinations.* Utica,
State Hospitals Press, 1934.

GORDON, R. G., HARRIS, N. G., and REES, J. R. *An Introduction
to Psychological Medicine.* New York, Oxford University
Press, 1936.

*HENDERSON, D. K., and GILLESPIE, R. D. *A Textbook of Psychiatry*. London, Oxford University Press, 1927.
HENRY, GEORGE W. *Essentials of Psychiatry*. Baltimore, Williams & Wilkins, 1925.
HINSIE, LELAND E. *Visual Outline of Psychiatry*. New York, Oxford University Press, 1941.
JELLIFFE, S. E., and WHITE, W. A. *Diseases of the Nervous System*. Philadelphia, Lea & Febiger, sixth edition, 1935.
*KRAEPELIN, EMIL. *Lectures on Clinical Psychiatry*. New York, William Wood & Co., 1917.
———. *Lehrbuch der Psychiatrie*. Leipzig, J. A. Barth, eighth edition, 1915.
KRETSCHMER, E. *A Textbook of Medical Psychology*. London, Oxford University Press, 1934.
*MACCURDY, J. T. *Psychology of Emotion, Morbid and Normal*. New York, Harcourt, Brace & Co., 1925.
*NOYES, A. P. *Modern Clinical Psychiatry*. Philadelphia, W. B. Saunders, second edition, 1939.
ROSANOFF, A. J. *Manual of Psychiatry and Mental Hygiene*. New York, John Wiley & Sons, 1938.
STRECKER, E. A. *Fundamentals of Psychiatry*. Philadelphia, J. B. Lippincott Co., 1942.
*———, and EBAUGH, F. G. *Practical Clinical Psychiatry*. Philadelphia, Blakiston Co., fifth edition, 1940.
*WHITE, W. A. *Outlines of Psychiatry*. New York, Nervous & Mental Disease Publ. Co., fourteenth edition, 1935.

c. Special topics

Administration:

*BRYAN, W. A. *Administrative Psychiatry*. New York, W. W. Norton & Co., 1936.

Heredity:

*ASSOCIATION FOR RESEARCH IN NERVOUS AND MENTAL DISEASE. *Heredity in Nervous and Mental Disease*. New York, Paul B. Hoeber, 1923.
MYERSON, ABRAHAM. *The Inheritance of Mental Diseases*. Baltimore, Williams & Wilkins, 1925.

Sexual Pathology:

*ALLEN, CLIFFORD. *The Sexual Perversions and Abnormalities* London, Oxford University Press, 1940.

ELLIS, HAVELOCK. *Studies in the Psychology of Sex*. 4 vols. New York, Random House, 1936.

*HENRY, GEORGE W. *Sex Variants*. 2 vols. New York, Paul B. Hoeber, 1943.

HIRSCHFELD, MAGNUS. *Sexual Pathology*. New York, Emerson Books, 1940.

KRAFFT-EBING, R. *Psychopathia Sexualis*. New York, Rebman Co., n.d.

Alcohol addiction:

DURFEE, C. H. *To Drink or Not to Drink*. New York, Longmans, Green & Co., 1937.

EMERSON, HAVEN (editor). *Alcohol and Man*. New York, The Macmillan Co., 1933.

HAGGARD, H. W., and JELLINEK, E. M. *Alcohol Explored*. Garden City, Doubleday, Doran & Co., 1942.

*JELLINEK, E. M. *Alcohol Addiction and Chronic Alcoholism*. New Haven, Yale University Press, 1942.

PEABODY, RICHARD R. *The Common Sense of Drinking*. Boston, Little, Brown & Co., 1931.

SMITH, W. H., and HELWIG, F. C. *Liquor, the Servant of Man*. Boston, Little, Brown & Co., 1939.

STRECKER, E. A., and CHAMBERS, F. T. *Alcohol, One Man's Meat*. New York, The Macmillan Co., 1938.

Other syndromes:

ASSOCIATION FOR RESEARCH IN NERVOUS AND MENTAL DISEASE. *Manic-Depressive Psychosis*. Baltimore, Williams & Wilkins, 1931.

*——. *Schizophrenia*. New York, Paul B. Hoeber, 1928.

BIVIN, GEORGE, and KLINGER, PAULINE. *Pseudocyesis*. Bloomington, Ind., Principia Press, 1937.

BLANTON, S., and BLANTON, M. *For Stutterers*. New York, D. Appleton-Century Co., 1936.

*CLECKLEY, HERVEY. *The Mask of Sanity*. (Psychopathy.) St. Louis, C. V. Mosby Co., 1941.

COON, G. P., and RAYMOND, A. F. *A Review of the Psychoneuroses at Stockbridge*. Stockbridge, Mass., Austen Riggs Foundation, 1940.

CORIAT, ISIDOR. *Stammering*. New York, Nervous & Mental Disease Publ. Co., 1928.

DUBLIN, LOUIS, and BUNZEL, BESSIE. *To Be or Not to Be*. (Suicide.) New York, Harrison Smith & Robert Haas, 1933.

HENDERSON, D. K. *Psychopathic States.* New York, W. W. Norton & Co., 1939.
*JANET, PIERRE. *The Major Symptoms of Hysteria.* New York, The Macmillan Co., 1907.
*JUNG, CARL G. *The Psychology of Dementia Præcox.* New York, Nervous & Mental Disease Publ. Co., 1936.
KAHN, EUGEN. *Psychopathic Personalities.* New Haven, Yale University Press, 1931.
KARDINER, ABRAM. *The Bio-Analysis of the Epileptic Reaction.* New York, The Psychoanalytic Quarterly, 1932.
KRAEPELIN, EMIL. *General Paresis.* New York, Nervous & Mental Disease Publ. Co., 1913.
———. *Manic-Depressive Insanity and Paranoia.* Edinburgh, E. & S. Livingstone, 1921.
———. *Dementia Præcox.* Edinburgh, E. & S. Livingstone, 1919.
LEWIS, NOLAN D. C. *Research in Dementia Præcox.* New York, National Committee for Mental Hygiene, 1936.
MENNINGER, WILLIAM C. *Juvenile Paresis.* Baltimore, William Wood & Co., 1936.
MILLET, JOHN. *Insomnia.* New York, Greenberg, 1938.
PENFIELD, WILDER, and ERICKSON, T. C. *Epilepsy and Cerebral Localization.* Springfield, Charles C. Thomas, 1941.
*PUTNAM, TRACY J. *Convulsive Seizures.* Philadelphia, J. B. Lippincott Co., 1943.
*SOUTHARD, E. E., and SOLOMON, H. C. *Neurosyphilis.* Boston, W. M. Leonard, 1917.
STORCH, ALFRED. *Primitive Archaic Forms of Inner Experience and Thought in Schizophrenia.* New York, Nervous & Mental Disease Publ. Co., 1924.
TALBOT, FRITZ B. *Treatment of Epilepsy.* New York, The Macmillan Co., 1930.
*TREDGOLD, A. F. *A Textbook of Mental Deficiency.* Baltimore, William Wood & Co., 1937.
WECHSLER, I. S. *The Neuroses.* Philadelphia, W. B. Saunders, 1929.

d. Treatment (except psychoanalysis and nursing)

BARKER, L. F. *Psychotherapy.* New York, D. Appleton-Century Co., 1940.
*BRAMWELL, J. MILNE. *Hypnotism, Its History, Practice and Theory.* Philadelphia, J. B. Lippincott Co., 1930.

*BRENMAN, MARGARET, and GILL, MERTON M. *Hypnotherapy*
In press.

BROWN, WILLIAM. *Psychology and Psychotherapy.* London, Edward Arnold & Co., third edition, 1934.

DIETHELM, OSCAR. *Treatment in Psychiatry.* New York, The Macmillan Co., 1936.

HARRIS, NOEL. *Modern Psychotherapy.* London, John Bale, 1939.

HINSIE, LELAND, E. *Concepts and Problems of Psychotherapy.* New York, Columbia University Press, 1937.

HULL, CLARK. *Hypnosis and Suggestibility.* New York, D. Appleton-Century Co., 1933.

JESSNER, LUCIE, and RYAN, V. G. *Shock Treatment in Psychiatry.* New York, Grune & Stratton, 1941.

KRAINES, SAMUEL. *The Therapy of the Neuroses and Psychoses.* Philadelphia, Lea & Febiger, second edition, 1943.

*LEVINE, MAURICE. *Psychotherapy in Medical Practice.* New York, The Macmillan Co., 1942.

MOLL, ALBERT. *Hypnotism.* New York, Charles Scribner's Sons, 1890.

ROGERS, CARL R. *Counseling and Psychotherapy.* Boston, Houghton Mifflin Co., 1942.

SCHILDER, PAUL. *Psychotherapy.* New York, W. W. Norton & Co., 1938.

*—— and KAUDERS, OTTO. *Hypnosis.* New York, Nervous & Mental Disease Publ. Co., 1927.

*SLAVSON, S. R. *An Introduction to Group Therapy.* New York, The Commonwealth Fund, 1943.

WINGFIELD, H. E. *An Introduction to the Study of Hypnotism; Experimental and Therapeutic.* London, Bailliere, Tindall & Cox, 1920.

YELLOWLEES, H. *A Manual of Psychotherapy for Practitioners and Students.* London, Black, 1923.

Occupational therapy:

DUNTON, WILLIAM R. *Occupational Therapy.* Philadelphia, W. B. Saunders, 1915.

*——. *Prescribing Occupational Therapy.* Springfield, Charles C. Thomas, 1928.

KETCHAM, DOROTHY. *One Hundred Thousand Days of Illness.* Ann Arbor, Edwards Bros., 1939.

RUSSELL, JOHN I. *The Occupational Treatment of Mental Illness.* Baltimore, William Wood & Co., 1938.

Physiotherapy:

JENSEN, KATHRYN L. *Fundamentals in Massage.* New York, The Macmillan Co., 1938.

*KOVACS, RICHARD. *Manual of Physical Therapy.* Philadelphia, Lea & Febiger, 1944.

*WRIGHT, REBECCA. *Hydrotherapy in Psychiatric Hospitals.* Boston, Tudor Press, 1940.

Recreational therapy:

DAVIS, JOHN E. *Play and Mental Health.* New York, A. S. Barnes & Co., 1938.

——. *Principles and Practice of Rehabilitation.* New York, A. S. Barnes & Co., 1943.

*—— and MASON, B. S. *Principles and Practice of Recreational Therapy for the Mentally Ill.* New York, A. S. Barnes & Co., 1936.

*MITCHELL, E. D., and MASON, B. S. *The Theory of Play.* New York, A. S. Barnes & Co., 1935.

e. Nursing

ANDERSON, CAMILLA M. *Emotional Hygiene.* Philadelphia, J. B. Lippincott Co., third edition, 1943.

BAILEY, HARRIET. *Nursing Mental Diseases.* New York, The Macmillan Co., fourth edition, 1939.

BENNETT, A. E., and PURDY, AVIS B. *Psychiatric Nursing Technic.* Philadelphia, F. A. Davis Co., 1940.

BIDDLE, W. E., and VAN SICKEL, M. *Introduction to Psychiatry.* Philadelphia, W. B. Saunders, 1943.

CHADWICK, MARY. *Nursing Psychological Patients.* London, George Allen & Unwin, 1931.

——. *Psychology for Nurses.* London, William Heinemann, 1925.

HARRIMAN, P. L., GREENWOOD, L. L., and SKINNER, E. E. *Psychology in Nursing Practice.* New York, The Macmillan Co., 1942.

*INGRAM, MADELENE E. *Principles of Psychiatric Nursing.* Philadelphia, W. B. Saunders, 1939.

*KARNOSH, L. J., and GAGE, EDITH B. *Psychiatry for Nurses.* St. Louis, C. V. Mosby Co., 1940.

*MOERSCH, F. P. *Neurology and Psychiatry for Nurses.* Minneapolis, Burgess Publ. Co., 1935.
*NOYES, A. P., and HAYDON, EDITH M. *A Textbook of Psychiatry.* New York, The Macmillan Co., third edition, 1940.
PIERCE, BEDFORD. *Addresses to Mental Nurses.* London, Bailliere, Tindall & Cox, 1924.
SANDS, IRVING J. *Nervous and Mental Diseases for Nurses.* Philadelphia, W. B. Saunders, 1937.
*STEELE, KATHARINE McL. *Psychiatric Nursing.* Philadelphia, F. A. Davis Co., 1937.

f. History

ALLEN, CLIFFORD. *Modern Discoveries in Medical Psychology.* New York, The Macmillan Co., 1937.
*AMERICAN PSYCHIATRIC ASSOCIATION. *One Hundred Years of Psychiatry.* New York, Columbia University Press, 1944.
*DEUTSCH, ALBERT. *The Mentally Ill in America.* New York, Doubleday, Doran & Co., 1937.
DEVINE, H. *Recent Advances in Psychiatry.* Philadelphia, Blakiston Co., 1933.
GAY, FREDERICK P. *The Open Mind; Elmer Ernest Southard, 1876–1920.* New York, Normandie House, 1938.
GRIESINGER, WILLIAM. *Mental Pathology and Therapeutics.* London, New Sydenham Society, 1867.
*LEWIS, NOLAN D. C. *A Short History of Psychiatric Achievement.* New York, W. W. Norton & Co., 1941.
*MARSHALL, HELEN E. *Dorothea Dix — the Forgotten Samaritan.* Chapel Hill, N. C., University of North Carolina Press, 1937.
SELLING, LOWELL S. *Men against Madness.* New York, Greenberg, 1940.
WINKLER, J. K., and BROMBERG, W. *Mind Explorers.* New York, Reynal & Hitchcock, 1939.
*ZILBOORG, GREGORY. *A History of Medical Psychology.* New York, W. W. Norton & Co., 1941.

g. Social case work

DAY, FLORENCE. *Social Case Work.* Social Work Year Book, 1941.
DE SCHWEINITZ, KARL. *The Art of Helping People Out of Trouble.* Boston, Houghton Mifflin Co., 1934.

*FRENCH, LOIS M. *Psychiatric Social Work.* New York, The Commonwealth Fund, 1940.

*GARRETT, ANNETTE. *Interviewing; Its Principles and Methods.* New York, Family Welfare Association of America, 1942.

HAMILTON, GORDON. *Theory and Practice of Social Case Work.* New York, Columbia University Press, 1940.

HEATH, ESTHER. *The Approach to the Parent.* New York, The Commonwealth Fund, 1933.

*HOLLIS, FLORENCE. *Social Case Work and Practice; Six Case Studies.* New York, Family Welfare Association of America, 1939.

HUTCHINSON, DOROTHY. *In Quest of Foster Parents.* New York, Columbia University Press, 1943.

LEE, P., and KENWORTHY, M. *Mental Hygiene and Social Work.* New York, The Commonwealth Fund, 1929.

REYNOLDS, BERTHA. *Between Client and Community.* Smith College Studies in Social Work, Vol. V., No. 1, September 1934.

*———. *Learning and Teaching in the Practice of Social Work.* New York, Farrar & Rinehart, 1942.

———. *Short Contact Interviews.* Smith College Studies in Social Work, Vol. III, No. 1, September 1932.

RICHMOND, MARY. *Social Diagnosis.* New York, The Russell Sage Foundation, 1917.

———. *What Is Social Casework?* New York, The Russell Sage. Foundation, 1922.

*ROBINSON, VIRGINIA. *A Changing Psychology in Social Casework.* Chapel Hill, N. C., University of North Carolina Press, 1930.

*TOWLE, CHARLOTTE. *Social Case Records from Psychiatric Clinics.* Chicago, University of Chicago Press, 1941.

YOUNG, PAULINE. *Interviewing in Social Work.* New York, Mc-Graw-Hill Book Co., 1935.

IV. 정신의학의 다른 분야에의 응용

a. Sociological applications

ALEXANDER, FRANZ. *Our Age of Unreason.* Philadelphia, J. B. Lippincott Co., 1942.

*BASSETT, CLARA. *Mental Hygiene in the Community.* New York, The Macmillan Co., 1934.

*BROWN, J. F. *Psychology and the Social Order.* New York, McGraw-Hill Book Co., 1936.

DI..:NSON, R. L., and BEAM, LURA. *A Thousand Marriages.* New York, The Century Co., 1932.

FARIS, R. E. L., and DUNHAM, H. W. *Mental Disorders in Urban Areas.* Chicago, University of Chicago Press, 1939.

FRY, C. C., and ROSTOW, E. G. *Mental Health in College.* New York, The Commonwealth Fund, 1942.

GROVES, E. R. *The American Family.* Philadelphia, J. B. Lippincott Co., 1934.

——, and BLANCHARD, P. *Introduction to Mental Hygiene.* New York, Henry Holt & Co., 1930.

——, and BROOKS, L. M. *Readings in the Family.* Philadelphia, J. B. Lippincott Co., 1934.

LASSWELL, H. D. *Psychopathology and Politics.* Chicago, University of Chicago Press, 1930.

*LEVY, JOHN, and MUNROE, RUTH. *The Happy Family.* New York, Alfred A. Knopf, 1938.

QUEEN, S. A., and MANN, D. M. *Social Pathology.* New York, Thomas Y. Crowell, 1925.

*SOUTHARD, E. E., and JARRETT, M. *The Kingdom of Evils.* New York, The Macmillan Co., 1922.

*STERN, EDITH M. *Mental Illness; a Guide to the Family.* New York, The Commonwealth Fund, 1942.

WILLIAMS, FRANKWOOD E. *Some Social Aspects of Mental Hygiene.* New York, National Committee for Mental Hygiene, 1930.

b. Educational applications

ADLER, ALFRED. *The Education of Children.* New York, Greenberg, 1930.

FENTON, NORMAN. *Mental Hygiene in School Practice.* Stanford University Press, 1943.

*FREUD, ANNA. *Psychoanalysis for Teachers and Parents.* New York, Emerson Books, 1935.

*LOW, BARBARA. *Psychoanalysis and Education.* New York, Harcourt, Brace & Co., 1928.

MENNINGER, K. A. *Love against Hate.* New York, Harcourt, Brace & Co., 1942.

*PRESCOTT, DANIEL A. *Emotion and the Educative Process.* Washington, D. C., American Council on Education, 1938.

*SAYLES, M B., and NUDD, H. *The 'Problem Child in School.* New York, The Commonwealth Fund, 1927.

c. Legal applications

*ALEXANDER, FRANZ, and HEALY, WILLIAM. *Roots of Crime.* New York, Alfred A. Knopf, 1935.

*——, and STAUB, HUGO. *The Criminal, the Judge, and the Public.* New York, The Macmillan Co., 1931.

BARNES, H. E. *The Repression of Crime.* New York, George H. Doran Co., 1926.

BRIGGS, L. VERNON. *The Manner of Man That Kills.* Boston, Richard G. Badger, 1921.

DARROW, CLARENCE. *Crime, Its Cause and Treatment.* New York, Thomas Y. Crowell, 1922.

DOSHAY, LEWIS. *The Boy Sex Offender and His Later Career.* New York, Grune & Stratton, 1943.

EAST, W. N. *Forensic Psychiatry.* London, Churchill, 1927.

*GILLIN, J. L. *Criminology and Penology.* New York, The Century Co., 1926.

GLUECK, BERNARD. *Studies in Forensic Psychiatry.* Boston, Little, Brown & Co., 1916.

GLUECK, S., and GLUECK, E. T. *Five Hundred Criminal Careers.* New York, Alfred A. Knopf, 1930.

——. *Five Hundred Delinquent Women.* New York, Alfred A. Knopf, 1934.

——. *Juvenile Delinquents Grown Up.* New York, The Commonwealth Fund, 1940.

——. *Later Criminal Careers.* New York, The Commonwealth Fund, 1937.

——. *One Thousand Juvenile Delinquents.* Cambridge, Harvard University Press, 1934.

——. *Preventing Crime.* New York, McGraw-Hill Book Co., 1936.

HAYNES, FRED. *Criminology.* New York, McGraw-Hill Book Co., 1932.

*HEALY, WILLIAM. *The Individual Delinquent.* Boston, Little, Brown & Co., 1927.

——, and ALPER, BENEDICT. *Criminal Youth and the Borstal System.* New York, The Commonwealth Fund, 1941.

——, and BRONNER, A. F. *Delinquents and Criminals.* New York, The Macmillan Co., 1926.

HEALY, WILLIAM, and BRONNER, A. F. *A New Light on Delinquency and Its Treatment.* New Haven, Yale University Press, 1936.

——, and HEALY, M. *Pathological Lying, Accusation and Swindling.* Boston, Little, Brown & Co., 1926.

LEVY, RUTH J. *Reductions in Recidivism through Therapy.* New York, Thomas Seltzer, 1941.

MORRIS, ALBERT. *Criminology.* New York, Longmans, Green & Co., 1935.

MURCHISON, CARL. *Criminal Intelligence.* Worcester, Mass.. Clark University Press, 1926.

PARSONS, P. A. *Crime and the Criminal.* New York, Alfred A. Knopf, 1926.

SHAW, BERNARD. *Imprisonment.* New York, Brentano's, 1924.

SHOENFELD, DUDLEY. *The Crime and the Criminal.* (The Lindbergh case.) New York, Covici Friede, 1936.

SINGER, H. D., and KROHN, W. O. *Insanity and the Law.* Philadelphia, Blakiston Co., 1924.

SULLIVAN, W. C. *Crime and Insanity.* New York, Longmans, Green & Co., 1924.

*SUTHERLAND, E. H. *Principles of Criminology.* Philadelphia, J. B. Lippincott Co., 1934.

TANNENBAUM, FRANK. *Crime and the Community.* New York, Ginn & Co., 1938.

VAN WATERS, MIRIAM. *Youth in Conflict.* New York, Republic Publ. Co., 1925.

WHITE, W. A. *Crime and Criminals.* New York, Farrar & Rinehart, 1933.

*——. *Insanity and the Criminal Law.* New York, The Macmillan Co., 1923.

d. Industrial applications

*ANDERSON, V. V. *Psychiatry in Industry.* New York, Harper & Bros., 1929.

ELKIND, HENRY B. (editor). *Preventive Management; Mental Hygiene in Industry.* New York, B. C. Forbes Publ. Co., 1931.

*GINZBERG, ELI. *The Unemployed.* New York, Harper & Bros., 1943.

MAYO, ELTON. *The Human Problems of an Industrial Civilization.* New York, The Macmillan Co., 1933.

NATIONAL RESEARCH COUNCIL. *Fatigue of Workers; Its Rela-*

tion to Industrial Production. New York, Reinhold Publ. Corporation, 1941.

ROETHLISBERGER, F. J. *Management and Morale.* Cambridge, Harvard University Press, 1941.

*———, and DICKSON, W. J. *Management and the Worker.* Cambridge, Harvard University Press, 1940.

*WHITEHEAD, T. N. *The Industrial Worker.* 2 vols. Cambridge, Harvard University Press, 1938.

e. Religious applications

*BATES, E. S., and DITTEMORE, J. V. *Mary Baker Eddy.* New York, Alfred A. Knopf, 1932.

*BLANTON, S., and PEALE, N. V. *Faith Is the Answer.* New York, Abingdon-Cokesbury Press, 1940.

BOISEN, ANTON T. *The Exploration of the Inner World.* New York, Willett, 1936.

BONNELL, JOHN S. *Pastoral Psychiatry.* New York, Harper & Bros., 1939.

CABOT, RICHARD C., and DICKS, RUSSELL L. *The Art of Ministering to the Sick.* New York, The Macmillan Co., 1936.

FOSDICK, HARRY EMERSON. *On Being a Real Person.* New York, Harper & Bros., 1943.

FREUD, SIGMUND. *The Future of an Illusion.* London, Horace Liveright, 1928.

*———. *Moses and Monotheism.* London, Hogarth Press, 1939.

*HILTNER, SEWARD. *Religion and Health.* New York, The Macmillan Co., 1943.

HOLMAN, CHARLES T. *The Cure of Souls; a Socio-Psychological Approach.* Chicago, University of Chicago Press, 1932.

———. *The Religion of a Healthy Mind.* New York, Round Table, 1939.

*JAMES, WILLIAM. *Varieties of Religious Experience.* New York, Longmans, Green & Co., 1938.

MAJOR, RALPH H. *Faiths That Healed.* New York, D. Appleton-Century Co., 1940.

MAY, ROLLO. *Springs of Creative Living.* New York, Abingdon-Cokesbury Press, 1940.

MCKENZIE, J. G. *Psychology, Psychotherapy and Evangelicalism.* New York, The Macmillan Co., 1940.

OLIVER, JOHN RATHBONE. *Psychiatry and Mental Health; the Hale Lectures at Western Theological Seminary, 1932.* New York, Charles Scribner's Sons, 1932.

STUART, GRACE. *The Achievement of Personality.* New York, The Macmillan Co., 1938.

*WISE, CARROLL A. *Religion in Illness and Health.* New York, Harper & Bros., 1942.

f. Anthropological and ethnological applications

BATESON, GREGORY, and MEAD, MARGARET. *Balinese Character.* New York, New York Academy of Science, 1942.

DENNIS, WAYNE. *The Hopi Child.* New York, D. Appleton-Century Co., 1940.

*DOLLARD, JOHN. *Caste and Class in a Southern Town.* New Haven, Yale University Press, 1937.

*FREUD, SIGMUND. *Totem and Taboo.* New York, Dodd, Mead & Co., 1918.

GORER, GEOFFREY. *Japanese Character Structure and Propaganda.* Prepared for the Committee on National Morale and the Council on Human Relations. Mimeographed manuscript. 1942.

HENRY, JULES, and HENRY, ZUNIA. *Doll Play of Pilaga Indian Children.* New York, American Orthopsychiatric Association, 1944.

KARDINER, ABRAM. *The Individual and His Society.* New York, Columbia University Press, 1939.

LEIGHTON, A. H., and LEIGHTON, D. C. *The Navaho Door.* Cambridge, Harvard University Press, 1944.

LINCOLN, J. S. *The Dream in Primitive Cultures.* Baltimore, Williams & Wilkins, 1935.

*MALINOWSKI, BRONISLAW. *The Sexual Life of the Savages in Northwestern Melanesia.* 2 vols. New York, Horace Liveright, 1929.

*MEAD, MARGARET. *Coming of Age in Samoa.* New York, Blue Ribbon Books, 1934.

———. *Growing Up in New Guinea.* New York, Blue Ribbon Books, 1930.

PORTEUS, S. D. *Psychology of a Primitive People.* New York, Longmans, Green & Co., 1931.

REIK, THEODOR. *Ritual.* New York, W. W. Norton & Co., n.d.

ROHEIM, GEZA. *The Origin and Function of Culture.* New York, Nervous & Mental Disease Publ. Co., 1943.

———. *The Riddle of the Sphinx.* London, International Psychoanalytical Library, 1934.

g. Military applications

*BROWN, MABEL W. *Neuropsychiatry and the War; a Bibliography with Abstracts.* New York, National Committee for Mental Hygiene, 1918.

COPELAND, NORMAN. *Psychology and the Soldier.* Harrisburg, Pa., Military Service Publ. Co., 1942.

*DURBIN, E. F. M., and BOWLBY, JOHN. *Personal Aggressiveness and War.* New York, Columbia University Press, 1939.

FARAGO, LADISLAS (editor). *German Psychological Warfare.* New York, Committee for National Morale, 1941.

FENTON, NORMAN. *Shell Shock and Its Aftermath.* St. Louis, C. V. Mosby Co., 1926.

FERENCZI, S., et al. *Psychoanalysis and the War Neuroses.* London, Hogarth Press, 1921.

*GILLESPIE, R. D. *Psychological Effects of War on Citizen and Soldier.* New York, W. W. Norton & Co., 1942.

*GLOVER, EDWARD. *The Dangers of Being Human.* London, George Allen & Unwin, 1936.

GOLDSTEIN, KURT. *Aftereffects of Brain Injuries in War.* New York, Grune & Stratton, 1942.

*KARDINER, ABRAM. *The Traumatic Neuroses of War.* New York, Paul B. Hoeber, 1941.

MACCURDY, J. T. *The Structure of Morale.* New York, The Macmillan Co., 1943.

———. *War Neuroses.* Utica, State Hospitals Press, 1918.

*MILLER, EMANUEL (editor). *The Neuroses in War.* New York, The Macmillan Co., 1940.

*MIRA, EMILIO. *Psychiatry in War.* New York, W. W. Norton & Co., 1943.

*NATIONAL RESEARCH COUNCIL. *Psychology for the Fighting Man.* Washington, D. C., The Infantry Journal, 1943.

*SOLOMON, HARRY C., and YAKOVLEV, PAUL. *Manual of Military Neuropsychiatry.* Philadelphia, W. B. Saunders, 1944.

*SOUTHARD, E. E. *Shell Shock and Other Neuropsychiatric Problems.* Boston, W. M. Leonard, 1919.

WATSON, GOODWIN (editor). *Civilian Morale.* Boston, Houghton Mifflin Co., 1942.

V. 정신분석

A. HISTORY

*BRILL, A. A. *Freud's Contribution to Psychiatry.* New York, W. W. Norton & Co., 1944.

*FERENCZI, S., and RANK, O. *The Development of Psychoanalysis.* New York, Nervous & Mental Disease Publ. Co., 1925.

*FREUD, SIGMUND. *Autobiography.* New York, W. W. Norton & Co., 1935.

*———. *History of the Psychoanalytic Movement.* New York, Nervous & Mental Disease Publ. Co., 1917.

———. *The Problem of Lay Analyses.* New York, Brentano's, 1927.

HEALY, W., BRONNER, A. F., and BOWERS, A. M. *The Structure and Meaning of Psychoanalysis.* New York, Alfred A. Knopf, 1930.

LORAND, SANDOR (editor). *Psychoanalysis Today.* New York, International University Press, 1944.

RANK, OTTO, and SACHS, HANS. *The Significance of Psychoanalysis for the Mental Sciences.* New York, Nervous & Mental Disease Publ. Co., 1915.

REIK, THEODOR. *From Thirty Years with Freud.* New York, Farrar & Rinehart, 1940.

WITTELS, FRITZ. *Freud and His Time.* New York. Horace Liveright, 1931.

B. PSYCHOANALYSIS AS A BODY OF KNOWLEDGE

1. GENERAL TREATISES

*ABRAHAM, KARL. *Selected Papers on Psychoanalysis.* London, Hogarth Press, 1927.

BREUER, JOSEPH, and FREUD, SIGMUND. *Studies in Hysteria.* New York, Nervous & Mental Disease Publ. Co., 1936.

BRILL, A. A. *Psychoanalysis.* Philadelphia, W. B. Saunders, 1922.

CORIAT, ISADOR. *What Is Psychoanalysis?* New York, Moffat, Yard & Co., 1919.

*DEUTSCH, HELENE. *Psychoanalysis of the Neuroses.* London, Hogarth Press, 1932.

*———. *The Psychology of Women.* New York, Grune & Stratton, 1944.

*FENICHEL, OTTO. *Outline of Clinical Psychoanalysis.* New York, W. W. Norton & Co., 1934.

*Freud, Sigmund. *Collected Papers.* 4 vols. New York, International Psychoanalytic Press, 1924.

*———. *A General Introduction to Psychoanalysis.* New York, Horace Liveright, 1920.

*———. *New Introductory Lectures on Psychoanalysis.* New York, W. W. Norton & Co., 1933.

FRINK, HORACE. *Morbid Fears and Compulsions.* New York, Moffat, Yard & Co., 1921.

GLOVER, EDWARD. *Psychoanalysis.* London, John Bale, 1939.

*HENDRICK, IVES. *Facts and Theories of Psychoanalysis.* New York, Alfred A. Knopf, second edition, 1941.

JONES, ERNEST. *Psychoanalysis.* New York, Jonathan Cape & Harrison Smith, 1929.

LAFORGUE, RENE. *Clinical Aspects of Psychoanalysis.* London, Hogarth Press, 1938.

2. SPECIAL TOPICS

*ALEXANDER, FRANZ. *Psychoanalysis of the Total Personality.* New York, Nervous & Mental Disease Publ. Co., 1930.

FERENCZI, SANDOR. *Contributions to Psychoanalysis.* Boston, Richard G. Badger, 1916.

———. *Thalassa; a Theory of Genitality.* (The Instinct Theory.) New York, The Psychoanalytic Quarterly, 1938.

*FREUD, ANNA. *The Ego and Mechanisms of Defense.* London, Hogarth Press, 1937.

*FREUD, SIGMUND. *Beyond the Pleasure Principle.* (The Instinct Theory.) London, International Psychoanalytic Press, 1922.

———. *The Ego and the Id.* London, Hogarth Press, 1927.

*———. *The Interpretation of Dreams.* New York, The Macmillan Co., revised edition, 1933.

*———. *The Problem of Anxiety.* New York, W. W. Norton & Co., 1936.

———. *The Psychopathology of Everyday Life.* London, Ernest Benn, 1935.

*———. *Three Contributions to the Theory of Sex.* New York, Nervous & Mental Disease Publ. Co., 1930.

*GRODDECK, GEORG. *The Book of the It.* (Psychosomatic.) New York, Nervous & Mental Disease Publ. Co., 1928.

GRODDECK, GEORG. *Exploring the Unconscious.* London, C. W. Daniels Co., 1933.

JONES, ERNEST. *Nightmare, Witches and Devils.* New York, W. W. Norton & Co., 1931.

——. *Papers on Psychoanalysis.* New York, William Wood & Co., 1923.

*KLEIN, MELANIE, and RIVIERE, JOAN. *Love, Hate and Reparation.* London, Hogarth Press, 1937.

*MENNINGER, K. A. *Love against Hate.* (The Instinct Theory.) New York, Harcourt, Brace & Co., 1942.

*——. *Man against Himself.* (The Instinct Theory.) New York, Harcourt, Brace & Co., 1938.

REIK, THEODOR. *Masochism in Modern Man.* New York, Farrar & Rinehart, 1941.

STERBA, RICHARD. *Introduction to the Psychoanalytic Theory of the Libido.* (The Instinct Theory.) New York, Nervous & Mental Disease Publ. Co., 1942.

C. PSYCHOANALYSIS AS A TREATMENT TECHNIQUE

*BLITZSTEN, DOROTHY. *Psychoanalysis Explained.* (For lay readers.) New York, Coward-McCann, 1936.

*FENICHEL, OTTO. *Problems of Psychoanalytic Technique.* New York, The Psychoanalytic Quarterly, 1941.

*FERENCZI, SANDOR. *Further Contributions to the Theory and Technique of Psychoanalysis.* London, Hogarth Press, 1926.

GLOVER, EDWARD, and BRIERLEY, MARJORIE. *An Investigation of the Technique of Psychoanalysis.* London, Bailliere, Tindall & Cox, 1940.

JELLIFFE, SMITH ELY. *The Technique of Psychoanalysis.* New York, Nervous & Mental Disease Publ. Co., 1920.

JONES, ERNEST. *Treatment of the Neuroses.* New York, William Wood & Co., 1920.

*KUBIE, LAWRENCE S. *Practical Aspects of Psychoanalysis.* New York, W. W. Norton & Co., 1936.

PECK, MARTIN. *The Meaning of Psychoanalysis.* New York, Alfred A. Knopf, 1931.

REIK, THEODOR. *Surprise and the Psychoanalyst.* London, Kegan Paul, Trench, Trubner & Co., 1936.

SHARPE, ELLA F. *Dream Analysis.* New York, W. W. Norton & Co., 1938.

D. PSYCHOANALYSIS AS A RESEARCH TECHNIQUE

ABRAHAM, KARL. *Dreams and Myths; a Study in Race Psychology.* New York, Nervous & Mental Disease Publ. Co., 1913.

*ALEXANDER, FRANZ. *The Medical Value of Psychoanalysis.* New York, W. W. Norton Co., 1932.

FLÜGEL, J. C. *The Psychoanalytic Study of the Family.* New York, International Psychoanalytic Press, 1921.

*FREUD, SIGMUND. *Civilization and Its Discontents.* New York, Jonathan Cape & Harrison Smith, 1930.

——. *Delusion and Dream.* New York, Moffat, Yard & Co., 1922.

——. *Group Psychology and the Analysis of the Ego.* London, International Psychoanalytical Press, 1922.

——. *Leonardo da Vinci.* New York, Moffat, Yard & Co., 1916.

——. *Wit and Its Relation to the Unconscious.* New York, Moffat, Yard & Co., 1917.

JONES, ERNEST. *Essays in Applied Psychoanalysis.* London, International Psychoanalytical Press, 1923.

MENNINGER, K. A. *Man against Himself.* New York, Harcourt, Brace & Co., 1938.

MONEY-KYRLE, R. *The Meaning of Sacrifice.* London, Hogarth Press, 1930.

RANK, OTTO. *The Myth of the Birth of the Hero.* New York, Nervous & Mental Disease Publ. Co., 1914.

*RICKMAN, JOHN. *The Development of the Psychoanalytical Theory of the Psychoses.* London, Bailliere, Tindall & Cox, 1928.

SACHS, HANS. *The Creative Unconscious.* Cambridge, Sci-Art, 1942.

SCHILDER, PAUL. *Brain and Personality.* New York, Nervous & Mental Disease Publ. Co., 1931.

——. *The Image and Appearance of the Human Body.* London, Kegan Paul, Trench, Trubner & Co., 1935.

——. *Introduction to Psychoanalytic Psychiatry.* New York, Nervous & Mental Disease Publ. Co., 1928.

VI. 어린이의 정신의학

*AICHHORN, AUGUST. *Wayward Youth.* New York, Viking Press, 1935.

*ALDRICH, C. A., and ALDRICH, M. M. *Babies Are Human Beings.* New York, The Macmillan Co., 1938.

ALLEN, F. H. *Psychotherapy with Children.* New York, W. W. Norton & Co., 1942.

BAKER, H. J., and TRAPHAGEN, V. *Diagnosis and Treatment of Behavior Problem Children.* New York, The Macmillan Co., 1935.

BAKWIN, H., and BAKWIN, R. M. *Psychologic Care during Infancy and Childhood.* New York, D. Appleton-Century Co., 1942.

BAUDOUIN, CHARLES. *The Mind of the Child.* New York, Dodd, Mead & Co., 1933.

BERNFELD, SIEGFRIED. *The Psychology of the Infant.* New York, Brentano's, 1929.

BEVERLY, BERT I. *In Defense of Children.* New York, John Day Co., 1941.

BLANTON, S., and BLANTON, M. *Child Guidance.* New York, The Century Co., 1927.

BRADLEY, CHARLES. *Schizophrenia in Childhood.* New York, The Macmillan Co., 1941.

CRAWFORD, N. A., and MENNINGER, K. A. *The Healthy Minded Child.* New York, Coward-McCann, 1930.

ELLIOTT, GRACE L. *Understanding the Adolescent Girl.* New York, Henry Holt & Co., 1930.

*ENGLISH, O. S., and PEARSON, G. H. J. *Common Neuroses of Children and Adults.* New York, W. W. Norton & Co., 1937.

*FREUD, ANNA. *Introduction to the Technic of Child Analysis.* London, George Allen & Unwin, 1931.

*——, and BURLINGHAM, DOROTHY. *War and Children.* New York, Medical War Books, 1943.

GESELL, ARNOLD. *Infancy and Human Growth.* New York, The Macmillan Co., 1929.

GODDARD, H. H. *Feeblemindedness.* New York, The Macmillan Co., 1923.

*GORDON, R. G. (editor). *A Survey of Child Psychiatry.* London, Oxford University Press, 1939.

*HARTWELL, S. W. *Fifty-Five Bad Boys.* New York, Alfred A. Knopf, 1931.

ISAACS, SUSAN. *Intellectual Growth in Young Children.* London, George Routledge & Sons, 1938.

——. *The Nursery Years.* New York, Vanguard Press, 1937.

——. *Social Development in Young Children.* London, George Routledge & Sons, 1937.

*KANNER, LEO. *Child Psychiatry.* Springfield, Charles C. Thomas, 1935.

KLEIN, MELANIE. *The Psychoanalysis of Children.* New York, W. W. Norton & Co., 1932.

LEVY, DAVID M. *Maternal Overprotection.* New York, Columbia University Press, 1943.

*———. *Studies in Sibling Rivalry.* New York, American Orthopsychiatric Association, 1937.

LORD, ELIZABETH E. *Children Handicapped by Cerebral Palsy.* New York, The Commonwealth Fund, 1937.

MOODIE, WILLIAM. *The Doctor and the Difficult Child.* New York, The Commonwealth Fund, 1940.

*PIAGET, JEAN. *The Child's Conception of the World.* New York, Harcourt, Brace & Co., 1929.

———. *Judgment and Reasoning in the Child.* New York, Harcourt, Brace & Co., 1928.

POWDERMAKER, F., and GRIMES, L. *Children in the Family.* New York, Farrar & Rinehart, 1940.

*RIBBLE, MARGARETHA A. *The Rights of Infants.* New York, Columbia University Press, 1943.

RICKMAN, JOHN (editor). *On the Bringing Up of Children.* London, Kegan Paul, Trench, Trubner & Co., 1936.

ROGERS, CARL R. *Clinical Treatment of the Problem Child.* Boston, Houghton Mifflin Co., 1939.

SAYLES, MARY B. *The Problem Child at Home.* New York, The Commonwealth Fund, 1928.

*SPOCK, BENJAMIN, and HUSCHKA, MABEL. *Psychological Aspects of Pediatric Practice.* New York, New York State Committee on Mental Hygiene, 1938.

STRAIN, FRANCES B. *New Patterns in Sex Teaching.* New York, D. Appleton-Century Co., 1936.

SYMONDS, P. M. *The Psychology of Parent-Child Relationships.* New York, D. Appleton-Century Co., 1939.

WEILL, BLANCHE C. *Through Children's Eyes.* New York, Island Workshop Press, 1940.

WILE, IRA S. *The Challenge of Adolescence.* New York, Greenberg, 1939.

———. *The Challenge of Childhood.* New York, Thomas Seltzer, 1925.

WINN, RALPH B. (editor). *Encyclopedia of Child Guidance.* New York, Philosophical Library, 1943.

WITMER, HELEN L. *Psychiatric Clinics for Children.* New York, The Commonwealth Fund, 1940.

*WITTELS, FRITZ. *Set the Children Free.* New York, W. W. Norton & Co., 1932.

WOLF, ANNA W. M. *Our Children Face War.* Boston, Houghton Mifflin Co., 1942.

*———. *The Parents' Manual.* New York, Simon & Schuster, 1941.

*ZACHRY, CAROLINE B. *Emotion and Conduct in Adolescence.* New York, D. Appleton-Century Co., 1940.

VII. 정신신체의학

*ALVAREZ, WALTER C. *Nervousness, Indigestion and Pain.* New York, Paul B. Hoeber, 1943.

ASSOCIATION FOR RESEARCH IN NERVOUS AND MENTAL DISEASE. *The Biology of the Individual.* Baltimore, Williams & Wilkins, 1934.

———. *The Interrelationship of Mind and Body.* Baltimore, Williams & Wilkins, 1939.

———. *The Role of Nutritional Deficiency in Nervous and Mental Disease.* Baltimore, Williams & Wilkins, 1943.

BENEDEK, THERESE, and RUBINSTEIN, BORIS B. *The Sexual Cycle in Women.* Psychosomatic Medicine Monographs. Washington, D. C., National Research Council, 1942.

BRAHDY, LEOPOLD, and KAHN, SAMUEL (editors). *Trauma and Disease.* Philadelphia, Lea & Febiger, second edition, 1941.

CANNON, W. B. *The Wisdom of the Body.* New York, W. W. Norton & Co., 1932.

CHADWICK, MARY. *The Psychological Effects of Menstruation.* New York, Neryous & Mental Disease Publ. Co., 1932.

*DRAPER, GEORGE, DUPERTUIS, C. W., and CAUGHEY, J. L. *Human Constitution in Clinical Medicine.* New York, Paul B. Hoeber, 1944.

*DUNBAR, FLANDERS. *Emotions and Bodily Changes.* New York, Columbia University Press, second edition, 1938.

*———. *Psychosomatic Diagnosis.* New York, Paul B. Hoeber, 1943.

*FRENCH, THOMAS, and ALEXANDER, FRANZ. *Psychogenic Factors in Bronchial Asthma.* Psychosomatic Medicine Monographs. Washington, D. C., National Research Council, 1941.

GRODDECK, GEORG. *The Book of the It.* New York, Nervous & Mental Disease Publ. Co., 1928.

JELLIFFE, SMITH ELY. *Sketches in Psychosomatic Medicine.* New York, Nervous & Mental Disease Publ. Co., 1939.

McGREGOR, H. G. *The Emotional Factor in Visceral Disease.* London, Oxford University Press, 1938.

ROBINSON, G. CANBY. *The Patient as a Person.* New York, The Commonwealth Fund, 1939.

*STEPHEN, KARIN. *Psychoanalysis and Medicine; a Study of the Wish to Fall Ill.* New York, The Macmillan Co., 1933.

*WEISS, E., and ENGLISH, O. S. *Psychosomatic Medicine.* Philadelphia, W. B. Saunders, 1943.

WOLF, STEWART, and WOLFF, HAROLD. *Human Gastric Function.* New York, Oxford University Press, 1943.

VIII. 정신위생학

(For other concepts of mental hygiene, see sociological applications of psychiatry, biographies, child psychiatry.)

ADAMSON, ELIZABETH. *So You're Going to a Psychiatrist.* New York, Thomas Y. Crowell, 1937.

*AMERICAN ASSOCIATION FOR THE ADVANCEMENT OF SCIENCE. *Mental Health.* Lancaster, Pa., Science Press, 1939.

*CAMPBELL, C. MACFIE. *Towards Mental Health.* Cambridge, Harvard University Press, 1933.

*EDITORS OF *FORTUNE*. *The Nervous Breakdown.* New York, Doubleday, Doran & Co., 1935.

ELKIND, HENRY B. *The Healthy Mind.* New York, Greenberg, 1929.

FISHBEIN, M., and WHITE, W. A. (editors). *Why Men Fail.* New York, The Century Co., 1928.

GROVES, E. R. *Personality and Social Adjustment.* New York, Longmans, Green & Co., 1930.

———. *Understanding Yourself.* New York, Greenberg, 1935.

*———, and BLANCHARD, P. *Readings in Mental Hygiene.* New York, Henry Holt & Co., 1936.

HOWARD, F. E., and PATRY, F. L. *Mental Health.* New York, Harper & Bros., 1935.

*JACKSON, J., and SALISBURY, H. *Outwitting Our Nerves.* New York, The Century Co., 1921.

*LAIRD, D. A. *Increasing Personal Efficiency.* New York, Harper & Bros., 1925.

LAIRD, D. A. *Why We Don't Like People.* New York, Mohawk Press, 1931.

LANGER, W. C. *Psychology and Human Living.* New York, D. Appleton-Century Co., 1943.

McKINNEY, FRED. *Psychology of Personal Adjustment.* New York, John Wiley & Sons, 1941.

MORGAN, J. J. B. *Keeping a Sound Mind.* New York, The Macmillan Co., 1935.

OLIVER, J. R. *Fear.* New York, The Macmillan Co., 1927.

OVERSTREET, H. A. *About Ourselves.* New York, W. W. Norton & Co., 1927.

*PRESTON, GEORGE. *Psychiatry for the Curious.* New York, Farrar & Rinehart, 1940.

———. *The Substance of Mental Health.* New York, Farrar & Rinehart, 1943.

REES, J. R. *The Health of the Mind.* Cambridge, Washburn & Thomas, 1929.

SCHMALHAUSEN, S. D. *Why We Misbehave.* New York, Garden City Publ. Co., 1928.

TRAVIS, LEE, and BARUCH, DOROTHY. *Personal Problems of Everyday Life.* New York, D. Appleton-Century Co., 1941.

WALLIN, J. E. W. *Personality Maladjustments and Mental Hygiene.* New York, McGraw-Hill Book Co., 1935.

WHITE, WILLIAM A. *The Principles of Mental Hygiene.* New York, The Macmillan Co., 1917.

IX. 전기(傳記)와 자서전

*BEERS, CLIFFORD. *A Mind That Found Itself.* New York, Doubleday, Doran & Co., 1936.

BONAPARTE, MARIE. *Edgar Poe.* 2 vols. Paris, Editions Denoël et Steele, 1933.

BRAND, MILLEN. *The Outward Room.* New York, Simon & Schuster, 1937.

BROWN, HENRY COLLINS. *A Mind Mislaid.* New York, E. P. Dutton & Co., 1937.

COIGNARD, JOHN. *The Spectacle of a Man.* New York, Jefferson House, 1939.

COLEMAN, EMILY. *The Shutter of Snow.* New York, Viking Press, 1930.

DAKIN, E. F. *Mrs. Eddy; the Biography of a Virginal Mind.* New York, Charles Scribner's Sons, 1930.

GUTTMACHER, M. S. *America's Last King.* (George III.) New York, Charles Scribner's Sons, 1941.

*HILLYER, JANE. *Reluctantly Told.* New York, The Macmillan Co., 1927.

HOSHOR, JOHN. *God in a Rolls Royce.* (Father Divine.) New York, Hillman Curl, 1936.

INMATE WARD 8. *Behind the Door of Delusion.* New York, The Macmillan Co., 1932.

KING, MARION. *The Recovery of Myself.* New Haven, Yale University Press, 1931.

KRAUCH, ELSA. *A Mind Restored.* New York, G. P. Putnam's Sons, 1937.

KRUTCH, JOSEPH WOOD. *Edgar Allan Poe.* New York, Alfred A. Knopf, 1926.

LAFORGUE, RENÉ. *The Defeat of Baudelaire.* London, Hogarth Press, 1932.

LEONARD, WILLIAM E. *The Locomotive God.* New York, The Century Co., 1927.

NORTH 3–1. *Pick Up the Pieces.* Garden City, Doubleday, Doran & Co., 1929.

*PIERCE, S. W., and PIERCE, J. T. *The Layman Looks at Doctors.* New York, Harcourt, Brace & Co., 1929.

*SEABROOK, WILLIAM. *Asylum.* New York, Harcourt, Brace & Co., 1935.

WALTERS, W. J. *Forbidden Path.* New York, Dodd, Mead & Co., 1938.

*ZWEIG, STEFAN. *Mental Healers: Mesmer, Eddy, Freud.* New York, Viking Press, 1934.

선영헤세전집
헤르만 헤세 지음 / 김기태 옮김
A5신 / 320면 내외 / 각권 값 3300~3800원

1. 싯달타	인간이 신이 되려면 비약과 모순의 비밀이 수반되지 않으면 안된다는 체험에의 고백을 파계 행각과도 같은 일생의 방황을 통하여 깊이 전해주는 작품.
2. 크눌프	〈향수〉〈대리석 공장〉이 함께 실려있는 이 작품은 영원한 유랑자 크눌프의 생애에 얽힌 세가지 이야기를 통해 생의 비애와 고뇌를 다루고 있다.
3. 수레바퀴 아래서	총명하지만 감수성이 예민한 내성적인 한 소년이 주위의 선망과 기대에도 불구하고 점차 퇴보의 나락에 빠져 급기야 죽음에 이른다는 작품.
4. 청춘은 아름다워라	아름다운 헬레네에 대한 사랑때문에 번민하는 주인공의 정신적 고뇌의 과정이 풋풋하고 향기로운 사랑내음을 전해주는 작품
5. 데미안	심약하고 내성적인 성격의 주인공과 신비로운 인물 데미안과의 숙명적인 만남을 그린 소설. 주인공은 그 만남을 통해 심오한 정신의 성숙을 이룬다.
6. 지와 사랑	神에 종사하는 나르지스와 美에 열중하는 골드문트, 두 인물의 일생을 통하여 개성적이면서도 합치되는 영혼의 영역을 보여주는 헤세의 역작.
7. 황야의 이리	하리 할라라는 괴이한 인물의 수기를 통하여 인류의 자폭적 전쟁행각과 물질만능주의에 대한 비판을 가한 관념적인 사상의 소설.
8. 유리알 유희	1946년 노벨문학상 수상작인 이 작품은 정신적 유희의 명인 요제프 크네히트의 삶을 통해 정신적 권위회복의 필요성을 시사해주고 있다.
9. 창문너머 밤이라는 나라	헤르만 헤세의 우정과 사랑, 인생, 고독과 방황이 담긴 서간문과 수필을 모아 엮은 책. 그의 주옥같은 언어는 우리를 순수의 원천으로 끌어당기고 있다.

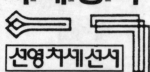

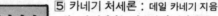

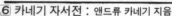

선영문예선서

||||||||

좋은 책은 잊혀지지 않습니다.
영원히 남아 우리의 꿈과 사랑과 인생을
아름답고 지혜롭게 안내해 줍니다.

인생, 시련, 아픔, 고뇌, 그리고?

사랑은, 삶은 무엇인가?

♣ 선물용으로 좋습니다.

때로는 **친구**와 같고
때로는 **연인**과 같고
때로는 **어버이** 같은 책‥‥

1 부생육기 : 심 복

흐르는 인생을 노래하며 살다 간 청나라 가인 심복이 그의 아내 운과의 단란했던 가정생활을 눈물겹게 그린 사랑의 찬가. 부생(浮生), 즉 인생의 덧없음을 깨달은 저자는 자신의 모든 것을 털어버리고, 학처럼 시름없이 홍진 세계를 날아다닌다.

2 위기의 여자 :
: 시몬느·드 보봐르

여성해방 지침서 《제2의 성》으로 전세계 독자들에게 널리 알려져 있는 금세기 최고의 여류 지성 시몬느 드 보봐르의 1인칭 일기체 소설. 남편과 아내, 어머니와 자녀라는 관계 속에서 한 여성의 위기를 보여주는 소설.

3 모래성 쌓는 아픔 : 三浦綾子

《빙점》의 작가 미우라 아야꼬가 7년간에 걸쳐서 심혈을 기울여 탄생시킨 새 형식의 소설. 주인공 신끼찌의 독특한 삶을 통하여 힘차고 그 약동하는 신앙의 일면과 사랑이야기를 그려내고 있는 우리들 주변의 이야기가 감동적으로 씌어 있다.

4 뻔뻔스런 녀석(上·下)
: 柴田鍊三郎

일본에서 전후 30년간 가장 많이 팔린 10大 소설의 하나인 이 책은 엄청난 판매부수와 최장기 베스트셀러로 일본 독서계에 온갖 기록을 갱신시킨 충격 폭소가 만발하는 청춘소설. 뻔뻔스럽고 괴짜인 친구들의 이야기.

5 없을 곳에 있는 것 : 김봉진

《비오는 날 공치는 날》의 작가 김봉진의 '막장옥' 사람들의 애환을 그린 문제작으로서, 암울하고 어두운 곳에서도 한줄기 영롱한 별빛 같은 사랑을 안고 살아가는 이들의 뜨거운 삶의 이야기. 없는 것만 많이 가진 사람들, 그들의 아픈 이야기.

6 이사도라의 사랑 : 에리카 종

《날으는 것이 두렵다》로 전세계의 화제를 불러모은 여류작가 에리카 종이 자신과 주변의 사람들을 통하여 느끼고 체험한, 삶이 빚어내는 갖가지 문제와 이야기를 간결하고 쉬운 문제로써 내려간 자전적 체험소설. 이 작품이 사랑을 다룬 작품.

※ 인생의 물음에 갈피를 못잡는 사람 급모(急募), 사랑의 고뇌를 안고 있는 사람 급모, 청춘의 끓는 피를 주체치 못하는 사람 급모, 우정과 정의에 불타는 정의파(正義派) 급모!! ※ 그 명쾌한 해답을 여

◇ **독자들에게 보내는 메시지** ◇

 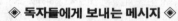

기서 즐기십시오!

"좋은 책은 베스트 셀러가 될 수 있습니다. 그러나 베스트 셀러라고 해서 반드시 좋은 책일 수 없습니다. 현명하고 지혜로운 독자들은 그래서 베스트 셀러만 읽지 않습니다. 음식도 편식을 하면 영양불균형으로 체력을 잃기가 쉽듯, 마음의 양식도 진짜 '영양식'을 분별해서 고루고루 취하는 것이 건전한 정신·건강한 지성을 갖추는 길입니다."

김기태

옮긴이 김기태는 1930년생. 번역문학가

주요 역서 《정신분석과 유물론》(E. 프롬 / R. 오스본),

《꿈의 해석》, (S. 프로이드) 外 다수.

판 권
본 사
소 유

인간의 마음 무엇이 문제인가? (Ⅱ)

1987년 11월 10일 1판 1쇄 인쇄

1987년 11월 15일 1판 1쇄 발행

2017년 1월 20일 3판 3쇄 발행

2020년 1월 20일 3판 4쇄 발행

지은이 / K. A. 메닝거

옮긴이 / 김기태

펴낸이 / 김영길

펴낸곳 / 도서출판 선영사

주소 / 서울시 마포구 서교동 485-14 영진빌딩 1층

전화 / (02)338-8231~2

팩스 / (02)338-8233

E-mail sunyoungsa@hanmail.net

등록 1983년 6월 29일 (제02-01-51호)

ISBN 89—7558—271—4 03180